北京理工大学"双一流"建设精品出版工程

A Comprehensive Guide to
Translation Practice Between English and Chinese

英汉双向笔译全过程实练

主　编◎吴霜
副主编◎刘露　张渊

北京理工大学出版社
BEIJING INSTITUTE OF TECHNOLOGY PRESS

版权专有　侵权必究

图书在版编目（CIP）数据

英汉双向笔译全过程实练 / 吴霜主编. --北京：
北京理工大学出版社，2022.10
　ISBN 978-7-5763-1809-8

Ⅰ. ①英⋯　Ⅱ. ①吴⋯　Ⅲ. ①英语-翻译
Ⅳ. ①H315.9

中国版本图书馆 CIP 数据核字（2022）第 206421 号

出版发行 /	北京理工大学出版社有限责任公司
社　　址 /	北京市海淀区中关村南大街 5 号
邮　　编 /	100081
电　　话 /	（010）68914775（总编室）
	（010）82562903（教材售后服务热线）
	（010）68944723（其他图书服务热线）
网　　址 /	http://www.bitpress.com.cn
经　　销 /	全国各地新华书店
印　　刷 /	三河市华骏印务包装有限公司
开　　本 /	787 毫米×1092 毫米　1/16
印　　张 /	19.5
字　　数 /	458 千字
版　　次 /	2022 年 10 月第 1 版　2022 年 10 月第 1 次印刷
定　　价 /	66.00 元

责任编辑 / 龙　微
文案编辑 / 把明宇
责任校对 / 周瑞红
责任印制 / 李志强

图书出现印装质量问题，请拨打售后服务热线，本社负责调换

前言

优秀译者必须具备超群的综合素质,而这种综合素质具体体现在哪里、如何培养则是翻译教学研究的主要目标。2003 年,西班牙 PACTE 研究小组提出了一项翻译能力模型,其中包括 5 种子能力,分别是:双语子能力、语言外子能力、翻译知识子能力、翻译工具子能力、翻译策略子能力。其中,翻译策略能力是核心,其他四项能力则与其相互作用,能力之间也是相互联系的。

从这一能力模型来看,翻译教学不应该仅仅聚焦于一种能力的培养。比如传统翻译教学曾忽视了翻译工具子能力的培养,不符合翻译硕士需要培养职业译员这一人才培养目标。然而近年来,很多 MTI 教材与培训走上了另一个极端,或者成为 CATTI 考试培训用书,或者夸大"工具子能力",将重点完全放在计算机辅助翻译或者机器翻译译后编辑方面,忽视了职业译员翻译综合能力的培养。

当然,仅靠一本教材绝对无法胜任翻译人才培养这一宏大目标。本教材无意于求大求全,只是希望能够帮助教师认识到,翻译过程是一个对译者多种能力的综合考验,因此翻译教学也应该与人才培养同向同行,不能将目光只放在这一过程中的某一种能力的构建。既然翻译硕士注重职业化培养,那么教师与学生的关系就如同师傅带徒弟一样,需要示范,需要纠错,手把手地让学生感受翻译全部过程。

因此与同类教材相比,本教材设计有三大特色与创新。

其一,能力培养更具"综合性"。同类型教材往往只关注某一种能力的培养,或者直接教授翻译技巧,无法达到人才综合能力培养的目的。一名合格的译者,除了不断提高自身的双语水平、跨文化能力,更需要学习老一辈译者孜孜不倦、"一名之立,旬月踟蹰"的认真态度。本教材将翻译能力的提高视为一个周而复始、循环往复的综合过程,而非通过各种 CAT 软件接收翻译任务、完成任务到统计字数这样一条单向的线段。教材通过介绍翻译相关理论,提高学生翻译知识能力;在实践部分选择了科普、新闻、旅游、经济与政治演讲五种实用文体。这些文体既具有非文学文体特征，同时也有一定的文学性，有利于综合培养学生的双语子能力、语言外子能力以及翻译工具能力，共同服务于提高学生的翻译策略能力。

其二，教学案例更具"代表性"。教材中所有案例与大部分练习均来自 MTI 师生的翻译实践案例。为了使翻译技巧更"有效"，一些同类翻译教材常常杜撰大量案例，一旦脱离课本，很多技巧根本无法直接应用。真实案例更能够反映学生翻译过程的实际情况以及暴露出来的问题，帮助学生学会如何在类似情景下避免或解决问题。

其三，教材内容更具"实用性"。同类型教材在编写过程中，常常大量选用已出版书籍或网络双语内容，学生练习时能够轻松搜到答案，起不到练习效果。本教材实践部分的案例基本无法在网络上找到现成译文。同时，教材详细分析了每种文体的特征与翻译特点，展示了学生翻译案例并详细分析了样例中存在的问题，提出参考翻译方法。同时教材针对每一种文体设计了难度相当的练习，使学生能够运用掌握的方法解决翻译问题。

《英汉双向笔译全过程实练》主要目标读者为翻译硕士及英语专业高年级学生。编写目的是希望帮助学生通过一定的翻译实践，了解英汉、汉英翻译从理解、表达到修改润色全部翻译过程中所涉及的理论与实践知识。本教材可以服务于笔译类基础课程，也可以用于学生自学。

本教材从内容上可划分理论与实践两部分。理论部分包括什么是翻译、判断翻译的标准、英汉语言差异、词义的多样性、英汉语言文化差异、各种实用文体的篇章差异等；实践部分除了各实用文体翻译教学案例分析以及翻译练习外，还包括如何生成电子文本，如何通过互联网检索、平行文本与语料库提高翻译准确性与可读性，如何对机器翻译进行译后编辑以及如何进行译文的修改润色等。理论与实践部分并非各自独立，而是通过案例进行结合，以达到综合能力培养目的。

本教材编写的分工如下：刘露老师负责编写"译路同行"编的经济与政治演讲两部分，其余为吴霜老师负责编写。刘露和张渊两位老师花费了很长时间对教材内容进行了审校，提出了很多宝贵意见。虽然从教多年，但在编写教材的过程中，我们还是切实感受到了个人翻译能力与教学能力方面都存在很大不足。译无止境，译无定译，而这也是翻译的魅力所在，我们也非常欢迎本教材的读者能够给予批评与建议，为培养更多的翻译人才做出努力！

编　者

2022 年 3 月

目 录
CONTENTS

第一编 译言难尽

第一章 绪论 ... 003
- 第一节 语言学派定义 ... 005
- 第二节 功能学派定义 ... 006
- 第三节 描述学派定义 ... 007
- 第四节 认知学派定义 ... 009
- 第五节 解构学派定义 ... 010

第二章 翻译的过程 ... 012
- 第一节 逆转换模式 ... 012
- 第二节 贝尔的心理语言学模式 ... 014
- 第三节 诺德的"环形翻译模式" ... 016
- 第四节 霍尔姆斯的"双图式双层面文本级"翻译模式 ... 018
- 第五节 场景-框架语义学翻译模式 ... 019
- 第六节 斯坦纳的解释学翻译过程 ... 020
- 第七节 生态翻译学"适应/选择"翻译过程 ... 021

第三章 什么是意义？ ... 023
- 第一节 意义的意义 ... 024
- 第二节 符号学的语义观 ... 025
- 第三节 语用学意义 ... 032
- 第四节 其他观点 ... 038

第四章 中西翻译理论简述 ... 041
- 第一节 翻译理论的作用 ... 041
- 第二节 翻译思想与理论在中国的历时发展 ... 042
- 第三节 翻译思想与理论在西方国家的历时发展 ... 052
- 第四节 翻译标准的不确定性与确定性 ... 063
- 第五节 当代翻译行业标准 ... 065

第五章 翻译策略、方法与技巧 ... 068
- 第一节 三者意义与关系 ... 068

第二节	翻译策略	069
第三节	翻译方法	070
第四节	翻译技巧	079

第二编 译味深长

第六章 英汉翻译中的语言差异 ... 083
- 第一节 英汉词级对比 ... 083
- 第二节 英汉句级对比 ... 101
- 第三节 英汉篇章对比 ... 123

第七章 英汉翻译中的语用与文化差异 ... 130
- 第一节 修辞中的语用与文化差异 ... 130
- 第二节 文化差异与翻译 ... 136

第三编 译欲何为

第八章 文档电子化 ... 145
- 第一节 ABBYY Finereader ... 145
- 第二节 其他 OCR 软件及功能比较 ... 146

第九章 互联网检索 ... 150
- 第一节 搜索引擎 ... 150
- 第二节 关键词与诱导词 ... 152
- 第三节 逻辑运算符与通配符 ... 153
- 第四节 高级检索指令 ... 154
- 第五节 互联网检索结果验证 ... 157

第十章 平行文本 ... 163
- 第一节 源语平行文本的使用 ... 163
- 第二节 目的语平行文本的使用 ... 164

第十一章 语料库 ... 166
- 第一节 语料库的分类 ... 166
- 第二节 常用语料库 ... 167
- 第三节 语料库在笔译实践中的应用 ... 169

第四编 译路同行

第十二章 科普文本翻译 ... 179
- 第一节 科普翻译特点 ... 179
- 第二节 科普翻译实践 ... 181

第十三章　新闻的翻译 ··· 198
第一节　新闻的文体特征 ··· 198
第二节　新闻文体编译实践 ··· 204

第十四章　旅游文本翻译 ··· 215
第一节　旅游文本文体特征 ··· 215
第二节　旅游文本翻译实践 ··· 215

第十五章　经济类文本 ·· 231
第一节　经济类文本特点 ··· 231
第二节　经济类文本翻译实践 ··· 231

第十六章　政要演讲 ·· 253
第一节　政要演讲文本特点 ··· 253
第二节　政要演讲翻译实践 ··· 254

第五编　译 犹 未 尽

第十七章　机器翻译译后编辑 ··· 277
第一节　术语准确性 ··· 280
第二节　一词多义 ··· 281
第三节　语法 ··· 281
第四节　格式 ··· 282

第十八章　审校、修改与润色 ··· 284
第一节　审校准备工作 ··· 284
第二节　审校、修改与润色 ··· 286

第一编 译言难尽

第一章
绪　论

对于一个语言专业的学习者来说,《圣经》中巴别塔的故事应该都不陌生。自从人类的语言变得不再统一,我们也仿佛在上帝的诅咒下失去了通天的能力,同时,翻译也就成为了不同语言之间交流的工具。但翻译究竟是什么?这个看似很简单的问题真正要回答起来,却很难用几句话说清。先看几个句子:

1. "小张毕业后在外企做了一名<u>翻译</u>。"
2. "请把这段文字的<u>翻译</u>写在下面的空白处。"
3. "最近我正在<u>翻译</u>一部小说。"

在上面的例句中,"翻译"这个词在不同的语境中意思是不一样的。第一句中,"翻译"指的是"翻译者",也就是翻译活动的主体。第二句中的"翻译"指的是"译文",也就是翻译活动的结果或成品。而我们真正想弄清楚的则是第三句话中的"翻译",也就是翻译过程。

那么,在这个层面上,翻译指什么呢?很多人在被问到这个问题时,第一反应就是:"翻译就是将一种语言转化成另一种语言的活动"。那么这样看来,翻译的对象应该就是语言了。可是在很多情况下,我们所要处理的问题却往往不仅局限在语言方面。比如,当我们形容事物发展得很快,会使用如"雨后春笋"这样的比喻。"春笋"是竹子的嫩芽,而竹子则是倍受中国人喜爱的植物,竹文化也是中国文化的重要组成部分。一想到"雨后春笋",中国人心中肯定能够联想出一场春雨过后,笋尖纷纷钻出地面那种生机勃勃的画面;然而这样一种意象翻译成英语后是否还能够保留?看到 to grow like bamboo shoots after rain 这样的表达,外国人心中是否能够唤起与中国人相同的联想呢?

因此,有人会说,在翻译"雨后春笋"时,应该以译语读者的理解为要义,译为 to grow like mushrooms 能够解决问题了,也由此将翻译的定义变成了"翻译就是为了对方的理解而将一种语言转化成另一种语言的活动"。然而在翻译过程中"春笋"这一意象却变成了"蘑菇(mushroom)",那么我们所做的转化仅仅是语言层面吗?还是包括语言之外的因素?这些因素会有什么呢?

我们再回到上述定义,翻译的目的是否只是"为了对方理解"呢?当中国人最初看到"克隆""沙拉""雷达"这样的词,以及英语读者看到 *ganbu*(干部),*hukou* (户口),*tuhao*(土豪)的时候应该都是一脸茫然,不知所云,然而,这并不妨碍这些词在另一种语言文化中大行其道,落地生根。那么,这样的语言行为并没有以"理解"作为目的,不也是一种翻译吗?

再如,以往我们将中文译作英语时,往往出于各种各样的原因,十分照顾英语读者的感受,在翻译过程中往往畏手畏脚,瞻前顾后;而对外来词语却基本采取"拿来主义",照单全收的态度。比如我们的传统食物"饺子"被译作"dumpling""馒头"译作"steam bun""豆腐"译作"bean curd",这些译法要么是套用英语中已有的类似食物名称,要么是根据食材、加工方法或形状而采取的意译手段。而对于外来语,汉语的态度则要"大度"得多,尤其是上世纪初,从日常用品、衣食住行(沙发、起司、吐司、梵阿铃、镭射、德律风)到科技、军事、哲学、艺术(克隆、坦克、沙文主义、芭蕾),有些词汇直接音译自英语,有些则经过了一番曲折的路径,先从其他语言经过英语,再以音译形式进入汉语的词汇系统。对于陌生的字眼,中国人并未完全排斥,或者无法排斥,只能在实际生活中将字面意思与实际所指的意思对应,慢慢适应了新词汇。随着时间推移,有些外来词已经成为汉语的一部分,有些则被汉语逐渐消化,褪去了原来的外壳,换上了与汉语的特点更加吻合的新外衣。如奶酪、面包片、激光、电话、小提琴等。那么"奶酪"与"起司"到底哪一个才算是翻译呢?

我们还常常见到很多名著的不同译本。同样的 Gone With the Wind 有全译本,也有摘译本;有适合阅读的汉译本,还有适合英语学习的双语译本;有的主人公译作斯嘉丽与瑞德,有的则译作郝思佳与白瑞德。《红楼梦》同样也被杨宪益、戴乃迭夫妇与 David Hawks 译成了风格迥异的不同版本。有些翻译作品读起来如行云流水,但与原作相去甚远;有些艰涩难懂,却最忠实于原作。那么,哪种才算是翻译呢?

我们再把翻译的定义修正一下,"翻译是在一定的文化背景下,为了交流的目的而将一种语言转化成另一种语言的活动"。问题仍旧存在。首先,我们翻译的只是"语言"吗?中国的汉乐府诗词《木兰辞》曾被改编成各种影视剧,并且还成了好莱坞经典动画片,近年再次登上大银幕,让中国观众看到了一个与传统形象截然不同的花木兰。动画片版木兰的肤色、电影版木兰的妆容,都曾引发过不少争议。那么,在木兰的外译和以新面貌回归故乡之间,翻译扮演了什么角色呢?这一过程中,翻译所译的是什么呢?即便是中国人来阅读并理解《木兰辞》,可能对于木兰的形象与精神也有不同理解,而在翻译过程中,语言与语言外的要素也在转化。

从以上讨论可以看出,翻译所涉及的不仅是语言之间的转换、文化的交流、译者的风格与读者的水平与接受等问题,有时甚至还涉及语言内部信息的阐释,以及语言与非语言要素之间的转换,因此很难全面定义翻译。雅各布森(Roman Jacobson)曾将翻译分成三类:

1. Intralingual translation or rewording is an interpretation of verbal signs by means of other signs of the same language.

2. Interlingual translation or translation proper is an interpretation of verbal signs by means of some other language.

3. Intersemiotic translation or transmutation is an interpretation of verbal signs by means of signs of nonverbal sign systems.[①]

第一种称为"语内翻译",指的是同一语言内部运用其他符号对语言符号的阐释;

第二种称为"语际翻译",这也是我们平时最常讨论的翻译,指的是通过其他语言对语言符号的阐释;

第三种称为"符际翻译",指的是运用非语言符号对语言符号的阐释。

---

① Jakobson, R. On linguistic aspects of translation [J], in: L. Venuti (ed.) Translation Studies Reader [M]. London and New York: Routledge, 2004.114.

可见，我们上面所讨论的翻译实际上是广义的翻译，即这三种翻译概念的总和。而我们最常接触到的翻译则是一种狭义的翻译，主要发生在语言之间，即第二种，语际翻译。

实际上，给翻译下定义的过程也就是对参与翻译过程的不同要素进行理解的过程，有些翻译的定义比较简单，其中囊括的要素比较少；而有些则比较复杂，不仅包括翻译过程的各要素，还包括对翻译标准或目的的阐释。这也代表了学者们对于翻译过程中要素的不同学术见解。接下来，我们会列举不同学派的学者对于翻译的定义，并借此了解人们对于翻译的认识经历了怎样的变化。

第一节 语言学派定义

翻译既然主要是语言之间的转化，那么从语言学角度去理解翻译是再自然不过的事情。语言学家卡特福德就曾如此定义翻译：

Translation may be defined as follows: the replacement of textual material in one language (SL) by equivalent textual material in another language (TL)[①].

这一定义中，卡特福德基于福斯（Firth）与韩礼德（Halliday）的语言学研究，从语言学视角解释了什么是翻译，认为寻求对等是翻译研究的核心。卡特福德的翻译定义常常被人诟病，因为真正的翻译绝不仅仅是纯语言的转换，而他所引证的例句也被批评为过于简单，未能体现真实语言的复杂性。但实际上卡特福德在下定义的同时已经对此进行了解释。

The use of the term 'textual material' underlines the fact that in normal conditions it is not the entirety of a SL text which is translated, that is, replaced by TL equivalents. At one or more levels of language there may be simple replacement, by non-equivalent TL material[②].

卡特福德强调翻译是发生在文本材料当中，并非文本当中，因此他所说的"对等"并非指参与翻译过程的文本之间的完全的对等，而只能是文本材料的部分对等。"卡特福德把 textual material 分为四个部分，即音位、字位、语法、词汇。在翻译过程中，只能做到一个平面上的对等（equivalent），而在其他的平面上只能做到对应（corresponding），而不可能同时做到对等"[③]。卡特福德提出了"翻译转换理论"，将转换分为"层次转换"（level shifts）与"范畴转换"（category shifts），为翻译学研究奠定了重要的基础。

相比卡特福德来说，另一重要代表人物尤金·奈达博士（Eugene A. Nida）的理论在中国翻译学界流传更广，接受度也更高。时至今日，他的"功能对等理论"仍旧有人在研究。奈达对于翻译的定义包含了他对于翻译标准的理解，他认为：

Translation consists in reproducing in the receptor language the closest natural equivalent of the source language, first in terms of meaning and secondly in terms of style[④].

奈达对于翻译过程与标准的理解与乔姆斯基的转换生成语法有很深的渊源，他的理论体系扎根于系统功能语言学。他的观点引发了很多争议，纽马克（Peter Newmark）、豪斯（Juliane

---

① Catford, J. A linguistic Theory of Translation [M]. London: Oxford University Press, 1995: 20.
② 同上。
③ 林克难 重新认识卡特福德翻译理论 [J]. 天津外国语学院学报，2001 (1): 4.
④ Nida, Eugene A.& Charles Taber. The Theory and Practice of Translation [M]. Leiden: E.J. Brill, 1969.12.

House)、科勒（Werner Koller）以及巴斯内特（Susan Bassnet）、皮姆（Anthony Pym）等人也对何为"对等"（equivalence）进行了很长时间的讨论。而他所提出的 Science of Translation 更是引发了翻译究竟是不是科学的争论。在下文的"翻译过程"与"翻译标准"部分，我们还会对他的"逆转换模式"与"功能对等"进行更详细的描述。

卡特福德、奈达与纽马克等人对于翻译的认识代表了翻译的语言学研究范式。这一研究模式将语言视为有规则的科学，因此好的翻译也需要遵守某种科学规则。比如，对比语言学会在词汇、句法、语篇等层面将源语与译语进行比较，并且为了实现对等而采取增减词、词义转换等翻译规则。然而，这种研究范式无法解决翻译过程中涉及的文体、语用、读者需求以及文化差异等方面的问题，翻译规则由于过分僵化而为人诟病。

第二节　功能学派定义

奈达以后，凯瑟琳娜·莱斯（Katharina Reiss）、汉斯·弗米尔（Hans J. Vermeer）、贾斯塔·霍尔兹-曼塔利（Justa Holz-Mänttäri）以及克里斯蒂安·诺德（Christiane Nord）代表的德国功能学派开始兴起与发展。功能主义派理论是以目的为主导的翻译标准多元化的理论体系，其对等观与传统语言学意义上的对等不同，而是倡导原文与译文功能上的对等，并认为这是一种特殊现象，以弗米尔倡导的"目的论"为代表。

弗米尔将翻译视为基于原文本的一种特殊行为，而只要是行为，就有目的。而译者就是要按照委托人的要求提交翻译文本。翻译过程中，译者作为专家，需要与委托人商议，根据译文的目的决定原文所扮演的角色，因此原文与译文可能在内容与目的上相同，也可能大不相同。弗米尔的观点如下：

Any form of translational action, including therefore translation itself, may be conceived as an action, as the name implies. Any action has an aim, a purpose. The word Skopos, is a technical term for the aim or purpose of a translation...

The translator is 'the' expert in translational action. He is responsible for the performance of the commissioned task, for the final translation. Insofar as the duly specified skopos is defined from the translator's point of view, the source text is a constituent of the commission, and as such the basis for all the hierarchically ordered relevant factors which ultimately determine the translation[①].

目的论强调源语在翻译中的地位，认为源语是译者信息的来源。但译者需要根据交际目的与功能来确定源语的地位与作用。比如广告文体中，源语广告的内容是译者的翻译依据，也是信息来源，但在与委托人沟通的过程中，译者需要针对译语的文化，以产品的推广以及目的语文化消费者群体的接受为目的进行翻译，而非根据源语语言本身进行翻译。因此 Coca-Cola 才会被译为"可口可乐"而非其英文名称的本义——原料古柯叶与可乐果，也非其名称的音译"蝌蚪啃蜡"（刚刚登陆中国市场的曾用名）。不过，目的论更多地运用在实用性较强的商业文本翻译中，在文学翻译方面常常受到质疑。并且，如果是译者来确定译语目的，那么无论什么样的译文都可以说是达到了目的，这也就导致译文的质量失去了判断标准。

---

① Vermeer, H. J. Skopos and commission in translational action [A], in: L. Venuti (ed.) Translation Studies Reader [M]. London and New York: Routledge, 2004. 221-222.

第三节 描述学派定义

上世纪七十年代末在比利时、荷兰等地涌现出一批学者。他们将翻译文学作为译语文学的一部分，不再从"规定性"（prescriptive）角度研究翻译，而是将翻译现象放在具体的译语文化中，描述翻译现象，称为翻译研究中的"描述学派"。代表人物有詹姆斯·霍尔姆斯（James S. Holmes）、伊塔马·埃文-佐哈尔（Itamar Even-Zohar）、吉迪恩·图里（Gideon Toury）、西奥·赫曼斯（Theo Hermans）、苏珊·巴斯内特（Susan Bassnett）以及安德烈·勒菲弗尔（André Lefevere）。其中，霍尔姆斯提出了翻译学的命名方式，并且对于翻译研究的目标以及所要解决的问题进行了勾勒，将翻译研究分为三个分支，分别是：描述性研究（descriptive）、理论研究（theoretical）以及应用研究（applied）。为翻译学成为一门独立学科奠定了重要基础。

以色列文学理论家埃文-佐哈尔提出了"多元系统论"（Polysemy system），对翻译文学在文学系统中的定位进行了研究。他认为，翻译规范、行为与政策与翻译文学在某一文化系统中的位置有重要的关系。当原创文学处于幼年阶段，或者处于重大变革时期，翻译文学会成为中心位置，并且成为译语文化的主导规范，译者也更加倾向打破译语规范，使译文更加贴近于原文；而当翻译文学处于边缘位置时，则更需要顺应中心文化的规范，而译者则更注重译文的可接受性。

In other words, not only is the socio-literary status of translation dependent upon its position within the poly system, but the very practice of translation is also strongly subordinated to that position. And even the question of what is a translated work cannot be answered *a priori* in terms of an a-historical out-of-context idealized state; it must be determined on the grounds of the operations governing the poly system. Seen from this point of view, translation is no longer a phenomenon whose nature and borders are given once and for all, but an activity dependent on the relations within a certain cultural system.①

佐哈尔对翻译的见解很多是围绕文化研究进行的。在他看来，翻译是文化多元系统的一个要素，受到多种因素制约，并且也会影响其他因素：

In a target system B, either within the same polysystem or in a different polysystem—depending on whether it is stable or in crisis, and whether it is strong or weak, vis-a-vis a source system A—a target text b will be produced according to transfer procedures plus the constraints imposed upon them by the intra-target-polysystem relations, both governing and governed by the target-polysystem repertoire of existing and non-existing functions②.

描写学派另外一位代表人物，也是佐哈尔的同事图里（Gideon Toury）也从社会文化维度讨论影响翻译过程的要素。他认为翻译属于译语语言系统这一事实并不意味着译语语言系统的一切事实均可被视为翻译，那么在目标文化系统中如何区分翻译与非翻译呢？图里认为：

A translation will be any target language text which is presented or regarded as such in a target

---

① Even-Zohar, Itamar. The Position of Translated Literature within the Literary Polysystem [J]. Poetics Today, 1990, 11(1):51.
② 同上，页码 78。

system, on whatever grounds①.

可以看出，图里完全将翻译视为了译语语言系统的一部分。因为在他看来描述学派无论是研究译文还是重构翻译过程，前提都是要将翻译视为目标系统下的产物。同时，译文的产生会受到社会文化方方面面因素的影响。

In its socio-cultural dimension, translation can be described as subject to constraints of several types and varying degrees. These extend far beyond the source text; the systemic differences between the languages and textual traditions involved in the act, or even the possibilities and limitations of the cognitive apparatus of the translator as a necessary mediator. In fact, cognition itself is influenced, probably even modified by socio-cultural factors. At any rate, translators performing under different conditions (e.g., translating texts of different kinds, and/or for different audiences) often adopt different strategies, and ultimately come up with markedly different products.②

在这段论述中，图里指出，描述翻译过程时必须考虑社会文化因素及其作用。同时，由于译者本身也身处在某一特定的社会文化中，因此其认知也不可避免地受到影响，产出不同的译作。因此可以看出，图里对于翻译的描述还考虑了译者在翻译过程中的作用。我们注意到，相当多情况下，翻译过程中的原文、译文乃至作者、读者都是翻译研究所关注的对象。然而，尽管译者是翻译行为的主体，但在很多翻译的定义和翻译过程的描述中，译者往往是被忽略的。图里的这一论述无疑可以使译者得到应有的重视。此外，图里还从描述学派的角度，将翻译标准从译文与原文是否"对等"这样以原文为中心的规定性研究，转至以目的语规范与惯例为中心的描述性研究。而描述性翻译研究也成了译学研究的一大范式转变，语料库翻译研究、译者的翻译过程研究等也都是这一研究范式的具体体现。

1985 年，赫曼斯（Theo Hermans）出版了论文集《文学的操控》（The Manipulation of Literature），将翻译研究的焦点放在翻译活动的历史背景，对原文的操控，以及翻译文本在译语文化系统中的作用上。赫曼斯认为：

From the point of view of the target literature, all translation implies a degree of manipulation of the source text for a certain purpose③.

翻译研究的重点进一步转移至译语言。而操纵学派的代表人物勒菲弗尔更是进一步将翻译视为对原文的改写（Rewriting）：

Translation is, of course, a rewriting of an original text. All rewritings, whatever their intention, reflect a certain ideology and a poetics and as such manipulate literature to function in a given society in a given way. Rewriting is manipulation, undertaken in the service of power, and in its positive aspect can help in the evolution of a literature and a society④.

勒菲弗尔认为影响改写的因素包括意识形态（ideology）、主流诗学（dominant poetics）

---

① Toury.G. A Rationale for Descriptive Translation Studies, in: T. Hermans. The Manipulation of Literature [M]. London: Routledge, 2014. 20.

② Toury. G. Descriptive Translation Studies and Beyond [M]. Amsterdam / Philadelphia: John Benjamins Publishing Company, 1995. 54.

③ Hermans. T. The Manipulation of Literature [M]. London: Routledge, 2014. 11.

④ Lefevere, A. Translation, Rewriting and the Manipulation of Literary Fame [M]. London and New York: Routledge, 1992. vii.

以及赞助人（patronage），意识形态是译语语言文学系统内部的制约因素，而赞助人则在该系统之外施加影响，使其不至于与其他社会系统脱节[1]。

1990 年，巴斯内特与勒菲弗尔共同撰文提出了"翻译研究的文化转向"。他们认为，对翻译实践的研究已经超越了形式主义的阶段，并开始考虑有关语境、历史和传统这样更广泛的问题：

> Once upon a time, the questions that were always being asked were 'How can translation be taught?' and 'How can translation be studied?' Those who regarded themselves as translators were often contemptuous of any attempts to teach translation, whilst those who claimed to teach often did not translate, and so had to resort to the old evaluative method of setting one translation alongside another and examining both in a formalist vacuum. Now, the questions have changed. The object of study has been redefined; what is studied is the text embedded in its network of both source and target cultural signs and in this way Translation Studies has been able both to utilize the linguistic approach and to move out beyond it[2].

巴斯内特认为，翻译研究曾经十分不受重视，在应用语言学、文学以及文化研究中都十分边缘化。而 1976 年的卢汶会议（Louvain Colloquium on Literature and Translation）使翻译研究成为一门学科。当翻译与文化研究最终携手共同发展，其潜力巨大。与翻译研究的文化转向相比，文化研究的翻译转向发展较慢，同样应该受到重视。

第四节　认知学派定义

二十世纪九十年代，以格特（Ernst-August Gutt）为代表的认知学派将翻译与斯博伯（Dan Sperber）和威尔逊（Deirdre Wilson）所提出的语用学关联理论相结合，将翻译视为一种明示-推理交际活动（ostensive-inferential communication），因为有译者的参与，比一般的交际活动更为复杂。译者需要采取直接翻译（direct translation）或间接翻译（indirect translation）的方式处理原文中的明示（explicature）与隐含（implicature）信息。在直接翻译中，译者最大程度忠实于原文中的内容与形式，读者则需要自己对原文的明示与隐含信息进行推理，对信息的变化进行补偿；而间接翻译传递的是原文所包含的信息，译文要达到与原文相同的"解释性相似"（interpretive resemblance），译者可以根据原文进行必要的删改，而读者则不需要了解原文作者所写的内容是什么，或者译者曾经做过什么样的处理。格特将直接翻译、间接翻译与直接引语、间接引语相类比。直接引语是源语的最大化相似，而非完全复制；间接引语是源语的最小化相似，但也不是完全脱离源语。直接翻译、间接翻译与源语的关系也是这样。

> ...all instances of human translation can be accounted for as instances of ostensive-inferential communication.
>
> ...
>
> Translation is simply interpretive use, the only difference from other instances of interpretive

---

[1] Lefevere, A. Translation, Rewriting and the Manipulation of Literary Fame [M]. London and New York: Routledge, 1992. vii. 11-40.
[2] Bassnett, S., & Lefevere, A. Translation, History and Culture [M]. London and New York: Pinter Publishers, 1990. 12.

use following from the fact that the original and its report happen to be in two different languages[①].

关联翻译理论的内容在第四章第三节还会有相关介绍。

第五节　解构学派定义

随着译学文化转向的发展，主张多元性看问题，颠覆二元对立的解构主义也成为翻译研究的新视角。解构学派认为翻译应该"存异"而非"求同"，不再将译作放在屈从于原作的地位，而是视其为与原作的和谐共处与补充。解构主义大师德里达认为：

...Nothing is more serious than a translation. I rather wished to mark the fact that every translator is in a position to speak about translation, in a place which is more than any not second or secondary. For if the structure of the original is marked by the requirement to be translated, it is that in laying down the law the original begins by indebting itself as well with regard to the translator. The original is the first debtor, the first petitioner; it begins by lacking and by pleading for translation[②].

世上最严肃的事莫过于翻译。我更想指出的是，所有译者都有权讨论翻译，因为译者的地位绝非次要或从属的。因为从译者角度出发，如果原文具备被翻译的结构特点，那么正是制定了法则，使自己背负债务，原文才得以产生。原文是第一债务人、第一请愿人。自产生之时起就需要被译、请求被译。

德里达通过讨论翻译问题对自己的哲学思想进行了阐释，而韦努蒂（Lawrence Venuti）则在施莱尔马赫（Friedrich Schleiermacher）与德里达的解构思想基础上提出了异化的翻译策略，并从翻译角度探讨了政治文化中存在的霸权。

I want to suggest that insofar as foreignizing translation seeks to restrain the ethnocentric violence of translation, it is highly desirable today, a strategic cultural intervention in the current state of world affairs, pitched against the hegemonic English-language nations and the unequal cultural exchanges in which they engage their global others. Foreignizing translation in English can be a form of resistance against ethnocentrism and racism, cultural narcissism and imperialism, in the interests of democratic geopolitical relations[③].

韦努蒂认为翻译不能仅仅局限于忠实，不能为主流文化群体的利益所左右，而应该面对文化差异，使翻译对本土文化有创造作用。在全球化的大背景下，文化交流不断加强，而翻译也很大程度上受到西方强势文化的影响。尤其是在译语与源语文化势差对比较大的情况下，翻译如何能够一方面为译语为弱势文化群体的利益服务，一方面不使该文化受到强势源语文化的入侵，是一个值得探讨的问题。罗宾逊（Douglas Robinson）认为，必须超越翻译是纯语言学和文本活动的传统观念，拓展翻译研究的边界。一些后殖民国家，尽管摆脱了宗主国在主权上的控制，但在文化与语言上却仍旧带有很强的后殖民主义色彩。在这样一些国家里，翻译是伴随生活而随处可见的。这无疑又进一步扩展了翻译的概念。而女性主义研究者则试

---

① Gutt. Ernst-August, Translation and Relevance. 见：刘军平，西方翻译理论名著选读 [M]. 武汉：武汉大学出版社，2012. 206，211.

② Derrida, J. Acts of Religion [M]. New York and London: Routledge, 2002. 118.

③ Venute, L. The Translator's Invisibility. London and New York: Routledge, 1995. 20.

图推翻翻译作品的附属地位，强调女性译者的参与及贡献。

随着人们对于翻译这一跨文化交际活动的研究不断深入、认识不断扩展，翻译研究领域也逐渐具有跨学科特点，翻译学与文学、心理学、社会学等学科结合，为我们打开一扇扇了解翻译过程和标准的大门，使我们对于翻译活动与学科的认识更加科学完善。

【课后练习】

1. 请尝试为翻译下定义。并且分析这一定义中包含了翻译的哪些要素，缺少哪些要素？
2. 认真分析本章所介绍的各学派对翻译的定义，你更认同哪种观点？为什么？

第二章
翻译的过程

了解了翻译的定义,在开始着手翻译之前,还需要对翻译的过程有所了解。谈到翻译的过程,很多翻译学习者或从业人员都会直接回答:翻译的过程不就是先理解再表达吗?然而,当我们对于相关研究更加细致地了解并梳理后,我们会发现,翻译的过程可以从不同角度、不同侧重点进行描述。

首先,从译者的工作流程角度出发,翻译过程可以分为理解、表达与润色三个阶段。其次,从语料的处理方式来看,不同的理论均提出过不同的模式,对翻译过程进行了描述。这其中最著名的模式包括:奈达的逆转换模式、贝尔的心理语言学模式、目的学派的环形翻译模式、霍尔姆斯的"双图式双层面文本级"翻译模式、菲尔莫尔的场景-框架语义学翻译模式、斯坦纳的阐释学模式以及生态翻译学的"适应/选择"翻译过程。

第一节 逆转换模式

逆转换模式(Back Transformation)是由尤金·奈达博士于二十世纪六七十年代所提出的。其理论基础为乔姆斯基的转换生成语法。包括乔姆斯基在内的很多语言学家认为,所有语言,无论表面有多么复杂精巧,实际都存在简单的共核,或称核心结构(Kernel Structure)。奈达认为,翻译过程实际上是对源语的分析(Analysis)、核心结构的转换(Transfer)与重构(Restructuring)的过程。而逆转换就是"从语言的表层结构到深层核心结构的分析过程"[1]。

奈达将翻译过程分为三个阶段(见图2-1)——分析(Analysis)、转换(Transform)与重构(Restructuring)。第一阶段的分析过程中,译者将结构复杂、语义模糊的表层结构(Surface Structure),如短语、复杂句等,转化为一些结构简单、语言简单的深层结构(Deep Structure),即核心结构(Kernels),认为它们是"语言借以构建精妙表层结构的基本结构元素"[2]。在分析过程中,首先,译者要决定词与短语之间的关系;其次,要了解词与特殊短语(如习语)的所指意义;最后是内涵意义,也即语言使用者对词汇或短语积极或消极的反应[3]。

---

[1] Nida, E and Taber. The Theory and Practice of Translation [M]. Leiden: Brill, 1969.39.

[2] 同上,页码34。

[3] 同上,页码39。

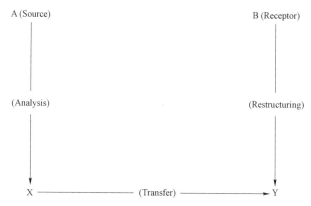

图 2-1　奈达的三阶段翻译体系①

在第一步以语法分析为主的过程中，奈达摒弃了传统的词性分析，认为译者需要从语义角度入手，根据 O.E.A.R 原则对原文文本进行分类分析。O.E.A.R 是几个要素构成的缩略语，其中 O（Object）指的是正常参与事件的实体或类别；E（Event）指行为、过程或发生的事件；A（Abstract）指在数量、质量、等级、事件以及摘要方面有其唯一所指意义的表达；R（Relation）表示连接词。奈达认为天地之间所有的体验都可以分为这四类②，而这四类要素之间的关系就构成了最核心的结构。

接下来的活动则围绕核心结构进行。由于两种语言经过第一阶段的分析后，表层结构不同所导致的语义模糊性被大量去除，在核心结构这一层面的共同点较多，转换活动也更多地发生在这一层面。这一阶段称为转换（Transfer），也就是将源语的核心结构转换为译语的核心结构。在这一过程中，译者不能够简单地将源语核心结构一对一转换为译语，而需要考虑到核心结构之间的时序、空间及逻辑关系，否则译语中的核心结构之间将无法形成联系而使译文支离破碎；译者还应该关注文化差异影响所致的语义差异，尤其是一些习语及修辞手法。这些表层结构有其特殊性，在第一阶段就不应该被分析为核心结构，在转换过程中应该被其他功能上相近的结构所代替。在核心结构转换过程中，译者还需要尊重译语的语言习惯，避免翻译腔。不能只顾满足语言结构，而不顾译语读者的感受。

理论上来看，第三阶段的重构与第一阶段的分析是相反的过程。在这一过程中，经过转换的核心结构与上述经过语义转换的习语、修辞等结构合成为新的表层结构。而在这一过程中，译者还要注意以下三点要素，以达到奈达所说的"动态对等"，也就是之后的"功能对等"。首先，译者必须要注意语言的多样性。这不仅仅体现在语言之间，在语言内部的多样性同样重要。因此，翻译过程中就需要对原文进行语域分析，将不同的语言使用者、不同的使用方式与场合等因素考虑在内。其次，译者还需要对源语及译语的风格标记进行分析。选词、句式长短、过渡语、句子成分之间的关系等均会对文本的风格产生影响。奈达从效率（Efficiency）与特效（Special Effects）以及形式（Form）与词汇（Lexical）编制了双向四要素的风格标记分类法（见图 2-2），但在重构过程中，译者则需对比源语及译语的差异，以译语的风格标记特点为主，不能盲目模仿源语的风格标记。

---

① Nida, E and Taber. The Theory and Practice of Translation [M]. Leiden: Brill, 1969. 33.
② 同上，页码 37-38。

图 2-2 双向四要素的风格标记分类法[①]

最后，在重构过程中，译者还应该征求专业人士建议，从接受者角度提出建议。这些专业人士不需要在某种文体风格的写作方面有专长，但可以提供建设性的意见供译者参考。

"奈达理论的核心是摆脱词汇具有固定意义的旧观念，转向从功能角度对意义进行定义，即词汇可通过其语境'获得'意义，并能根据文化产生不同的反应"[②]。特伦斯·霍克斯认为，"研究翻译过程的第一步必须承认，虽然翻译是语言活动的核心，但它更应该属于符号学，即研究符号系统或结构、符号过程和符号功能的科学"[③]。奈达的逆转换翻译模式虽然以语言学为基础，但实际上将翻译视为了解码（Decoding）与再编码（Recoding）的过程，因此也同样具备符号学特征。但在解码、再编码过程中，奈达还是加入了很多译者需要考虑的因素，并非仅仅将语言看作是单纯的文本符号。然而在实际应用过程中，很多人还是将这一模式简单化，并且认为这一模式仅适合以非文学翻译为主的机器翻译。

随着语言学的发展与信息技术的进步，对于语言的分析与重构已经不是什么难题。然而如何在分析过程中注意深层意义，在重构过程中注意文体与风格，这些要素以目前的技术手段来看还是难点，必须借助人的力量才能完成。

第二节　贝尔的心理语言学模式

罗杰·贝尔（Rodger Bell）同样是从语言学角度探讨和研究翻译问题，但他践行得更彻底一些，"试图从系统语言学和语篇语言学的角度来研究翻译问题，努力寻求一种'客观的'方法去描写翻译现象"[④]。针对纽马克的观点，他认为，"译者在文本中所面临的看似混乱的变异，以及翻译理论不可避免的不可预测性，导致一些人甚至否定了创造一个'单一有效的综合翻译理论'的可能性，转而强调翻译活动的'主观的'、'巧妙的'本质"[⑤]。同时，他更是针锋相对地指出，有些译者"有时则干脆绝望了……仅仅依靠轶事，依赖个人经验以及将'普遍原则'进行泛化的现象仍旧十分普遍"[⑥]。

贝尔将"translation"一词进行了更加细致的分析，认为这一词可以指：translating（翻译过程）、a translation（翻译的成果即译文）以及 translation（包含翻译过程与结果在内的抽象概念）。他认为当下的翻译研究大多聚焦于翻译结果，而忽略了翻译过程，而后者主要是一个

[①] Nida, E and Taber. The Theory and Practice of Translation [M]. Leiden: Brill, 1969. 146.
[②] Munday, J. Introducing Translation Studies [M]. London and New York: Routledge. 65.
[③] Bassnett, S. Translation Studies [M]. Taylor & Francis e-Library. 2005.22.
[④] 王克非，张美芳. 导读. 见：Bell, R. 翻译与翻译过程：理论与实践 [M]. 北京：外语教学与研究出版社. 2001. F26.
[⑤] Bell, R. 翻译与翻译过程：理论与实践 [M]. 北京：外语教学与研究出版社. 2001.9.
[⑥] 同上，页码10。

心理过程，必须在心理研究、信息处理与记忆以及认识科学框架下进行描述[①]。鉴于翻译是一种以语言为主的活动，因此在翻译过程描述中需要借助心理语言学以及社会语言学的研究成果，对译者的思维、在文化背景下的源语文本及译语文本进行考察。

贝尔十分擅长运用图表以及统计的方法，在他的著作中不乏复杂的流程图与表格。在下面的图2-3中，他将自己的翻译模式以最简约的方式呈现出来：

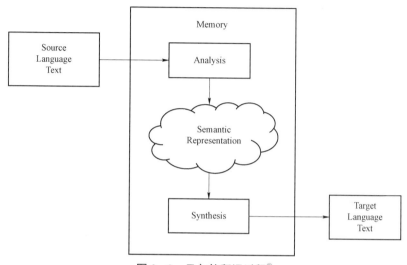

图2-3 贝尔的翻译过程[②]

在这一模式下，贝尔重点关注了译者记忆这一神秘的"黑匣子"，将译者记忆的发生过程展示如下：首先分析源语，转化为普遍的（universal）非具体语言的（non-language-specific）语义表述（semantic representation），其次再将"语义表述"中的信息进行综合（synthesis），变成译语语篇[③]。

贝尔提出，译者探索翻译问题的模式应该是运用归纳与推理的方法，将观察到的翻译现象进行解释与验证。他将传统语义学、语篇语言学与语用学结合，重点讨论了什么是意义。译者不仅需要了解词义、句义，还需要了解语篇意义及话语功能，将关注的对象从语言形式转为语言功能。因此，在理解过程中，译者不仅要了解两种语言在语音、文字、词汇、语义以及句法方面的特征，还必须进行语篇分析，了解语旨（Tenor）、语式（Mode）、语场（Domain）等语言使用标记，才能够将翻译问题与社会因素相联系。对于语篇意义的分析与合成都需要激活译者所储备的知识与技能。贝尔运用心理语言学，论述了信息的获取、组织、保存以及提取过程。任何译者所面对的翻译环境都是真实而嘈杂的"聚合体"（Aggregate），这些聚合体之间是有界限的，通过感官被译者感知后转化成携带信息的"整体"（Whole），而将无序的聚合体变成有序的整体这一过程之所以可能，是由于译者对于概念化的"系统"（System）的认识。而相对于"聚合体"与"整体"这些真实世界具象的实体来说，"系统"则是一个抽象概念，只存在于译者的思维系统中。

[①] Bell, R.翻译与翻译过程：理论与实践［M］.北京：外语教学与研究出版社.2001.13。

[②] 同上，页码21。

[③] 同上，页码20。

贝尔对于文化要素的关注度不高,但他所提出的翻译模式尝试解开译者的大脑工作之谜,对于近年来越来越多运用在翻译中的人工智能科学发展起到了重要作用。

第三节 诺德的"环形翻译模式"

作为功能学派的代表人之一,克里斯蒂娜·诺德(Christiane Nord)将译文的功能作为衡量译文质量的最重要的标准之一,认为"使翻译过程得以运行的并非等值翻译理论所假设的源语文本、源语文本对其接受者的效果或者作者赋予源语文本的功能,而是由发起者的需要所决定的目标语文本的既定功能或者目的……"[1]。

翻译过程常常或被分解为"理解(解码)"与"综合(重构、编码)"两个阶段,或者在这两个阶段过程中加入转换活动这样一个中间阶段,但总体来说,翻译过程呈线性发展。而诺德认为,"翻译不是一个从出发点(源语文本)到终点(译语文本)的线性的、渐进的过程,而是一个循环、递归的过程,其中包括不确定数量的反馈环,在反馈环中我们可以,甚至最好要返回到分析的前期阶段"[2]。

并且,无论是两阶段还是三阶段模式都基于同样一个前提,那就是:源语文本分析是翻译转换的前提条件,转换过程中需要依据源语文本所具备特定功能,向译语文本情景进行转换。但诺德认为,"文本功能存在于交际情景中并由其确定,这既适用于源语文本,也适用于译语文本。所以,并不存在具有内在功能的源语文本这一说法"[3]。译者只是源语文本众多可能的接受者之一,其所理解的源语文本的功能并不一定就是源语文本的功能。

在诺德看来,"作为作者意图的产物,文本在其被实际接受之前一直处于临时状态。是文本的接受完成了交际情景并定义了文本功能。可以说,文本作为一种交际行为是由接受者完成的"[4]。而如果文本的接受完全取决于某个时间地点等要素下翻译的具体条件,那么要想找到一个对译文质量进行评价的标准就很难,因此需要找到一个严格的、尽可能全面的文本分析模式以控制源语文本的接受,同时还需要有严格的"翻译说明"来明确界定译语文本功能。这样才能够使译者找到依据,对译文的接受进行评价。

因此在诺德的翻译模式中,第一步并不是直接对源语文本进行分析,而是对译语文本的目的进行分析和/或理解。只有这样才使源语文本分析有了依据、处理源语文本的特征因素得以确定。

第二步是对源语文本进行分析,由两部分构成。第一部分,译者只需粗略了解源语文本与翻译纲要中所提的要求是否一致。一般来说,委托人所给出的翻译纲要往往十分简要,如"将原文译为英语""语言准确""符合某某年龄段的读者"等。在第二部分,译者则需要详细、全面地对文本进行分析,重点关注那些对于生成符合译语文本目的的文本有重要作用的要素。各要素之间的关系还可以分成两大类:文外因素(External Factors)与文内因素(Internal Factors)。

---

[1] Nord, C. Text Analysis in Translation [M]. Amsterdam-New York: Rodopi. 2005.10.
[2] 同上,页码 34。
[3] 同上,页码 36。
[4] 同上,页码 18。

其中文外因素包括：发送者（Sender），发送者意图（Intention），接受者（Recipient），媒介（Medium），交际地点（Place），交际时间（Time），交际动机（Motive），以及文本功能（Text Function）。文内因素包括：内容（Content），题材（Subject Manner），前提（Presuppositions），文本构成（Text Composition），非语言成分（Nonverbal Elements），词汇（Lexis），句型结构（Sentence Structure），以及超语段特征（Suprasegmental Features）。

接下来，译者需要依据 WH 问题链（见图 2-4），针对发起人给出的翻译纲要，或者据此向发起人询问翻译纲要，对译语文本各个方面进行分析，再通过分析源语文本确定上述各因素的特征，并且使各因素的重要性与翻译纲要相一致。

```
Who transmits                          On what subject matter
        to whom                                     does she/he say
what for                               what
by which medium                        (what not)
where                                  in what order
when                                   using which non-verbal elements
why                                    in which words
                                       in what kind of sentences
with what funcion?                     in which tone
                                       to what effect?
```

图 2-4 诺德 WH 问题链[①]

"通过包含文内和文外因素的全面文本分析模式，译者能够确立源语文本在文化情景下所具有的功能，然后将此与发起者要求的译语文本在文化情景下的（潜在）功能相比较，从而确认、分离那些在翻译时需要保留或者调整的源语文本成分"[②]。

对源语文本进行分析的过程中，译者将根据译语文本目的对源语文本进行改写，使之与译语成分相匹配。如上文所述，诺德翻译模式的一大特点就是将翻译过程视为一个"环形"的循环过程（见图 2-5）。这个循环不仅发生在源语文本分析与译语文本之间、还发生在源语文本情景与源语文本之间、译语文本情景与译语文本之间等，也就是说，在翻译进行过程中每向前一步，"译者都要'回顾'已分析过的因素，分析和理解过程中获得的任何知识都要随着以后的发现而相应纠正或确认"[③]。

诺德的文本分析模式主要应用在翻译培训中，学习者需要将文本分析模式与翻译说明一起使用。由于这一模式对于文本类型、源语与译语、译者的水平都没有任何限制，在翻译教学过程中得到了广泛回应。然而在翻译实践中，这一循环往复的翻译过程以及复杂的文本分析模式仍旧受到了不少诟病。正如 Pym 所说，"考虑一下任何人要想完成诺德分类所需的努力吧。……尽管在第一轮要回答 76 个问题可能很有用，但学生如果希望快速完成工作必须接受训练。因此，该模型的主要优点是，它可以最终让所有人都意识到，文本是有功能的"[④]。这一模式过于理想化，在教学过程中或许能帮助学生树立正确的翻译思维，而在翻译实践中却很难实现。

[①] Nord, C. Text Analysis in Translation [M]. Amsterdam-New York: Rodopi, 2005. 39.

[②] 同上，页码 24。

[③] 同上，页码 38。

[④] Pym, A. On Nord's Text Analysis. https://usuaris.tinet.cat/apym/on-line/reviews/nordreview.html 引用日期：2022.1.24.

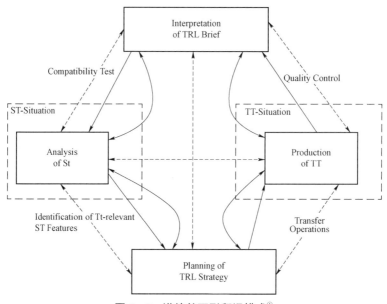

图 2-5　诺德的环形翻译模式①

第四节　霍尔姆斯的"双图式双层面文本级"翻译模式

詹姆斯·霍尔姆斯所提出的"双图式双层面文本级"翻译模式（two-map two-plane text-rank）以文学翻译，尤其是诗歌翻译为基础。霍尔姆斯认为，奈达的逆转换模式存在根本缺陷，因为其将文本视作一系列有序的（serial）语言单位进行对应。而在他看来，文本"既是有序的又是结构化（structural）的，也就是说，人们一旦阅读文本后，瞬时就会将该与文本相关的数据以数组形式保留下来"②。因此，翻译应该是发生在两个层面上的：在序列层面上以句对应的形式进行翻译，在结构层面上，原文文本得以抽象化，形成"心理概念/印象（mental conception）"。在此认识基础上，霍尔姆斯提出了"双图式双层面文本级"翻译模式（见图 2-6）。

与此同时，霍尔姆斯还针对不同翻译阶段提出了三套规则，分别为 DR（Derivation Rules，推导规则），CR（Correspondence Rules，对应规则），与 PR（Projection Rules，投射规则）。他认为，文学翻译过程可以分为三个阶段。第一阶段中，译者与大部分读者相似，运用推导规则将源语信息抽象化，形成源语图式（Map TSL）；第三阶段中，译者与作者相似，通过投射规则将译语图式（Map TTL）具体化为译语。而第二个阶段，译者如何通过对应规则，将源语图式对应到译语图式最为重要，也是翻译过程最特殊、最值得注意的阶段。

文学翻译过程中，译者面对的信息纷繁杂乱，其中有语言语境信息、文学互文性信

---

① Nord, C. Text Analysis in Translation [M]. Amsterdam-New York: Rodopi, 2005.41.39.
② Holmes, J. S. Translated! Papers on Literary Translation and Translation Studies. 北京：外语教学与研究出版社，2007. 82.

息以及社会文化信息。而身处不同的信息中，译者在对应源语图式与译语图式的过程中常常要面对两个困境：一是源语与译语在文本格式、功能与意义之间往往存在不对等；二是对应关系之间存在一定的相互依存关系。某一种对应关系的选择会影响其他对应关系的选择。

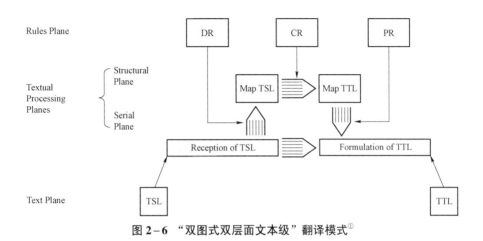

图2-6 "双图式双层面文本级"翻译模式①

在翻译中文的旅游文本时，图式模式可以发挥很大的作用。中文旅游文本的一个显著特征是注重语言描写、典故等。在翻译过程中，译者需要将源语信息进行升华，形成记忆中的整体图式后再进行转换，而非在语言层面直接转换。

第五节 场景-框架语义学翻译模式

场景-框架语义学以认知语言学为基础，由菲尔莫尔（Charles J. Fillmore）提出。他认为，意义的获取过程应该是"人首先掌握整个场景或体验的标签，然后掌握这些场景中可分离部分的标签，最后掌握用于示意图或抽象场景的标签库以及可独立于首次出现在某些场景中的实体标签库。在这一认识基础上，他提出"人们在学习语言时，会将某些场景与某些语言框架联系起来"②。这里的"场景"不仅包括视觉场景，还包括熟悉的人际交往、标准场景，熟悉的布局、制度结构、成就经验，身体形象；以及总体上任何关于人类信念、行动、经验或者想象等有连贯性的片段，无论大小，都可称为"场景。"框架"则指任何语言选择系统（最简单的情况是单词的集合，但也包括可能与场景的原型实例相关联的语法规则或语法类别的选择）。

人们在掌握了场景与框架之间的联系后，就可以使不同场景与框架之间相互激活。框架可以与其他框架发生关联；而场景中的不同实体之间、场景之间的关系，场景中物质之间或场景发生的上下文之间具有相同性或相似性，这就使场景与场景发生关联。

对于为何要区分场景与框架，菲尔莫尔认为，在很多情况下，即使是非常熟悉的场景，

---

① Holmes, J. S. Translated! Papers on Literary Translation and Translation Studies. 北京：外语教学与研究出版社，2007. 83.
② Fillmore, C. Scenes-and-frames Semantics. In: Zampolli, A. Linguistic Structure Processing [M]. Amsterdam, New York, Oxford: North-Holland Publishing Company, 1977. 63.

在说话人所处的框架中却没有直接激活该场景的语言编码选项。他举了语言学家华莱士·查夫（Wallace Chafe）所提到的一个例子。Traffic cone 在日常交通中很常见，但很多人都不清楚其正确名称，而当人们了解到该事物的名称后，场景并没有发生改变，改变的只是框架。

受菲尔莫尔的场景-框架理论影响，德国语言学家，翻译学家保罗·库斯莫尔（Paul Kussmaul）明确了场景和框架之间的关系类型，并由此提出了场景-框架翻译模式，分别为 frame-into-scene（框架进入场景），changing the frame（改变框架），scene-into-frame（场景进入框架），同时他还提到了一种常见的情况就是 "a frame can often be adequately rendered by the same frame"①。

这四种模式放在英汉翻译情形下可以有以下的解读。当源语中的框架无法直接移植到译语中时，我们往往会将其中的场景提取出来，放在译语的框架中，这就是框架进入场景模式。例如 traffic cone 一词的汉译，如果直接将原来的框架移植过来，可译为"交通锥"，但如果将该实物的场景提取出来，放在汉语语境框架中，更加贴切的译法则是"锥筒"，而"traffic"这样的词汇相比"cone"这一视觉场景来说，并非主要因素，可以忽略。

改变框架则指在翻译过程中，源语与译语的框架存在很大不同，导致源语场景很难进入译语框架。这个时候可以采取直接将源语框架改变为译语框架，从而可以使源语场景一并移植。译法上可以选择"套译"，即运用适合译语语境的固定表达来替代源语语境中的固定表达。在翻译过程，一些习语、谚语的场景在脱离原文的框架后就难在译文的框架中被激活，这个时候就需要借助译语的框架。比如在本教材最开篇时提到的"雨后春笋"的翻译就是如此，在英译时只能借助英语的框架译为"to grow like mushrooms"，才能使其语义得以激活。

在译语框架可以激活源语场景的时候，就可以使用场景进入框架模式，有必要的时候也要采取适当的辅助手段，如增译、加注等。如中文的特色词汇在英译过程中除了进行音译、直译，往往还需要进行增补或添加注解以帮助激活译语读者记忆中的场景。

Kussmaul 所提出的最后一种模式在双语转换中十分常见，因为人类总是存在共同经验，因此不同的语言中常有基本类似的框架帮助激活记忆中的场景。这一模式与改变框架模式看上去有些相似，但其重点在于译语框架并未做出改变，而是被几乎相同的框架所取代。就如同有些人虽然习惯了使用苹果手机的 ios 系统，但换成安卓系统后还是能够很快上手一样，类似的框架使得同一场景得以顺利激活。

第六节　斯坦纳的解释学翻译过程

乔治·斯坦纳（George Steiner）从哲学的角度来理解翻译，认为翻译是人类最基本的交流活动，无论是语际、语内还是符际翻译，其本质其实都是语言的产生与理解过程。从解释学视角来看，翻译的过程可以分为以下四步：

---

① Kussmaul, P. A cognitive framework for looking at creative mental processes [A]. In M. Olohan (Ed.), Intercultural Faultlines: Research Models in Translation Studies I: Textual and Cognitive Aspects [C]. Manchester: St. Jerome.63-64.

第一步是信任（trust）。在开始翻译前，译者要对"文本是有意义的"这件事充满信任，这种信任的基础是世界是连贯的，尽管有些时候意义是通过非常不同，甚至是相反的语义表达出来的，但翻译活动就始于这种信任。

第二步是侵入（aggression）。这一认识源于海德格尔的哲学思想，认为所有认知都是一种侵入，所有理解、认识与阐释都是一种不可避免的侵袭行为。翻译就是打破一种编码的过程，原文的外壳被击碎，一层层被剥开，译者侵入，抽取精髓，将其带走。这一过程如同一个露天矿井被采空后只在大地上留下一道道伤痕一般。

在侵入发生后，被译者所带走的内容并非直接放入真空，而需要在译语进行吸收（incorporation）。由于译语场已经存在并且十分拥挤（crowded），因此新移植的成分就有一个同化和吸收的过程，而存在也会因新成分的吸收与理解得以修正。译语会在吸收外来语成分的过程中变得更为丰富；但若译语本身并不成熟，则外来成分在译语中也无处安放，无法被吸收。

最后一步是补偿（restitution）。从阐释学观点来看，如果只完成了以上三步，那么从翻译活动开始就是一个失衡的、不完整的行为，斯坦纳认为这是危险的。从信任原作，到侵入并吸收原作的过程一直是译者吸收"他者"的过程。如果要使整个翻译过程是一个平衡的闭环，就需要在最后一步回归到原作，否则翻译活动就有些类似于"船货崇拜"（cargo-cults），导致目的语对源语的盲目追随。事实上，通过翻译活动，原作得到了更好的理解与传播，"'补偿'既是对语言形式与内容的补偿，使其恢复平衡状态，还具有通过翻译增强源语文本力量与影响的含义。翻译不仅能够'侵入'和'吸收'，还能赋予原作以声望与力量。这就是所谓的补偿的互惠互利性"①。

斯坦纳对于翻译过程的描述与传统意义上将语言作为一种工具的视角完全不同，他的研究聚焦于语言的相互作用，分析语言交流如何产生以及产生的意义。

第七节　生态翻译学"适应/选择"翻译过程

胡庚申曾将翻译定义为"以译者为主导、以文本为依托、以跨文化信息转换为宗旨，翻译是译者适应翻译生态环境而对文本进行移植的选择活动"②。生态翻译学认为，"翻译（翻译生态）与自然界（自然生态）之间有内在关联。……翻译生态与自然生态在许多方面具有类似性和同构性"③。自然生态环境中，生物体之间以及生物体与环境之间的关系盘根错节，相互交缠，而最终达成了一种互利的平衡状态。译者所面对的翻译生态系统也是如此，将自然界的生态论运用在翻译学是完全可行的。在此基础上，胡庚申提出了翻译适应选择论，并使之成为生态翻译学的基础。

翻译适应选择论将翻译过程分为两个阶段（见图2-7）。第一阶段的特点是"天择"，译者是被选择的对象，是由原文所处的翻译生态环境对译者的选择，同时译者也要对原文所处的翻译生态环境进行适应；在这一前提条件下，第二阶段的特点是"人择"，译者是选择的施

---

① 刘军平. 西方翻译理论名著选读 [M]. 武汉：武汉大学出版社，2012: 726.
② 胡庚申. 生态翻译学——建构与诠释 [M]. 北京：商务印书馆，2013: 86.
③ 胡庚申. 生态翻译学：产生的背景与发展的基础 [J]. 外语研究，2010，122（4）: 64.

动者,需要对译文的行文进行选择。这两个阶段可通过下图展现:

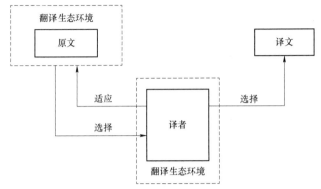

图 2-7 译者"适应/选择"的过程①

翻译生态环境可定义为:影响翻译主体生存和发展的一切外界条件的总和。这里的主体是广义的,即参与翻译活动的一切生命体,包括原文作者、译者、读者、翻译发起人、赞助人、出版商、营销商、编辑等,即"翻译群落"。而外界环境可包括与翻译活动有关的自然经济环境、语言文化环境、社会政治环境等。

生态翻译学的研究对象包括:翻译生态(译境)、文本生态(译本)以及"翻译群落"生态(译者),三者之间的关系是关联互动、动态平衡的。而无论在哪一个阶段,译者都是协调译者、译本与翻译环境三者之间关系的主导,"译者只有通过对包括文本、'翻译群落'和翻译生态环境在内的一切'他者'承担责任,从生态整体主义和生态理性的视角审视自己与一切'他者'的关系,才能将一种更大的责任意识融入翻译活动之中"②。

生态翻译学将翻译过程视为译者有意识或无意识地适应或优化翻译生态环境的过程,在这一过程中,既注重整体与关联,同时关注动态与平衡。生态翻译学也是西方生态主义与中国生态智慧相结合的产物。在核心理念之外,生态翻译学还提出了在"语言维""文化维"与"交际维"这三种维度之间进行"多维度适应与适应性选择"的翻译方法,从应用层面对理论进行了发展。

【课后练习】

1. 你认为研究翻译过程的意义何在?
2. 你认为本章所介绍的不同翻译过程主要区别在哪里?试着从某一种理论观点入手,分析具体翻译案例的翻译过程。

---

① 胡庚申. 生态翻译学——建构与诠释 [M]. 北京:商务印书馆,2013: 87.
② 同上,页码93。

第三章
什么是意义？

在第一章什么是翻译的讨论中，翻译的定义总是与意义连接在一起，密不可分。纵观诸多对于翻译的定义，不难看出，实际上，对于翻译的不同定义实际上也是不同意义观的反映。有些定义中的意义仅仅是字面意义，有些则包含了更多。比如网络上流行的一段英文诗歌：

You say that you love rain,

but you open your umbrella when it rains.

You say that you love the sun,

but you find a shadow spot when the sun shines.

You say that you love the wind,

but you close your windows when wind blows.

This is why I am afraid, you say that you love me too[①].

这首诗仗着是莎士比亚诗作的噱头，在网上陆续出现了十几种中文译本。虽然经考证，该诗与莎翁无关，但这些风格迥异的译作却在网上流传开来。这些版本的风格有质朴风，有文艺风，有五言、七言绝句风，还有诗经风。但从这些译文中可以看出，译者对于原文意义的理解、传递方式、目的与效果截然不同。下面举几个例子：

版本一：

你说你喜欢雨，雨落时，你却撑起了伞；你说你喜欢阳光，阳光照耀时，你却躲在了阴影里；你说你喜欢风，风起时，你却掩起了窗扉。这就是我为何恐惧，我怕你说爱我，却逃不脱相似的结局。

（知乎网友@鱼之深海游啊游）

版本二：

你说烟雨微茫，兰亭远望；后来轻揽婆娑，深遮霓裳。你说春光烂漫，绿袖红香，后来内掩西楼，静立卿旁；你说软风轻浮，醉卧思量；后来紧掩门窗，漫帐成殇。你说青丝柔长，如何相忘。我却眼波微转，兀自成霜。

（知乎网友@走丢的橙子）

版本三：

恋雨偏打伞，爱阳却遮凉。

风来掩窗扉，叶公惊龙王。

[①] 该诗出处不详，据网友考证，该诗由佚名的土耳其诗歌 Korkuyorum 译为英文，https://zhuanlan.zhihu.com/p/19609319

片言只语短，相思缱绻长。
郎君说爱我，不敢细思量。
（知乎网友@衣锦夜行的燕公子）
版本四：
江南三月雨微茫，罗伞叠烟湿幽香。
夏日微醺正可人，却傍佳木趁荫凉。
霜风清和更初霁，轻蹙蛾眉锁朱窗。
怜卿一片相思意，犹恐流年拆鸳鸯[①]。
版本五：
子言慕雨，启伞避之。
子言好阳，寻荫拒之。
子言喜风，阖户离之。
子言偕老，吾所畏之。
（译者不详）

比如 rain，sun 与 wind 三个词，指的都是自然现象，所有语言中基本都有词汇直接对应。而在上述翻译版本中，译者却很少简单地将其译为"雨""太阳"以及"风"，而是纷纷加入了一些环境因素以烘托意境，如"烟雨微茫""夏日微醺""软风轻浮"等，为诗歌增添了韵味。而 you 这个简单的代词在一些版本中也并未直译为"你"，而是译为"子""郎君"或直接省略，更加符合中文七言绝句或诗经体的风格。

那么，在这样一首诗歌的翻译中，意义究竟体现在哪里呢？我们想传递的意义是什么呢？为了解决这个问题，有必要对意义的意义进行一番审视。

第一节 意义的意义

通常来说，意义可以分为指称意义（Referential Meaning）和认知意义（Cognitive Meaning）。比如，当我们说："外面下雨了"。这个时候我们指的是由于气象原因所导致的降水，这就是一种指称意义。而当我们说"风调雨顺""栉风沐雨"的时候，这里的"雨"指的只是出于对客观世界的认知而在大脑中留下的"雨"的抽象概念，这一概念可以与词汇的指称意义关联性很强，也可以由于社会变迁及语言变化而与指称意义之间的联系变得非常模糊，甚至完全失去联系。比如"巫山云雨"一词如今用来指男女欢爱，与大自然的降雨看不出什么联系。当然，深层的联系仍旧可查。中国传统文化认为，大自然的行云降雨是天地阴阳交会的结果，云雨是促成万物生发的重要条件，"天地相会，以降甘露"[②]。而男女交媾是人类得以繁衍的必要条件，与天地相会共同促进了世间万物生长、草木繁盛、人丁兴旺。这样的关联经过宋玉《高唐赋》的艺术加工而逐渐流传下来，在后世的流传中渐渐失去本义，只保留了男女欢合之意。因此在这个例子中"雨"这个词的意义分成了两部分，一部分是以客观世界为依据的"指称意义"，而另一部分则更加复杂，也是导致语言学家争论不休的"认知意义"。

[①] http://blog.sina.com.cn/s/blog_13173859e0102w5id.html
[②] 《老子》第32章。

仅仅了解一个词的指称意义对于人类的知识传承来说远远不够。人类幼年在牙牙学语的阶段，很多情况下会将语言与实物进行联系，比如长辈会用手指着实物教我们说这是"牛奶"，那是"电视"等等。长大后，在母语环境下，我们对语言的意义的掌握则更多地来自文字的阐释。我们遇到不会的字词会翻阅书籍，查字典、百科全书，上网了解信息，了解到"水"不仅是我们为了生存每天都要喝的具体物质，还是最简单的氢氧化合物，化学式是 H_2O，是无色、无味、无嗅的液体等。由此获得的语言意义就存在于语言内部，而非外部环境。

第二节 符号学的语义观

现代"符号学"创始人之一查尔斯·莫里斯（Charles William Morris）认为，世界是由各种各样的符号子系统构成的大的符号系统，任何事物在各个子系统中都是一个符号，表达一定的意义，从而将符号广泛化，使其不仅包括语言符号，还包括非语言符号等一切能指的事物。他以意义为基础，通过符号与其所表达的事物之间的关系将符号学分成三个分支：语构学（Syntactics）、语义学（Semantics）和语用学（Pragmatics）。其中，"…syntactics studying the ways in which signs are combined, semantics studying the signification of signs, and so the interpretant behavior without which there is no signification, pragmatics studying the origin, uses, and effects of signs within the total behavior of the interpreters of signs"[①]。在这一定义中，所有符号的意义都划分在这三大分支中，"传统的语义学只研究所指意义（reference）和系统意义（sense），而符号学还引进了语用意义这一大类重要意义。……它（言内意义）可以包容一般被称之为'风格'的诸种因素，因而也有助于翻译讨论中这一复杂概念的精确界定……建立在符号学语义模式基础上的翻译讨论是立体的，以实际交际为着眼点的，因而具有广泛的实践意义"[②]。

3.2.1 语义学意义

符号学的观点认为，语义学处理的是符号与其所描写的实体与事件之间的关系。因此对于语义的界定仅限于指称意义，也就是"语言符号和它所描绘或叙述的主观世界或客观世界的实体和事件之间的关系"[③]。

指称意义的核心内容就是事物的区别性特征。这一点与杰弗里·利奇（Geoffrey Leech）的七种意义划分中的概念意义（Conceptual Meaning）基本是一致的[④]。利奇认为概念意义是整个意义系统里不可或缺的。一个事物有别于其他事物的区别性特征就构成了其概念意义，

[①] Morris, C. Signs, Language and Behavior [M]. New York: George Briziller Inc, 1946. 219.
另：三分法是莫里斯在 1939 年的著作《符号理论的基础》一书中提出的，当时他对于句法学、语用学及语义学的定义是"句法学研究符号与符号之间的形式关系；语义学研究符号与符号所指客体之间的关系；语用学研究符号与解释符号的人之间的关系"。后来他认为这样的定义需要细化以便对所有符号进行分类，于是在 1946 年的《符号、语言与行为》中对这三个分支重新进行了定义。

[②] 柯平. 英汉与汉英翻译教程 [M]. 北京：北京大学出版社，1993：21.

[③] 同上，页码 22.

[④] 意义的划分与定义具有复杂性，本教材主要从翻译角度来帮助读者认识语义的大致构成，并不准备进行学术探讨。如果读者对这一话题感兴趣，建议多阅读相关学术文献。

也可以用+、−这样的对照性符号进行标识。如 reptile 一词的区别性特征就可以描述为+animal -mammal。注意，这里概念意义强调的是对事物基本特征的抽象概括，而非事物本身。如当我们谈到 cat 一词时，我们脑海中想到的不是具体的某一只猫，而是猫之所为猫，而不是狗或其他动物的特征，也就是一种 catness。

语言是不断演化的，在很多情况下，一个词会以指称意义为基础演化出多重含义，有些情况下，还会与其他词汇结合生成更多意义。在这种情况下，在理解与翻译的过程就要注意避免从字面意义上进行简单的累加式理解，因为此类词组的字面意义与指称意义也是完全不同的。比如，他可真是个"饭桶"。"饭"与"桶"都有其指称意义，但"饭桶"的意义就不能仅仅停留在盛饭的容器上，而按照字面意义被硬译为 rice bucket；正确的理解则是"没有用的人"（a good-for-nothing）。

需要注意的是，符号与其描述的实体与事件的关系在某一种语言内部是成立的，但在其他语言却不一定成立，因此在翻译过程中就有可能造成不同的障碍。如，词汇之间的近义、反义、同音异义、一词多义等关系放在另一种语言中有可能会发生改变。举例说明：

—What does a lawyer do after death?
—Lie still.

在英语中"lie"可以表示"躺"与"撒谎"两重意思，"still"既可以表示"安静"也可以表示"仍旧"，但这两层意思之间的依附关系在汉语中是不成立的，也就是说，汉语中无法找到一个同时具备这两层意思的词汇。因此要想译出原文中的反讽，只能够另辟蹊径。

【课后练习】

1. 翻译以下句子或短语，注意划线部分词汇的语义变化。

1) Heads or tails? You can make decisions by tossing a virtual coin.

2) In the ungrammatical cases, no preposition follows the head noun. Whatever is wrong with these constructions, it clearly has nothing to do with the relative clause itself.

3) His favourite horse won by a short head.

4) Advantages and disadvantages of short head tube of a bicycle.

5) She walked up the sidewalk to head him off before he could veer into the right of way.

6) A cup of coffee finished the meal perfectly.

7) Both teams struggled to make shots and looked fatigued. But they produced a compelling game and a dramatic high-stakes finish.

8) This is a high gloss finish and regularly having your car washed is the best method of protecting and maintaining this finish.

9) The speeches on the commencement finished me off.

10) 近 10 年来，军队疏通河道 500 多条，修筑水渠、堤坝 20 多万公里。

11) 在担任交通部次长以后，他还到处联络，疏通关系，为争取当经济部长奔走不已。

12) 正是由于母校的培养，我才能在这家公司担当如此重要的职责。

13) 要不断地自我检讨、发掘缺点，并以魄力、担当和勇气面对现实。

14) 因取义的广狭不同，史学的定义从内涵上可归纳为两种。

15) 太极图看似简单，其内涵却博大精深，是对宇宙、物质、生命和精神世界本质的高度概括。

16）转变增长方式，走<u>内涵</u>式扩大再生产、集约型增长之路已成为国有企业的当务之急。

17）我怀疑你在<u>内涵</u>我。

3.2.2 语构学意义

语构学研究符号之间的关系，在语言的研究中就是言内意义，具体体现在语音、语法、词汇、句子及语篇等不同层面。

3.2.2.1 语音层面

笔译过程中，语音问题往往被轻视，却常常造成各种翻译障碍，引发"翻车事故"。但是，译者对原文中语音层面意义的精准理解，再加上巧妙的处理，也可以妙笔生花，将一些看似"不可能完成的任务"变为人们津津乐道的闪光点。这些语音问题常常体现在音韵、音节、语调方面。

首先，音韵常见的问题包括诗歌、绕口令以及一些修辞手法中的头韵、尾韵、单韵、拟声等。比如，

1a. <u>F</u>ortune <u>f</u>avors <u>f</u>ools.

1b. 八百标兵奔北坡，北坡炮兵并排跑，炮兵怕把标兵碰，标兵怕碰炮兵炮。

2a. Ea<u>st</u> or we<u>st</u>, home is be<u>st</u>.

2b. 床前明月<u>光</u>，疑是地上<u>霜</u>。

3a. When the cat's aw<u>ay</u>, the mice will pl<u>ay</u>.

3b. 打南边来了个喇<u>嘛</u>，手里提了五斤鳎<u>目</u>。

在上面的例子中，一些音韵层面的意义比较隐蔽，阅读时经常被忽略，也因此经常会导致翻译方面的错误，有些则不可译。而在一些广告语中，音韵意义往往会被主动加以运用，而如果忽略这一重要意义，则无法达到广告所希望达到的宣传效果。

4. McDonald's（麦当劳）：Food, Folks and Fun.

5. Pabst Blue Ribbon（蓝带啤酒）：Refresh! Rejoice! Remember!

6. Guiness（健力士啤酒）：My goodness, my Guiness!

7. Hyundai（韩国现代公司）：From chips to ships.

8. 某减肥餐的广告：Give me taste, not waist.[①]

9. 大宝护肤品：要想皮肤好，早晚用大宝。

10. 亮妆护肤品：人靠衣装，美靠亮妆。

11. 《环球》杂志：一册在手，纵览全球。

12. 汰渍洗衣粉：汰渍到，污垢逃。

上述广告都运用了头韵、尾韵的修辞手段进行创作，在翻译过程中，这些音韵层面的意义会有一定的丢失，因此在翻译过程中不一定按照相同的修辞方法进行对应，而是以广告效果为目的，采取一定的补偿手段。而为了保证宣传效果，品牌方一般会根据译语的特点进行再创作（当然，有些人认为这种本地化也是一种翻译）。

---

① 例 4-8 引自 http://www.tingroom.com/listen/essay/160462.html

在音节方面，由于不同语言有不同的音节特点，诗歌翻译与影视片译制过程中也要考虑音节的处理问题，否则会导致诗歌音步不合，译制片口型对不上等实际问题。

例如，唐代的五言绝句每首只有四句，每句五个字，讲究平仄与对仗。中文由于是单音节文字，因此五言绝句每句是五个音节，中文读起来朗朗上口，但这样的绝句在译成英文后，如果不考虑音节方面的意义，就会使原文的韵律美大打折扣。

静夜思　李白
床前明月光，
疑是地上霜。
举头望明月，
低头思故乡。

《静夜思》的英文译本不胜枚举，不同的版本虽然可以从各种角度进行对比与评价，但如果从音节的处理来看，许渊冲的译本堪称典范之作。

Thoughts on a Tranquil Night　许渊冲[①]
Before my bed a pool of light—
O can it be frost on the ground?
Looking up, I find the moon bright;
Bowing, in homesickness I'm drowned.

诗歌的美必须通过朗读才能够感知，因此如果音节在翻译方面处理得不好，译文读者就无法感知原诗的音韵美。许渊冲先生所译的《静夜思》除了在一、三与二、四行之间满足了押韵的特点，还做到了每句都由八个音节构成，完美地传达了原文整齐的音步，这一点是其他版本做不到的。

在影视片译制的过程中，英汉音节不同的特点也会造成很多翻译问题。一般来讲，同样意思的表达过程中，英文的字节会比汉语多一些，在书面语中影响不是很明显，但如果在影视片中，角色的口型还在动，但声音已经结束，这样就会导致音画不同步，影响观影效果。

其他语音层面的意义还体现在汉语的四声、英文的句调方面。详见第七章的讨论。

【课后练习】

1. 两个美国小学生在练习课上学习日本俳句。学生 A 即兴创作了一首俳句，B 进行了点评。以下是他们的对话：

● 学生 A: You have cheez Doodles. Orange, Delicious, Crunchy. Give me one right now.
● 学生 B: You didn't say 'please'.
● 学生 A: That'd be too many syllables.

你认为这段对话在翻译过程中重点应该传达的意义是什么？

2. 下面段落中拟声词如何处理？

CRACK!

The noise had come from outside. Was it a gunshot? Or just a car backfiring? The teacher stopped talking for a moment. Every head in the room turned toward the window.

[①] 许渊冲. 唐画诗说［M］. 北京：中国对外翻译出版公司，2020：246.

Nothing. Silence.

The teacher cleared his throat, which drew the boys' attention to the front of the room again. He continued the lesson from where he had left off. Then-

CRACK! POP-POP-CRACK!

ACK-ACK-ACK-ACK-ACK-ACK!

Gunfire!

'Everyone, DOWN!' the teacher shouted.

(A Long Walk to Water by Linda Sue Park)

3. 朱广权被誉为央视段子手，他的段子有什么共同特征？如何在翻译中处理这样的特征？

- 不是身子懒得动，是跟被子情意重。
- 地球不爆炸，我们不放假，宇宙不重启，我们不休息。
- 英雄可以不问出处，但是不能没有归宿。
- 没有四季，只有两季，你看就是旺季，你换台就是淡季。

4. 以下这段话中，语音层面的意义如何处理？

中国人常说"大事化小，小事化了"，纠纷能够通过平等协商"化小"或"化了"是最好的方式，大家都不伤和气。

3.2.2.2 语法层面

语法并不是为了存在而存在的生硬烦琐的语言规则，不同的语法规则在表意方面均起到了不同作用。英语与汉语在性、数、格、时态、语态、人称、比较级、句子成分等方面有很大不同，对于意义的表现形式也不相同。然而，与语音层面相比，语法层面的意义更少引起母语读者注意，只有在有意打破或将某些语法规则绝对化的情况下，这层意义才凸显。比如，"羌笛何须怨杨柳，春风不度玉门关"是从戍边将士的视角提出了设问，再进行解释。如果将前半句的主宾调换一下位置，改为"杨柳何须怨羌笛"，那么整句诗的要表达的情感就完全改变了。再比如，汉语中的复数常常可以在单数后面加一个"们"字，但如果将这条规则绝对化，则西红柿的复数就变成"西红柿们"，在一般的文体中就未免有些可笑了。翻译过程中，源语的语法规则会对译者造成迁移影响，常常被绝对化，因此这层意义常常会在译语中凸显出来，显得格格不入。

另外，时态、语态以及句法都表达一定的意义，但在单语环境中都习以为常，但这些意义往往在翻译过程中才暴露出来。如果不加以注意同样会引发各种翻译问题。如很多同学会在英译汉时将被动语态等同于中文的"被"字句，在汉译英过程中无法正确选择时态，常常将定语从句译为前置定语等，都是由于只关注了语法的表层形态，未能领会其中体现出来的意义。

【课后练习】

1. 请对照原文分析下面学生译文中划线部分存在的问题，你认为原文中的语法意义应该如何传达？

Consider, as a great example of constructive thinking, the reinterpretation of physical events which Newton advanced in his Principia Mathematica, under the perfectly correct name of "natural philosophy". <u>Legend has it that the first fact he described in new terms was the fall of an apple. That an apple falls to earth was always a commonplace; but that the apple is attracted by the earth expresses a great idea.</u>

学生译文：例如，在"自然哲学"完全正确的名义下，牛顿在他的《自然哲学的数学原理》一书中提出的对物理事件的重新解释，就是建设性思维的一个范例。<u>据说，他用新术语描述的第一个事实就是苹果的掉落。苹果掉在地上早已司空见惯，但是苹果由于受到地球的吸引而掉落则蕴含着一个伟大的哲理</u>。它的伟大之处首先在于能够归纳出一般规律。

2. 在翻译下面的讲话时，语法方面需要注意进行什么调整？

科技创新、重大工程建设捷报频传。"慧眼"卫星遨游太空，C919 大型客机飞上蓝天，量子计算机研制成功，海水稻进行测产，首艘国产航母下水，"海翼"号深海滑翔机完成深海观测，首次海域可燃冰试采成功，洋山四期自动化码头正式开港，港珠澳大桥主体工程全线贯通，复兴号奔驰在祖国广袤的大地上……我为中国人民迸发出来的创造伟力喝彩！

（习近平二〇一八年新年贺词）

3.2.3 词汇层面

词汇层面的语构学意义主要体现在构词方面。英文构词主要有两种形式：一是词性的灵活变化，二是以词根为基础，通过丰富的词缀进行扩展。而汉语复合词对概念的合成方式是"义+义类"①。一旦脱离语言体系，这种构词关系所产生的意义将不复存在，或者有很大的转变。如汉语中常常会出现"……问题""……状况""……作用"这样的表达，而在英语中是不需要将 the problem of，the condition of 或 the effect of 译出的；相反英语中很多由词缀扩展而来的抽象名词则需要在汉语中找到一个义类，将其具体化。如：evaporate + -tion= evaporation 蒸发作用/现象；help + -less + -ness=helplessness 无助的样子/神情……。

【课后练习】

1. 请将下面的句子译为中文，关注划线部分英语构词变化对翻译的影响。

They can't <u>afford</u> eating in restaurants.

Foods in China Town are <u>affordable</u> and delicious.

He has never been informed that he would no longer be <u>permitted</u> to use the photos.

I do remember I got your <u>permission</u> to use these photos.

Don't <u>touch</u> the food before you wash your hands.

My father entered my room, looked at the tray of <u>untouched</u> food in front of me and got angry.

2. 请将下面的句子译为英语，关注划线词汇的词性变化。

很多政策的初衷是好的，希望能够对<u>提高</u>就业水平产生预期的影响。

美军入侵阿富汗以来，海洛因贸易迅速<u>增长</u>，鸦片产量<u>提高</u>了两倍。

我认为我有责任把情况解释<u>清楚</u>。

如果计划饮酒，务必指定未饮酒的人代为<u>驾驶</u>，保证安全。

---

① 徐通锵. 汉语字本位语法导论［M］. 济南：山东教育出版社，2008：158.

3.2.4 句子层面

在句子层面，每种语言都有常用的语序。与语法层面的意义相似的是，一般来说，正常语序所表达的意义是内隐的。但当我们有意识强调或打破某些规则，这一层面的意义才得到了显露。

比如一些名言警句或公共演讲中，排比（parallelism）、倒装（inversion）、反复强调（reiteration）与对仗（antithesis）是经常使用的修辞手段，为的就是增加句法层面的表达意义，而这样的意义在翻译过程中当然也需要专门加以留意并细心处理。

【排比】

My fellow citizens, I stand here today humbled by the task before us, grateful for the trust you have bestowed, mindful of the sacrifices borne by our ancestors. (Barack Obama)

少年智则国智，少年富则国富；少年强则国强，少年独立则国独立；少年自由则国自由；少年进步则国进步；少年胜于欧洲，则国胜于欧洲；少年雄于地球，则国雄于地球。（梁启超）

舜发于畎亩之中，傅说举于版筑之间，胶鬲举于鱼盐之中，管夷吾举于士，孙叔敖举于海，百里奚举于市。（《孟子》）

【倒装】

Up went the balloon into the cloudless sky.

"雷峰夕照"的真景我也见过，并不见佳，我以为。（鲁迅）

【反复强调】

I have written in bed and written out of it, written day and night.

"You're out of order! You're out of order! The whole trial is out of order! They're out of order!" (…*And Justice for All* 电影《伸张正义》)

进门请换鞋，进门请换鞋，进门请换鞋。重要的事情说三遍！

反复并不等于重复。很多情况下，中英文都存在反复使用语义相同或相近的词汇，达到强调的效果。

【对偶】

少壮不努力，老大徒伤悲。

It was the best of times, it was the worst of times; it was the age of wisdom, it was the age of foolishness; it was the epoch of belief, it was the epoch of incredulity; it was the season of Light, it was the season of Darkness; it was the spring of hope, it was the winter of despair; we had everything before us, we had nothing before us; we were all going direct to Heaven, we were all going direct the other way. (Charles Dickens)

以上都是一些句法方面的修辞手段，其实即便是在普通的文体中，不同的句式结构也表达了不同的语义焦点。比如下面的例子：

"We see the possibility we could have something completely new, that no one here is really thinking of, that could have weapons of mass destruction capabilities," Shaw says.

这句话的主干结构是 We see the possibility，同时运用了宾语从句 we could have something completely new 来介绍 possibility 的内容。而划线部分在语法上是以 something 为先行词的定语从句，但在功能上则是对 something 的补充说明。由于这部分信息放在了最后，属于新增信息，因此在讲话的过程中势必会引起听者的更多注意。

在翻译中，如果将划线部分理解为修饰语，在翻译成汉语时，将其处理为 something 的前置定语，那么这句话的信息结构就发生了转变。对比以下两种译法：

"We see the possibility we could have something completely new, that no one here is really thinking of, that could have weapons of mass destruction capabilities," Shaw says.

译法一：肖说，"我们明白我们应该会拥有一种全新的、没人能够想到可以生产大规模杀伤性武器的东西。"

译法二：肖说，"我们明白我们应该会拥有一种全新的东西，但没人能想得到，这种东西竟然可以生产出大规模杀伤性武器。"

可以清楚地看到，原文中划线部分的定语从句如果按照修饰语处理，那么就会导致译文句式僵化，翻译腔明显。因此我们在了解到原文句法意义的同时要清楚，这些意义的传达并不能依靠在译语中找到相同或相似的句式，而是要注重语义与功能的对等，采取变通的手段进行翻译。

【课后练习】

1. 以下内容来自 2013 年奥巴马就职演讲，分析这段文字的句法特征并进行翻译。

Together, we determined that a modern economy requires railroads and highways to speed travel and commerce, schools and colleges to train our workers.

Together, we discovered that a free market only thrives when there are rules to ensure competition and fair play.

Together, we resolved that a great nation must care for the vulnerable, and protect its people from life's worst hazards and misfortune.

2. 以下内容来自习近平在中国共产党成立 100 周年大会上的重要讲话。请分析下面划线部分文字的句法特征并进行翻译。

<u>初心易得，始终难守</u>。以史为鉴，可以知兴替。

<u>江山就是人民、人民就是江山</u>，打江山、守江山，守的是人民的心。

<u>强国必须强军，军强才能国安</u>。坚持党指挥枪、建设自己的人民军队，是党在血与火的斗争中得出的颠扑不破的真理。

3.2.5 语篇层面

语篇层面的意义主要靠句式的变化、段落的安排、照应与衔接等方式实现。由于文化与思维方式的巨大差异，英语与汉语语篇意义的实现方式也有很大不同，有些是可以通过翻译再现的，有些则只能采取补偿手段。详见第六章的讨论。

第三节 语用学意义

语用学主要研究符号在其解释者行为框架的来源、使用与作用。也就是说，语用意义是指语言符号与其使用者之间的关系，因此与特定文化密不可分。也正因此，在翻译过程中经常需要处理的语用学意义。"…PM (Pragmatic Meanings) may be divided into four subsets, i.e.

expressive meaning and identificational meaning, associative meaning, social meaning, and imperative meaning"①。这里的 expressive meaning 与 identificational meaning 可以理解为表达与表征/身份意义，其余几种意义分别为联想意义、社交意义与祈使意义。

3.3.1 身份意义

语言是一个人身份的重要标记。语言发出者所使用的语音、词汇、句法各层面的语言特点都可以看出一个人的地理归属、社会地位、性别、年龄、职业与交际态度等。这些特征只能有很少一部分在翻译过程中得以保留。

如"Want milk""Doggie play"与"Me hungry"表示说话者大概率是一个牙牙学语的孩子，"耍单儿，没面儿，遛弯儿，河沿儿"表示说话者估计是老北京，而一听到"打嚏喷，嘛玩意儿，贫气，老坦儿……"，我们就可以大致猜出对方是天津人。

俗话说，三句话不离老本行，从一个人的谈吐就可以对其职业做大致推测。比如，如果你听到两个人的聊天中出现"happy juice（口服麻醉剂）""NPS (New Parent Syndrome 新生儿父母综合征)""one-point restraint（导尿管）"这样的表述，那当中应该有医务工作者。

此类意义在翻译过程中有些可以直接传达，比如与职业相关的表征意义。有些可以通过其他手段保留，比如，可以通过模仿中国的小孩子学说话的特点来翻译上面的儿语，将其译为"喝奶奶""狗狗玩""宝宝饿"。但方言的差异却很难在翻译中得以体现。

【课后练习】

1.《红楼梦》中林黛玉与晴雯二人的身份地位不同，性格也有很大差异。原作中她们的语言如何体现这种差异？霍克斯与杨宪益两个译本的处理各有什么特色？

2. 以下是电影《绿皮书》中担任司机的白人 Tony Lip 与其服务对象黑人钢琴家 Donald Shirley 之间的对话。分析二人语言中的身份与性格特征。你认为在翻译中需要注意哪些问题？

Tony: You know, when you first hired me, my wife went out bought one of your records, one about the orphans.

Dr. Shirley: Orphans?

Tony: Yeah. Cover had a bunch of kids sitting around a campfire?

Dr. Shirley: Orpheus.

Tony: Yeah.

Dr. Shirley: Orpheus in the Underworld. It's based on a French Opera. And those weren't children on the cover. Those were demon in the bowels of hell.

Tony: No shit. Must have been naughty kids.

Dr. Shirley: What are you doing?

Tony: I gotta take a leak. Doc.

Dr. Shirley: Here? Now?

Tony: You want me to piss my pants?

---

① Ke, P. A Socio-semiotic Approach to Meaning in Translation[J]. Babel, 1996, (42)2 (http://nlp.nju.edu.cn/kep/M-in-T.htm)，引用日期：2022.1.25.

3.3.2　表达意义

按照纽马克所说:"The core of the expressive function is the mind of the speaker, the writer, the originator of the utterance. He uses the utterance to express his feelings irrespective of any response."①。语言的表达功能貌似与接收者的反应没有什么关系,但在现实的语言世界中,一个人有意识地对自己的个性与情感进行了释放,这是希望能够达到一定的表达目的,也必然希望自己所表达的意义能够被接收者理解或接受。这样的意义有些是通过直接的方式表达,比如诅咒语;有些则是通过隐含的方式表达,如反讽。在翻译中,译者一方面作为源语文本的读者,应该能够理解作者希望表达的意义,另一方面,译者也应该在生成译文的过程中,使译文具备与原文相当的表达意义。受到译语文化的影响,译者有时处于两难境地,一方面不能越俎代庖,将作者希望隐含的意思明确地暴露在读者面前,另一方面也不能置译文读者的接受能力不顾,盲目直译。

例如,在《雾都孤儿》(Oliver Twist)一书中,狄更斯写道:"What a <u>noble</u> illustration of the <u>tender</u> laws of his favored country! —they let the paupers (the poor) go to sleep!"作者有意使用两个褒义词 noble 和 tender 讽刺法律的无情与严苛。这样一层意思在翻译过程中就需要保留。而在一些英美文学作品中,往往充斥着与性、暴力相关的露骨描述,这样的意义在翻译过程中就需要根据中国新闻出版的相关规定以及接受者的年龄特点进行调整。

表达意义还体现在语言的感情色彩中。讯息发出者希望通过选择语言符号的褒贬色彩来表达对客观对象的情感评价。而在翻译过程中,译者的情感取舍也是一个需要重视的问题。译者究竟应该让自己对原作"感同身受",让自己全身心地被原作所表达的情感所感染,从而将自己的感情代入到译作中;还是让自己作为一个"局外人",从旁观者的角度,像一面镜子一样客观地反映原作的感情色彩?不同译者对此的态度不同。一般来说,在文学作品的翻译中,译者如果过于客观,就无法受到原作的感染,从而也就无法将饱满的情感融入翻译。受到英汉语言不同特点的影响,如果译者无法出于真挚的情感在翻译过程中采取一些补偿手段,那么原作的表达意义必定会大打折扣,从而无法让译语读者了解到原作的真实情感。

正如林纾所说"或喜或愕,一时颜色无定,似书中之人,即吾亲切之戚畹。遭难为悲,得志为喜,则吾身直一傀儡,而著书者为我牵丝矣"。他在翻译过程中先让自己被原作打动,再让自己的笔墨蘸满真情实感,使译作感人肺腑②。

【课后练习】

请阅读下面的段落,并且分析划线部分的情感意义在翻译中如何体现。

Privately, however, Roosevelt seethed. In several letters to Eleanor he blasted both Daniels and Bryan. "A complete smashup is inevitable, and there are a good many problems for us to consider," he wrote at the outset of the war. "Mr. D totally fails to grasp the situation." The fact that neither Daniels nor Bryan had military experience fed into Roosevelt's view that he knew better than they what the trajectory of naval policy should be. <u>"Mr. Daniels," he wrote on another occasion, was

---

① Newmark, P. A Textbook of Translation [M]. London: Prentice Hall. 1998.39.
② 王克非. 翻译名家史论 [M]. 上海: 上海外语教育出版社, 2000: 138.

"feeling chiefly very sad that his faith in human nature and civilization and similar idealistic nonsense was receiving such a rude shock." The invective continued. "These dear good people like W.J.B. and J.D. have as much conception of what a general European war means as Elliot [Roosevelt's young son] has of higher mathematics."

3.3.3 联想意义

符号除了指示意义，还可以进行暗示，引发不同的联想。比如一些动植物就运用各种颜色向周围环境发出诱惑与警示的讯息。语言符号也是如此。讯息发出者会通过语言，对确定与不确定群体进行暗示或激发联想。这一点同样与时代、地域以及风俗文化都有着密切的联系。同一文化群体中，人们对于某一讯息的联想意义的理解大致相同，而不同文化的人则有着不同甚至完全相反的理解。

比如"猫头鹰"在中国传统文化中一直是不祥之兆，俗话说"夜猫子进宅，无事不来"。老百姓如果听到猫头鹰在周围的叫声，都会认为会有不好的事情发生，比如家中有人会生病去世。而在西方文化中，"猫头鹰"则被认为是智慧的象征，在一些儿童绘本中，猫头鹰的形象总是十分可爱，还经常戴眼镜，头顶博士帽。而随着大量英文绘本引入中国，这一形象也在中国少年儿童群体中广为接受，很多人对于猫头鹰这一形象的联想已经与西方读者无异，不再将其当作不祥之物了。

【课后练习】

1. 以下文字来自习近平总书记的重要讲话，请分析划线部分文字的联想意义，并且讨论在翻译过程中应该如何传递这样的意义。

1) 青少年阶段是人生的"<u>拔节孕穗期</u>"，最需要精心引导和栽培。

2) 中国不打地缘博弈<u>小算盘</u>，不搞封闭排他<u>小圈子</u>，不做凌驾于人的<u>强买强卖</u>。

3) 人才评价制度不合理，唯论文、唯职称、唯学历的现象仍然严重，名目繁多的评审评价让科技工作者应接不暇，人才"<u>帽子</u>"满天飞，人才管理制度还不适应科技创新要求、不符合科技创新规律。

4) 过去几年共建"一带一路"完成了总体布局，绘就了一幅"<u>大写意</u>"，今后要聚焦重点、精雕细琢，共同绘制好精谨细腻的"<u>工笔画</u>"。

5) 坚持反腐败无禁区、全覆盖、零容忍，坚定不移"<u>打虎</u>""<u>拍蝇</u>""<u>猎狐</u>"，不敢腐的目标初步实现，不能腐的<u>笼子</u>越扎越牢，不想腐的<u>堤坝</u>正在构筑，反腐败斗争压倒性态势已经形成并巩固发展。

6) 我们积极学习借鉴人类文明的一切有益成果，欢迎一切有益的建议和善意的批评，但我们绝不接受"<u>教师爷</u>"般颐指气使的说教！

2. 以下文字来自多位美国总统演讲，请分析划线部分文字的联想意义，并且讨论在翻译过程中应该如何传递这样的意义。

1) To those new states whom we welcome to the ranks of the free, we pledge our word that one form of colonial control shall not have passed away merely to be replaced by a far more iron tyranny. We shall not always expect to find them supporting our view. But we shall always hope to find them strongly supporting their own freedom—and to remember that, in the past, those who

foolishly sought power by <u>riding the back of the tiger ended up inside</u>.（J.F.Kennedy 1961 年 1 月 20 日就职演讲）

2）We, the people, declare today that the most evident of truths—that all of us are created equal—is the star that guides us still; just as it guided our forebears through <u>Seneca Falls</u>, and <u>Selma</u>, and <u>Stonewall</u>; just as it guided all those men and women, sung and unsung, who left footprints along this great Mall, to hear a preacher say that we cannot walk alone; to hear a <u>King</u> proclaim that our individual freedom is inextricably bound to the freedom of every soul on Earth.（2013 年奥巴马就职演讲）

3.3.4　社交意义

纽马克认为，"The phatic function of language is used for maintaining friendly contact with the addressee rather than for imparting foreign information"[①]。语言是用来沟通的工具，除了交换实质性的信息，也需要利用一些非实质内容建立与维系人与人之间的社会关系。如果对这一层意义没有领会或置若罔闻，就有可能引起误解，从而影响人际关系。社交意义在称谓语、寒暄语中体现得比较充分，同样与社会文化、所处的时代等关系十分紧密。

比如英语中的 you 在翻译成汉语时，需要考虑对方的年龄、身份与亲疏程度来确定译为"你"还是"您"。随着时代的发展变化，寒暄语也在与时俱进。以前的中国人见面时可能经常会问候对方"吃了吗？"，但近二十年来，随着经济的飞速发展，绝大部分中国人的生活已经进入小康，温饱问题早已不再是挂在嘴边的话题了。取而代之的有可能是工作、子女教育、健康、养老等问题。

社交意义也体现在不同的语域（register）中。语域指语言使用的场合及其变体，可大致分为正式与非正式两种。还可根据正式程度细分为刻板式（frozen），正式（formal），商谈式（consultative），随便（casual）以及亲昵（intimate）。在实践当中，语言风格在相近的两种语域中变换可能不会有什么问题，但如果跨了两个以上的等级就会是不得当的表达，甚至被认为是不礼貌的行为。美国前总统特朗普的"推特治国"风就经常受到网友嘲笑，其用词的正式程度与行文方式都与一个超级大国总统的身份不太相符。

有些时候作者也有意识地使用一些风格明显有别于正常语域风格的语言，以造成某种修辞效果。比如在著名作家 E. B. 怀特（Elwyn Brooks White）的《猪之死》（Death of a Pig）一书中，作者在描述农民杀猪时写道，"The murder, being premeditated, is in the first degree but is quick and skillful, and the smoked bacon and ham provide a ceremonial ending whose fitness is seldom questioned"，作者有意使用 premeditated（预谋），in the first degree（故意杀害）等一些法律用语来制造幽默诙谐的效果。而在翻译过程中，这种意义也必须能够以恰当的方式传递。

除此之外，社交意义还有一些用来表示语气上的迟疑、停顿。比如汉语中使用泛滥的"然后"以及英语中的"you know"在口语中并无实际意义，只是说话者为了理清思路而采取的一种交际手段。这样的意义是否需要在翻译过程中全部传递，还有待商榷。

[①] Newmark, P. A Textbook of Translation [M]. London: Prentice Hall. 1998. 43.

【课后练习】

1. 以下文字来自吉卜林（Rudyard Kipling）的经典儿童文学作品《原来的故事》（Just So Stories）中一段对话。试分析划线部分单词所体现的社交意义并且在这一层面对三个译本进行对比。[①]

"What is this," said the Leopard, "that is so <u>sclusively</u> dark, and yet so full of little pieces of light?"

译文 1："这是什么呀，这么阴暗，却到处有丝丝缕缕的光线？"豹子说。（方华文译 56）

译文 2：豹子说："这是什么呀？怎么这里这么黑暗却到处都是细碎的亮光？"（冷迪译 35）

译文 3："这是啥地方？"豹子问，"里边黑咕隆咚的，却又有一块块一条条那么多的光亮。"（曹明伦译 25）

2. 以下通告分别来自中英文电影片头警示语，请分析其中的社交意义，并讨论在翻译中如何传递。

Federal law provides severe civil and criminal penalties for the unauthorized reproduction, distribution or exhibition of copyrighted motion pictures, video tapes and video discs. Criminal copyright infringement is investigated by the FBI and may constitute a felony with a maximum penalty of up to 5 years in prison or a $250,000 fine.

本片故事纯属虚构，如有雷同，实属巧合。

本片中动物受伤的场面为特技方式拍摄，没有任何动物受到伤害。

3.3.5 祈使意义

祈使意义与纽马克所说的 Vocative Function 相照应，是讯息发出者希望能够通过语言符号改变接受者行为，或使其接受某种命令、乞求、说服等的意思表示。这种意义有些是以直接的口头或书面方式进行表达，比如直接的指令、拒绝、公共场合的各种警示语以及产品使用说明、实验过程描述等；还有些祈使意义则通过间接的语言表达或言语之外的信息得以体现。比如，丈夫接起了一个电话，是找他妻子的。当他让妻子接电话时，妻子说，"我哄孩子睡觉呢"。言外之意就是现在不方便接电话，丈夫有可能会选择让对方晚一些再打过来，也可能会继续与对方讲话。

需要注意的是，不同文化对于祈使意义的传达方式有不同影响。相对来说，中国文化相对含蓄，因此一些命令与拒绝的方式也比较委婉，在翻译过程中，还需要根据具体语境进行处理。

【课后练习】

1. 请分析下面划线部分内容的祈使意义并探讨翻译方法。

1) The program, which lasts about 45 minutes, is planned for children in kindergarten through

---

[①] 本练习改编自陈雪梅. 儿童文学翻译中互动性的语域再现——以吉卜林《原来如此的故事》三个中译本为例 [J]. 外国语言与文化, 2019, 3（03）: 89-100.

third grade who attend the weekday performances in school groups. But children of all ages are welcome Saturday. (Every child must have a ticket, though; no sitting on Mom's lap.) (COCA)

2）My last recommendation is after a few months, call her. Talk to her. Make up the rule, no yelling, no name calling, no blaming. Just talk about how you felt and feel and get closure. (COCA)

3）Believe me, if you're going to get stuck figuring out what happens next in the story, it's best that this occurs during the outlining phase. If it does, go back to the beginning and read through the outline to get a sense of the flow. Sleep on it. Take walks and daydream about the tale. (COCA)

2. 分析以下场景中划线部分内容的祈使意义并探讨翻译方法。

1）（甲不小心弄脏了乙家的沙发）

甲：太抱歉了，洗沙发的钱我来出。

乙：别逗了，咱俩谁跟谁啊！

2）（甲在乙家喝酒）

乙：把这杯干了，不然不是我兄弟。

甲：吓唬谁啊！

3. 请翻译下面的菜谱。

鲜虾菌菇汤

1）鲜虾去壳去虾线，虾仁加盐、料酒、白胡椒以及少量淀粉腌制10分钟。

2）西兰花剪成小朵，洗净，焯水；豆腐切成一厘米见方的小丁，备用；蟹味菇去根，洗净备用。

3）锅中放油，放入虾头，小火翻炒出虾油后扔掉。

4）放入蟹味菇翻炒至变软，锅中加适量水烧开。

5）放进豆腐丁和虾仁，加适量盐，再次烧开。

6）最后放入西兰花，轻煮一分钟即可。

第四节 其他观点

以上是从符号学角度对意义进行的研究，其中每项研究只能从一个侧面对语言的意义进行描述，而在这一领域还有相当多值得注意的研究。比如语言学家杰弗里·利奇（Geoffrey Leech）认为，"研究意义最好的方法是把它看作语言本身的一种现象，而不是把它看作'语言之外'的现象"[1]。不要试图用语言外的世界来解释语言本身。比如，"雨"的意义可以解释为"云层中降向地面的水滴"[2]，而不是真正从天上降下来的水滴。在真实世界中，一个词的意义当然不局限于其本身或最初的意义。比如"春风化雨"可以比喻恩泽，"翻云覆雨"表示反复无常或耍手腕。利奇将意义分成了七种不同的类型，分别是：概念意义（Conceptual Meaning）、内涵意义（Connotative Meaning）、社会意义（Social Meaning）、情感意义（Affective Meaning）、反映意义（Reflective Meaning）、搭配意义（Collocative Meaning）和主题意义（Thematic Meaning）。这其中有些意义与前面几个小节中讨论的意义有重叠，有些有交叉，此

---

[1] 利奇. 语义学 [M]. 上海：上海外语教育出版社，1987. 12.

[2] 百度汉字，词条"雨"。https://baike.baidu.com/item/%E9%9B%A8/5056714，引用日期：2022.1.25.

处不再赘言。而搭配意义与主题意义之前没有讨论过，以下进行简单介绍。

3.4.1 搭配意义

"You shall know a word by the company it keeps"[①]。理解一个词的意义需要将其放在一个语用环境中，通过了解这个词与其他词汇的结伴关系，从而对其有更丰富、更深入的了解。搭配意义一般很少作为一种意义得到关注，按照利奇的定义，"collocative meaning consists of the associations a word acquires on account of the meanings of words which tend to occur in its environment."[②] 这一意义在利奇本人来看也是一种不那么重要的意义。搭配意义体现在词与词使用环境的关系中，比如搭配关系、共现关系等。而随着语料库语言学的发展，语义韵、词串方面的研究以愈发深入，这种意义也得到了越来越多的重视。

比如，"individualism"一词是否应该译为汉语的"个人主义"？这一话题很多学者都讨论过。但对于二者历时的语义韵研究告诉我们，"个人主义"一词在中国的意义也是不断发展变化的，以前该词的意义往往是负面的，常常和"拜金主义""享乐主义"共现，而近年来"官方话语中'个人主义'具有的压倒性的负面意义在个人话语中不见了，取而代之的是更为温和的表述。'个人主义'被认为是社会范畴的思想观念和生活方式，强调个体性，与集体主义相对，与自由主义相关联，其中既有负面的表述，如'自我'、'批判'，也有比较正面的表述，如'英雄'、'精神'"[③]。因此对 individualism 是否应该译为"个人主义"也不能一刀切。

词语之间的搭配关系同样值得注意。很多中国学习者在翻译"飞机的速度比火车快"时，往往将其译为"The speed of a plane is faster than that of a car"。而在英语中，speed 是不能够用 fast 来修饰的，取而代之的应该是 high。

很多搭配关系仅存在于某一种语言中，在翻译过程中就会出现障碍。比如共轭（zeugma）这一修辞手段就有意识地运用了词语的搭配关系，"She opened the door and her heart to the homeless boy." 在英语中 open 一词与 door 和 heart 皆形成搭配关系，其中前者表达的是具体意义，而后者则表达的是抽象意义。但这样的修辞手段在翻译成汉语时就需要采取一定的补偿方法，无法通过直译表达原文的搭配意义。

搭配意义十分复杂，虽然可以借助搭配词典或大型语料库，但由于语言的变化十分灵活，即便是母语者，有时也存在掌握不好搭配的情况。这一问题也会存在于不同地域间以及不同的语域环境下。比如在非正式场合的口语表达中，很多中国人对于量词与名词的搭配随意度很大，我们经常听到有人说："今天我打了个车"，或"我给他发了个邮件"等，但这样的搭配在书面语中出现的频率就小得多。

【课后练习】

1. 下面文字中划线部分存在什么样的搭配意义？翻译时如何处理？

1）In September 1935, Roosevelt, accompanied by Harold Ickes and Harry Hopkins, embarked upon a transcontinental journey by train that began in Washington, D.C., and ended in

---

[①] Firth, J.R. A synopsis of linguistic theory 1930-1955 [A]. In: Special Volume of the Philological Society [C]. Oxford: Oxford University Press.1957. 11.

[②] Leech, G. Semantics: The Study of Meaning [M]. Middlesex: Penguin Books, 1981. 17.

[③] 朱一凡，秦洪武. Individualism:一个西方概念在中国的译介与重构 [J]. 中国翻译，2018（3）：41-42.

California. The stated reason for the trip was to raise awareness for public works and conservation projects by visiting sites such as Boulder Dam.

2）Students enjoy and gain valuable experience from Emergency Departments placements and integrate quickly into clinical teams.

3）生活的目的在于：活得实在，活得自在，活出健康，活出品味，活出快乐，活出豪气，活出尊严。

4）中国体育代表团出征在即：打出风格 打出水平 打出中国体育的精神风貌 （新体育网报道标题）①

3.4.2 主题意义

在利奇看来，主题意义是讯息发出者希望能够借助信息组织结构来表达的一层意义。这层意义的实现方式包括语序、信息焦点以及强调手段的使用。比如"我和同学们一起把教室打扫干净"和"教室被我和同学们打扫得干干净净"。看似表达的实际意义都是说话人已经完成了打扫教室的行为，但前者是为了回答"你和同学们做了什么"这样一个问题，而后者回答的是"教室打扫得怎么样"的问题。这两句话表达的重点不一样，主题意义也由此不同。

英汉思维方式不同，对于信息的组织方式也有很大不同。在翻译过程中，往往需要有针对性地进行处理，这一点将在第六章第二节专门讨论。

【课后练习】

1. 请分析以下句子的主题意义，并对比下列两种译文划线部分的异同。哪一种译法更能传达原文的意义？

The updated publication requirement was emphasized where it affects copyright holders' right set by the *notice*, *registration*, and *deposit* requirements of copyrights. That is, Congress stated that "*notice*" of the copyright, usually a "c" within a circle, must appear on all copies of the work once it is published, or the copyright protection may be lost.

译文一：最新的出版要求在版权的"公示""注册"及"存放"方面强调其对版权人权利的影响。比如，国会规定，通常以一个圆圈内的 C 来表示版权的"公示"需要出现在每一册出版的作品上，否则该作品将不会受到版权保护。

译文二：最新的出版要求强调，版权的"公示""注册"及"存放"都会影响版权人的权利。比如，国会规定，作品出版后，每一册都应印有版权"公示"，通常以一个圆圈内的 C 来表示，否则该作品将不会受到版权保护。

2. 请分析下句的主题意义，并且确定译文的主干结构。

西藏自治区今年确定了 17 个对口支援省市和 17 个中央援藏企业，这些省市和企业每年各免费救治 100 名西藏先心病儿童，力争两年内基本实现西藏所有先心病患儿得到救治。

---

① http://ppyw.new-sports.cn/webshipin/202107/t20210714_119164.html，引用日期：2021.8.10。

第四章
中西翻译理论简述

对翻译的过程及意义有了更多了解后,可能会感觉,回答"什么是翻译"以及"什么是好的翻译"这样的问题貌似变得更难了。的确是这样,人类的翻译活动开始以来,古今中外翻译理论层出不穷,各种学派众说纷纭,译坛百花齐放,争奇斗艳,但至今都无法给出一个令所有人都信服的翻译定义以及翻译评判标准。一方面,翻译是一项复杂的人类语言活动,涉及的学科领域很多,其研究方法也五花八门,既有传统的文学、语言学视角,还与社会学、人类学、心理学、脑神经学、计算机科学等相结合;另一方面,虽然人类从事翻译活动由来已久,但对于翻译的学术研究仍旧处于早期阶段,理论发展仍旧不够完善,在未来很长时间内依旧存在很大探讨空间。随着翻译活动渐增,对翻译的认识也不断加深。

第一节 翻译理论的作用

与任何其他领域一样,中西方翻译领域诞生过,或正在诞生诸多翻译思想与理论,一些相近的理论还逐渐形成了不同流派与研究范式。一般来说,翻译思想与理论都是译者从实践出发所提炼出的经验,或针对实践中共性问题所提出的看法。但相对于理论来说,翻译思想不成体系,有时只是有感而发。而翻译理论则会对翻译本质、目的深入探讨,并且针对不同文本类型提出翻译策略和评价标准。

理论源于实践,也用于指导实践。有人认为要想提高翻译实践能力,必须掌握强有力的理论武器。但在实践当中,很多人又发现情况并非如此,于是开始质疑翻译理论对实践的指导作用,认为翻译实践根本不需要理论指导,理论著述等身的大师也未必就能够做好翻译。

Pym 曾经专门谈过如何看待理论的作用:

All translators theorize, not just the ones who can express their theories in technical terms. In fact, untrained translators may work faster and more efficiently because they know less about complex theories—They have fewer doubts and do not waste time reflecting on the obvious. On the other hand, awareness of different theories might be of practical benefit when confronting problems for which there are no established solutions, where significant creativity is required...Awareness of a range of theories might also help the translation profession in a more direct way. When arguments occur, theories provide translators with valuable tools not just to defend their positions but also to find out about other positions[①].

正如 Pym 所说，所有译者都在"提炼理论"，而不仅是那些能够运用专业的术语来表达理论的人。实际上，每一位译者在翻译过程当中都是在生成并运用自己的一套独特理论，或者我们也可以称其为翻译理念。只要开始翻译，译者一般都会了解翻译目的，在理解过程中对原文的语言特征与文体特征进行分析，在转换过程中考虑读者的情况，同时在这些判断的基础之上生成译文。对于一般情况进行判断后，对于同类型的问题我们会大致采取同一种翻译策略，保持一定的风格。而译者的理论化实际上就体现在这里，只是相当多情况下这些行为是无意的。

Pym 还提到，掌握理论未必会使翻译变得得心应手、效率倍增；相反，有些时候还会使翻译过程更复杂，降低翻译效率，毕竟不了解理论的人困惑也更少。然而面对比较复杂的问题时，掌握一些翻译理论就有可能为我们提供不同视角，帮助我们发挥创造力，找到在某一语境下最恰当的译法。此外，翻译理论的另外一个作用就是，译者不仅可以运用理论为自己的译法提供支持，同时也能看到其他观点的存在。

翻译理论与实践之间存在辩证关系。既不能把理论的作用绝对化，也不能武断地认为理论根本没有指导作用。有些人在某一领域的翻译理论著作等身，但不意味着就可以得心应手地从事其他领域的翻译实践。任何翻译理论都有一定的适用范围。过去的理论拿到现在来用不见得合适，西方的理论来到中国有可能水土不服，而文学翻译的理论也不能用于解释非文学翻译现象。作为翻译学习者，可以先对理论的发展与主要观点进行全面了解，再有针对性地选择适用于某一领域翻译实践的理论进行深入了解。

第二节　翻译思想与理论在中国的历时发展

在中国，有明确记载的翻译活动自周代始，已有三千年历史，在三国时代由于佛经翻译的兴盛，有关翻译方面的论述也初具规模。自东汉桓帝建和二年（公元 148 年）始，安世高已经开始较大规模从事佛经翻译活动，而公认的最早的佛经翻译理论方面的论述是支谦所著的《法句经序》。"诸佛典皆在天竺。天竺言语，与汉异音。云其书为天书，语为天语。名物不同，传实不易。唯昔蓝调、安侯、世高、都尉、佛调，译胡为汉，审得其体，斯以为继。后之传者，虽不能密，犹尚贵其实，粗得大趣。"指出了翻译的难点以及一般的翻译标准起码要做到"贵其实""粗得大趣"。

支谦对他人的译文也进行了评价。他认为，与他一起从事佛经翻译的竺将炎"虽善天竺语，未备晓汉。其所传言，或得胡语，或以义出音，近于质直。仆初嫌其辞不雅……"从中可以看出，他认为不符合译语风格的"直译"是"不雅"的。但针对这一点，他的"委托人"维祇难则认为"佛言，依其义不用饰，取其法不以严。其传经者，当令易晓，勿失厥义，是则为善。"周围其他人也引用了老子的"美言不信，信言不美。"孔子的"书不尽言，言不尽意。"来说服他。因此他才提出了"因循本旨，不加文饰"这样的翻译原则。

---

① Pym, A. Exploring Translation Theories [M]. London and New York: Routledge, 2014. 4.

在支谦之后，佛经的翻译快速发展，翻译水平大幅提高，对于翻译的理解也愈发成熟。前秦时的高僧道安就对中国的佛教与佛经翻译的发展做出了不可磨灭的贡献。他在《摩诃钵罗若波罗蜜经钞序》中指出了佛经翻译中的"五失本"与"三不易"，被钱钟书认为是中国翻译方法论的开山之作。其中"五失本"为：

"译胡为秦，有五失本也。一者，胡语尽倒而使从秦，一失本也；二者，胡经尚质，秦人好文，传可众心，非文不可，斯二失本也；三者，胡语委悉，至于咏叹，叮咛反复，或三或四，不嫌其烦，而今裁斥，三失本也；四者，胡有义说，正似乱辞，寻说向语，文无以异，或千、五百，刈而不存，四失本也；五者，事已全成，将更傍及，反腾前辞，已乃后说，而悉除此，五失本也"。

指的是在佛经翻译过程中有可能使原文有所损失的五种情况，依照当代翻译的具体情况，前两种分别为对译文语序进行的调整，以及对译文表达风格方面的调整，后面的三种均是出于不同情况而进行的删减。

"三不易"指出了佛经翻译过程中的困难。

"然《般若经》，三达之心，覆面所演，圣必因时，时俗有易，而删雅古，以适今时，一不易也；愚智天隔，圣人叵阶，乃欲以千岁之上微言，传使合百王之下末俗，二不易也；阿难出经，去佛未久，尊者大迦叶令五百六通，迭察迭书，今离千年，而以近意量裁，彼阿罗汉乃兢兢若此，此生死人而平平若此，岂将不知法者勇乎？斯三不易也"。

梁启超曾在《翻译文学与佛典》中认为，道安指出了指翻译梵文佛经时，允许修改甚至删去原文从而使译文更加接近汉文的五个规则：

（一）谓句法倒装。梵文词序是颠倒的，翻译时需要根据汉语的语法规则进行修改。

（二）谓好用文言。梵文用词质朴，但当时盛行骈文，因此为了使汉语读者能接受，需要加以润饰。

（三）谓删去反复咏叹之语。梵经里对于同一个意义往往重复多次，译时需要删去。

（四）谓去一段落中解释之语。梵经在结束处会把前语重述一遍，译时也需删去。

（五）谓删去后段覆牒前段之语。意思是梵文中在说完一事后需重述一遍后再说别事，译时需要将"重述"的部分删掉。

道安的"三不易"指：

（一）谓既须求真，又须喻俗。

（二）谓佛智悬隔，契合实难。

（三）谓去古久远，无从询证。

道安不仅仅指出了翻译的不容易，还提出了"求真喻俗"的解决方案，强调注重原文的文体风格，深入理解原文的重要性。这些翻译方法都以汉语与梵语的语言对比为基础，在一千七百多年前能够有这样的认识实属不易。梁启超认为，"要之翻译文学程式，成为学界一问题，自安公始也"，对道安在翻译界的地位做出了很高的评价。

与道安同一时代的鸠摩罗什是世界著名思想家、佛学家、哲学家和翻译家，在译经和佛学方面的成就后世无人能及，被梁启超评价为"译界第一流宗匠"。他的译著极为丰富，译经包括《大品般若经》《法华经》《维摩诘经》《阿弥陀经》《金刚经》等，此外还包括大量经论。

虽然他本人对于翻译方法和理论研究造诣颇深，但留传下来的论述却很少。从后人对他的研究得到，他本人不赞同道安的直译法，认为印度人著述过于繁复，需要大胆删减，可见他是倾向于意译的。

北齐的彦琮在大量的佛经翻译基础上提出了"八备"，即，从事佛经翻译工作必须具备的八个最基本条件，对于译者的品行与知识能力水平提出了要求。

唐代的高僧玄奘于贞观三年[①]（629年）出发前往印度那烂陀寺求取真经，历时十七年，不仅带回大量梵文佛教经典，更是在之后二十多年间，在长安翻译潜心翻译佛经，先后译经论75部，1335卷，为中国佛教的翻译做出了巨大贡献的同时，也积累了大量翻译经验，对于翻译有着独到的见解，被誉为中国佛教三大翻译家之一。

与上文的鸠摩罗什一样，玄奘的译著虽多，但对于翻译方面的著述流传下来的并不多见，比较著名的就是他所提出的"五不翻"。"玄奘所谓的"不翻"，就是用音译。音译即不翻之翻。他具体提出了五种情况不翻，即神秘语，多义词，中国没有的物名，久已通行的音译，以及为宣扬佛教需要的场合"[②]。这几条规则放在当代也是适用的。尤其是对于专有名词的译法仍旧颇有借鉴意义。印度学者柏乐天认为，玄奘"是有史以来翻译家中的第一人，他的业绩将永远被全世界的人们记忆着"[③]。宋代在佛经方面的翻译已经走向衰败，但仍旧诞生了一位伟大的翻译家，北宋高僧赞宁。在其所著的《宋高僧传》的《译经篇》，他写道，"译字译音为一例，胡语梵言为一例，重译直译为一例，粗言细语为一例，华言雅俗为一例，直语密语为一例。"将佛经翻译过程中的各种情况进行了分类分析，并提出了相应的解决办法。他还对翻译的标准做出了精彩的譬喻，"'翻'也者，如翻锦绮，背面俱花，但其花有左右不同耳。"类似的比喻在塞万提斯在《堂·吉诃德》中也有，"……不过我对翻译也有个看法，除非原作是希腊、拉丁两种最典雅的文字，一般的翻译就好比弗兰德斯花毯翻到背面来看，图样尽管还看得出，却遮着一层底线，正面的光彩却不见了"，但足足比赞宁晚了六百多年。

唐宋时期主要以佛经翻译为主，到了明末清初，随着西方传教活动的愈发频繁，西方的科技发展也逐渐得到了国人的注意，一批信奉耶稣教义的国人在这段时间翻译了大量西方科技著作，对于提高国人的科学素养乃至中国的科技进步均作出了不朽的贡献。其中，徐光启是比较有代表性的人物。1607年他与传教士利玛窦合译了《几何原本》前六卷，在其所主持的历法修订工作中翻译了西洋历法，还翻译了一些西方的哲学著作。他曾明确指出"欲求超胜，必须会通；会通之前，先须翻译。"谈到了"会通"（学习交流）的重要性以及翻译在其中所起到的重要作用。

中国与西方的科技交流在十八世纪传教士被放逐后有很长时间被中断，一直到了十九世纪中才得到恢复，在第二阶段科技翻译高潮中，代表性人物为英国人傅兰雅。出于对中国的热爱，他独自或与中国人合作，用自己热忱的工作精神先后翻译了大量的科技著作，是在华外国人中翻译西方书籍最多的一人。他虽然来华之初是受教会派遣，但几乎没有传

[①] 也有说法认为是贞观一年。
[②] 陈福康. 中国译学理论史稿[M]. 上海：上海外语教育出版社，2000：34.
[③] 同上，页码30。

教，后来更是脱离了教会，为清政府所聘，专门从事西方科技著作的翻译工作，更是与徐寿一起翻译了"化学元素周期表"，创造了大量汉字，因而被传教士们称为"传科学之教的教士"。

在傅兰雅所著的《江南制造总局翻译西书事略》一书中，他对共同参与翻译工作的助手及同事的工作进行了高度评价，同时也阐述了自己的翻译思想。概括起来有以下四点：

一、驳斥了汉语难译科技书的说法，指出中国也可创造科技新词汇。
二、最早倡导科技译名统一，并制订了译名的具体规则。
三、论述了翻译科技书的选择方法，以及中西译者如何配合的问题。
四、论述了中国必将靠翻译西方进步有用之书而获得新生与进步①。

洋务派运动提出的"中学为体，西学为用"的指导思想一方面培养了一批翻译人才，但另一方面也使得翻译人才的培养仅限于自然科学与军事领域。并且，很多人只懂一种语言，另外一种语言只能借助他人的辅助，翻译质量不高。马建忠曾为洋务派，曾被派赴法留学，精通英语和法语。他于1898年出版的著作《马氏文通》是中国第一部比较全面地从西方理论角度研究汉语语法的著作。1894年甲午海战中国失败的当天，深感民族危亡的他写下了《拟设翻译书院议》，短短2500字左右，却成就了中国近代翻译史名篇。

在这篇著作中，马建忠提出了"善译"的标准："夫译之为事难矣！译之将奈何？其平日冥心钩考，必先将所译者与所以译者两国之文字深嗜笃好，字栉句比，以考彼此文字孳生之源、同异之故。所有相当之实义，委曲推究，务审其音声之高下，析其字句之繁简，尽其文体之变态，及其义理精深奥折之所由然。夫如是，则一书到手，经营反复，确知其意旨之所在，而又摹写其神情，仿佛其语气，然后心悟神解，振笔而书，译成之文，适如其所译而止，而曾无毫发出入于其间。夫而后能使阅者所得之益与观原文无异，是则为善译也已"。

而要达到"善译"的标准，译者首先必须对汉语和外语都十分精通，只懂一门语言根本无法胜任翻译工作。其次，在翻译过程中，译者还需要努力掌握语言学及其相关领域的专业知识，比如掌握语义学，以"委曲推究""所有相当之实义"；学习语音学，以"审其音声之高下"；了解文体学，以"尽其文体之变态"；熟悉语用学与修辞学以"析其字句之繁简""其义理精深奥折"。最后在明确了解文章的意旨所在的基础上，"摹写其神情，仿佛其语气"，准确传递原文的神韵，这样的翻译才是"善译"。

可以说，与前人的翻译理论相比，马建忠的"善译"标准对翻译过程所涉及的各个方面均做了比较明确的描述。"他提出的'善译'的标准，是力求与原文在意思上无一毫出入，而且使读者读了译文后能达到与读原文者相同的感受。这一提法，已与现代等值翻译理论非常接近"②。

而提到清末中国翻译界最著名的代表人物，就不得不提到身为同乡及好友的严复与林纾了。

严复对中国翻译理论方面的贡献可能无人能出其右。虽然从上文可以看出，在中国漫长

---

① 陈福康. 中国译学理论史稿 [M]. 上海：上海外语教育出版社，2000：84-86.
② 同上，页码90。

的翻译史上涌现过不少翻译家,但真正能够将翻译的标准如此条理清晰、简单明了地进行概括的,严复是第一人,其翻译思想极大影响了后世的中国翻译理论建设。

1897年,严复将赫胥黎(Thomas Henry Huxley)的著作《进化论与伦理学》的一部分翻译成中文,出版了《天演论》,而"信""达""雅"三字理论是在这本译著卷首的《译例言》中提出的。

"译事三难:信、达、雅。求其信,已大难矣。顾信矣不达,虽译犹不译也,则达尚焉。……《易》曰:'修辞立诚。'子曰:'辞达而已。'又曰:'言之无文,行之不远。'三者乃文章正轨,亦即为译者楷模。帮信达而外,求其尔雅。……用汉以前字法句法,则为达易;有近世利俗文字,则求达难。"

从这段文字中,我们可以清楚地看出严复认为信、达、雅既是翻译的难点,也是翻译活动应该达到的标准。而这三者的顺序也表明了他对于翻译标准的主次关系的态度。由于严复所译的文字基本以社会科学著作为多,因此,他的翻译标准也是以他的翻译实践为基础提出的。而最受争议的"雅"字如何理解,后人也是见仁见智。有些人认为严复所谓的"雅",是要用汉以前的文言文进行翻译,因此在当代必须予以摒弃;有人认为这是指译文需要与原文的文体风格相同;但很多学者认为,严复的"雅"实际上是在他那个年代,为了能够让士大夫阶层能够更容易接受西方的先进科技思想而进行的一种有意的包装。"应当理解为译文读者对译文的感受性问题,亦即接受性同题……雅是针对读者而言的,也是历史的变化的"[①]。

与严复相比,林纾的译著的数量要多得多。他的文学造诣很高,能诗能文能画,却不懂外语,入行翻译界也实属偶然,全靠懂外语的人进行口述,他再进行转写。自1897年始,他与友人及助手合作共译了西方小说180多部,其中不乏经典名著,如《巴黎茶花女遗事》(《茶花女》)、《黑奴吁天录》(《汤姆叔叔的小屋》)、《块肉余生述》(《大卫·科波菲尔德》)与《鲁滨逊漂流记》。由于他所翻译的都是文学作品,读者群体更大,但他在翻译理论上的贡献要小得多。

由于不懂外语,林纾在很多译著的序言中都谈到了翻译以及学习外语的重要性。认为只有掌握了外语,民众才不至于成为"不习水而斗游者",国家才不至于被欧洲列强所欺侮。林纾的翻译还有一大特点,就是对于原文投入了非常真切的情感,悲书中人所悲,喜书中人所喜,让自己完全融入原作中,因而译文实际上是他的二次创作。他的译著中绝大多数并非名家大作,但仍旧受到了很多人的欢迎,与他译著中饱满的个人情感不无关系。

此外,林纾还指出过他通过接触友人的转述而感受到的中西文法差异,并且对于原著中个人所不认同的观点在翻译中如何处理谈过自己的看法。认为译著不必赞同原著观点,但仍要尊重原著,并且在译序中对自己的这一态度加以说明。

林纾用文言文译的西方小说受到读者喜爱,当时在日本留学的鲁迅与周作人兄弟也有所耳闻。在其影响下,兄弟二人早年翻译了大量西方科幻与政治小说,翻译策略也以归化为主,为的是传递先进思想,让更多国人了解西方科学与文化。同时鲁迅兄弟提出在原作的选择上必须有所侧重,一定要选择具有新思想的异域佳作,这样才能够让国外优秀先进的思想在中国的土壤里生根发芽。他们非常重视科学小说,希望能够借此消除愚昧迷信,改良国人思想。

---

① 马萧.文学翻译的接受美学观[J].中国翻译,2000,2:50.

在《月界旅行》的前序中，鲁迅说"科学小说，乃如麟角。知识荒隘，此实一端。故苟欲弥今日译界之缺点，导中国人群以进行，必自科学小说始。"

从1909年《域外小说集》开始，鲁迅的翻译思想逐渐走向成熟。他将翻译作为一种工具，借此反映沙俄与日本社会人民生活疾苦与社会黑暗面，同时将原作选择放宽，选择了很多东欧弱小民族的文学作品进行翻译，表达被压迫民族的心声，对五四以后的翻译作品产生了重大影响。1930年，中国左翼作家联盟（简称"左联"）成立，在成立大会的发言中，鲁迅提出"文艺界要出现'能操马克思主义批评的枪法的人'的希望"[①]。将编辑出版与翻译的重心转向了苏俄文学作品与文艺理论，对马克思主义理论进行了全面的译介，为推动马克思主义在中国的发展作出了重要贡献。鲁迅还非常注重原作的文学性与艺术性，在1907年的文学论文《摩罗诗力说》中，他提出文章的艺术性可以"使观听之人，为之兴感怡悦。"可以"涵养人之神思"，而这种作用是高于其他实用功能的。

在翻译方法上，鲁迅逐渐放弃音译，而转而倡导以"直译"为主，这是针对当时译界对原文大加删减、添加或颠倒的做法提出的，并非要坚持"死译"。在鲁迅看来，翻译总有遗憾，要想做到完美的翻译是不可能的。在周作人所译《古诗今译》的译者序中，鲁迅提到"……真要译得好，只有不译。若译它时，总有两件缺点，但我说，这却正是翻译的要素：一、不及原本，因为已经译成中国语，如果还同原文一样好，除非请谛阿克列多思[②]学了中国文自己来做。二、不像汉文——有声调好读的文章——因为原是外国著作。如果用汉文一般样式，那就是我随意乱改的胡涂文，算不了真翻译。"在这段话中，可以看出鲁迅在翻译理论方面也是一位二元论者，关注的问题是译文究竟应该更加贴近源语还是译语。

鲁迅认为，如果译著的读者是知识分子，而不是普通百姓，那么就应该更加追求"信"而不是"顺"。而汉语在句法上存在一定的缺陷，如果希望能够更加精准地传达原文的思想，直译是最好的方法。虽然可能在最开始读起来比较艰涩，但汉语会在这一过程中得到完善，从而对未来的翻译交流打好基础。日语就是在翻译过程中引入了很多新的句法，这一过程比较艰难，但随着时间的推移，之前陌生的表达也就同化了。

此外，鲁迅还对读者类型以及重译与复译问题提出过自己的看法。他的很多思想放在今天仍旧熠熠生辉，对当代的翻译理论作出了重要贡献。

中华人民共和国成立后，在党和国家领导人的关怀下，我国的翻译工作得到了很大的重视，也变得更有规划性和组织性。1954年，茅盾在第一届全国文学翻译工作会议上做了名为《为发展文学翻译事业和提高翻译质量而奋斗》的报告，在总结前人翻译工作的经验教训基础上，高屋建瓴地对今后的翻译工作提出了设想。这份报告本身也体现了茅盾个人翻译观。然而这一时期如果谈到对于我国翻译思想理论贡献最大的，还要数傅雷与钱钟书。

傅雷对中国译学理论的主要贡献在于著名的"临画"和"神似"说。这一说法虽然并非傅雷原创，但傅雷本人在绘画艺术上的造诣以及在翻译方面的卓越成就使得这一标准得到了强烈共鸣。

以效果而论，翻译应当像临画一样，所求的不在形似而在神似。以实际工作论，翻译比临画更难。临画与原画，素材相同（颜色，画布，或纸或绢），法则相同（色彩学，解剖学，

[①] 董学文. 中国共产党百年与马克思主义文艺理论的发展 [J]. 文艺理论与批评，2021（04）：6.
[②] 指Theokritos，现译忒奥克里托斯，古希腊著名诗人，学者。西方田园诗派的创始人。

透视学)。译本与原作,文字既不侔,规则又大异。各种文字各有特色,各有无可模仿的优点,各有无法补救的缺陷,同时又各有不能侵犯的戒律。像英、法,英、德那样接近的语言,尚且有许多难以互译的地方;中西文字的扞格远过于此,要求传神达意,铢两悉称,自非死抓字典,按照原文句法拼凑堆砌所能济事。

  各国的翻译文学,虽优劣不一,但从无法文式的英国译本,也没有英文式的法国译本。假如破坏本国文字的结构与特性,就能传达异国文字的特性而获致原作的精神,那么翻译真是太容易了。不幸那种理论非但是刻舟求剑,而且结果是削足适履,两败俱伤。两国文字词类的不同,句法构造的不同,文法与习惯的不同,修辞格律的不同,俗语的不同,即反映民族思想方式的不同,感觉深浅的不同,观点角度的不同,风俗传统信仰的不同,社会背景的不同,表现方法的不同。以甲国文字传达乙国文字所包含的那些特点,必须像伯乐相马,要"得其精而忘其粗,在其内而忘其外"。而即使是最优秀的译文,其韵味较之原文仍不免过或不及。翻译时只能尽量缩短这个距离,过则求其勿太过,不及则求其勿过于不及。

  倘若认为译文标准不应当如是平易,则不妨假定理想的译文仿佛是原作者的中文写作。那么原文的意义与精神,译文的流畅与完整,都可以兼筹并顾,不至于再有以辞害意,或以意害辞的弊病了。

(傅雷《高老头》重译本序)

  在这段文字中,傅雷不仅指出翻译与临画的异同,强调译者既需在译本与原作语言相差很大的情况下做到传神达意,又不能在这一过程中对译语的特点有质的改变,而需要尊重不同民族语言文字的特点,去粗取精,在"韵味"上做到尽可能向原作靠近,"过"与"不及"都是不理想的。

  显而易见的是,傅雷的所提出的"传神"一说主要针对他所擅长的文学翻译而言。并且对于差异较为悬殊的语言来说,在翻译过程中对译语进行一定程度的改变也在所难免。比如,词义存在空缺是翻译过程中非常普遍的情况。例如 cousin 一词在英语中的意思十分宽泛,既指三代以内同辈以及不同辈分的血亲,也指由于婚姻关系所取得的亲属关系。因此在热播英剧《唐顿庄园》(Downton Abbey)中前来继承 Grantham 伯爵庄园的 Matthew Crawley 与 Isabel Crawley 母子都被称作 cousin。傅雷本人在翻译《贝姨》(Cousine Bette)时也遇到了这个问题,Cousine 在法语中也可以指不同辈分的表亲。但中国文化对于辈分的区分很严格,只有"表兄弟姐妹"以及"表叔伯姨婶"这样的称呼,却没有一个词汇能够涵盖血亲所有辈分的称呼。傅雷本人将 Cousin Bette 译为了贝姨,原因是"要找一个名词,使书中的人物都能用来称呼贝德,同时又能用作书名,既不违背书中的情节,又不致使中国读者观感不明的,译者认为惟有贝姨两字,……。对小姨子称为姨,对姨母称为姨,连自己的堂姊姊也顺了丈夫孩子而称为姨,一般人也跟着称姨,正是顺理成章,跟原书 Cousine Bette 的用法完全相同"[①]。但不得不说,绝大多数情况下,能够这样对应的词汇少之又少,很多外来词在存在词义空缺的情况下都不得不采取音译,甚至直接不译的手段。而对于词义不完全对应的情况,译语语义也渐渐接纳了陌生的表达,发生了一些微妙的变化。

  作为学贯古今东西、精熟多国语言文字、有"民国第一才子"之名的钱锺书先生曾经英译过《毛泽东选集》,也曾在多部著作中表达自己对于翻译的看法。其中最著名的当属他在《林

---

① 傅雷,《贝姨》译者弁言。

纾的翻译》一文中所提出的"化境"说。但实际上在《管锥编》、《谈艺录》等早年著述中，他对翻译的基本理论、翻译的性质、方法、文化等问题等都进行过深入的探讨。其中《论"不隔"》一文非常明确地提出了他所认为的理想翻译是什么样子。开篇，钱锺书便引用了马太·安诺德（Matthew Arnold）对意译的看法，

"枯儿立治①（Coleridge）曾说过，

神和人的融合，须要这样才成——

这迷雾，障隔着人和神，

消溶为一片纯洁的空明。

(Whene'er the mist, which stands between God and thee. Defecates to pure transparency.)

一篇好翻译也须具有上列的条件。在原作和译文之间，不得障隔着烟雾，译者自己的作风最容易造成烟雾，把原作笼罩住了，使读者看不见本来面目"②。

钱氏认为这种说法与王国维在《人间词话》中提出的"不隔"有着非常巧妙的重合，王氏认为"语语都在目前，便是不隔"，也就是说语言表达要透彻，不能空洞无物。虽然钱锺书与王国维对于何为"不隔"的观点并不十分一致，尤其是在"类比"的运用方面，但他借用这一说法，对"艺术化的翻译"提出了自己的看法。他认为"在翻译学里，'不隔'的正面就是'达'，严复《天演论·绪例》所谓'信达雅'的'达'，翻译学里'达'的标准推广到一切艺术便变成了美学上所谓'传达'说（Theory of Communication）——作者把所感受的经验，所认识的价值，用语言文字，或其他的媒介物来传给读者"③。

钱锺书心中的"不隔""不是一桩事物，不是一个境界，是一种状态（State），一种透明洞澈的状态——'纯洁的空明'，譬之于光天化日；在这种状态之中，作者所写的事物和境界得以无遮隐地曝露在读者的眼前。作者的艺术的高下，全看他有无本领来拨云雾而见青天，造就这个状态。所以，'不隔'并不是把深沉的事物写到浅显易解；原来浅显的写来依然浅显，原来深沉的写到让读者看出它的深沉，甚至于原来糊涂的也能写得让读者看清楚它的糊涂"。

这种说法十分类似奈达提出的"功能对等"——"译语接受者对译语信息的反应和源语接受者对原文信息的反应基本相同"。而在后期，钱氏则从许慎的《说文解字》入手，从"译"字的由来对其所包含的几层意义进行了剖析，提出了"化境"说：

"'译''诱''媒''讹''化'这些一脉通连、彼此呼应的意义，组成了研究诗歌语言的人所谓'虚涵数意'（Polysemy, manifold meaning），把翻译能起的作用（'诱'）、难于避免的毛病（'讹'）、所向往的最高境界（'化'），仿佛一一透示出来了。文学翻译的最高理想可以说是"化"。把作品从一国文字转变成另一国文字，既能不因语文习惯的差异而露出生硬牵强的痕迹，又能完全保存原作的风味，那就算得入于"化境"。十七世纪一个英国人赞美这种造诣高的翻译，比为原作的"投胎转世"（the transmigration of souls），躯体换了一个，而精魂依然故我。换句话说，译本对原作应该忠实得以至于读起来不像译本，因为作品在原文里决不会读起来像翻译出的东西"④。

---

① 今译为柯勒律治。塞缪尔·泰勒·柯勒律治（Samuel Taylor Coleridge，1772—1834 年），英国诗人和评论家。
② 钱钟书. 钱钟书集：写在人生边上·人生边上的边上·石语[M]. 北京：生活·读书·新知三联书店，2002.94.
③ 同上，页码 95。
④ 钱钟书. 七缀集[M]. 北京：生活·读书·新知三联书店，2002：77.

然而,"化境"终究是一种理想状态,钱氏自己也认为"……'欧化'也好,'汉化'也好,翻译总是以原作的那一国语文为出发点而以译成的这一国语文为到达点。从最初出发以至终竟到达,这是很艰辛的历程。一路上颠顿风尘,遭遇风险,不免有所遗失或受些损伤。因此,译文总有失真和走样的地方,在意义或口吻上违背或不很贴合原文"(同上)。因此,"诱"与"媒"是翻译的功能,而"讹"才是一种常态,至于"化"只能是一种是不太可能达到的最高境界。

除了上述的翻译标准,许多文学家与翻译家均提出过不同的翻译标准,如林语堂的"忠实、通顺、美",朱光潜的"信""达"统一,以及许渊冲的"三美"等。改革开放以后,中国译学在相当一段时间内受西方译学的影响较大,曾经在译学理论中的唯西方论,认为中国所谓的译学理论只有三个字"信""达""雅",甚至认为根本不存在本土译学的人大有人在。然而,盲目追随西方译学是行不通的。理论以实践为基础,西方译学正是建立在大量以西方语言为主的翻译实践基础之上,其中英语与西班牙语之间的翻译量据全球首位。虽然汉语是世界上使用人数最多的语言,其翻译量也占据排行榜的高位,但西方语言的总体翻译量仍旧是最高的。由于中西方语言存在巨大差异,很多中西语际翻译实践中存在的特殊问题很难用西方译学解释,因此本土译学理论的发展具有十分重要的意义。近年来,随着中西方译学的相互交流,中国本土译学也快速成长,其中最引人瞩目的当属到胡庚申的生态翻译学(见第二章第七节)与黄忠廉的变译理论。

变译理论在中国已经经历了二十多年的发展。与其他翻译标准不同,变译理论以原作在翻译中的保留程度为标准划分。力求保全原文的属于"全译"范畴,有所取舍和改造的属于"变译"范畴。其理论内涵是:所谓变译,指译者根据特定条件下特定读者的特殊需求,采用增、减、编、述、缩、并、改等变通手段摄取原作有关内容的翻译活动[①]。变译传播涉及的主体包括原文作者、变译者和读者。原作者是创作主体,变译者是翻译主体,读者是阅读主体。变译者需要根据各方面条件综合判断,采取恰当的手段对原作进行改变,而非一味追求全译。变译理论不是纯理论,也包含方法和具体操作手段。黄忠廉将上述七种变通手段扩展为十一种变译方法,分别是:摘译、编译、译述、缩译、综述、述评、译评、改译、阐译、译写和参译。

"变译论最突出的贡献在于:1)提出了翻译变体新概念,使变译成为译学基本概念;2)使变译和全译范畴化,并使变译各策略再范畴化和体系化"[②]。经过多年的发展,变译理论体系已经逐渐完善,"初步形成比较完善的一套体系,具体分为:变译现象、变译规律、变译理论、变译实践和人才培养"[③]。研究方向包括变译实质、变译系统、变通手段、变译方法、变译体系、变译章法、变译过程、变译机制、变译特效、变译规律、变译标准、变译范围、变译价值、变译读者论、变译译者论以及变译客体论十七个方向。不过对于该理论仍旧还有不少未能回答的问题,比如"变译"观下的翻译应该是描述性的还是规定性的?"变译"的地位是什么?与"全译"的关系如何确定?这些问题仍有待解答。

---

① 黄忠廉. 变译理论:一种全新的翻译理论 [J]. 国外外语教学,2002(1):20.
② 蓝红军. 变译论之辨与思:理论类属、学科贡献与概念界定 [J]. 解放军外国语学院学报,2018,41(04):8.
③ Leech, G. Semantics: The Study of Meaning [M]. Middlesex: Penguin Books, 1981. 22.

【课后练习】

1. 以下是鲁迅对于翻译与保留译语特色之间关系的观点。你如何看待某一民族语言在翻译过程中被同化的现象？汉语应该保持自己的特色，以不变应万变，还是应该不断完善？

这也是译本。这样的译本，不但在输入新的内容，也在输入新的表现法。中国的文或话，法子实在太不精密了，作文的秘诀，是在避去熟字，删掉虚字，讲知的时候，也时时要辞不达意，这就是话不够用，……要医这病，我以为只好陆续吃一点苦，装进异样的句法去，古的，外省外府的，外国的，后来便可以据为己有①。

2. 请阅读鲁迅和刘半农对于欧化的评论，你赞成谁的观点？为什么？

鲁迅：只求易懂，不如创作，或者改作，将事改为中国事，人也化为中国人。如果还是翻译，那么首先的目的，就在博览外国的作品，不但移情，也要益知，到少是知道何地何时，有这等事，和旅行外国，是很相像的：它必须有异国情调，就是所谓洋气。其实世界上也不会有完全归化的译文，倘有，就是貌合神离，从严辨别起来，它算不得翻译。凡是翻译，必须兼顾着两面，一面当然力求其易解。一面保存着原作的丰姿，但这保存，却又常常和易懂相矛盾：看不惯了。不过它原是洋鬼子，当然谁也看不惯，为比较的顺眼起见，只能改换他的衣裳，却不该削低他的鼻子，剜掉他的眼睛。我是不主张削鼻剜眼的，所以有的地方，仍然宁可译得不顺口。

刘半农：我们的基本方法，自然是直译。因是直译，所以我们不但要译出它的意思，还要尽力地把原文中语言的方法保留着；又因直译（literal translation）并不就是字译（transliteration），所以一方面还要顾着译文中能否文从字顺，能否合于语言的自然。在这双方挤夹中，当然不免要有牺牲的地方。但在普通应用的文字里，可包含的只是意义（很粗略地说）；而所以表示这意义的，只是语言的方式；此外没有什么。到了文艺作品里，就发生一个重要问题：情感。情感之于文艺，其位置不下于（有时竟超过）意义，我们万不能忽视。但情感上种种不同的变化，是人类所共有的；而语言的方式，却是各不相同的。……又一种语言中某一单字的机能（对于其基本意义而言），与另一种语言中相当的一个单字的机能，决不能完全密合。（严格说来，无论在两种不同的语言中，或在同一种语言中，竟难以找到两个机能完全密合的字，通常彼此翻译，或彼此训诂，只用它一部分的机能的符合。）因此在甲种语言中，用什么方式或用什么些字所表示的某种情感，换到乙种语言中，如能照它直译固然很好，如其不能，便把它的方式改换，或增损，或变改些字，也未尝不可；因为在这等"两者不可得兼"之处，我们应当斟酌轻重：苟其能达得出它的真实的情感，便在另一方面牺牲些，许还补偿得过。

3. 请阅读傅雷的《翻译经验点滴》节选，谈谈你对原文与译文风格差异的看法。

中国人的思想方式和西方人的距离多么远。他们喜欢抽象，长于分析；我们喜欢具体，长于综合。要不在精神上彻底融化，光是硬生生地照字面搬过来，不但原文完全丧失了美感，连意义都晦涩难解，叫读者莫名其妙。这不过是求其达意，还没有谈到风格呢。原文的风格不论怎么样，总是统一的，完整的；译文当然不能支离破碎。可是我们的语言还在成长的阶段，没有定形，没有准则；另一方面，规范化是文艺的大敌。我们有时需要用文言，但文言

---

① 鲁迅. 关于翻译的通信. https://www.marxists.org/chinese/reference-books/luxun/13/020.htm，引用日期：2022.1.26.

在译文中是否水乳交融便是问题；我重译《克利斯朵夫》的动机，除了改正错误，主要是因为初译本运用文言的方式，使译文的风格驳杂不纯。方言有时也得用，但太浓厚的中国地方色彩会妨碍原作的地方色彩。纯粹用普通话吧，淡而无味，生趣索然，不能作为艺术工具。多读中国的古典作品，熟悉各地的方言，急切之间也未必能收效，而且只能对译文的语汇与句法有所帮助；至于形成和谐完整的风格，更有赖于长期的艺术熏陶。像上面说过的一样，文字问题基本也是个艺术眼光的问题；要提高译文，先得有个客观标准，分得出文章的好坏。

4. 请阅读钱锺书的《林纾的翻译》节选，谈谈原文与译文之间的关系。

彻底和全部的"化"是不可实现的理想，某些方面、某种程度的"讹"又是不能避免的毛病，于是"媒"或"诱"产生了新的意义。翻译本来是要省人家的事，免得他们去学外文、读原作，却一变而为导诱一些人去学外文、读原作。它挑动了有些人的好奇心，惹得他们对原作无限向往，仿佛让他们尝到一点儿味道，引起了胃口，可是没有解馋过瘾。他们总觉得读翻译像隔雾赏花，不比读原作那么情景真切。歌德就有过这种看法；他很不礼貌地比翻译家为下流的职业媒人（Uebersetzer sind als geschäftige Kuppler anzusehen）——中国旧名"牵马"，因为他们把原作半露半遮（eine halbverschleierte Schöne），使读者心痒神驰，想象它不知多少美丽。要证实那个想象，要揭去那层遮遮掩掩的面纱，以求看个饱、看个着实，就得设法去读原作。这样说来，好译本的作用是消灭自己；它把我们向原作过渡，而我们读到了原作，马上掷开了译本。自负好手的译者恰恰产生了失手自杀的译本，他满以为读了他的译本就无须去读原作，但是一般人能够欣赏货真价实的原作以后，常常薄情地抛弃了翻译家辛勤制造的代用品。倒是坏翻译会发生一种消灭原作的功效。拙劣晦涩的译文无形中替作者拒绝读者；他对译本看不下去，就连原作也不想看了。这类翻译不是居间，而是离间，摧毁了读者进一步和原作直接联系的可能性，扫尽读者的兴趣，同时也破坏原作的名誉。

第三节 翻译思想与理论在西方国家的历时发展

西方的翻译理论思想灿若繁星，既有散落在一些译作序言中的只言片语，也有大量专门的鸿篇巨著。与中国的翻译理论发展相比，西方翻译理论著述更加丰富，文献保留得更加完整，也更加体系化，一般按照其方法论不同被分为几大流派，如语文学派、语言学派、功能学派、认知学派、描写学派、文化学派等，每一种学派都有其代表性的理论学说，但在学派内部，各理论也有不同的特点。如果希望对西方翻译理论有比较全面的认识，还需要认真研讨原著。本教材并非理论专著，加之篇幅所限，只能选择某一历史时期或某一流派中最著名的学说或思想简要概述，勾勒理论发展的大致轮廓。

早在公元前一世纪的古罗马时代，西塞罗便将翻译分为了"解释者"式翻译与"演说家"式翻译，自此译法便一直被大致分为"直译"与"意译"两大类型。在他之后的贺拉斯则更加旗帜鲜明地反对逐词死译，主张"意义对意义（sense for sense）"的翻译方法。昆体良（Marcus Fabius Quintilianus）在二者的翻译思想基础上继续发展，提出翻译也是一种创作，在标准上不仅可以与原作媲美，甚至可以超过原作。而古罗马帝国末期的圣奥古斯丁（Saint Augustine）则更是提出了译者风格与译作读者之间的关系，认为翻译是否对等要从原文与译文的词义对等情况来判断。此外，他还进一步发展了古代符号学理论，甚至被认为是翻译理论语言学学派的开山鼻祖。

此后的几百年中，译法的主流为字对字的死译。公元四世纪，圣哲罗姆将希伯来文的《旧约》与希腊文的《新约》译成了通俗拉丁文本，打破了词语的使用存在"上帝感召"的迷思，译者具有"征服者"的特权，可以根据自己渊博的知识和对语言的掌握进行翻译。他认为死译并非精确，而是迂腐，主张文学用意译，《圣经》用直译。

文艺复兴时期涌现出很多重要的翻译理论家，其中最著名的当属马丁·路德（Martin Luther）。作为宗教改革运动的领袖，为了让普通民众能够读懂《圣经》，马丁·路德在将希腊语版的《新约》译为德语的过程中主张用大众的语言进行翻译，采取意译的方法，并注重语法和意思的联系。同时他还提出了翻译的七原则：1）可以改变原文的词序；2）可以合理运用语气助词；3）可以增补必要的连词；4）可以略去没有译文对等形式的原文词语；5）可以用词组翻译单个的词；6）可以把比喻用法译成非比喻用法，把非比喻用法译成比喻用法；7）注意文字上的变异形式和解释的准确性[1]。

受到文艺复兴运动影响，近代翻译活动更为频繁，翻译题材广度不断扩展，"……至于翻译理论的研究，整个西方翻译界则出现了前所未有的黄金时代。因此，从许多方面看，西方各国在近代即 17 至 19 世纪的翻译，特别是翻译的理论研究，构成了西方翻译史上的又一重要发展时期"[2]。

英国的德莱顿（John Dryden，1631—1700）是十七世纪最伟大的翻译理论家。他虽然没有出版过翻译理论专著，但他对翻译理论进行过认真的研究，并将自己的观点发表在论文与译著的序言中。他对于外来语翻译、作者、读者与的地位等都提出过非常精妙的论述，在此只介绍他对于翻译分类的看法。德莱顿在西方翻译史上第一次将翻译分为三类：词译（metaphrase）、释译（paraphrase）和拟译（imitation）。词译即逐词译，在德莱顿看来，译者选择词译就会成为原文韵脚的奴隶，他还对此进行了生动的比喻。"翻译既要抠字眼又要译好是不可能的……就好比戴着脚镣在绳索上跳舞，跳舞的人可以小心翼翼避免摔下来，但不能指望他的动作优美。说得好一点，也不过是一种愚蠢的做法：没有哪个神志清醒的人，为听到因自己掉下来没有摔断脖子而博得的喝彩声，便把自己置于危险之中"[3]。而拟译则走向了另一个极端，过于脱离原作，使译作变成了一种创作，对于原作者是不公的。"假使某某人期望别人还债，结果收到的却是一件礼物，那他是不会感到很高兴的。公正地说，拟译是译者表现自己的最好方法，但他对九泉之下的作者的英灵和声誉，却是一种莫大的不公"(同上)。因此，德莱顿更倾向于释译，也就是意译。他认为原作者的意思在任何情况下都不可侵犯，但译者可以根据表达的需要，变换原作中所使用的词语，必要的时候可以使用外来语。"如果我们没有土生土长的合适词语，从别国引进谁又能阻止呢？我没有把国家的财宝带出国，一带出国就回不来了；可是我从意大利带回的东西，我都花在英国，留在英国，用在英国，因为带回的如果是块好钱币，就会在人们当中流通。为了丰富我们的民族语言，我既和活人也和死人打交道。英国有着足够我们使用的必需品，但要想拥有富丽堂皇的东西，就得靠做生意去挣得"[4]。

德莱顿的翻译思想影响十分深远，十八世纪中大部分翻译家的观点也都没有什么突破。

---

[1] 谭载喜. 西方翻译简史［M］. 北京：商务印书馆，2004：64-67.
[2] 同上，页码 84。
[3] 同上，页码 123。
[4] 同上，页码 122。

一直到了十八世纪末期，才有了比较全面论述翻译理论的专著，理论模式也变得更为全面、系统，更具普世价值。英国的坎贝尔（George Campbell，1719—1796）所著的《四福音书的翻译与评注》下卷就是一部翻译理论专著，其中他对翻译的目的、词汇与语法的关系进行了讨论。最重要的是他第一次提出了翻译的三原则：

The first thing, without doubt, which claims [the translator's] attention, is to give a just representation of the sense of the original. ... The second thing is, to convey into his version, as much as possible, in a consistency with the genius of the language which he writes, the author's spirit and manner, and, if I may so express myself, the very character of his style. The third and last thing is. to take care, that the version have at least, so far the quality of an original performance, as to appear natural and easy, such as shall give no handle to the critic to charge the translator with applying words improperly, or in a meaning not warranted by use, or combining them in a way which renders the sense obscure, and the construction ungrammatical, or even harsh[①].

简言之就是：

（一）准确地再现原作的意思；

（二）在符合译作语言特征的前提下，尽可能地移植原作者的精神与风格；

（三）使译作像原作那样自然、流畅。

坎贝尔的翻译三原则明确了译文的评价标准，对翻译理论的发展做出了不可磨灭的贡献。然而仅仅一年后，泰特勒就出版了《论翻译的原则》，其中所提到的翻译三原则与坎贝尔的如出一辙。经过二人沟通，这一事件被认定为巧合，但泰特勒的翻译三原则却由于其涉及的范围更广，而更加著名，也对后世产生了更大的影响。在该书中，泰特勒提出了何为好的翻译：

(A good translation is one) in which the merit of the original work is so completely transfused into another language as to be as distinctly apprehended, and as strongly felt, by a native of the country to which that language belongs as it is by those who speak the language of the original work.

好的翻译应该将原作的优点完全移植到另一种语言中，同时能够使译语读者能够像源语读者一样获得清晰的理解与强烈的感受。

这就是英国著名学者亚历山大·泰特勒（Alexander Tytler，1747—1814）在两百多年前提出的翻译标准。紧接着，泰特勒又更清晰地提出了著名的"泰特勒三原则"：

1. That the translation should give a complete transcript of the ideas of the original work.

2. That the style and manner of writing should be of the same character with that of the original.

3. That the translation should have all the ease of original composition[②].

译成中文就是：

1. 译文应完全复写出原作的思想。

2. 译文的风格和笔调应与原文的性质相同。

3. 译文应与原作同样流畅。

---

① 转引自杨建华. 西方译学理论辑要 [M]. 天津：天津大学出版社，2009：120.

② 同①，页码108.

与前文中坎贝尔的三原则对比来看，虽然二者在中文表述上极为相近，所表达的意思也有相似之处，但在原文中措辞上还是有一定差异的。此外，泰特勒还对这三条原则的重要性进行了说明。他认为原作思想最为重要，译者永远不应该将自己的情感强加于原作之中；风格和笔调的重要性次于思想，但保留原作的风格与笔调难度上也更高。在遇到不可调和的困难时，译者需要自问，如果原作者可以用译语写作，那么他将如何表达？第三条原则最难以实现。在这里，泰特勒将翻译与临摹画作相比，临摹画作的时候，画家可以使用原作完全相同的色彩，但译者却无法使用原作者相同的语言。因此，译者只能让作者的灵魂通过译者的发声器官来说话。

"泰特勒三原则"还经常被拿来与中国的严复所提出的"信、达、雅"相比，二者也一直被翻译工作者奉为评价译文标准的圭臬。

法国的夏尔·巴托（Charles Batteux，1713—1780）是十八世纪法国翻译理论的重要代表。巴托关注的是翻译中思想的保留。他认为人类的语言存在一种自然的语序。句子的次序是思想的体现。因此在翻译过程中，当语法结构与语序出现冲突时，语法结构的调整要让位于语序，并且提出了12条规则以处理语序等问题，可以概括如下：

1）永远不改变语序；2）不改变思想的顺序；3）不改变句子长度；4）不改变连词；5）不改变副词位置；6）保留对称句形式；7）保留思想的亮点；8）保留修辞格；9）保留格言形式（以格言译格言）；10）避免解释性的意译，除非不解释无法使意思明白；11）只有必要时才可改变原文的风格[①]。

因此在巴托来看，译者不能成为作者，其行为永远要追随原作者。但对于语序差异较大的语言之间的翻译，这种翻译思想显然存在不足之处。

十八世纪末，启蒙主义运动思维逐渐为浪漫主义所替代，成为十九世纪的主流思潮。这段时间德国翻译理论家十分活跃，涌现出一大批代表性翻译理论。

威廉·冯·洪堡（Wilhelm von Humboldt，1767—1835）的翻译思想植根于他的"语言世界观"和"语言共性论"，这是一种辩证的语言观。在洪堡看来，语言不仅仅是思想的表达方式，同时也体现了使用该语言的民族独特的思维认知方式。从语言的差异与独特性这一角度来看，语言是不可译的。但同时，人类的思想是共通的，因此人类语言具有统一的内在形式，"整个人类只有一种语言"，而"每个人都拥有一种特殊的语言"[②]。

在致施莱格尔（August W. Schlegel）的信中，洪堡表达了他对于语言"不可译性"的看法。他说："所有的翻译都只不过是试图完成一项无法完成的任务。任何译者都注定会被两块绊脚石中的任何一块所绊倒：他不是贴原作贴得太紧而牺牲本民族的风格和语言，就是贴本族特点贴得太紧而牺牲原作。介乎两者之间的中间路线不是难于找到而是根本不可能找到"[③]。但这并不意味着放弃翻译，相反，他非常强调翻译的重要性。翻译可以向一种语言或民族精神中注入其本身并不存在的东西，而在这种情况下，翻译的标准就应该是"简单忠实"（simple fidelity）。译者不能代替作者进行过多的解释，试图利用链接来消除原作中的模糊性，认为这样会损毁原作的简洁性与想象力。

---

① 转引自杨建华. 西方译学理论辑要 [M]. 天津：天津大学出版社，2009：76.
② 洪堡特. 论人类语言结构的差异及其对人类精神的影响 [M]. 姚小平，译，北京：商务印书馆，1997：60.
③ 谭载喜. 西方翻译简史 [M]. 北京：商务印书馆，2004：109.

与洪堡同一时期的施莱尔马赫（Friedrich Schleiermacher，1768-1834）继承并发展了洪堡的语言观，认为说话人与语言之间存在双重关系。人的思维既受到语言的控制与制约，同时人又运用自己的知识建构着自己的语言。施莱尔马赫的翻译思想主要体现在1813年他在柏林皇家科学院学术讨论会上宣读的一篇题为《论翻译的方法》（Über die verschiedenen Methoden des Übersezens）的论文。其中除上述语言观外，他还提出了对于翻译的几点看法，对后世产生了重大影响。其中之一便是施莱尔马赫第一次在西方翻译史上区分了口译与笔译，认为口译主要发生在商业方面，而笔译主要发生在科学与艺术方面。但他将口译归为机械活动的观点并不正确；第二，他提出了机械的翻译与真正的翻译之间的差异；第三，他提出了译者为主导的翻译存在两种途径。他认为，译者处于读者与作者之间的关键位置，其态度会产生两种不同的翻译方法。

What of the genuine translator, who wants to bring those two completely separated persons, his author and his reader, truly together, and who would like to bring the latter to as correct and complete an understanding of the original as possible without inviting him to leave the sphere of his mother tongue? What roads are open to him? In my opinion there are only two. Either the translator leaves the author in peace, as much as possible, and moves the reader toward him. Or he leaves the reader in peace, as much as possible, and moves the author toward him. The two roads are so completely separate that the translator must follow one or the other as assiduously as possible, and any mixture of the two would produce a highly undesirable result, so much so that the fear might arise that author and reader would not meet at all[①].

译者或是不惊动作者，让读者向作者靠近；或是不惊动读者，让作者向读者靠近。这样的两种途径对韦努蒂（Lawrence Venuti）产生了重大影响，也是其"归化/异化"理论的重要根源。

除了英、法、德之外，近代俄国的翻译理论家也做出了卓越的贡献，如十九世纪的普希金、茹科夫斯基等均对文学翻译提出了见解，并对后世产生了重要影响。二十世纪初期，翻译理论的发展基本没有太大突破，继续沿着十九世纪的道路前进。二战之后，经济社会和平发展与人类广泛交流使得语言学以及与翻译相关的其他学科快速发展，翻译量快速增长，"就整个西方的翻译事业而论，第二次世界大战后的翻译范围之广，形式之多，规模之大，成果之丰，是历史上任何时期都不能比拟的"（谭载喜，2004：159）。与此同时，人们对翻译及翻译标准的理解也不断变化，对于翻译的研究也不局限于翻译本体，而是与其他学科相联系，将翻译学科的研究与语言学、社会学、人类学、心理学甚至计算机、人工智能等学科相联系，翻译的跨学科特征不断显现，翻译的内涵逐渐丰富。

因此，如果说之前我们可以大致以历时的方式介绍翻译理论在不同国家的发展，那么从二十世纪五十年代开始，由于翻译研究的范围不断扩展，对于翻译理论的描述就很难延续之前的方法。由于研究视角不同，翻译研究出现了不同流派，如语言学派、功能学派、认知学派、描写学派、文化学派、后殖民主义学派等。其中，语言学派的研究则使得翻译研究成为西方翻译展上第一次质的突破。而在翻译标准方面最有代表性当属雅各布逊（Roman Jakobson）、卡特福德（J. C. Catford）、奈达（Eugene A. Nida）和纽马克（Peter Newmark）。

---

① Lefevere. Translation/History/Culture [M]. London and New York: Routeledge, 2003. 149.

雅各布逊从符号理论出发，将翻译分为三种类型：语内翻译（intralingual translation）、语际翻译（interlingual translation）以及符际翻译（intersemiotic translation）。在雅克布逊看来，语内翻译相当于"变换说法"（rewording），可以用近义词或者另外一种说法来替代，但完全的等值是不存在的。语际之间的翻译就类似于一种间接引语，只能通过将接受到的信息进行重新编码传递信息。但由于语言之间的语法手段存在很大不同，语法类别存在不对应的现象，因此，符号之间没有完全的对等关系，只能通过其他手段进行弥补。雅克布逊认为，语言在认知功能上很少依赖语法。语言的本质区别不在于它们能表达什么，而在于必须表达什么[1]。当语法手段在翻译过程中力不从心时，译者总会找到各种办法传递原文信息，因此不可译性不可能存在。从这一点来看，翻译的对等建立在人类认知的共通性上。

卡特福德区分了文本等值（Textual Equivalence）与功能对应（Functional Correspondence）这两个概念。他认为"文本等值是指在特定场合下通过下列方法（替换法/代偿法）观察到的任何目的语文本或部分文本等值于特定的目的语文本或部分文本"[2]。通过对比目的语与源语，可以得到两种语言中等值的部分，并且在大量文本的基础上，还可以得出不同条件下等值部分发生的概率。而形式对应是一种相近性，更加宽泛，指的是"任何目的语范畴（单位、类、结构、结构要素等）在目的语'系统'中所占据的位置与源语范畴在源语中所占据的位置尽可能'相同'"[3]。然而，形式对应应该是建立在文本等值的基础上，因为要想分析目的文本与源语文本在某个范畴的对应情况，势必要对两种语言的文本等值情况有所了解。

卡特福德在翻译理论上还有一个贡献就是区分了"层次转换"（level shift）和"范畴转换"（category shift），前者指语法层次与词汇层次之间的转换，而后者可以细分为结构、词类、单位与系统内部转换。这一分类为翻译提供了更为具体的方法指导。

奈达最著名的"动态对等"（后为功能对等）理论认为，翻译是"在接受语中用最贴切、最自然的对等语再现原文的信息，首先是从意义上，最后是风格上"[4]。他还就翻译的标准进行了阐释，提出了文本在源语与译语字面意义不同对等情况下所采取的不同翻译方法，一种为形式对等（Formal Equivalence），另一种为动态对等（Dynamic Equivalence）。形式对等，主要指在源语与译语字面意义相差不大情况下所采取的尽可能贴近源语形式的字对字的翻译方法，意思接近"直译"；而动态对等则与之相对应，指在源语与译语字面意义相关较大情况下，翻译应该"使源语信息在译语中进行传达过程中，译语接受者的反应与源语接受者的反应基本相同"[5]。动态对等强调的是源语思想而非形式的传达，并且在必要情况下可以牺牲源语的语言形式。后来，奈达本人又对动态对等的说法进行了修改，提出了"功能对等"（Functional Equivalence）的概念。他认为，原来的"动态对等"容易给人造成误解，认为只有具有影响力的译文才是达到了动态对等。为了突出"功能"的概念，奈达认为在衡量翻译标准时应该使用"功能对等"。因为翻译作为一种交际手段，最重要的就是通过翻译可以达到的目标，用"功能"来衡量翻译质量也应该更为合适。

奈达还提出，翻译不仅是一种艺术，一种技术，还是一种科学。因为他认为翻译过程可

---

[1] Venuti, Translation Studies Reader [M]. London and New York: Routeledge, 2004.116.
[2] Catford. A Linguistic Theory of Translation. London: Oxford University Press, 1965. 27.
[3] 同上，页码32。
[4] Nida, E and Taber. The Theory and Practice of Translation [M]. Leiden: Brill, 1969. 12.
[5] 同上，页码28。

以通过语言学的方法进行描写与解释。然而，科学一定是有规律可循的，而翻译存在这样的规律吗？奈达的这一主张引起了学术界广泛讨论，也招致了很多批评。后来奈达本人也放弃了这一主张。

纽马克并未提出成系统的翻译理论，而是针对翻译中的问题进行了认真而深入的研究。他认为所有翻译行为都是应用语言学的实际应用。并且根据布勒（Bühler）的分类将文本的主要功能分为：表达功能（Expressive Function）、信息功能（Informative Function）以及召唤功能（Vocative Function）。表达功能旨在发出作者自己的声音，而不在乎读者的反应，如基于想象的文学、自传、私人信件等；信息功能重在传达知识，如科技、工业、经济、商业等领域的报告、论文、备忘录等；召唤功能的核心是激发读者的思考、感觉与行动等反应，如各种指令、宣传、请求，甚至流行小说等。与此同时，他也借助雅克布逊的研究对上述分类进行了扩充，补充了另外三个类型，分别是审美功能（Aesthetic Function）、寒暄功能（Phatic Function）与元语言功能（Metalingual Function）。

纽马克最具有代表性的理论贡献是提出"语义翻译"（Semantic Translation）与"交际翻译"（Communicative Translation）这一对概念：

Communicative translation attempts to produce on its readers an effect as close as possible to that obtained on the readers of the original. Semantic translation attempts to render, as closely as the semantic and syntactic structures of the second language allow, the exact contextual meaning of the original.①

在纽马克看来，交际翻译的重点在于服务目的语读者，但译者也要尊重并以原文形式为基础进行翻译；语义翻译则服从于源语的文化与原作者，但当源语的内涵意义构成了理解障碍时，译者需要进行解释。在二者发生矛盾时，交际翻译注重的是"效果"（force）而非"内容"（content），语义翻译则更加注重提供有用的信息（informative）而非效果（effective）；交际翻译更加通顺易懂、清晰直接，倾向于欠额翻译，而语义翻译则更加复杂难懂，倾向于超额翻译。一般来说，"语义翻译适用于严肃文学、自传、个人抒情式作品以及重要的政论文，而交际翻译适用于大部分的文本类型，包括非文学类、技术类、信息型文本和通俗小说等"②，但语义翻译与交际翻译之间并没有绝对的界限。

起源于二十世纪七十年代的德国功能学派对于翻译理论有着十分重要的影响，其代表人物有汉斯·弗米尔（Hans J. Vermeer）、赖斯（Katharina Reiss）以及诺德（Christiane Nord）等。

相对于语言学派翻译理论注重语言形式的变化，功能学派聚焦的是语言的交际功能及其对社会文化的影响。

赖斯将语际翻译视为一种双语交际过程，其目的是产生与原文文本功能对等的译语文本。译者是两种自然语言媒体当中引入的中间人，在交际过程中必于二级信息发送者，因此翻译也是一种二级交际行为。即便是在同一语言内部也不存在"理想的"交际，因此赖斯将翻译过程中信息的变化分为译者的"无意改变"与"有意改变"。前者可能是由于两种语言的结构不同导致，也可能受到不同翻译能力的影响；后者在翻译过程中十分常见，原因可包括译文

---

① Newmark. Approaches to Translation [M]. 上海：上海外语教育出版社，2001：39.
② 刘军平. 西方翻译理论名著选读 [M]. 武汉：武汉大学出版社，2012：81.

与原文目的不同，或者读者内部除语言差异之外发生了其他变化等。

赖斯认为交际包括语言与非语言行为，而任何行为在特定情形下都是有目的的。该目的通过原作者以语言形式呈现出来，使文本在交际过程中获得交际功能。作为译者要想能够确定这一目的，必须先确定文本的类型。对于书面语来说，文本的目的可以是单一的，也有可能是多重的，大多数情况下，文本存在一个主要的目的。而语言与其所处的情境是充满变化的，无论是源语还是目的语，都有可能发生因为语言变化导致目的语功能与源语功能无法对等、或源语功能无法实现的情况，在这种情况下，重译是有必要的。

赖斯还将翻译过程分为分析阶段（phase of analysis）和再语符号化阶段（phase of reverbalization）。在分析阶段中，译者第一步要确定源语文本的总体功能（如信息功能、表达功能与操作功能等），第二步再根据具体语言所处的社会文化特征决定文本的种类，这一步对于译者至关重要，使译者不至于因为遵循源语的语言传统而伤害译文文本在功能上的对等。分析阶段的第三步是对于文本风格进行分析，如源语文本如何通过语言手段实现某一交际目的并构建文本，译者从词、短语、句子进而到段落乃至篇章，一步步对文本的语义、句法与语用功能进行分析。而在接下来的再语符号化阶段中，译者则将词、短语、句子、段落不断构建成目的语文本。这一阶段中文本的总体类型与种类同样起着重要作用，文本类型决定了翻译方法，而文本的具体种类则使译者在翻译过程中考虑语言与文本结构方面的惯例。当目的语文本的功能与源语不同时，翻译追求便不是目的语与源语功能上一致，而是如何使语言与文本在目的语中的功能相匹配[①]。

赖斯的学生弗米尔率先提出了翻译的目的论（Skopos Theory），将翻译视为一种人类的有目的的行为，而非仅仅是一种语言的转码过程。

Translation is not the transcoding of words or sentences from one language to another, but a complex form of action, whereby someone provides information on a text (source language material) in a new situation and under changed functional, cultural and linguistic conditions, preserving formal aspects as closely as possible.[②]

翻译行为（translational action）的目的和实现方式都需要与委托人进行协商才能确定，而译者要想成功完成任务，就必须明确了解翻译的目的以及实现目的的方式。

弗米尔认为译者是翻译行动中的专家，对受委托的任务，即翻译的最终成果负责。原文的地位也要由译者来决定。译者作为专家，相较于外行来说，他们对于翻译过程有更充分的了解，因此必须给予其足够的信任。原文是信息来源，但不是评价译作的唯一标准。译者可以根据翻译的目的决定原文的地位，对其进行翻译、阐释或改编等操作。因此，在目的论看来，翻译是一种为目的语文化受众服务，针对目的语不同语境生产特定功能目标文本的活动。

弗米尔的目的论从全新的视角审视翻译，使功能学派得到了很快的发展，与语言学派成为译学研究最大的两大学派之一。但与此同时，由于目的论将翻译目的视为翻译程序的决定要素，因此受到了不少质疑。作为功能派的另一位重要代表人物，诺德在总体上接受弗米尔目的论学说的基础上，对目的论进行了一定的补充与修正。

诺德认为，翻译的语言学派所希望实现的"对等"是一个十分模糊的概念，因此只能是

---

① Venuti. Translation Studies Reader [M]. London and New York: Routeledge, 2004：160-171.
② 转引自刘军平. 西方翻译理论名著选读 [M]. 武汉：武汉大学出版社，2012：182.

一种幻觉,根本无法实现;与此同时,语言学派也未能将翻译视为一种文化行为,而翻译只能发生在具体的文化语境中;再者,语言学派将出发点放在源语,因此译者只能以一种屈服于原文的仆从身份进行工作。诺德总体上认同弗米尔的目的论,认为其满足现代社会职业翻译的需求,但仍旧有两点保留意见。其一,翻译模式具有文化特殊性;其二,译者与原文作者之间的关系。诺德认为,当文本在目的语中的功能与源语功能不一致时,如果翻译模式只以实现目的语功能为唯一标准,那就会被理解为"目的决定手段",甚至"为达目的不择手段"。即便目的论是一种通用理论,由于翻译行为的特殊性,翻译也无法在"非文化"或"超文化"的情况下发生,因此无论是读者,还是发起人或原作者,对于译文与原文之间关系的期待都不一样。译者不一定必须按照读者期待的方式工作,但他有责任不去欺骗读者。诺德将这种道义责任称为"忠诚"(loyalty)。

诺德认为,理想的功能学派翻译模式有两大支柱:"忠诚"与"忠实"(fidelity),二者不能混为一谈。后者主要指文本之间的相似性,甚至是文本表层结构上的相似性,但前者更加是人际关系层面的概念。这种道义责任使译者在翻译过程中既要为原文负责,又要为译文负责。译者需要通过了解两种文化中对翻译的不同理解,从中不断地斡旋(mediate),而译者的"忠诚"也使得作者更加信任译者,使其可以针对译文的功能需要对原文进行一定的变化,译者的社会声望也会更高。

如果说之前的翻译理论都是希望求得一种语言或功能上的对等,那么格特(Ernst-Autust Gutt)所提出的"关联翻译理论"则是从认知的视角对翻译的本质、标准与方法进行了审视。格特的理论建立在丹·斯珀泊(Dan Sperber)和迪尔德丽·威尔逊(Deirdre Wilson)二人的关联理论基础上。关联理论并未将交际视为一种由编码、传播与解码的过程,而是一种明示—推理的交际活动(ostensive-inferential communication)。这一过程由交际者(the communicator)、刺激信号(the stimuli)、受众(the audience)以及需要传递的预设(the set of assumptions intended to be communicated)四个要素所构成,而翻译由于是在两种语言环境中的交际活动,因此受到两套、共八个要素的共同影响。话语可以是描述性使用(descriptive use),也可以是解释性使用(interpretive use),而翻译在本质上则是解释性的。这种解释虽然在本质上是相对的,但并非可以无限制自由发挥。

…as an instance of ostensive-inferential communication, every particular case of interpretive use is constrained by the principle of relevance, which establishes a causal relation between the stimulus, the cognitive environment within which it is processed, and the interpretation it can be used to convey. In fact, the effect of the principle of relevance is that every utterance used interpretively automatically comes with a presumption of faithfulness: as an instance of interpretive use, such an utterance is presented in virtue of its interpretive resemblance with the original; by the principle of relevance it creates a presumption that its interpretation will be adequately relevant under optimal processing[①].

交际活动中,话语的解释性使用是要受到一定的限制的。话语信息之间的因果关系、信息在处理过程中认知的变化以及信息可以用来表达的意思都会限制解释性使用。翻译作为一种话语的解释性使用,其前提就是其与原文信息之间存在称为交际线索(communicative clues)

---

① 刘军平. 西方翻译理论名著选读 [M]. 武汉:武汉大学出版社,2012:212.

的相似性。如果能够提供与原文交际线索一致的翻译就被称为直接翻译（direct translation），直接翻译如同直接引语，译者会根据原文读者所得到的明示与隐含信息预设译文语境，而译文读者则在这一基础上进行推理，填补信息发生的变化；而间接翻译（indirect translation）如同间接引语，译者需要引导读者，构建与原文信息相近的解释性近似（interpretive resemblance），使读者可以获得足以产生关联的语境预设。

在其所著的 Translation and Relevance: Cognition and Context 一书的前言中，格特提出"关联理论足以解释翻译中的一切现象，没有必要另外建立独立的翻译理论"，这一论点在国内外引发了不少学者的质疑。同时，学界认为该理论无法解决翻译过程中所涉及的文化缺省问题、文体问题等人类认知过程中的复杂问题，而格特将话语的"描述性使用"排除在翻译研究之外的做法也使其对"直接翻译"与"间接翻译"的区分缺少说服力。

1972 年，在丹麦哥本哈根召开的第三届国际应用语言学大会上，詹姆斯·霍尔姆斯（James Holmes）宣读了论文《翻译研究的名与实》（The Name and Nature of Translation Studies），认为翻译是一门实证研究学科，并且为翻译研究的学科名称、研究范畴、要解决的问题以及发展路径提出了建议。自此，翻译成为了一门独立的学科，对于翻译的研究也展开了新篇章。

As a field of pure research—that is to say, research pursued for its own sake, quite apart from any direct practical application outside its own terrain—translation studies thus has two main objectives: (1) to describe the phenomena of translating and translation(s) as they manifest themselves in the world of our experience, and (2) to establish general principles by means of which these phenomena can be explained and predicted. The two branches of pure translation studies concerning themselves with these objectives can be designated descriptive translation studies (DTS) or translation description (TD) and theoretical translation studies (ThTS) or translation theory (TTh)[①].

霍尔姆斯提出翻译的纯理论研究主要有两大目的：描述翻译现象以及总结普遍翻译原理，并且由此形成翻译学理论研究的两大门类：描述翻译学（Descriptive Translation Studies）以及理论翻译研究（Theoretical Translaiton Studies）；除了纯理论研究之外，翻译学的研究范畴还包括应用翻译研究（Applied Translation Studies）。因此在霍尔姆斯的构想中，翻译研究应该最终建立一套完整的，覆盖面广泛的理论框架，用来解释并预测一切翻译现象。霍尔姆斯勾勒出了翻译研究的蓝图，在这之后，翻译研究的发展开启了新的篇章。

描述性翻译研究的代表人物为以色列学者伊塔玛·埃文-佐哈尔（Itamar Even-Zohar）和吉迪恩·图里（Gideon Toury），不再以制定规定性的翻译规范为目的，而是转变为对翻译过程与翻译现象的描述；研究单位也不再以句子为局限，而是上升到语篇甚至超越了语篇层面，开始关注超语言的社会文化规范。作为佐哈尔的学生，图里突破了以往从语言的对等为标准来衡量译文好坏的惯例，转而以译语的规范为出发点来看待翻译。他认为无论是在翻译行为发生前、过程中还是发生后，翻译的功能都是在译语体系中得以充分体现的，因此应该将翻译视为一种译语导向的行为。

图里认为，翻译会受到原文之外的不同社会文化要素的不同程度制约，而认知本身也是

---

① Holmes, J. The Name and Nature of Translation Studies [A]. In: Holms, es, J.S., Translated! Papers on Literary Translation and Translation Studies [C]. Amsterdam: Rodopi, 1988.71.

受到社会文化要素影响的,因此译者所采取的各种翻译策略并不能说仅仅是受到其认知的影响。社会文化要素对可以按其对行为的影响程度分为规则(rules)、规范(norms)以及译者个人风格(idiosyncrasies),其中规范作为中间地带,其对行为的影响程度也有轻重之分,有些就更加偏重规则,有些则更偏重个人风格,并没有严格的界限。而在这个序列两端的规则与个人风格也可以被视为更为客观的规范以及更为主观的规范。在特定的社会文化中,规范永远客观存在并且成为衡量行为的标准。

翻译的特殊性在于这一行为存在于两套规范当中,译者在翻译时首先要有初始规范(initial norm)选择,决定接近源语的规范还是译语规范,前者决定了译文是否充分(adequacy),而后者决定了译文的接受性(acceptability)。规范的作用体现在所有的翻译行为中,并且可以粗略地分为两大类:预备规范(preliminary norms)与操作规范(operational norms)。前者涉及文本类型与具体文本的选择等翻译策略,以及直接翻译的可能性,或译语文化对间接翻译的容忍度;后者可继续被分为基体规范(matrical norms)与文本语言规范(textual-linguistic norms)。基体规范较为宏观,涉及译文文本作为原文的替代品在译语存在的事实,其在文本中的位置、篇章的划分以及内容的取舍。而文本语言规范则更加具体,涉及句式与词汇选择乃至标点符号等。预备规范从逻辑上优先于操作规范,但也会受到操作规范的影响,但二者都只能在初始规范的选择前提下运作。

规范是不断发生变化的,具有不稳定性,其地位也会在主流与边缘之间不断发生变化。译者也并非被动迎合规范,而是主动通过翻译批评、翻译意识以及译者培训对规范进行着塑造。译者有可能会在初入行业时选择遵循主流规范,由此逃避"惩罚",而在专业水平得到认同后,有可能会有意识地打破主流规范,引领新的规范。

图里的翻译规则同样具有描述性特征,是理论上的假设法则在实践中不断受到各种因素检验的过程,社会文化要素只是影响因子的一个方面,实际翻译活动十分复杂,受到各种变量影响。"图里摒弃了传统翻译理论中充斥的规定性的论断,而采用自然科学理论中的假设推理和命题检验模式来定义翻译和翻译法则"[1],运用实证研究的方法探讨了翻译规律以及翻译本质[2]。

在上述研究基础上,1990年,苏珊·巴斯内特(Susan Bassnett)与安德烈·勒菲弗尔(Andre Lefevere)共同撰文提出了翻译研究的文化转向。西奥·赫曼斯(Theo Hermans)、劳伦斯·韦努蒂(Lawrence Venuti)、蒙娜·贝克(Mona Baker)、霍米·巴巴(Homi Bhabha)等学者进一步将翻译的研究对象由语言要素的处理转化为对文本外部要素的关注,如对语言文字转换起到推动与制约作用的国家政治、意识形态、文化势能对比等,使更广泛的社会文化语境进入翻译研究的视野。

【课后练习】

1. 请阅读以下卡特福德对于范畴转换的论述,并且,通过英汉翻译案例分析自己对于这段论述的理解。

Category shifts. We referred to unbounded and rank-bound translation; the first being

---

[1] 王运鸿. 描写翻译研究及其后 [J]. 中国翻译,2013,34(03):13.

[2] Venuti. Translation Studies Reader [M]. London and New York: Routeledge. 2000:199-204.

approximately "normal" or "free" translation in which SL-TL equivalences are set up at whatever rank is appropriate. Usually, but not always, there is sentence-sentence equivalence, but in the course of a text, equivalences may shift up and down the rank-scale, often being established at ranks lower than the sentence. We use the term "rank-bound" translation only to refer to those special cases where equivalence is deliberately limited to ranks below the sentence, thus leading to "bad translation", i. e. translation in which the TL text is either not a normal TL form at all, or is not relatable to the same situational substance as the SL text[①].

2. 以下是汉斯·弗米尔（Hans Vermeer）关于目的（Skopos）的论述，其中的hare-and-tortoise theory 与 skopos 有什么关系？

What we have is in fact a "hare-and-tortoise" theory (Klaus Mudersbach, personal communication): the skopos is always (already) there, at once, whether the translation is an assimilating one or deliberately marked or whatever. What the skopos states is that one must translate, consciously and consistently, in accordance with some principle respecting the target text. The theory does not state what the principle is: this must be decided separately in each specific case. An optimally faithful rendering of a source text, in the sense of a trans-coding, is thus one perfectly legitimate goal[②].

3. 以下是格特在论述原文在交流中的作用时引用的一个例子，你认为在这种场景下，原文与译者在交流中充当着什么角色？

…suppose, for example, that your company has produced photocopiers for export to an Eastern African country, and produces an operating manual in, say, Swahili. Now for the customers in Eastern Africa what counts is that the Swahili manual tells them clearly all they need to know for operating the photocopier. It is completely inconsequential to them whether there was an English original of this manual and whether the Swahili manual faithfully represents the information of that original. In fact, they may need to be given more or different information than the customers in England. The test of the quality of the manual will be how well it enables the customer to operate the copier[③].

第四节　翻译标准的不确定性与确定性

从前面的章节可以看出，从古至今，自从有了翻译，对于翻译标准的讨论就一直没有停息。很多人都希望能够找到一个普适的标准，可以为衡量所有翻译活动的好坏找到依据。然而随着人们对于翻译的本质、翻译活动的过程以及参与翻译活动的要素及其之间的关系有了越来越多的理解后，翻译标准也从最初理想当中的唯一性变为了多元性，从至高无上的"高冷"变为与具体语境紧密相关的"接地气"。

翻译可以被视为一种解释行为。人们对于同一件事可以"见仁见智"，有不同角度、不同

---

① Venuti. Translation Studies Reader [M]. London and New York: Routeledge. 2000: 143.
② 同上，页码228。
③ 刘军平. 西方翻译理论名著选读 [M]. 武汉：武汉大学出版社，2012：207.

层面的理解。比如，对于皎洁的满月，思念故乡的人有可能会想到"月是故乡明"；盼望团聚的人有可能会想到"人有悲欢离合，月有阴晴圆缺"；孤独寂寞不得志的人可能会想到"嫦娥应悔偷灵药，碧海青天夜夜心"；气象学家有可能想到好天气；地理学家可能想到潮汐变化，而国家航天局探月与航天工程科研团队则有可能会想到月球背面的"玉兔"二号的休眠与唤醒。然而，无论人们如何进行阐释，都离不开月亮这一本体，不可能将其作为太阳进行阐释。

　　翻译也是如此。按照辜正坤的翻译标准多元互补理论的看法，翻译是对原文的一种阐释，那么原文则被视为绝对标准——一个只要翻译行为开始就已经不再可能达到的标准[①]。这则标准就像之前提到的"月亮"，只有一个，人们对它的理解也只能是无限接近，却永远无法、也不可能是其本身。所有译者的努力都是在寻求一条能够最接近绝对标准的最高标准，而在努力过程中，会因翻译所处的语境不同而有不同的侧重，从而使具体的翻译标准多元化。因此"无论是中国还是西方，整部翻译理论史似乎都可以描述为一部从追求意义的客观性、追求理解的唯一正确性，到因追求受挫而最终转向承认意义的主观性和同一文本具有多义性的历史。这一点从人们在对待翻译标准态度上的变化可以看出"[②]。追求唯一的翻译标准是一种幻想，而依据不同的语境的特点制定出具体的翻译标准则是"幻灭"之后所采取的务实之举。

　　因此，讨论翻译标准要明确是哪个层面的标准。首先，绝对标准就是原文，确实客观存在，但在翻译中无法达到；其次，最高标准是主观意识，是译者希望追求的最接近绝对标准的程度，因人而异，因此存在不确定性；而具体标准，则是译者根据实际翻译需求所呈现出的不同限制因素所制定的工作标准，对于每一种具体环境中的翻译来说是确定的，否则会导致"虚无主义"，令翻译工作无法进行。所以，在实际翻译工作中，需要了解不同的制约条件才能够制定出切实可行的翻译标准。而这些制约条件也出于不同的目的，从不同的角度进行了多种类别的划分，是一个复杂而不断变化的系统。

　　以诺德为代表的功能学派将翻译的语境分为"文内因素"与"文外因素"。其中文内因素指题材、内容、预设已知信息、篇章结构、非文字成分、词汇特点、句子类型、文体特征等；文外因素包括作者、作者动机、接受者、交际手段、交际地点、交际时间、交际目的以及功能。译者在向最高标准努力过程中，会选择某一个或几个因素为主要依据，形成具体标准，而其他的因素则与被选择的因素共同作用，帮助译者选择或放弃某一种译法。比如，在接受者为儿童读者的条件下，译者为了达到心目中的最高标准，需要根据译语儿童的具体情况判断其心理与语言特点，其余要素均需要与这一要素共同参与，形成翻译过程中的具体标准：如，题材上要注意儿童的身心特点，词汇选择上要注意复杂程度，句式要注意长度，以及避免过于复杂的结构等等。

　　从传播学角度来看，一个单向的信息传播过程是：信源-编码-符号-译码-信宿。人类所有的传播活动基本都是双向的，而翻译由于存在中间环节，因而是一种更为复杂的双向传播行为。翻译的结果需要通过传播效果判断，而翻译的标准则应该借助信息传播过程中各要素相互配合与磨合才能够制定出来。"……最典型、最频繁的传播模式是一种长时段的双向关系，通常情况下，参与者在交流中卷入的程度是不均衡的。在这样的交流中，符号是共享的，但

[①] 辜正坤. 翻译标准多元互补论（第一章节录）[J]. 北京社会科学，1989（01）：70-78.
[②] 朱健平. 对翻译研究流派的分类考察[J]. Foreign Language Education. 2004, 25(01): 42.

对参加者而言,符号的意义并不完全相同……"①。也就是说,影响传播过程中符号意义的要素有很多,但这些要素参与的深浅不同,对传播的影响也不同。"传播者、编码、信息、媒介、受传者、译码和反馈,这些都是传播沟通中的显明的要素。它们犹如闪烁的星星,但是星星的背景是宇宙,还有诸多隐含要素,也在制约着对话"②。这些隐含的要素包括:信息来源、信息质量、传播关系、传播环境、传播目的、传播契约、传播效果、传播技巧以及传播干扰等。

不同研究范式从不同角度理解翻译、描述翻译过程,因此使得影响翻译标准的因素有很多。综合来看,大致可以包括:

作者、原文(类型、风格)、源语语言特征、源语文化、委托人(目的)、译者(能力、阅历、对翻译的理解)、媒介、目的语语言特征、目的语文化、读者(背景、目的、需求)等。这些不同的因素相互作用,有些翻译理论更侧重从语言对等的角度制定翻译标准,有些则侧重文化对比与传播的角度,有些关注读者与文本的关系,有些关注译者与作者的关系,还有些只将重点放在译文对于译语及文化的影响方面。

【课后练习】

1. 分别找一段英中、中英对照的译文,尝试从本章所学习的不同角度判断译文的质量。
2. 你认为在翻译过程中,"对等"这一标准意味着什么?是否永远无法达到?

第五节　当代翻译行业标准

随着全球化的发展,翻译及相关语言服务已逐渐发展为一个重要产业。据《2020中国语言服务行业发展报告》所提供的数据,"2019年全球语言服务产值首次接近500亿美元。中国含有语言服务的在营企业403 095家,语言服务为主营业务的在营企业8 928家,总产值为384亿元,年增长3.2%"。语言服务业的快速发展使得翻译行业的规范化、标准化要求的必要性越来越高。国际上,美国材料与试验协会提出了美国翻译标准,详细说明了翻译工作流程、内容与要求;欧洲标准化委员会的EN150038《翻译服务——服务规范》对翻译服务质量提出了具体要求,同时对行业操作规程进行了规定。2003年,中华人民共和国国家质量监督检验检疫总局和标准化管理委员会联合发布了中国翻译行业首部国家标准——《翻译服务规范第1部分:笔译》(GB/T 19363.1—2003),后于2008年在此基础之上进行了部分修订并发布了GB/T 19363.1—2008标准(简称"服务规范")。2005年,上述两家单位还发布了《翻译服务译文质量要求》(GB/T 19682—2005,简称"质量要求"),对于译文质量的基本要求、译文中允许的变通、译文质量评定做出了规定。"服务规范"中对于"笔译"的定义对于翻译服务行业各环节都做出了比较明确的规定,对于笔译质量的要求与"质量要求"的第4、5、6章一致。以下仅展示部分内容:

……

---

① 施拉姆,波特. 传播学概论[M]. 何道宽译. 北京:中国人民大学出版社,2010:42.
② 王政挺. 传播:文化与理解[M]. 北京:人民文学出版社,1998:155.

忠实原文
完整、准确地表达原文信息,无核心语义差错。
术语统一
术语符合目标语言的行业、专业通用标准或习惯,并前后一致。
行文通顺
符合目标语言文字规范和表达习惯,行文清晰易懂①。

(《翻译服务译文质量要求》,2005)

第五章、第六章对翻译质量进行了更为细致的规定,如数字表达、专用名词、计量单位、符号、缩写词、译文编排等。在第七章"译文质量评定"中,还对译文质量评定的关联因素进行了规定,其中译文使用目的分为四类:作为正式文件、法律文书或出版文稿使用;作为一般文件和材料使用;作为参考资料使用;作为内容概要使用。其他因素还包括:原文文体、风格和质量,专业难度以及翻译时限。质量评定的基本原则为:以译文使用目的为基础,综合考虑其他关联因素。

在"服务规范"4.4.4-4.4.7部分,对于译文的审校、编辑、校对、检验交付提出了具体要求。其中审核内容包括:译文稿是否完整;内容和术语是否准确,文字功能是否符合需要;语法和辞法是否正确,语言用法是否恰当;是否遵守与顾客商定的有关译文质量的协议;译者的注释是否恰当;译文稿的格式、标点、符号是否正确。

随着中国语言服务业不断发展,行业标准也逐步与国际接轨。2016年,中国翻译协会推出了第一部行业标准——《笔译服务要求》(T/TAC 1-2016),并于2017年正式实施。该标准是国际笔译服务标准ISO17001的中文翻译版。其中对于"笔译过程"的要求中提到:

笔译员应依据笔译项目的要求进行笔译,包括目标语言的语言习惯和相关项目需求明细与规范。在整个笔译过程中,笔译员提供的服务应在以下方面符合本标准:

a) 依照特定专业领域、客户的术语用法和(或)其他参考材料,确保笔译中术语使用的一致性;

b) 目标语言内容的语义准确性;

c) 目标语言的正确句法、拼写、标点、变音符号和其他拼写惯例;

d) 词汇衔接和措辞方式;

e) 依照自有的和(或)客户专有的风格指南(包括领域、语域和语言变化等内容);

f) 区域特性与其他可适用标准;

g) 排版版式;

h) 目标受众和目标语言内容的用途

(《笔译服务要求》,2017)

现代笔译是语言服务业的重要组成部分,以非文学翻译为主,领域涵盖科技、经济、金融、法律、政治等。翻译的行业标准与我们前面所探讨的翻译标准存在很大差异。前者将翻译视为一种行业,将译员视为一种专业从业人员,其目的是让从业者能够更规范地提供高质量服务,同时获得有保障的收益,使行业健康有序发展;而前面几章所探讨的翻译标准则主要从学术研究角度出发,以理性的思维方式对翻译这一客观存在的现象进行分析,找出规律,

---

① 翻译服务译文质量要求(GB/T 19682,2005),中华人民共和国国家质量监督检验检疫总局。

从而更好地指导实践、提高翻译质量。

翻译专业的同学是未来职业译员的生力军，在大量实践的基础上，有必要了解翻译理论，建构自己对于翻译标准的深层理解，同时熟悉翻译行业的各层面、各环节的具体要求，为自己走向市场、适应市场做好准备。

【课后练习】

1. 以下是《美国翻译质量保证标准指南》（*Standard Guide for Quality Assurance in Translation*，ASTM F2575-06）中对翻译质量所下的定义。请谈谈你的理解。

Translation quality *n*. —degree to which the characteristics of a translation fulfill the requirements of the agreed upon specifications.

2. 以下是国际标准化组织《翻译项目管理通用指南》（ISO-TS-11669-2012）中项目规范的相关内容，请谈谈对项目规范重要性的理解。

A basic and implicit translation project specification is that the target content be readable in the target language and correspond in some way to the source content. However, the nature of the correspondence between the source and target contents will vary according to the needs of the project, as determined by the project specifications.

In practice, requesters do not always provide project specifications. However, that is not best practice. Requesters and TSPs should work together to determine project specifications. Those who do so are more likely to be satisfied with both the translation project and the final translation product. When both requesters and TSPs agree on project specifications, the quality of a translation—from a workflow and final delivery perspective—can be determined by the degree to which the target content adheres to the predetermined specifications. All parties involved in the production of a translation product should have access to the necessary project specifications.

第五章
翻译策略、方法与技巧

第一节　三者意义与关系

翻译策略（Translation Strategies）、翻译方法（Translation Methods/Solutions）与翻译技巧（Translation Skills/Techniques）这三个术语在国内外许多学术著述中都存在意义模糊、涵盖范围重叠与使用混乱的情况。在对三者进行剖析之前，先来看一下"策略""方法"与"技巧"这三个词的关系。

按照《现代汉语词典》的解释，"策略"一词在中文里的意义有二：一是指根据形势发展而制定的行动方针和斗争方式；二是作动词用，指讲究斗争艺术，注意方式方法，如：要策略一点。而第一种意义较为常见。而除却军事意义之外，strategy 在英文中常见的释义为：

A plan, method, or series of maneuvers or stratagems for obtaining a specific goal or result. (dictionary.com)

"方法"一词指关于解决思想、说话、行动等问题的门路、程序等，如：工作方法、思想方法。Method 一词的英文释义为：

1. A procedure, technique, or way of doing something, especially in accordance with a definite plan;

2. Manner or mode of procedure, especially an orderly, logical, or systematic way of instruction, inquiry, investigation, experiment, presentation, etc.

3. Order or system in doing anything;

4. Orderly or systematic arrangement, sequence, or the like.

"技巧"一词指表现在艺术、工艺、体育等方面的巧妙的技能，如：运用技巧、绘画技巧等。而在英文中 technique 指

1. The manner and ability with which an artist, writer, dancer, athlete, or the like employs the technical skills of a particular art or field of endeavor.

2. The body of specialized procedures and methods used in any specific field, especially in an area of applied science.

3. Method of performance; way of accomplishing.

4. Technical skill; ability to apply procedures or methods so as to effect a desired result.

从上述定义可以较为清楚地看出，这三个词语的差异还是比较明显的。"策略"指的是为了达到某一目的而预先进行的一套计划与安排；"方法"指的是在具体某一场景中完成一件事情所采取的一系列行动；而"技巧"则指为了使行动达到某一种特殊效果而采取的具体的步

骤。而从三者的关系来看，"策略"应该相当于方法论，是一系列"方法"的集合，而"技巧"的使用则必须在约定的"方法"范畴之内。因此三者的关系应该是层层递进的。先要针对行动的目的与实际环境制定出"策略"，再根据策略确定具体实施的"办法"，而为了使"办法"的实施效果更好、效率更高，则需要使用一定的"技巧"。

熊兵曾专门区分对这三个词语进行过区分，他认为，"翻译策略"指翻译活动中，为实现特定的翻译目的所依据的原则和所采纳的方案集合。"翻译方法"是翻译活动中，基于某种翻译策略，为达到特定的翻译目的所采取的特定的途径、步骤、手段。而翻译技巧是翻译活动中，某种翻译方法在具体实施和运用时所需的技术、技能或技艺（2014：82-88）。然而在翻译实践与研究中，很多人是将 translation strategies, methods 与 techniques 混用的，不仅仅是翻译学习者，甚至国内外的翻译理论家也是如此。比如 Pym 干脆不做任何区分，将三者统一称为 translation solutions[①]。Vinay 与 Darbelnet 曾给出了七种通用翻译解决方案，分别是：loan（借译）、calque（仿译）、literal translation（直译）、transposition（词性转换）、modulation（句法转换）、correspondence（套译）以及 adaptation（改译）[②]，而上述"解决方案"中，有些是方法，如 loan, calque, literal translation, correspondence 以及 adaptation，有些则是技巧，如 transposition 与 modulation。在上述通用解决方案基础上，Vinay 与 Darbelnet 还提出了一系列方案以达到"诗学效果"，也就是 "a list of solutions operating closer to the sentence level"[③]，如：amplification（增词）、reduction（减词）、explicitation（明确化）、implicitation（模糊化）、generalization（泛化）以及 particuarization（具体化）。

可以看出，无论是翻译方法与技巧之间的界限，还是方法与方法之间、技巧与技巧之间的界限都不是十分的清晰。Vinay 与 Darbelnet 也意识到了这个问题：

The translation (on a door) of PRIVATE as DÉFENSE D'ENTER [Prohibition to Enter] is at once a transposition, a modulation, and a correspondence. It is a transposition because the adjective *private* is rendered by a noun phrase; it is a modulation because the statement becomes a warning […] and it is a correspondence because the translation has been produced by going back to the situation without bothering about the structure of the English-language phrase[④].

因此，讨论这三个词的意义与关系时，需要考虑其中心词的核心意义，以及译者受到其所处的文化环境、翻译政策与翻译理论的影响。虽然将"策略""方法"与"技巧"区分得一清二楚对于提高翻译实践能力来说意义不大，但对于学习者来说，有必要了解三者之间的逻辑关系，在实践中学会运用顶层逻辑解决问题，而非仅仅着眼于学习翻译方法甚至翻译技巧，却不知道自己要解决什么类型的问题。

第二节　翻　译　策　略

作为顶层方案，"翻译策略"所处理的矛盾关系也应该是最根本、最宏观的。如何制定策略与我们如何确认矛盾的两个对立面有关。这可以是源语或源语信息在翻译过程中发生的变

---

① Pym, A. Exploring Translation Theories [M]. London and New York: Routeledge, 2014：12.
② 同上，页码 13。
③ 同上，页码 14。
④ 同上，页码 16。

化，可以是源语与译语文化间的关系，还可以是译语语言系统受到翻译的影响。译者需要依据一定的理论或者综合翻译各方面要素做出判断，制定出相应的方案。如"语义翻译"与"交际翻译""形式对等"与"功能对等""隐化"与"显化""归化"与"异化""文献型翻译"与"工具型翻译"等，这些都是宏观的翻译策略。

任何选择都有一定的理由，翻译策略的选择也不例外。比如异化策略能够更多保留源语的语言特点与文化特质，让读者领略到更加原汁原味的源语风格与文化特色，更加有利于源语文化的输出。但绝对的异化可能会导致译文生硬，不够地道，影响读者的阅读体验；如果源语文化处于相对强势的地位，译语语言系统有可能受到源语影响，译语文化也受到外来文化的入侵。而选择归化策略，译文会更加流畅自然，降低读者的阅读难度，有利于译作的接受，但也有可能导致在语言风格、修辞、文化上与源语有较大差异，在一定程度上剥夺了读者学习异族知识、了解异域文化的机会。

因此翻译策略的选择不是做非此即彼的单选题。实践中，我们往往是采取以某一种策略为主，其他策略为辅的方案。作者的创作风格、委托人的要求、读者的接受习惯、文本类型、译者个人风格等都影响着策略的选择，使译者的选择更像是在不同的策略之间寻求妥协与平衡。与此同时，源语与译语文化的势差、受众喜好、传播方式与途径等对策略构成影响的因素是不断变化的。比如，近年来中国文化典籍在英译过程中的异化策略越来越趋于主流，一方面与中国文化的不断强盛有关系，另一方面，与中国文化对外输出的方式更加多样化、接受程度越来越高有着紧密的联系。比如近年来，诸如《甄嬛传》（Empresses in the Palace）、《延禧攻略》（Story of Yanxi Palace）以及《哪吒：魔童降生》（Ne Zha: The Devil is Coming）等一大批中国原创影视剧的外译受到了海外观众的热捧。受到剧中精美服饰、唯美画面影响，很多观众宁肯手捧翻译棒，忍受着翻译腔也要把剧追完。但如果仅凭借文字作为媒介，面对大量陌生的文化信息，异化的翻译策略对读者的挑战度还是比较大的。

第三节　翻　译　方　法

在确定了翻译策略后，随着层级的下移，"翻译方法"所要解决的则是译者如何实现其翻译目的的问题。常用的翻译方法包括：零翻译（或直接移植）、音译、音意结合、直译、加注、意译、套译、改译、创译等。

5.3.1　零翻译（直接移植）

零翻译指将原文或原文中的某些成分不加任何改动，直接移植在译文中。这种移植有的是由于译语中没有现成的表达法加以对应，有些是出于具体意义的需求，有些则是译者在新媒体诞生后，出于受众的需求或委托人要求做出的选择。随着英语日益普及，以及传媒日益多样，中英文混杂的现象越来越普遍，如，"立一个 FLAG""给某某人打 CALL""别忘记你的 DDL""你需要在手机上下载一个 APP"等表达。英文缩写节约版面空间，也非常符合中文专有名词倾向简化的特征，诸如 NBA、GDP、CCTV、WTO、WIFI、DNA、MP4、5G、WINDOWS、IPHONE 等缩写更是比比皆是。

由于未对原文进行处理，零翻译算不算是一种译法也有不同意见，虽然这是翻译过程中的一种处理方法，但绝非主流，或者应该是一种没有办法的办法。对于当下零翻译的泛滥，也有专家提出，"'零翻译'的外语词，既破坏了汉语言文字的严整与和谐，影响了汉语表意功能的发挥，使语境支离破碎，从深层次来说，也消解了中国文化精深而丰富的内涵"[①]。

有些人认为零翻译是当下翻译质量低下的体现，但在有些情况下也是译者的无奈之举。尤其是在一些存在特殊修辞手段的原文中。比较著名的例子有：

例 1.

I love my love with an E, because she's enticing; I hate her with an E, because she's engaged. I took her to the sign of the exquisite, and treated her with an elopement; her name's Emily, and she lives in the east.

(Charles Dickens *David Copperfield*)

我爱我的爱人为了一个 E，因为她是 Enticing（迷人的）；我恨我的爱人为了一个 E，因为她是 Engaged（订了婚了）。我用我的爱人象征 Exquisite（美妙），我劝我的爱人从事 Elopement（私奔），她的名字是 Emily（爱弥丽），她的住处在 East.（东方）

（董秋斯 译）

另外，虽然中国文化近几年持续走热，但由于中文的国际普及度仍旧不高，并且相对于英文来说书写比较复杂，因此在英文中基本不存在直接移植中文的现象。

5.3.2 音译

音译指使用译语中与源语发音相同或相似的文字符号进行替换的翻译方法。一般来说，源语词汇在译语语言中存在空缺的时候，往往采用音译的手段。中文里有大量英语外来语，除了少量零翻译之外，基本都是音译的。而随着中国国力与文化实力日渐强盛，英文里的中文外来语也越来越多。

例 2.

谷歌（Google）	亚马逊（Amazon）	黑客（hacker）	推特（twitter）
比基尼（bikini）	桑拿浴（sauna）	乐活（Lohas）	雅皮士（Yuppies）
马赛克（mosaic）	朋克（punk）	拿铁（latte）	推特（twitter）
跑酷（parkour）	奇客（geek）	印客（inker）	黑客（hacker）
基因（gene）	蹦极（bungee）	强生（Johnson）	芬迪（Fendi）
古驰（GUCCI）	寇驰（Coach）	科颜氏（Kiehl's）	阿迪达斯（Adidas）

例 3.

gyoza（饺子）	wonton（馄饨）	chow mein（炒面）	hoisin（海鲜）
kongfu（功夫）	kowtow（磕头）	fengshui（风水）	yin and yang（阴阳）
sifu（师傅）	yamen（衙门）	zan（禅）	longan（龙眼）
jiayou（加油）	dim sum（点心）	wok（镬、炒锅）	yum cha（饮茶）

英译汉过程中采取音译法进行翻译时，要注意汉字的选择。比如 party 一词，以前译为"派对"，虽然从发音角度并不完全对应，但"对"字仍旧能够让人产生一些联想，感觉这是一个结交朋友场合。但现在流行译法"趴体"虽然在发音方面更加准确，但从其反映的语义来讲实在与 party 相去相远。由此衍生的"轰趴"（Home Party）更让人摸不着头脑。

---

① 人民网 http://media.people.com.cn/n/2014/0425/c192372-24944316.html，引用日期：2019.8.17.

在商标翻译中，必须有效把握消费者购物心理，使译文产生足够的诱惑力，因此更应该选择恰当的字眼，尽量使译文朗朗上口。如感冒药 Contact 译为"康泰克"就能够让消费者产生祝愿病人早日康复的联想。更加著名的例子包括 Coca cola 译为可口可乐，Benz 译为奔驰，Mazda 译为马自达，Safeguard 译为舒肤佳，计算机处理器 Pentium 译为奔腾等。

再有，中文商标在英译过程中常常选择使用拼音，据统计，拼音译法在中国商标英译中所占的比例最高，约占 47.7%[①]。但由于拼音在英文中没有任何意义，并且一些音在英文中的发音会有变化，有时还会引起不必要的误解与歧义，因此这样做的效果并不好。

5.3.3 音意结合

音译只能表音，却无法让使用者了解词汇的意义。在音译的基础上，结合实物的具体使用功能，将音与义进行结合的译法在外来语的翻译中也十分常见。由于其综合了音译法与意译法的优势，可以使译语更加易懂，同时还能够具备一些异域特色。如：

著名咖啡连锁店 Starbucks 的名称来自美国作家梅尔维尔（Herman Melville）的名著《白鲸记》（Moby Dick），书中捕鲸船的大副就叫 Starbuck。而中文译名并未完全音译为"斯塔巴克"，而是将前半部分的 star 译为了"星"，后半部分才采取了音译的手段。"星巴克"一词虽然在中文中不具有什么意义，但"星"字的加入为这一咖啡品牌注入了一定的浪漫成分，再加上咖啡文化属于具有异域特色的外来文化，因此吸引了大批年轻顾客。

洗护品牌 Head & Shoulders 最著名的产品是其去屑洗发露，其名称也让人对产品功能一目了然。中文译名为"海飞丝""海"为商标前半部分"Head"的音译，而"丝"是后半部分"Shoulders"的音译，中间用"飞"字进行结合，会让人联想到轻柔的发丝随着海风飘扬的画面。

汉译英过程中的音意结合也很重要，对于英语作为外语的译者挑战更大。"万家乐"炊具译为 Macro，"得利斯"火腿肠译为 Delicious 已经是比较优秀的音意结合的实例，但严格来讲，商标名称最好还是使用名词。由于英语水平有限，商标的英文名称一定要注意避免不必要的歧义。"如伊利旗下品牌'优酸乳'英译为 U-sour，殊不知 sour milk 有'变坏的牛奶'之意。北京赛科药业有限责任公司把'赛科'译作'Second'，让人误认为是'北京第二药业有限公司'"[②]。

5.3.4 直译

将源语文本中意义比较直白明了的词汇或句式，直接转换成译文中对应的表达就是直译。直译与死译的区别是，直译虽然要尽可能传达原文的形式与句式结构，但并不以其为第一要义，其宗旨仍然是语义。也就是说不能够为了形式而丢掉意义。而死译则将形式放在首位，可以死守原文形式而不顾语义。直译既发生在词汇层面，也发生在句以上层面；既涉及术语、人名地名、商标、书名、影视片名、组织机构名称，也涉及习语、短语或与汉语结构相同的句式。在词汇层面的直译指的是根据词汇的本义进行翻译，不进行转义；而在句以上层面则允许对句式结构进行合理的微调，因此与字对字的死译是不同的。直译应该是翻译中的首选

---

① 王斌华，简汀滢. 中国品牌英译的调研报告 [J]. 外语教学，2013，34（05）：98.
② 同①。

方法，但在实践中却往往不是使用最普遍的方法。同一语系中不同语言之间的直译比较容易做到。但在中英这两种差异较大的语言之间进行翻译时，词义、句法、修辞与文化之间的不对应现象往往迫使译者不得不寻求其他译法。

例 4.

  Most-favored-nation treatment　最惠国待遇

  Import/export duties　进出口税

  chain effect （连锁反应）

  zombie bank（僵尸银行）

  veggie burger（素食汉堡）

  漫游（roaming）

  Strike while the iron is hot　趁热打铁

  Sleepless night 不眠之夜

  The Adventures of Alice in Wonderland《爱丽丝漫游仙境》

  In me the tiger sniffs the rose. 心有猛虎，细嗅蔷薇。（许渊冲）

  To fuse atoms together on earth requires much higher temperature than in the sun in order to compensate for the lack of the sun's crushing gravitational pressure.

  在地球上把原子熔聚在一起需要比太阳内的温度高得多的温度，以补偿所缺少的在太阳内的起决定性作用的引力。

  全国人民代表大会 National People's Congress (NPC)

  《卧虎藏龙》　Crouching Tiger, Hidden Dragon

  城门失火，殃及池鱼。

  A fire on the city wall brings disaster to the fish in the moat（护城河）.

  咱们俩的事，<u>一条绳拴着两蚂蚱</u>，谁也跑不了！

  We're <u>like two grasshoppers tied to one cord</u>: neither can get away!

  千山鸟飞绝，万径人踪灭。

  From hill to hill no bird in flight, From path to path no man in sight.（许渊冲译）

5.3.5　加注法

  加注法一般发生在直译或音译的基础上，译者对原文中重要的文化背景、语言特色及上下文内容等通过括号、脚注或尾注进行补充解释。虽然是直译法的补充手段，但由于使用频率较高，运用的范围也比较广泛，因此在这里作为一种独立的方法进行讨论。在意译的情况下，原文的文化现象与语言形式已经被模糊化，因此很少有加注的必要。

例 5.

  The administration launched the NRA with great fanfare. The president addressed the public in another fireside chat to promote the idea …The NRA's symbol became the "Blue Eagle," and participating businesses were encouraged to display a placard on storefronts with the agency's slogan: "We Do Our Part."

  政府大张旗鼓地推动 NRA 的发展，而总统又一次通过炉边谈话向公众推广了这一理念。……NRA 的标志是"蓝鹰*"，他们鼓励参与活*动的企业在其店面展示公告牌，上面有该机构的标语"我们尽自己的本分"(《罗斯福传》第八章)。

*译者注：为保证《全国工业复兴法》的实施，美国政府以印第安人崇拜的神鸟蓝鹰为标志，发动了"人尽其职"的"蓝鹰运动"，凡遵守该法的企业悬挂蓝鹰标志。几周后，250万雇主与政府签署了法规，他们给自己的产品标上蓝鹰，以示守法。

上例中，Blue Eagle 是全国复兴总署（NRA）的标志，被直译为"蓝鹰"。但为了向读者普及背后的文化常识，译者在脚注中对"蓝鹰"进行了更详细的介绍。

例 6.

—Why are parliamentary reports called "Blue Books"?

—Because they are never <u>red</u>.

——为什么议会报告称为"蓝皮书"？

——因为他们从来就不是<u>红</u>的。（注：原文中 red 和 read 谐音，意指"从来没有人读它们"）

在这个例子中，red 一词借用了与 read 的过去分词发音一致的特点，对蓝皮书进行了嘲讽。由于直译只能选择其中一个意义进行翻译，因此该双关语的另一层意义只能靠加注进行解释。

例 7.

宋代张君房所著《潮说》中记载："今循窦氏之法，以图列之，月则分宫布度，潮则著辰定刻，各为其说。行天者以十二宫为准，泛地者以百刻为法"

In his work Chao Shuo (*On the Ocean Tide*《潮说》), Zhang Junfang points out, "A tide table is made on the basis of Dou Shumeng's research. The horizontal axis represents the 12 degrees of the moon's apparent motions on the zodiac, and the vertical represents the exact *ke* of the high tide occurrence."

译者注：In the Song Dynasty, a day was divided into 100 units called *ke*, which were each equal to 14.4 minutes.

原文中的"刻"为中国古代的计时方式，为了更加真实地介绍中国古代文化常识，这里采取直译，将其音译为 ke，但为了让英文读者能够了解这一计时单位所表达的具体意义，译者选择以脚注的形式进行了解释。

5.3.6 意译

与直译相对而言，意译指的是在译语与源语存在文化差异或语言结构方面的巨大差异，导致无法将源语文本直接转换时所采取的以意义为中心的转换手段。意译与直译并非水火不相容，在翻译过程中经常是你中有我，我中有你。尤其在句级以上层面翻译时，往往会存在句式结构直译，而某些词汇意译；或者相反的情况。

金砖五国（BRICS）本来是五个成员国（巴西、俄罗斯、印度、中国以及南非）的首字母缩略语，在英语中发音与 bricks（砖块）相近。这一组织的中文译名既没有选择零翻译，也没有完全直译为"砖块"，而是加了"金"字，象征着成员国的坚实基础与美好未来。

再如 sandwich generation 的译法，如果译为"三明治一代"会让人不知所云，或者误解为"吃三明治长大的一代人"，而意译"夹心层"则很明确地指出该短语的本意是指上有老、下有老的年龄段。

与直译类似，意译法的应用也十分广泛，并且有些情况下直译与意译均可，体现出译者的不同风格。

《哈姆雷特》中，哈姆雷特对奥菲丽娅说道，"God has given you one face, and you make yourself another"，挖苦女人爱涂脂抹粉，矫揉造作。而梁实秋与钱锺书二位大学者均在自己的作品中引用过这句话。从上下文来看，他们对于这句话的翻译处理一方面显示出本人的文风，另一方面也是文章所要表达的意义需要。

"不要以为一个人只有一张脸。女人不必说，常常'上帝给她一张脸，她自己另造一张'。不涂脂粉的男人的脸，也有'卷帘'一格，外面摆着一副面孔，在适当的时候呱嗒一声如帘子一般卷起，另露出一副面孔"①。

"所以不配教训人的人最宜教训人；愈是假道学愈该攻击假道学。假道学的特征可以说是不要脸而偏爱面子。依照王子汉姆雷德（Hamlet）骂她未婚妻的话，女子化妆打扮，也是爱面子而不要脸（God has given thou one face, but you make yourself another）。假道学也就是美容的艺术——"②。

同理，Uncle Sam 一般情况下可以直接译为"山姆大叔"，意指美国。在下面这句话中，译者既可以诙谐地直译为：

Once a year, when it comes for tax returns, Americans find out how much of their income goes to Uncle Sam.

每年进行纳税申报时，美国人就知道他们的收入有多少进了山姆大叔的腰包了。

也可以采取意译的手法，更加明确地阐明语义：

每年进行纳税申报时，美国人就知道他们的收入有多少是贡献给国家了。

意译有可能与原文的语义相同，也有可能差异很大，但从大的语篇意义来看，译文应该与原文保持一致，例如：

吃一堑，长一智 A fall in the pit, A gain in your wit.

大热影片《我不是药神》意译为 Dying to Survive，从中文名的主角视角变为了患者视角，突出了病患渴望活下去的心态。这些译法虽然与原文语言的意义不一致，却与影片希望传达的情感或存在的主要矛盾相一致。

5.3.7 套译

套译是指翻译过程中，为了避免思维方式差异以及语言形式差异导致的理解困难，在译语中选择与源语意义相同或相近，但形式不同的文字进行对应的方法。套译与意译的初衷相同，都是为了减少读者阅读过程中陌生因素导致的困难而改变源语文本的形式与文化要素，不同的是，套译是在译语中为源语的灵魂寻找到了一件合适的外衣，使其出现在读者面前时不那么另类。比如著名电影《花样年华》以周璇的同名歌曲为背景，讲述了男女主人公一段感人的恋情。电影名称寓意美丽的青春与短暂的爱情，其英文名"In the Mood for Love"就出自 Bryan Ferry 的 I'm in the Mood for Love 这首歌，歌曲表达了对美好爱情的向往，不顾一

---

① 梁实秋，《脸谱》. https://www.ruiwen.com/wenxue/liangshiqiu/202222.html，引用日期：2022.1.25.
② 钱锺书，《谈教训》，http://www.dushu369.com/shici/HTML/69147.html，引用日期：2022.1.25.

切享受当下的感情。

中文与英文都存在言简意赅、生动形象的修辞手段,还有很多源于生活、与文化习俗息息相关的习语。翻译过程中,如果采取直译,一方面无法做到与源语一样简洁明了,另一方面,由于思维方式不同,相当多的文化要素无法、或没有必要解释,因此最好选择使用套译传达原文中的精神内涵,达到异曲同工的效果。

例 8.

下面是发生在肉店里顾客与店主之间的一段对话:

—"How come your sausages taste like meat at one end, but like bread at the other?" the woman asked.

—The man replied: "Madam, in times like these no butcher can make both ends meat (meet)."

—"你这香肠吃起来怎么只有一头有肉呢?"女子问道。

—男人答道,"太太,这年头,我们卖肉的也只能顾一头了。"

原文中由于存在利用 make both ends meet 这一习语的谐音双关,无法通过直译等翻译方法取得与原文内容及形式方面的对等。但通过套译手段,套用中文中"只顾一头"的双重意义,译文还是达到了对等。

由于套译改变了源语的表现形式,因此在使用过程中一定要把握好尺度,注意语言的实际使用效果,不能对语言风格、文化色彩有太大的改变,更不能影响文章上下文的语义。

如英文习语 He cries wine and sells vinegar 可以有几种译法:

一、直译:吆喝酒却卖醋。优点:本义并不十分复杂,读者经过仔细思索能够推测出其中的含义,有利于汉语吸收更多形象表达;缺点:由于中文没有这一习语,因此读起来并不上口,对读者阅读体验构成了一定挑战。

二、意译:表里不一,坑蒙拐骗。优点:意义十分明显,读者能够一目了然领会原文的意思;缺点:形象化的描写被去除,语言不够生动,剥夺了读者通过阅读翻译作品了解异域文化的机会与乐趣。长此以往,不利于文化的对外传播。

三、套译:挂羊头,卖狗肉。优点:作为汉语现有的习语,保留了原文形象化描述的特点,符合译语读者的阅读习惯。缺点:未考虑源语的文化特征,西方人以狗为宠物,狗肉是绝对不会吃的,但这样的译法会使中文读者对英语文化产生误解。同时要注意的是,如果 wine 与 vinegar 的本义与上下文语义有紧密的关系,那么经过套译,原有的词汇改变了语义,势必造成上下文衔接出现问题。

类似需要警惕的例子还包括:Speak of the devil and he will appear 常被译为"说曹操曹操到",但欧美显然不存在曹操这样的人物;When Greek meets Greek, then comes the tug of war. 抛开背景不谈,该习语现在已经用来描述两个非常有主见的人在思想上的碰撞了,如果套译为"张飞遇张飞,打得满脸黑",则不符合本义,损害了原文的文化色彩。

汉译英过程中,由于译者对于英文的掌握有局限,套译的使用同样需多加注意,避免表面形似的"假朋友"产生的歧义。

"不入虎穴,焉得虎子"在英文中有现在的对应说法"Nothing ventured, nothing had",但如果该习语放在某一上下文中,则译文必须与上下文保持一致。

例 9.

原文：中国有句古话："不入虎穴，焉得虎子"。这句话对于人们的实践是真理，对于认识论也是真理。（毛泽东《实践论》）

在这句话中，由于句首专门强调了待译习语为中国古话，如果套译为英文习语就大错特错了。因此译者才采取了直译的方法对习语进行了处理。

译文：There is an old Chinese saying, "How can you catch tiger cubs without entering the tiger's lair?" This saying holds true for man's practice and it also holds true for the theory of knowledge[①].

5.3.8 改译

改译指为了传播需要，源语文本中的内容与译语文化、语言习惯、思维方式或政治制度等方面存在冲突，必须对原文内容进行一定的加工，以适合译语文化的需求。例如一些广告语、歌曲一旦脱离了原来的创作环境，就必须根据译语环境重新创作才能够具备原有的功能。诗歌的翻译有时也存在这一现象。

钻石品牌戴比尔斯（De Beers）广告语：A DIAMOND IS FOREVER，译为"钻石恒久远，一颗永流传"，比原来的广告方案更加朗朗上口，极大提升了商品的诱惑力。

下例中的译法同样是改译的一种运用：

例 10.

The only reason Bessemer tried it was because he was not fully aware of what he was doing, being one of the Victorian gentlemen amateurs who <u>dabbled</u> in engineering. The iron, of course, did not <u>explode</u> – but Bessemer's bank balance <u>did</u>.

而贝塞麦这位维多利亚时代的绅士之所以能够那样做，仅仅因为他刚刚涉足工程业，<u>初生牛犊不怕虎</u>而已。当然，熔铁没有发生<u>爆炸</u>，而他的银行存款却<u>暴涨</u>了。

在上例中，"but Bessemer's bank balance did"里"did"实际是 exploded 的省略。Explode 一词在英语中的语义既有"爆炸"的意思，也有"突然增长"的意思。因此既可以说（the melted）iron exploded，也可以说 the bank balance exploded。然而"爆炸"一词在汉语中的语义范围就相对窄一些。火药、铁水、瓦斯可以爆炸，但银行存款的骤然增长却不能爆炸。这就为翻译带来了一定的困难。在这种情况下，译者将 explode 一词多义特征而使用的语义修辞，改换为一种类似于头韵的音韵修辞，成功传达了语义与语用意义。

如果说传统的改译是在直译不可行的情况下所采取的变通手段，那么近年来网络文化环境中的改译则是一种主动行为，甚至在直译完全能够行得通的情况下，很多译者也会选择改译。自媒体的兴起使网络传播方式变得更加个体化、多元化。为了提高效率，也为了更好地适应读者或观众的需求，获取更多点击率，很多字幕组或自媒体网文译者的翻译往往只针对原文中的主要内容进行处理，很多次要信息被删减，同时运用大量译语文化中的习语、诗词歌赋或网络流行语，提高译文的娱乐性。

例 11.

在一个推特上"女性受荷尔蒙影响所做出的举动"的话题下，一个女网友分享的经历是

---

① 肖君石. 英汉汉英翻译初探 [M]. 北京：商务印书馆，1982. 315.

"…I tried making an omelette, [screwed] it up completely. Cried hysterically, said I CANT [FRIGGING] EAT THAT! 5 minutes later… I ate it."

公众号"带你游遍英国"①的译文是"有一次次我正在家里做煎蛋,我把这个蛋煎的很糟糕……于是我就歇斯底里地哭了出来。我说我绝对不会吃这样的蛋,然后 5 分钟之后我就啪啪打脸地把这个蛋给吃了。"

"啪啪打脸"这一修饰语是原文中不存在的,但它很好地传达了原文希望体现的情绪变化。

一些公众号的推送还会将热点新闻进行编译,为了吸引更多眼球,也会在标题上运用改译的方法。

例 12.

一只能够听懂多个英文单词的边牧犬死去后,《英国独立报》的标题为:Chaser: 'World's smartest dog', which knew over 1,000 words, dies aged 15;《纽约时报》的标题为:Border Collie Trained to Recognized 1,022 Nouns Dies,而公众号"英国那些事儿"相关推送的标题为"那只只能听懂 1 022 个单词的狗子,现在终于跟铲屎官在天堂重聚……②"。无论是将狗的名字 Chaser 或其品种 border collie 译为"狗子",还是将普通的死亡一词译为"与铲屎官在天堂重聚",都可以说都是成功地在吸引读者眼球、迎合读者阅读口味方面对原文做出了较大的改动。

要注意的是,改译时译者仍旧需要把握一个尺度。适当的幽默可以起到四两拨千斤的效果,但过度改译会让人感觉不自然。

例 13.

2006 年上映的动画片《加菲猫 2》首次尝试将网络流行语运用于字幕翻译,取得了很好的效果。例如:You have made me so very cat-happy! (《加菲猫 2》) 被译为"猫咪我灰常灰常开心!"

而在电影《黑衣人 3》中,极为普通的一句话 It has nothing to do with you. Mind your own business. 被译为"各家自扫门前雪,休管他人瓦上霜。"就未免过于矫揉造作,未能取得预期效果。

5.3.9 创译

创译,顾名思义,最重要的是在翻译过程中有所创造。创译与改译有相似之处,都是出于读者或客户的需求对原文文本进行的改动。而与改译所不同之处在于,创译是译者为了达到某种特定目的,抛开原文内容与形式,重新生成译文的一种翻译方法。创译往往发生在原文中存在不可译性的情况下。由于创译的内容与原文没有任何关系,因此也常常不被认为是一种翻译,而是译者的再创作。

"创译的内涵跟 creative translation, marketing translating, advertising copywriting 这些概念很接近。它用相对低的成本(与用译语进行文案写作相比)协助客户在译语市场建立品牌形象,并实现在该市场的营销目的。适合创译的文本或项目通常与营销相关,例如产品宣传、营销邮件以及消费服务型的企业网站(如餐饮旅游、时装设计以及奢侈品,等等)"(daisyhleng

---

① 公众号"带你游遍英国",引用日期:2019.7.16.
② 原文如此。公众号"英国那些事儿",引用日期:2019.7.29.

的博客）①。以下均为比较成功的创译：

We care to provide service above and beyond the call of duty (UPS--Express Delivery) 殷勤有加，风雨不改。

Connecting People (Nokia) 科技以人为本

Good to the last drop (Maxwell) 滴滴香浓，意犹未尽

Make yourself heard (Ericsson) 理解就是沟通。

著名翻译与本地化服务企业 Lionbridge（莱博智）认为可以将翻译分为一般性翻译（standard translation）与创译（transcreation），而创造是创译的核心，不能运用一般性翻译的标准对创译进行评价，而需要转换思路，综合考虑语言质量与创造性。创译指的是语言转换过程中创造情感方面的冲击，同时符合文本的翻译目的。创译并非语言的对等，而是概念的传播。②在语言服务行业，创译在全球已经成为一个需求旺盛的翻译类型。

除了商业广告，创译也可以在文学作品翻译中解决一些不可译的问题。在下面的对话中，"Bush"一词运用了一词多义，既指人名，又运用了该词的本义——"灌木"。翻译过程中，译者巧妙地避开了原文所利用的英语语言特点，同时有效地运用汉语的特点，使用了仿词这一修辞手段。从读者视角来看，同样达到了作者期待的效果。

例 14.

A: It's an order from President <u>Bush</u>.

B: I don't care if it is from <u>bush</u>, tree, or grass.

——"这是布什总统的命令。"

——"管它什么布什、布头，还是布片呢，与我无关。"

第四节 翻 译 技 巧

在确定了翻译策略以及方法以后，翻译技巧则是帮助译者得以顺利、高效、高质量实现翻译目的具体手段。常用翻译技巧包括：增词、减词、转换（包括词性转换、抽象具体转换、肯定否定转换、句式转换、主被动语态转换等）、拆分以及合并。

很多领域都存在技巧，厨师知道如何掌握火候使菜品的色香味俱佳，游泳运动员知道如何打水才能提高速度，即便是流水线工人，也能够掌握一定的技巧提高自己的工作效率与质量。俗话说"熟能生巧""技巧"建立在"熟练"之上，因此掌握翻译技巧的前提是大量的翻译实践。作为学习者，我们在不同翻译教材中都曾看到过不少对于翻译技巧的介绍，也可以明显感受到翻译技巧对于提高翻译质量的作用，但翻译技巧主要停留在<u>具体</u>的语言<u>处理</u>层面，其作用有些像是一个个小<u>贴士</u>，当译者被<u>具体</u>的语言转换问题所困扰时，此类贴士可以为译者提供一些<u>灵感</u>。但如果没有前期的翻译实践为基础，没有顶层策略的指引与方法的确定，只学习翻译技巧是没有意义的。

由于各类教材与网络上已经有相当多关于翻译技巧的介绍，因此本教材不再重复介绍。希望同学们在具备了一定的翻译实践经验基础上，尝试将学习到的翻译技巧应用在实践中，

---

① http://blog.sina.com.cn/s/blog_e66916c10102vz8k.html，引用日期：2022.1.28.

② https://www.lionbridge.com/blog/content-transformation/transcreation-quality-what-defines-it/，引用日期：2022.1.28.

不断总结经验，提高翻译效率与质量。

【课后练习】

1. 请将下列句子译为汉语。

1) Once it became widely available, steel became a major material of infrastructure and was used to make everything from guns, railway tracks, and ships to bridges, engines, and buildings.

2) Lasers have many uses, including delicate surgery, accurate measuring, and the creation of holograms.

3) Neither sockets, switches, fuses, lamp-holders, nor any of the other accessories necessary to complete the installation were wanting.

4) Until then, the natural source of purple dye was the mucus of a marine snail from the Mediterranean region, but its extraction made it expensive.

5) An important new development was the Arab emphasis on using experiment, the empirical test, to try to establish scientific truth.

2. 请将下列句子译为英文。

1）黄山集名山之长，泰山之雄伟，华山之险峻，衡山之烟云，庐山之瀑，雁荡之巧石，峨眉之秀丽，黄山无不兼而有之。

2）中华民族是一个兼容并蓄、海纳百川的民族……

3）中国古代鼓风设备的发展，经历了由皮囊到单作用木扇再到双作用活塞式风箱的演变过程。

4）李九松出演了这个角色以后，因慈善中透着几分狡黠的面相、稀疏的头发、幽默的谈吐以及面对生活中时不时的小窘迫的尴尬，就成了"老娘舅"的代言人。

5）手臂的康复还要很长一段时间，眼科手术需要精准到毫米级的操作，如果手恢复得不理想，陶勇可能再也无法上手术台。

第二编 译味深长

第六章
英汉翻译中的语言差异

英语和汉语分别从属于不同的语系，无论从语音、字形、词义还是句式及语篇构成都存在很大的差异及不对应现象。语言是文化的一种形式，两种文化在其漫长的发展过程中所产生的特点与变化也体现在各自的语言中。翻译是一种跨语言跨文化的交际行为，因此，好的译者必须对翻译活动所涉及的两种语言文化了然于胸，才能够保证译文准确通顺，同时可以作为文化交流的媒介。

随着中西交流的不断扩大，翻译需求量也呈倍数增长。近年来随着翻译专业学位的设立，从事翻译实践的人越来越多。然而，由于各种复杂原因，翻译从业人员在英语及汉语方面的造诣都未能达到应有的标准。有些学生会认为自己的双语造诣不够高，因此无法成为专业译员；还有一些学生认为既然自己是来学翻译的，那么语言功底再差，通过一两年的专业学习肯定也能解决这个问题。

不可否认的是，通过专业的翻译课程学习，学生不断接受翻译方面的专业知识，并且在实践过程中通过老师的指导也在某种程度上提高英、汉两种语言的修养。但是双语能力不足的问题要想解决，仅靠翻译硕士课程设置中的几门课程绝对不够。必须从基础培养做起，加大阅读量。同时在阅读过程中多思考、多总结，对语言及文化进行深入理解。

然而，必须要认识到双语能力不仅仅体现在精通两种语言的词汇、语法方面，还蕴藏在对于两种语言文化的差异的了解，也就是双语对比能力方面。对于语言水平不够高的译者来说，通晓一些英汉对比语言学方面的知识可以有效帮助译者主动认识到自己可能面对的问题，并且通过计算机辅助翻译手段帮助自己解决语言基础方面的问题，从而提高翻译质量。

《英汉对比语言学》课程已经成为一些高校翻译硕士的选修课程。但是笔者认为，还是应该加强语言文化对比与翻译实践之间的联系。否则，学生仍然不会主动关注自己翻译实践中的问题，也无从想办法解决这些问题。因此，无论是否有单独的课程，在笔译课程中，有必要加入英汉语言及文化对比方面的内容。

本章通过探讨英汉两种语言及文化之间的差异，意在讨论如何运用双语对比知识来解决一般翻译实践中比较常见的问题。所引用的例子有相当一部分出自学生以往的翻译练习，以求更加精准地定位学生在翻译学习中可能面临的问题。

第一节 英汉词级对比

词是语言的基本要素，也是翻译的最小单位。英语与汉语在词汇层面存在很大不同，最明显的差异是，英语的词可以非常容易地进行肉眼辨别，通过计算机进行识别也相当轻松，而汉语中词的识别则是需要大力气攻关的课题。原因在于，汉语中本身并无"词"的概念。这一概念是自《马氏文通》引进了西方语法系统对汉语进行分析后的结果。如，"计算机"应该是一个词还是一个词组？如果是一个词组，那么"机"作为一个词应该可以单独使用，也可以与其他语言进行对应。"计算机"的构成与"打印机""收割机"等完全相同，在汉语中完全可以理解为一种偏正关系的词组。在计算机辅助翻译中也应该将"计算"与"机"作为两个词分别与英语语料进行匹配。但事实显然不是这样的，我们一般情况下是将"计算机"作为一个词进行理解与翻译的。

据研究，"占16.7%的汉语单音节单纯词和一些联绵词、混一词作为词是不可争议的，其约定程度为100%；而汉语复合词只是具有相对约定程度；汉字的独特性之一就是可以即时使用，这样形成的'词'，其约定程度几乎为0%"[①]。也就是说，对于汉语中"词"的概念最有争议的主要为复合词。

然而，在现代汉语语法没有解决这一问题的情况下，对于汉语中的词也只能够按照约定俗成的规则加以确定。本章我们拟从词的音、形、义以及构词法方面对比英语和汉语。

6.1.1 音

英语和汉语拥有截然不同的两种语音系统，因此在发音方面有明显差异。作者会有效利用这一语言特点进行文学创作，如诗歌、散文中经常出现的押韵就是如此。除此之外，英语是多音节语言，没有音调，只有语调；而汉语是单音节语言，没有语调，却有四声这样独特的音调。作品创作过程中只能考虑自身语音系统的特点，因此在翻译过程中，这些语音特点往往成为翻译的障碍或造成不可译性。这一问题尤其在诗歌以及影视剧的字幕翻译中比较常见。

6.1.1.1 四声

现代汉语的四声：阴平、阳平、上声、去声已经与古汉语中的平、上、去、入四声有很大不同，尤其是入声在普通话里已经消失了，其中一部分演变为上声及去声字，另有一部分则变成了平声（阴平与阳平）字。而平仄则是在四声的基础之上，在诗词中将声调笼统地分成两类的结果。而四声的演变也导致平仄的区分也发生了变化。因此，我们现代人在用普通话朗读古代诗词歌赋时，多多少少已经丢失了很多原诗词的韵味。而在翻译中苟求保留声调就更是镜花水月了。

下例来自赵元任的《施氏食狮史》，这类同音文还有很多，都是运用汉语四声特点所作，这样的文本根本无法按照一般翻译方法处理。

石室诗士施氏，嗜狮，誓食十狮。氏时时适市视狮。十时，适十狮适市。是时，适施氏适市。氏视是十狮，恃矢势，使是十狮逝世。氏拾是十狮尸，适石室。石室湿，氏使侍拭石室。石室拭，氏始试食十狮尸。食时，始识十狮尸，实十石狮尸。试释是事。

中文的楹联诗赋更是如此，语义上的排比或对仗已经为翻译增添了不少困难，而平仄的变化则是英文根本无法传达的，译者也只能寄希望于押韵进行补偿。

---

① 丰国欣. 汉英词汇对比研究［M］. 北京：清华大学出版社，2016：34.

6.1.1.2 音韵与音节

音韵作为一种修辞格，广泛运用在多种文本中。翻译过程中音韵的处理在一般文学作品的英译汉或汉译英过程都十分普遍，甚至有时在科普英语的翻译中，译者也会遇到这样的问题。如在徐彬、郭红梅的《科普翻译的挑战》一书中，有这样的例子：

The water beetle here shall teach
A sermon far beyond your reach:
He flabbergasts the Human Race
By gliding on the water's face
With ease, celerity, and grace;
But if he ever stopped to think
Of how he did it, he would sink.

原作者通过"打油诗"的形式，十分幽默诙谐地向读者介绍了"液体表面张力"这样的物理概念。在翻译过程中，如果未能注意到这个特点，或者没有能力传达这样的特点，都可能使得译文减损了原文光彩，淡如白水，无法引起读者的兴趣。而如果译者注意到这个问题，经过加工，中文译文同样能够体现原作的风貌，甚至有时能够更加精彩。如上述"打油诗"就被译为：

小小卖油郎，浑身绝技藏；
凌波独步功，世人莫能当。
一朝细思量，水底把身葬。

在一部儿童漫画作品 Big Nate Makes Grade 的翻译练习中，一些由于语音系统不同而导致的翻译问题也让学生十分困扰。如原作展示了三个小学生一边吃虾条，一边讨论课堂上所学的一种诗歌形式"Haiku"（俳句：日本的一种古典短诗。以三句十七音为一首，首句五音，次句七音，末句五音。）。其中一个孩子描述了俳句特征为十七个音节，于是其中一个平时比较调皮捣蛋的小学生 Nate 就即兴"创作"一首俳句："You have cheez Doodles. Orange, Delicious, Crunchy. Give me one right now"。同伴见他多吃了一口虾条就提醒他没有说"please"，Nate 却说道，"That'd be too many syllables"（加上的话音节就超了）。

在翻译这部分内容时，很多学生根本没有注意到俳句在音节方面的要求，因此直接译成："你有乳酪条，又香又脆，颜色金黄，赶紧让我吃一口。"从单句来看，译文在语义方面该译文没有什么问题。但放在具体的语境中就不合适，因为这里根本没有表现出俳句的特征，也就与上文所说的"十七个音节"和下文中"音节超了"无法衔接。好在汉语是单音节系统，如果想满足十七音节以及五-七-五的结构还不算难。可以结合上下文译为：

超爱脆虾条。金黄酥脆真好吃。给我吃一口。

汉语语音系统还有一个突出特点，那就是四字结构的使用十分普遍。有趣的是，古汉语中，单字的运用十分普遍，一直到了现代汉语，"词"的概念才在西方语言学的影响下建立起来。现代汉语中双音节词占绝大多数，很多场合下，多音节词往往在使用过程中被缩减为二至四个音节，如：非法吸收存款罪（非吸）、神舟五号（神五）、脑血管梗塞（脑梗）、非物质文化遗产（非遗）、管理委员会（管委会）、北京理工大学（北理工）、全国人民代表大会（全国人大）、中国翻译协会（中国译协）等。

还有一种存在于网络流行语中的缩略语，如"细思极恐"表示仔细思考，觉得极为恐怖；"喜大普奔"则是提取"喜闻乐见""大快人心""普天同庆"和"奔走相告"四个成语的首字生成的缩写。这些新型缩略语虽然基本只在网络传播，但随着网络文化日益流行，很多也成了翻译需要处理的内容。因此在理解与表达方面都需要译者加以留意。

由于汉语中存在大量成语，因此四音节词的比例也很高。这些四字结构有些并非成语，有些本身就是平等结构，有时还会使用两个以上语义相仿的四字结构表达同一个意思。其目的一方面是为了使语义更加完整；另一方面，有时仅仅为了使语音上更加舒适。这样的特点在翻译过程中也会引发一些问题。如，汉译英过程中，如果忽略了汉语这一特点，容易造成译文语义重复。而在英译汉过程中，尤其是描述性较强的语言内容，如果不熟悉汉语这一特点往往会使译文语言干涩，缺乏韵律感。

先来看英译汉。

例1.

(Apple products') greatest appeal has been due to their (choose your own adjective, or embrace all of them) sleek, unorthodox, elegant, streamlined, clean, functional interface design.

这段文字中，作者一连用了六个形容词来描述苹果产品的特点。而许多学生没有在语音方面下功夫，只从语义角度考虑，因此译文往往是：

（苹果产品的）最吸引人之处就在于（从以下挑选你自己的形容词，或者把它们都用上）流畅的、非传统的、高雅的、流线型的、整洁的、功能型界面的设计。

或

（苹果产品的）最大吸引力是由于他们（选择你自己的形容词，或者照单全收）光滑的、非正统的、优雅的、流线型、清洁、实用的界面设计。

这样的译文虽然语义上没有问题，但可读性比较差，最大的问题就在于形容词的翻译没有考虑到汉语的语音系统特点。如果运用四字结构，再进行语义的合并处理，那么可读性就能增强很多。

（苹果产品）最大的吸引力在于其光滑润泽、不拘一格、干净优雅、实用的流线形外观设计（上面任意一个形容词或全部加起来都不为过）。

这一译文有效运用了汉语的四字结构，读起来节奏感十足，突出了广告宣传效果。

再看一个汉译英的实例：

例2.

丝绸之路使中国、印度、希腊、波斯等东西方文明在这里相互融合，使新疆各民族的文化习俗呈现五彩缤纷、绚丽璀璨的景象。

划线部分虽然是两个不同的四字结构，但实际上语义是十分相近的。如果忽视了英、汉语言的差异，就会迎合原文的结构，追求表面的准确。

以下是典型的学生译文。

【学生译文】

The Silk Road merged the culture of China, India, Greece and Persia, and made cultural customs in Xinjiang colorful and beautiful.

"Silk Road" makes eastern and western civilization like China, India, Persia, Greece etc. mix together, and helps Xinjiang minorities' culture and custom present beautiful and bright scene.

首先，学生没有注意到"五彩缤纷、绚丽璀璨"用来形容文化习俗时的具体语义，只是看到有两个形容词就想到用两个英语的形容词去对应，于是生硬地用 colorful，beautiful 或 bright 来形容 customs 或 culture。但是只要仔细分析便知，这两个形容词一方面表现了新疆各少数民族的文化差异，同样展现了民族文化发展欣欣向荣的景象。译文所选用的形容词应该与该语义相匹配。可以将该句译为：

Thanks to the Silk Road, different cultures, namely Indian, Greek and Persian cultures meet, collide and intermingle with Chinese culture in Xinjiang, making the cultures of minority groups there more thriving and diversified.

6.1.1.3 拟声

虽然拟声词是模拟事物的声音的词（《现代汉语词典》），是"全世界所有语言都具备的成分"（百度百科）。但拟声词的使用却是思维视角的反应，具有很强的主观性。"语言事实告诉我们，不管拟声词对声音的模拟是多么的惟妙惟肖，客观事物发生的声音并不一定和语言的语音完全相同，因为语言符号与客观事物的联系绝不是必然的、直接的、无所不包的，而是约定的、通过思维的、只包括部分（本质）特征的。语言是一种创造，是有限规律（包括语音和语法）的无限运用。不同的民族在取声造词时都必然是按照自己民族的语言特点和思维特点来加以改造的"①。由于思维视角不同，每个人对于同一种声音进行的语言描述都不尽相同，因此即便是同一种语言内部，拟声词与真实声音都是不同的。比如，有的数码产品的说明书中会说，"产品电量不足时会发出'嘀'的一声进行提示"，但很多用户会表示，那明明是"哔"的一声。同一语言尚且如此，不同语言对同一种声音的模拟自然也不相同。汉语中的拟声词属于特殊词类，而英语中不仅有很多独立使用的拟声词，还有很多拟声词充当了普通名词、动词、形容词或副词，作为一种修辞手段。

无论是模仿动物的叫声，自然界的电闪雷鸣、江河奔腾，还是人类的行走奔跑、嬉笑怒骂、煎炒烹炸，无论译语与源语之间是否存在词性差异，拟声词在翻译过程中都需要尽量按照译语的语言习惯转换。

例 3.

My souls, how the wind did scream along! And every second or two there'd come a glare that lit up the white-caps for a half a mile around, and you'd see the islands looking dusty through the rain, and the trees thrashing around in the wind; then comes a H-WHACK bum! bumble-umble-um-bum-bum-bum-bum—and the thunder would go rumbling and grumbling away, and quit—and then RIP comes another flash and another sockdolager.

这段话中 scream, rumble 与 grumble 也是拟声词，但已经按照普通动词进行使用，描述的是风的呼啸声，雷声轰鸣的逐渐消退的声音，在翻译中可以采取套译的手段，找到汉语中描述风声、雷声的词汇进行对应。但 H-WHACK bum! bumble-umble-um-bum-bum-bum-bum 则是对雷声的形象描述，带有很强的个人色彩与即时性，可以说每个人，甚或同一个人在不同时间所使用的词汇都有可能不同，在翻译中也可以自由一些。

---

① 傅敬民. 思维视角的英汉拟声词研究及其翻译 [J]. 上海科技翻译，2001（49）：8.

例 4.

《木兰辞》中的开篇"唧唧复唧唧,木兰当户织。不闻机杼声,唯闻女叹息"也用到了拟声词。要注意的是,如原文中所说"不闻机杼声",这里的"唧唧"虽然更像织布机发出的声音,但实际上指的是木兰哀叹的声音。因此汪榕培与许渊冲二位大师均将其译为人在叹息时发出的声音:

<u>Alas oh alas! Alas oh alas!</u>
Mulan is weaving cloth of topmost class.
Listen and you don't hear the spinning drone;
You only hear the maiden sigh and moan.
(汪榕培译)

<u>Alack, alas! Alack, alas!</u>
She weaves and sees the shuttle pass.
You cannot hear the shuttle, why?
Its whir is drowned in her deep sigh.
(许渊冲译)

例 5.

一些儿童绘本中也大量运用拟声词,刺激幼儿多感官发育。比如一本名为 *Roadwork* 的儿童绘本,描述了从道路规划、修筑路基、铺路到施划车道线、栽种绿化带、架设路灯、移除筑路设备、通车的全过程。其中大部分动词既有筑路机械发出的不同轰鸣声,还有工人休息吃饭时发出的声响,甚至有些词语并非具体声音,而是描述路灯亮起时闪亮的样子。

Plan a road. Plan a road.
Mark it on the map.
Hammer in the marking pegs.
PING! BANG! TAP!
Move the earth. Move the earth.
Dig and cut and push.
Clear the pathway for the road.
Scream! Boom! Whoosh!
…
Stop the work. Stop the work.
Time to break for lunch.
Sandwiches and drinks and fruit.
Gulp! Slurp! Crunch!
…
Light the road. Light the road.
No one wants a crash.
Test the lights and watch them shine.
Flick! Flack! Flash!
(*Roadwork* 作者:Sally Sutton,插图:Brian Lovelock)

原文的目的是通过使用图画及大量拟声词，刺激幼儿的感官发育。由于受众是幼儿，因此对于书本上的信息主要是依靠父母的讲述。因此译文也必须适应这一目的，使文字朗朗上口，与图片紧密结合，易于家长的朗读。如，锤子击打铁钉的声音是"叮叮当当"，挖土机倾倒渣土发出的声音"轰隆""哗啦"，人们吃饭的声音"miang miang~"，喝水的声音"咕咚咕咚"。路灯亮起是没有声音的，但可以将听觉刺激转化为视觉刺激，通过形容词"亮闪闪""晶晶亮"进行描述。

【课后练习】

请翻译下列句子。

1) His integrity, loyalty, and hard work exemplified the best tradition of American statecraft. He will be missed.

2) He was often accused of being opinionated, ignorant, and uneducated, and got caught up in a number of libel suits, but his autobiography, produced in 1922, became a bestseller.

3) In the end, Franklin Roosevelt was a man for his age. He arrived on the national stage with unbridled optimism at a time when the national mood was dark. For a country hungry for action, he delivered with a deluge of reform programs. When Europe fell into chaos, Americans saw Roosevelt as a strong-willed and mature leader. Loved by his supporters and reviled by his detractors, he was the most influential political figure of his age.

6.1.2　形

英语与汉语的字形同样有很大差异。英语为拼音文字，音义结合；而汉语属于图画文字，音形义结合。一般认为，甲骨文是最早的成熟汉字，从已经识别的单字可以看出汉字的造字法主要以六书为主：象形、形声、会意、假借、指事、转注，同时还存在一种特殊的造字法——合文。即便"形声"字中有声旁，但从文字起源可以看出，最初的形声字也是以形记音的，因此汉字始终围绕着"形"与"义"在演化。而英文字母则来自希腊字母，或者更远的原始西奈字母。单个字母最初也是象形文字，但逐渐在演化过程中将字母拼合在一起表达一个更加复杂的意思，形成了拼音文字，表形的作用逐渐消失。

汉字本身的字形表达了很深的意义，而这些意义却很难通过翻译传递到另一种语言中。汉字也在不断运用字形上的特点，使语义发生新的变化。如近年来网络用语中非常常见的"囧"字。该字在汉语中本义为"光明、明亮"，本不是常见字。但自从因为其字形很像是一个遭遇尴尬而低眉顺眼的人脸，这个字便开始在网络上大行其道。但在网络用语翻译中，我们只能使用相关的表情符号或文字，无法在英语中找到神形兼备的一个词去替换。类似的例子还包括：

"磊""淼""鑫""犇"以及"鱻""骉""羴"等品字结构。常常表示所构成汉字语意加倍的概念。

西安名吃 biangbiang 面，其中的 biang 字意为"一点飞上天，黄河两头弯，八字大张口，言字往进走，左一扭，右一扭，东一长，西一长，中间夹个马大王，月字边，心字底，挂个钩担挂麻糖，坐个车车逛咸阳。"

另外还有中国传统吉祥语合体字如 ⿲ ⿲ ⿲（日近斗金、招财进宝、吉祥如意）以及网络新造字 ⿲ ⿲ 残 囻 囶（穷、脑残、同意、已阅）。这些字形在翻译过程中主要是为了增强读者脑中的画面感，翻译过程只能通过图片、影像等其他辅助手段进行弥补，很多手段已不属于翻译的范畴。

除了以上特例，翻译过程中还是有不少与英汉字形差异相关的例证。

在上文中提到的漫画中。一个孩子指着 Nate 拼错的一个词说："There's no Y in Europe."这句话很好理解，只是在指出拼写错误。但如果只关注语义，而不关注字形，翻译成汉语就成了："欧洲这个词没有 Y"。由于绝大部分读者都是不太懂英文的儿童，这样的译文会让他们一头雾水。而有些学生为了解决这一问题会选择加注法。采取脚注的形式附加解释：在英语中，欧洲一词为 Europe，不包含 Y 这个字母。可能这样的方案对于成年读者能够解决理解方面的问题，但对于儿童来说，加注法肯定会造成额外阅读负担，由此失去阅读漫画的愉悦感。因此还是应当模糊处理。如，考虑到中国小学生在写"欧洲"两个字经常出错，将这部分译为"'欧洲'两字你都写错了。"

值得一提的是，注意到语言差异后，翻译过程中还要注意考虑文化差异，相应选择翻译方法。读者可以考虑一下，如果将上例译为"'欧洲'的'洲'你都写错了。"，或"'欧洲'的'洲'你忘记加三点水了。"是否可行呢？我们在文化差异部分再探讨这个问题。

例 6.

在儿童漫画 Big Nate 系列中，小学生 Nate 非常讨厌自己的班主任 Mrs. Godfrey（葛弗莱太太），于是在放学被老师留校时，在自己的本子上用 GODFREY 这个名字作起了藏头诗。内容如下：

G is for the Gruesome class she teaches;
O is for Obese, it's plain to see.
D is for her favorite Dinner: leeches.
F, the grade she gives most Frequently.
R is for her Rages never-ending;
E, her Evil Eye which never blinks.
Y is for my Youth which I am spending... sitting in detention.

可以明显看出这首诗每句话均以 GODFREY 这个词中七个字母之一作为开头，而每句话也包含一个以该字母为首的单词，表达自己对该老师的厌恶之情。运用英语的字形特点所使用的修辞手段在翻译过程中同样也造成了很大障碍。

由于读者是小学生，译文可读性一定要强，引发读者的阅读兴趣。由于漫画中均有大量与文字内容相关的插图，因此译文内容也一定要展示出 Nate 对老师的厌恶之情。但这不意味着译者一定非要死守原文形式。遇到这类问题可以采取变通的方式来解决。既然无法通过直译表达原文意义，可以考虑运用汉语特点，通过其他方式展现作者的意图。

来看下列译法：
葛太太讲课干巴巴，
佛一样的身材真好啊！
来上一口大蚂蟥，

我的成绩就见底啦！
讨好她只招来燃烧的怒火，
厌恶她只得到恶魔般的眼神。
你说我的青春冤不冤？
（坐在留置室里）唉，倒霉透顶啊！

这一译法同样运用了中文的藏头诗。将"葛佛（弗）来（莱）我讨厌你"这几个字放在每句句首，同时，每句话也尽量使内容与插图相匹配。但可以看出，这一译法语言上还是有些死板，未能体现打油诗那种谐趣。

还可以有一种译法：
葛太太讲课干巴巴，
肥硕的身材像南瓜。
最爱的零食是臭虫，
判作业只会把叉打。
发怒时嘴巴会喷火，
凶恶的眼神赛夜叉。
我的青春去了哪儿？
留置室里把她画。

相较于第一种译法，这一译法更为自由，读起来也更像是一首"打油诗"。语言内容同样与插图相匹配，并且更符合小学生的特点，是更加优化的一种选择。

除了英汉字形差异导致的问题之外，还有与字形相关的修辞手段、字谜以及笑话也造成了翻译上的巨大障碍，需要另辟他径寻求解决方案。

例 7.

一位初学汉语的外国人对中国的象形文字颇感兴趣。一位中国朋友知道他认识"车""马"二字，便指着书上的"连"字问他："这是什么意思？"他略加思忖，答道："这是一辆正在爬坡的车。"

朋友强忍住笑，又指着"骂"字问他："那么，这个呢？"

他呆愣片刻，答道："这不是一匹多嘴的马吗？"

上述例子就利用了汉字的造字特点，形象地描绘了"车"与"连""马"与"骂"的关系。然而在英译过程中只能传达语义关系，字形方面的意义就只能依赖大量文字进行解释了。

不过字形方面的意义虽然难以翻译，但也不是完全不可以。英语虽然是拼音文字，但单个字母是来自象形文字的，因此也常用来描述一定的具体形象，例如，"…some people say the letter A stands for a person or the head, B for a pair of woman's breasts, and Z for a road"[①]。又如，工字钢与丁字路在英语中的对应译法分别为 I-beam 与 T-shaped road，在各自所描述的形象方面是对应的。不过要注意的是，在译法上并不能认为所有此类型的文字都能够直接直译。比如，同为 T 字形，模特走台的 T-shaped stage 并不译为丁字台，而是直接采用了零翻译，译为 T 型台。词汇的具体语境也会影响译法，U 型槽在工程上是 U-shaped groove，而雪上项目 U 型槽的英文译法则是 Half-pipe，因此还要注意确认译法的准确性，不要想当然。

---

① 陈德彰.《汉英对比语言学》[M]. 北京：外语教学与研究出版社，2011：20.

【课后练习】

1. 请翻译以下词语。

八字眉　　　之字路　　　国字脸　　　人字缝　　　丁字尺　　　一字马
A-shaped dress　　D-shaped table　　E-shaped cake stand　　H-shaped vertebrae
M-shaped hairline　T-shaped skills　　Y-shaped lanyard　　S-shaped molding
U-shaped nails

2. 下面这句话来自莫言的《师傅越来越幽默》。划线部分该如何翻译？

离国家规定的退休年龄还差一个月的时候，在市农机修造厂工作了四十三年的丁十口下了岗。十放到口里是个田字，丁也是精壮男子的意思……

3. 请翻译以下对话。

1）

Student: My report today is on the Republic of Cameron, which is a pretty cool name for a country, if you ask me…I mean, I've got a cousin named Cameron. It's like… "Hi, I've got a whole country named after me!" Isn't that-

Teacher: It's CAMEROON. You're leaving out a letter.

Student: O…

2）

老师：中国古代就已经有温室栽培的技术了，其中最有名的方法叫做堂花术。

学生：糖花术？（幻想自己站在一棵开满糖果花的树下）

老师：哈哈哈，这里的"堂"指的不是你平时吃的糖，是房子的意思。

6.1.3　义

在第三章中，我们曾经比较系统地讨论过"意义"的意义。可以说，词义的范围是十分广泛的。由于前面两个小节已经重点讨论了音、形方面的意义与翻译，本节的重点就放在词语其他层面的意义。在翻译过程中，在词义方面需要注意的问题主要包括一词多义、词义的不完全对应等。

6.1.3.1　一词多义

词义的差异在英、汉翻译过程中引发的问题就更加普遍。语言中所普遍存在的一词多义现象常常给翻译带来不少困难，尤其在理解过程中，稍有疏忽就可能出现错误。

例8.

He (Bessemer) had become interested in steel production through his attempts to create a sturdy <u>gun</u> capable of firing a new type of heavy shell that he had devised for the British forces in the Crimean War in 1853.

【学生译文】

他曾经尝试为1853年的克里米亚战争中的英军设计制造一种坚固的<u>枪支</u>，可以发射新型的厚重炮弹，就是在这些尝试中他开始对钢铁制造感兴趣。

看到这样的译文，读者肯定会哑然失笑：枪支如何发射厚重的炮弹？这里的问题就出在对于 gun 一词的多个语义没有进行详细了解，仅凭通过最简单的英汉单词表中的汉语解释就进行翻译，因此极易出现错误。

例 9.

A letter in The Times of London on 4 May 1920 from Major H. J. Gillespie (who first introduced the fans in France)—recalls that "my battery escaped without a casualty" during a gas bombardment of Armetières in 1917.

【学生译文】

1920 年 5 月 4 日，伦敦时报上刊登了 H·J·吉莱斯皮（H.J. Gillespie）少将（第一位把埃尔顿扇子引入法国的人）的一封信——信上回忆了 1917 年阿尔芒蒂耶尔（Armetières）遭受的气体轰击，说到"没有一个人员伤亡，我的电池用不上了"。

上述译文中，学生看到 gas 与 battery 就会直接与"气体""电池"进行对应，因为这些意义分别是这两个词的常用义。然而，gas 既指气体，还可以指气态的物质，包括瓦斯毒气，而 battery 既可以指电池，又可以指：

An army artillery unit, corresponding to a company in the infantry (American Heritage Dictionary).

A small tactical unit of artillery usually consisting of two or more troops, each of two, three, or four guns (Collins).

意思大致相当于中文里的炮兵连。当然，由于这段文字的重点不是介绍炮兵编制，因此具体意义可以模糊化，译为"我的队伍全活了下来，没有一个人员伤亡"。

与英语类似的是，汉语中也存在一词多义现象，比如下面几句话中，"巴掌"的意思就截然不同。

例 10.

1）一个巴掌拍不响。

2）这巴掌大的地方能住得下几个人？

3）那天早上我和母亲说准备到三十里以外的地方去看枪毙乌攸先生时，她顺手给了我一巴掌。

上述三个例句中，"巴掌"的意义均为"手掌"的衍生义，译法也完全不同。

1) You can't clap with one hand./ It takes two to make a quarrel.

2) How many people could be accommodated? The room is too small to swing a cat!

3) Mother reacted to the news that I was going to watch them shoot Mr. Wu You at a spot five miles from where we lived by slapping me across the face.

作为中文母语者，译者在汉译英过程中一般不会发生理解过程中的语义问题。但涉及古汉语等对汉语水平要求较高的文本中，同样会出现上述问题。例如，学生在翻译西湖"花港观鱼"景点介绍时，对于诗句中的"花著鱼身鱼嘬花"的"嘬"字就未能准确理解，因此在翻译中出现了不少问题（详见第十六章）。

专有名词一般来说意义比较单一，但也会存在一词多义现象。比如很多专有名词存在缩略语，而这些缩略语往往存在重合的现象。这就导致同一缩略语可能存在不同对应。翻译过程中一定要根据上下文，弄清楚缩略语的具体意义，不能直接想当然地以常见的意义加以对应，以免由于理解错误导致严重的翻译问题。

例 11.

ESLD（End-Stage Liver Disease 肝病末期/ European Society for Laser Dermatology 欧洲激光皮肤病学学会）

GM（General Motor 通用汽车公司/ Genetically Modified 转基因）

PEM（Proton Exchange Membrane 质子交换膜/ Project Em《完美时空》网游）

RVR（Runway Visual Range 跑道视程/ Rapid Virological Response 快速病毒学应答）

汉语中也存在大量的专有名词缩略语，其中数字缩略语使用十分频繁，也有很多重合之处。比如，中国在不同时期都有"三大件"，从六七十年代的手表、自行车、缝纫机到八九十年代的电视、冰箱、洗衣机，再到网友心目中现代家居的"三大件"——地暖系统、新风系统、实木地热地板[①]。Wikitionary 将"三大件"意译为 three basic household items[②]，但在实际翻译工作中，还需要针对语境列举"三大件"的具体内容。

"三包"在不同的语境中也有不同的所指意义。例如，零售商业企业对所售商品的"三包"为包修、包换、包退政策，译为 Quality Assurance Services（for Repair, Replacement or Refund of faulty products）；城市管理有门前"三包"，指的是临街企事业单位与商铺的包卫生、包绿化、包秩序。

容易产生一对多现象的还有单位简称，如网络热议的"南大"究竟指南京大学、南开大学还是南昌大学的问题，与之类似的还有"山大""华师"的所指问题。翻译过程中，必须了解这些专有名词的缩略语具体的所指，才能避免张冠李戴的问题。

再有，专有名词使用场合与传播手段同样会导致其意义多样化。比如，这两年大热的循环扇所打造的新概念——"果岭风"。消费者看到这一名词，都会感觉到这样的风扇吹出的是百果飘香的山间徐徐吹来的清风。然而这一术语实际上来自英文 Green Fan，指一种依靠内外多重扇叶不同转速所打造的柔和风感的新型风扇。在商业上，一些新奇的名词能够刺激消费者的购买欲望。因此 Green Fan 吹出的风虽然可以译为"环保风"，但"果岭风"这一译法显然更适合市场营销。

Youtube 是十分受网友喜爱的视频网站，在很多非正式场合该网站都被网友昵称为"油管"。但这一网站一直没有官方的中文名称，很多正式场合也只能采取零翻译。

此外，一些动植物的学名与常用名不同，这也常常导致专有名词的交叉对应现象。如 Salmon 学名为鲑鱼，但一般被音译为三文鱼。大马哈鱼作为鲑科的一种，一般指鲑形目鲑科太平洋鲑属，而为了与其相区别，三文鱼一般专指大西洋鲑属。

语言还是身份地位的反映，不同社会阶层的人所使用的语言风格也有很大不同。比如："他起身取了一瓶红葡萄酒，为自己倒了一杯"与"他起身取了一瓶拉菲，为自己倒了一杯"实际上来自同样的原文，只是"lafite"一词的不同翻译而已，而在中文读者看来却体现出主人公不同的品味或社会阶层。

[①] http://www.jia360.com/new/43343，引用日期：2019.8.21.

[②] https://en.wiktionary.org/wiki/%E4%B8%89%E5%A4%A7%E4%BB%B6，引用日期：2019.8.21.

6.1.3.2 词义的交叉对应

语言是人类思维的外壳,由于不同的思维方式,不同语言对于同一种事物的描述也不尽相同,完全的一对一的现象并不多见,更多情况下体现为交叉对应。绝大部分词汇除了语义学意义,还存在与使用环境相关的语用学意义,需要在翻译时认真领会。

例 12.

He (F. D. Roosevelt) was <u>idealistic</u>, but often acted with sober realism.

Idealistic 一词可以指 "of or relating to the philosophical doctrine of the reality of ideas",意指"理想主义的"(与现实主义相对),也指"of high moral or intellectual value""elevated in nature or style",意为"有崇高理念或道德追求的""格调高"或"追求高雅风格的"。Realism 一词指 "An inclination toward literal truth and pragmatism",常常译为"现实主义"。因此很多学生将这句话直接译为"他理想主义,但经常采取清醒的现实主义行事",虽然从意思上来说没有什么实质的错误,但译文与汉语的表达习惯相去甚远,语言质量较低。联系上下文可知,作者的意图是在描写富兰克林·罗斯福身上所体现的各种矛盾冲突。而这种矛盾冲突还需要结合更多的背景,与他个人的成长经历产生联系。这句话实际上希望让读者了解到罗斯福一方面自视甚高,行事高调的性格特征,另一方面又十分务实的行事风格。因此可以考虑译为:"他的想法有些不切实际,做起事来却往往十分冷静、脚踏实地"。

因此英文中的 idealistic 与 realism 可以根据具体语境,分别对应为"理想化的"或"不切实际"以及"现实主义"或"脚踏实地"。

例 13.

The converter fundamentally redrew the technological (and physical) <u>landscape</u>, but its discovery owed something to good fortune.

这句话中 landscape 在英文里既可以作名词,也可以作动词。作为名词的意思也很丰富,比较常见的如:风景,地形;还有比较抽象的意思,如:the distinctive features of a given area of intellectual activity, regarded as an integrated whole, 大致意为某种局面的整体特征与发展趋势等,这一意思只能根据上下文具体化,有时甚至无法从译文中找到该词的痕迹。如,上句话可以译为:

贝塞麦转炉法使人类的技术手段(甚至整个物质世界)完全改观,但它的问世却有一些运气成分在里面。

然而,中文"风景"一词却没有这样的含义。除了表示自然风光的意思以外,中文里的"风景"还有其他含义,如:

每个人都是平等的,所以每个人都是一道<u>风景</u>,才形成了整个世界。

在她们心中,即使满脸的皱纹,也要让皱纹也美成一道<u>风景</u>。

这里的风景也绝对不等同于 landscape,而是表示"独特""与众不同"的含义,在这里可以译为形容词"unique"。

可以看出,中英文里的名词 landscape、"风景"与形容词 unique 虽然在语义上看似没有直接联系,但在具体语境中仍旧跨越了词性的界限,形成了交叉对应。

词汇的感情意义同样存在不对应或交叉对应现象。如,汉语中的"哭"可以对应英文中的 cry, weep, wail 等,而英文中的 cry 则除了哭的意思,还可以对应汉语中的叫嚷、呼喊等意。

语言是思维的外在表现，不同的人对于同一件事物有不同理解，在语言上的反映也是千差万别。拿颜色来说，对于同一种颜色，不同人的反应不一样，这与人的视锥神经发育不同有关，如著名的"蓝黑色"与"白金色"连衣裙之辩；但更多的是由于相对于色谱过度的无极限性来说，语言仍旧是有限的。如，八十年代的学生十分流行背着解放军的军用挎包，有些人称其为"绿军挎"，而有的人则称其为"黄军挎"。有些人看到"红木"家具后感到奇怪，说这难道不是褐色吗？在色谱上，"黄"与"绿""红"与"褐"之间本来就没有严格界限，但语言上却只能够二选一，这就导致语言与所反映的事实之间有可能存在偏差。

　　颜色词的主观性很强，在汉语的文学作品中运用自由度很大。这也为翻译中的理解构成了困难。

　　"中国古代有个'青'色，很特殊，从先秦开始，就兼指蓝、绿、黑 3 色。例如，'青天白日'是蓝天；'青史'是用绿竹的竹简写历史；由于阮籍能作青白眼，因此有青睐、青眸、垂青等等说法，这个青是指眼睛瞳仁，是黑色的。还有个'苍'，蓝也是，绿也是，黑也是，灰白也是，可能发展到白也是。例如，'悠悠苍天'一般指蓝天；'蒹葭苍苍'指的是深绿白的芦苇叶；《史记·项羽本纪》中的'异军苍头特起'指的是士卒用皂黑色巾裹头；'白发苍苍'被认为是银白雪白的头发。可见汉语颜色词到底指什么颜色，真弄准确，也不是一件简单的事情"（何善芬，126）。

　　此外，很多颜色词的本义已经淡化，更多使用的是其比喻或象征意义。如"白云苍狗"表面意思是"天上的浮云开始如一件白衣，瞬间变成如黑狗一样的乌云。"但实际上表达的意思为世事变化莫测。因此译为"unexpected change of wordly affairs"或"The wordly affairs are always changing"。

　　英语中的颜色词同样存在很多词义外延，翻译中有时采取直译的手段，有时则需要根据语境进行意译。如"green"一般与"环保"相联系，汉语中有时会译为"绿色"，有时则译为"环保"。

例 14.

green peace 绿色和平	green food 绿色食品
green standards 绿色标准	green technology 绿色技术
green ideas 环保理念	green issues 环保问题
green policies 环保政策	green protection 环境保护

　　当然这只是 green 一词表示"绿色、环保"意思时的常用译法，并非唯一译法。如前面的"果岭风"一例就采取了音译的手段，当然这种译法只是个别现象。

　　Green 还有其他的含义，比如表示"嫉妒"：green eyed monster, green with envy；表示"许可"：to give someone the green light；表示"与植物园艺相关的"：green finger/thumb；表示"稚嫩、缺乏经验"：green as grass。大热电影《绿皮书》（The Green Book）之所以选择这个颜色，与上述意义没有任何联系，只因其编纂者名叫 Victor Hugo Green，而这本在特殊历史时期为黑人准备的出行指南也的确由此选择了绿色的封面。

　　再如"Your grandma was tickled pink that you called on her birthday!"在这句话中"tickled pink"意为"delighted"，表示因为开心而面颊绯红的样子。但汉语里"脸红"一般是由于害羞或发怒。因此这里一般采取意译的手段，译为"你奶奶在生日那天接到你的电话高兴得合不拢嘴。"

随着时代变迁，人们对于颜色的描述也在变化。英文本身就在发展过程中不断吸收新词汇，因此专用颜色词也更多。研究表明，两种语言中的颜色词大部分都是合成词，汉语中最常用的三种颜色为"红""蓝""绿"，而英语中最常见的则是"蓝""绿""粉"[①]。在翻译的影响下，汉语中颜色词也越来越丰富，如服装产业近年兴起的"蒂芙尼蓝""牛油果绿""摩卡棕"等，这些词汇以直译为主，为汉语中一成不变的颜色表达注入了新鲜血液，也同时刺激着消费者的购买欲望。

【课后练习】

1. 请翻译以下多义词。

1) I acquired language just like any other child acquires their language from their <u>community</u> and family.

2) We believe that, in order to create the changes we want to see in the wider world, we must be willing to behave within our <u>community</u> of choice in ways that demonstrate those changes.

3) Let's not be foolish and <u>throw away the whole loaf</u> because we are only getting 95% of what we want.

4) We don't need people like you that rather <u>loaf</u> off the system than be productive and add value to our nation.

5) Dr. Jack Thrasher estimated that as many as 40 percent of American schools and 25 percent of homes have <u>mold</u> infestations, unbeknownst to the people occupying those buildings.

6) Start by building your soil with compost or <u>leaf mold</u> to improve drainage and moisture retention before planting.

7) Solar cycle 19 had the highest number of sunspots 190 yearly <u>mean</u> and monthly <u>mean</u> of 253 in October 1957 during late 1950's and early 1960's.

8) Tall, rugged, and handsome, Mike makes amazing pancakes, <u>plays a mean game</u> of backgammon, and knows how to build and fix everything.

2. 请翻译以下与颜色相关的习语。

blue-plate special	brown goods	browned off	brownie points
red nose day	paint the town red	red letter day	yellow-belly
rub of the green	silver bullet		

一青二白　　白山黑水　　白天黑夜　　唇红齿白
红男绿女　　灯红酒绿　　面红耳赤　　大红大紫
青黄不接　　炉火纯青　　黄口小儿　　数白论黄

3. 请翻译以下颜色。

桃红　绯红　朱砂　藕荷　石青
豆绿　柳绿　葱绿　月白　牙色
秋香　靛蓝　宝蓝　玄色　黄栌

---

① http://muyueh.com/greenhoney/，引用日期：2022.1.5.

mellow yellow	bumblebee yellow	mustard yellow	Tuscany yellow
apricot orange	amber orange	cider orange	salmon red
Ferrari red	sangria red	lavender pink	lollipop pink
mulberry violet	Byzantine violet	hibiscus violet	Yale blue
maya blue	denim blue	jade green	lime green
jungle green	emerald brown	caramel brown	espresso brown
gingerbread brown	steel gray	rhino gray	stone gray

6.1.3.3 词的上下义关系

词的上下义关系（Hypernymy）指词义的包含关系。上义词指代有共性关系的一系列事物或行为，意义范围更广，更具有包容性；而下义词则归属于上义词范畴，指代具体事物或行为。上下义关系与文化关系十分紧密。由于不同民族在历史、文化、科技等方面的发展程度并不均等，语言的精确程度各不相同，因此导致有些语言只存在一些语义笼统的上义词，缺少更加细微具体的下义词，而有的语言则恰恰相反。因此在翻译过程中，词的上下义对应关系不同也会导致翻译的表达出现偏差。

众所周知，中国文化十分注重亲缘关系与单位的上下级关系，因此不同亲属关系、不同的工作关系均有不同的称呼。而西方在亲属与称谓方面相对笼统。而从另一方面来看，英语在发展过程中不断吸收了相当多的外来语，很多方面也有汉语所没有的细致区分。

比如，"下面有请领导致词"，这里的"领导"一词在译成英文时就很难找到对应的词汇。需要根据具体语境，了解这一词具体的所指是什么职位再进行对应。至于中文里的"七大姑、八大姨"则更是让西方读者摸不着头脑。而英语中对于亲属称谓的泛指也给翻译带来了不少困难，如果没有上下文，即使连最简单的 brother 和 sister 都分不清是兄还是弟，是姐还是妹。

日用品类的例子也有很多，汉语中"鞋"是中心词，不同的鞋的名称都是将其功能和样式作为附加成分生成合成词。而英语中不同款式的鞋都有专门对应的名称。

例 15.

舞鞋 pumps；平底鞋 loafers；坡跟鞋 wedges；运动鞋 trainers；帆布鞋 sneakers；凉鞋 sandals；拖鞋 slippers；人字拖鞋 flip-flops；鹿皮便鞋 moccasins

中国虽有悠久的酿酒历史，但葡萄酒文化主要受西方影响，并不普及。在词汇方面，英文中涉及葡萄酒的专有名词十分丰富，仅红葡萄酒的品种就有 Cabernet Sauvignon（赤霞珠）、Pinot Noir（黑品诺）、Merlot（美乐）、Gamay（佳美）以及 Syrah（西拉）等数十种。如果在翻译时不加以说明，中文读者很难了解具体所指。有很多葡萄酒名称还直接以酒庄的名称命名，如著名的"拉菲"，但对于更多不懂酒的读者来说，相当多情况下需要采取音译与直译结合的译法，帮助读者了解词汇的所指意义。

例 16.

Baron de Milon (lafite) 美隆拉菲红葡萄酒

Ch. Mouton Rothschild 武当罗富齐庄园红葡萄酒

Le Bahans du Ch. Haut-Brion 百安红颜容庄园红葡萄酒

Ch. Pape Clement 黑教皇城堡庄园红葡萄酒

另外，西方的酒种类繁多，译为汉语时也往往以"酒"作为中心词，突出其所属范畴。

例 17.

rum 朗姆酒；cider 苹果酒；tequila 龙舌兰酒；vermouth 苦艾酒；sauterne 法国白葡萄酒；sherry 雪利酒；advocaat 蛋黄酒；cocktails 鸡尾酒；maraschino 香草酒

英语由于词汇量更大，强调用词的多样性，因此除了名词，在动词、感叹词等方面，也体现出更为丰富的词汇变化。在汉语中表达观点时，往往只说"某某人认为"即可，但在英语中则需要结合具体上下文，突出表达观点的具体方式。

believe, say, state, speak, speculate, presume, declare, announce, plead, assert, maintain, deny, assume, summarize...

英文中存在很多具体描述某一动作与行为的动词，如 beam, guffaw, tiptoe, stride, gaze, examine，而在译为汉语时，只能在中心词"笑""走""看"前面添加副词进行修饰，如：

慈祥地笑，笑得上气不接下气；蹑手蹑脚地走，大步流星地走；直勾勾地看，仔细地看……

如果忽视这一语言特点会导致汉译英时用词单一、在汉译英的过程中需要译者有意识地用同义词或近义词对原词进行替换。

【课后练习】

1. 请为以下词汇在英文中找出尽可能多的下义词对应。
走　笔　咖啡　狗　琴　杯　刀　车
2. 请为以下词汇在汉语中找出尽可能多的下义词对应。
jade　　fry　　desk　　horse
3. 请讨论下面的译文中，译者对于"鸡"的不同译法。

1）她说：杀人就像杀鸡一样。

"Killing a man is the same as killing <u>a chicken</u>," she said.

2）我就到后院去看我的弟弟老 K 杀鸡。老 K 还小，一只小手捏住<u>鸡脖子</u>，另一只手拿着一把 4 cm 长的削笔刀。

So I went out back to watch my younger brother do just that. Old K, who was still little then, <u>held the chicken by its neck</u> in one tiny hand and a small penknife in the other.

3）忽然那只鸡从老 K 手中挣脱出来，跳过一块石墩，然后飞过院墙，老 K 拿着那把沾着一线血迹的削笔刀，呆呆地看着院子上空飞着的鸡毛。（格非《追忆乌攸先生》）

Suddenly, <u>the bird</u> broke loose and flapped its way across a block of stone before soaring over the wall. Old K stood there holding his blood-streaked penknife, mesmerized by the sight of <u>chicken feathers</u> floating above us. （葛浩文译）

6.1.3.4 词义的抽象与具体

与上下义关系相关联的是，处于上义词的词义一般比较笼统，也因此更为抽象，代表一类事物；而处于下义词的词义则比较具体清晰。英语在词义上注重丰富的变化，因此用词普遍强调精准与多样化。相对来说汉语的词汇变化比较少。名词方面，汉语常常使用范畴词，将词义划分为某一种类别，从而进一步具体化。动词方面，汉语常常通过添加前置修饰语或补语来丰富动词的含义。

例 18.

学科在永磁电机驱动、驱动/充电一体化、轮毂电机驱动等<u>方向</u>有丰富的成果积累。

数学系承担着培养学校其他理科和工科研究生数学素养、提高他们的数学学习与思考能力的<u>任务</u>。

我们要大力发展教育和科技<u>事业</u>。

近年来,住房体制改革<u>工作</u>不断向前推进。

在上面的例子中,"方向""任务""事业"与"工作"往往直接译为"the direction of…""the tasks of…""the career of…"以及"the job of…",但由于英文中更倾向直接使用意义更为直接具体的词汇,这样的上义词容易导致语义模糊,翻译腔十足。

词性的不完全对应也是英、汉翻译过程中常见的现象。翻译过程中如果忽略这个问题往往会导致译文翻译腔严重。

英语的句法严谨,每句话只能有一个谓语动词,因此常常需要名词或介词短语来表现动词含义。英语还有一个显著特征是词缀丰富。这使得有些动词和形容词很容易派生为名词,从而使名词化现象(nominalization)非常常见。具体的动作在派生为名词的过程中,语义变得抽象。而汉语句法则比较灵活,常常出现连动的流水句,语义相对更具体。因此汉语多动态表达,突出变化;英语多静态表达,强调结果。

在翻译过程中,常常因为上述特点需要进行动词与名词、介词短语之间的转换,抽象含义与具体含义之间也需要根据具体情况进行语义上的调整。

例 19.

Until then, the natural <u>source</u> of purple dye was the mucus of a marine snail from the Mediterranean region, but its <u>extraction</u> made it expensive.

上例中,受到主句结构的限制,如果想表达"提取海蜗牛黏液"的概念就只能将"提取"一词以名词形式表达。但这样的结构如果直接译成中文,如:

在那之前,紫色染料的天然来源只能是地中海海域的海蜗牛黏液,然而其提取使得它的价格十分昂贵。

感到译文语言拗口时,译者首先应该考虑到自己的理解是否正确,在此基础上考虑英汉语言之间的差异,有意识地在译法上做出调整。在这句话中,导致译文生硬的并非理解问题,而是由于译者将 extraction 直接对应为汉语中的名词,从而导致译文表达不符合汉语习惯。因此可以考虑运用转换法将 extraction 按照语义转换成动词表达:

在那之前,人们只能从地中海海域的海蜗牛黏液中<u>提取</u>紫色染料,造价十分昂贵。

【课后练习】

1. 下列译文如何处理原文中形象具体的表达?谈谈译者的意图。

1)中华民族伟大复兴,绝不是轻轻松松、<u>敲锣打鼓</u>就能实现的。(《习近平谈治国理政》第三卷)

Achieving national rejuvenation will be no walk in the park; it will take more than drum beating and gong clanging to get there.

2)当年抗美援朝,毛主席用诗意的语言总结胜利之道:敌人是<u>钢多气少</u>,我们是<u>钢少气多</u>。(《习近平谈治国理政》第三卷)

Chairman Mao summarized the key to our victorying resisting US aggression and aiding Korea: The enemies have more steel than morale, while we have less steel but higher morale.

3）虽然我们已走过<u>万水千山</u>，但仍需要不断<u>跋山涉水</u>。在新时代，中国人民将继续自强不息、自我革新，坚定不移全面深化改革，<u>逢山开路</u>，<u>遇水架桥</u>，敢于向<u>顽瘴痼疾</u>开刀，能于突破利益固化<u>藩篱</u>，将改革进行到底。

China has come a long way, but it has to overcome new challenges on its way ahead. In this new era, the Chinese nation will continue to progress through reform. We will stay committed to advancing reform in all respects, and prevail over whatever challenges may lie ahead. We will tackle longstanding problems with courage and resolve, and break the impediments of vested interests to carry reform through.

4）Next summer, we look forward to the Commonwealth Games.
The baton is currently travelling <u>the length and breadth of the Commonwealth</u>, heading towards Birmingham, a beacon of hope on its journey. （The Queen's 2021 Christmas Speech）

明年夏天，我们即将召开英联邦运动会。目前，接力棒正在英联邦所有国家和地区传递，准备迎着希望之光，朝着主办城市伯明翰前进。

5）It's also <u>pulled the curtain back</u> on another hard truth. Something that we all have to eventually accept once our childhood comes to an end. All those adults that you used to think were in charge and knew what they were doing, it turns out they don't have all the answers. A lot of them aren't even asking the right questions.

我们也看到了另一个残酷的事实，只要我们的童年结束，每个人都不得不接受的事实。那就是，你所认为的那些各司其职、各负其责的大人们实际上并不是已经掌握了所有的答案，他们中很多人甚至都没有提出正确的问题。

第二节　英汉句级对比

上一节讨论了英汉在词汇层面的异同，其中除了词的音、形、义，还从构词法角度进行了讨论。虽然词是基本要素，但在自然语言中，交流是依靠语义连贯的句子。由于思维方式与语法体系的不同，英语与汉语之间存在很大的句级差异。在本节，我们从几个英汉对比中常见的句级特点入手，以二元对比的形式进行讨论。

6.2.1　综合语与分析语

所谓综合语与分析语，是从语言的形态变化角度对语言进行划分。参照 wikipedia 的定义：A synthetic language (综合语) uses inflection or agglutination to express syntactic relationships within a sentence，而 An analytic language (分析语) is a language that primarily conveys relationships between words in sentences by way of helper words (particles, prepositions, etc.) and word order, as opposed to utilizing inflections (changing the form of a word to convey its role in the sentence)，可以看出综合语的特征是通过屈折变化与黏着变化表示句法关系的。而分析语与综合语相对，主要依靠词与词之间的关系以及语序表示句法关系。

与德语、法语相比，英语在综合语方面的特征已经不是十分典型了。但在形态变化、语序与虚词的使用方面仍旧保留了综合语方面的特征。"现代英语运用遗留下来的形态变化形式（hereditary inflection）、相对固定的语序及丰富的虚词来表达语法关系，因此属综合-分析语（synthetic-analytic language）"[①]。而汉语则缺乏形态变化，其语法关系只能借助语序与虚词实现，属于典型的分析语。

英语与汉语的构词法有很大不同，其中最明显的要属词缀变化。而在语法方面，英语词形所体现出的语法意义也是汉语所不具备的。因此在名、代词的性、数、格，动词的时、体、态，语气以及形容词、副词的比较级和最高级方面，英语在很多情况下能够通过词的形态变化加以反映，而汉语则需要借助语义关系以及词与词的前后关系等表达语法关系。正如著名文学家余光中先生所说，"比起来，还是中国文化看得开些——阴阳不分，古今同在，众寡通融，真是了无绊碍。文法这么简单，省下来的时间拿来做什么呢？拿来嘛——西方人做梦也想不到——拿来推敲平仄，对对子了……"[②]

6.2.1.1 性、数、格

现代英语中，大部分名词已经不具备语法方面的性的标记了。虽然有些仍旧可以区分阳性名词、阴性名词以及中性名词，但随着西方女性主义的不断努力以及无性别运动的推进，很多传统意义上的阳性及阴性名词已经越来越被中性名词所取代。

阳性	阴性	中性
actor	actress	actor
chairman	chairwoman	chair or chairperson
headmaster	headmistress	headteacher or head
host	hostess	(social) host (on an aircraft) cabin attendant
policeman	policewoman	police officer
steward	stewardess	(on an aircraft) cabin attendant
waiter	waitress	waiter

图 6-1　英文中的性[③]

secretary 一词由于在传统上指是以女性为主的助理工作，为了避免性别化而改换为 personal assistant。甚至连 bitch（母狗）一词也被中性的 dog 所取代。

中性词有时也会被拟人化，因而出现阳性化或阴性化，如英语中有 lady luck, mother earth 的说法。人们也会倾向于将月亮、轮船等视为阴性。词的性别还与文化相关，比如祖国一般被视为"母亲"，但德语却有 vaterland (fatherland) 一词，因此在德国人心中，祖国是一个阳性的形象。

英语代词仍旧保留着性的特征（he, him, himself; she, her, herself）。有一些名词本身是中

[①] 连淑能. 英汉对比研究 [M]. 北京：高等教育出版社，2010：25.
[②] 余光中. 翻译乃大道 [M]. 北京：外语教学与研究出版社，2014：188.
[③] https://dictionary.cambridge.org/grammar/british-grammar/about-nouns/nouns-and-gender，引用日期：2021.9.18.

性，但在复指时会使用具有性别标记的代词。如在下例中，Titanic 在人称照应中就使用了 she，而非 it 或 he。

例 20.

The sinking of the great ship, Titanic, will always be remembered, for she went down just on her first voyage with heavy loss of life.

人称照应的选择并不绝对，除了上述文化因素影响外，还有个人偏好的因素。

例 21.

The husband remarked, "The car does need some petrol. Let's fill her up at the next garage." "No! Let's fill him up right here!" shouted the wife.

在上文的丈夫心目中，汽车应该是一个女性的形象，因此他在复指时使用了 her 这一阴性代词。但妻子显然是吃醋了，她有意使用 him 来表达心中的不满。由于汉语的代词在书面语中没有性别标记，因此在翻译过程中只能采取改译的方法，将二人的矛盾转移到其他问题上。

与古汉语不同，现代汉语在字形上基本没有性别标记，即便有也是由古汉语流传下来的，且已经十分简化，基本看不出性别标记。比如，凤与凰、鸳与鸯、麒与麟这三组词，在古汉语中前者均为阳性，后者为阴性。现代汉语虽然仍在使用，但基本按照单纯词在使用，如凤凰、鸳鸯、麒麟，性别标记十分模糊。在代词方面，现代汉语除了书面语中还存在"他"与"她"的差异外，在口语中没有任何性别标记。

汉语中同样存在中性名词的拟人化，一般来说，能够引发"温顺、弱小、柔美、包容"联想意义的词汇，如月亮、河流、鲜花、兔子、绵羊等往往视为阴性名词；而具有"力量、粗暴、宽广"联想意义的词汇，如牛、狮、大型机械、山脉等一般视为阳性名词。

在翻译过程中，遇到拟人化性别标志不同的情况也需要采取具体措施，采取直译、改译或省略不译的方法。

英语的单词有明显的复数标记，一般为词尾加-s 或-es，当然还有很多不规则变化。但汉语的单复数在词形上没有任何变化，词汇的数量只能通过其前的数量词，其后的助词"们"，副词"全部""一一""都"等，或者通过其他非语言要素进行分析。

例 22.

1）他向学校捐赠了五十台电脑。
2）他把语音室里的电脑全部修好了。
3）学校的电脑是公共财产。

这三句话里，体现复数语法关系的手段各不相同。第一句是通过数词，第二句通过副词——"全部"，第三句则是根据常识推断。

英译汉过程中，由于汉语无法直接通过词形变化体现英语中的数的语法意义，因此往往需要采取一定的补偿手段，运用增词技巧进行翻译。而汉译英过程中，则需要注意译文语法准确。

英汉在数方面的差异还体现在冠词和量词的使用上。英语中没有量词，而汉语中不存在冠词。因此在翻译过程中，很多学生常常将英文中的定冠词 the 译为汉语中的指示代词"这个"或"那个"，将不定冠词 a, an 译为一（个），其后所添加的量词往往非常随意。

例 23.

This can be harnessed and used to positive effect. <u>The</u> reaction starts when <u>the</u> fuel is ignited, either naturally or by human effort by <u>another fire</u>, <u>a spark</u>, or heat.

原文中 the reaction 用了定冠词只是因为上文已经让读者了解到所指是什么反应，而 another fire, a spark 则表示一类事物，而非强调具体数量。但学生译文中往往会出现下列情况：

此能量被利用并产生积极效果。无论是由于自然原因，还是人为利用<u>一团火</u>、<u>一个火花</u>，或加热的方式，只要燃料被点燃，<u>这种</u>反应就开始了。

汉语中的"一团火""一个火花"就有了非常明确的数量概念，放在译文中显得十分生硬。而将原文中的定冠词译为"这种"也是受到了英语冠词的影响。

翻译过程中可以根据这样的特点差异，有意识减少原文的迁移作用，将译文修改为：

可以积极利用这种能量。有时由于自然原因，有时是因为存在火焰、火花或热源等人为原因，无论什么方式，只要将燃料点燃，反应就开始了。

英语中的名词除了所有格，其余均为通格，没有什么形态变化。而代词可以分为主格、宾格以及所有格，形态变化也各不相同。汉语作为典型的分析语，名词与代词均没有格的变化。在翻译过程中需要关注两点问题：第一，英译汉过程中代词的所指与减省问题；第二，汉译英过程中有效运用代词，实现上下文衔接问题（详见本章第三节）。此外，还要注意不同语境中汉语代词的语用意义。

例如，汉语中第一人称一般有"我""我们"或"咱""咱们"，但在不同语境中，还可以使用的代词有好几十种，如：本人、人家、本席；方言中的：俺、俺们、额、阿拉、侬、吾，网络用语中的：偶（们），藕（们）；文言文中的：余、予、吾、吾辈；以及代表不同身份的：洒家、朕、予一人、孤、孤家、寡人、本王、哀家、本宫、本座、本官、末将、臣、微臣、下臣、臣、下官、卑职、在下、小人、小可、小弟、愚兄、愚姊/姐、晚生、不才、老夫、老朽、老身、老奴、奴婢、贫僧、贫尼、老衲、小僧、贫道、草民、小人、小的，等等。在翻译过程中，首先需要准确理解。比如"人家"一词既可以自称，也可以指第三人称。

例 24.

1）袭人啐道："小蹄子，<u>人家</u>说正经话，你又来胡拉混扯的了。"①

"Little bitch!" swore Xiren. "<u>We</u> were speaking seriously, but you go talking such nonsense."

2）凤姐听见，便叫"平儿，你来，<u>人家</u>好心来瞧，不要冷淡<u>人家</u>。你去请了刘姥姥进来，我和他说说话儿。"

Xifeng overhearing them called, "Pinger, come here! Since <u>she</u>'s kind enough to call, we mustn't cold-shoulder her. Go and ask Granny Liu in. I want to chat with her."②

6.2.1.2 时、体、态

英语中时、体形态变化比较丰富，"时"描述某个具体的时间点或时间段发生的动作，"体"说明动作或过程在某一时间里进行情况。而汉语中的时态则往往通过"着""了""过"等助词或"已经""立刻""才""终于"等副词等进行描述。

---

① 《红楼梦》第九十二回。
② 《红楼梦》第一一三回。

例 25.

John has always traveled a lot. In fact, when he was only two years old when he first flew to the US. His mother is Italian and his father is American. John was born in France, but his parents had met in Cologne, Germany after they had been living there for five years. They met one day while John's father was reading a book in the library and his mother sat down beside him.

John travels a lot because his parents also travel a lot. As a matter of fact, John is visiting his parents in France at the moment. He lives in New York now, but has been visiting his parents for the past few weeks. He really enjoys living in New York, but he also loves coming to visit his parents at least once a year.

This year he has flown over 50,000 miles for his job. He has been working for Jackson & Co. for almost two years now. He's pretty sure that he'll be working for them next year as well. His job requires a lot of travel. In fact, by the end of this year, he'll have traveled over 120,000 miles! His next journey will be to Australia. He really doesn't like going to Australia because it is so far. This time he is going to fly from Paris after a meeting with the company's French partner. He'll have been sitting for over 18 hours by the time he arrives!

从上面段落的划线部分可以看出,英语中的时态变化非常丰富,稍有不慎就可能出错。但由于有明显的标记手段,因此能够比较轻松地识别动作所发生的时间或所处的状态。汉语"古今同在",不存在时体标记,表面上相对英语要简单,但在理解上则需要多下一番功夫。对于习惯了时体标记的欧美学习者来讲,很容易将"了"字误解为汉语的时体标记。

例 26.

1）我吃饭了。
2）我吃了饭了。
3）我吃了一个小时饭。
4）我吃了一个小时饭了。
5）我吃完饭一个小时了。

英译汉时,由于汉语中缺乏时体标记,因此应当根据具体情况适当增补时间状语、助词等。而汉译英则对英语语法的水平要求较高,选择恰当的时体标记对于外语学习者来说是一个不小的挑战。其中叙述历史事件时"一般过去时"与"一般现在时"的选择更是一个难点。

一般意义上来讲,一般过去时用于描述过去某个时间点发生的动作,而一般现在时用来描述不变的真理、一般性的事实或一贯的动作。叙述历史事件时,选择一般过去时仿佛是最稳妥的选择。但在真实的情况往往十分复杂。比如,下面两段话都是介绍杜甫的一生及其在诗歌方面的造诣,但在英译过程中,第一段选择了一般现在时,而第二段选择了一般过去时：

例 27.

1）在唐朝诗人中,杜甫具备最高贵的情操。当时大部分的诗人都沉溺于上流社会的浪荡生活,杜甫则同情备受压榨的中下阶层,替那些无法为自己发声的人大声疾呼其所遭受的苦楚。

Du Fu is the noblest of the Tang poets. Unlike most poets who indulge themselves in the debauchery of the upper-class social life, he is able to show compassion for the oppressed masses, crying out loud the sufferings of those who are unable to speak for themselves.

2）杜甫（公元712年-770年）乃是著名的唐朝诗人，常与李白并称为中国最伟大的诗人。他胸怀壮志，矢志考取功名为国效力，可惜却穷途潦倒，难以温饱。杜甫的一生风雨飘摇，犹如当时的朝廷，因安禄山之乱而颠沛流离。杜甫离世前的15年，生活尤其艰辛困顿。

Du Fu（杜甫，712-770）<u>was</u> a prominent Chinese poet of the Tang Dynasty. Along with Li Bai (Li Po), he <u>is</u> frequently called the greatest of the Chinese poets. His own greatest ambition <u>was</u> to help his country by becoming a successful civil servant, but he <u>proved</u> unable to make the necessary accommodations. His life, like the whole country, <u>was devastated</u> by the An Lushan Rebellion of 755, and the last 15 years of his life <u>were</u> a time of almost constant unrest.

不同的时态选择所体现的语法意义也不同。第一段译文使用了一般现在时，重在从旁观者视角对于杜甫的一生进行概括式的总结，将发生在过去的动作与行为作为一般性的历史事实进行描述；而第二段译文除了在"Along with Li Bai, he is frequently called the greatest of the Chinese poets"一句使用了一般现在时，绝大部分都使用了一般过去时，因为除了杜甫在诗词方面的成就外，其余的动作已经随着时间的流逝成了过去。

为了让时态的选择体现得更清楚，再来看两个例子：

例28.

1）美国一起枪击事件后记者的报道①

A man armed with a rifle went on a rampage at a Walmart popular with Latino shoppers on El Paso's eastside that left 22 dead—among them, a U.S. Army veteran and Mexican nationals—before surrendering to the police.

2）一个枪击案目击证人向警察叙述案发时的情景②

Last night at ten, I'm shopping in Walmart and a man takes out a rifle and begins to shoot at anyone he sees!

可以看出，在第一个例子中，记者采取了局外人视角，运用一般过去时让读者自行感受发生在过去的行为；第二个例子采取了当事人视角，运用了现在时，将听众或读者一同放进事件的过程当中，因而更容易造成身临其境之感。

因此，在英语中选择什么样的时态与叙述者的视角有很大关系。无论选择什么时态，都要从选定的立足点出发，不能来回摇摆，导致时态混乱。

另外，在时态的选择方面还要注意，学术文献中，一些研究成果、重要的发明创造等虽然发生在过去，但由于其构成的影响长远，因此也会使用一般现在时。历史研究方面的文章中，常常会出现一般现在时与过去时混用的问题。有些行为是一次性的，已经成为过去，就要使用一般过去时；而有些则是更为深远的影响，甚至成了亘古不变的真理，就要使用一般现在时。这也就是为什么在上面第二段中存在两种时态的原因。

语态用来描述动词所表达的行为与参与动作的主、宾语之间的关系。当主语是动作执行者时为主动语态，而主语是动作对象时则是被动语态。英语与汉语均有主动、被动两种语态。但两种语言在时态的表达方式上有很大不同。

尽管很多情况下，使用主动语态或被动语态对于所描述的事实没有实质影响，但在英语

---

① https://www.latimes.com/world-nation/story/2019-08-03/united-states-mass-shootings，引用日期：2020.2.10.

② 根据上一事件报道编写。

中使用被动语态主要有两种情况：其一，行为执行者未知或不重要；其二，突出行为本身或行为带来的影响，尤其在科技文本或科研论文中，被研究的客体应当成为关注对象。受到简明英语运动影响，现代英语中被动语态的使用频率已经下降了很多，即便在被动语态使用频率最高的科技文本中也是如此。

汉语虽然存在被动语态，但由于是分析型语言，语序非常灵活。主、被动关系往往不靠语态这一形态变化实现。例如，"我洗完衣服了"与"衣服我洗了"两句话中，虽然看上去都是主动语态，但实际上第二句的主语是受事者，是一种隐性的被动。除此之外，汉语中常常使用的被动语态的显性标志有"被""叫""受""给""由""受""遭受""蒙""蒙受"；常见半显性标志包括"加以""予以""是……的""……的是……"以及"为……所……"。

汉语的被动语态使用频率实际上并不低。但"被"字句不应该被误认为是汉语被动态的唯一标志。很多学生在翻译英语被动语态时往往译为"被"字句，造成严重的翻译腔。

例29.

The Bohr model suggested that the electrons <u>were confined</u> in fixed orbits by atomic "shells", and that the chemical properties of an element <u>were governed</u> by the number of electrons in the outer shell.

可以对比以下两种译法的差异。

译法一：玻尔模型提出，电子<u>被原子"层级"</u>限制在固定的轨道上，而元素的化学特性<u>被外层</u>的电子数量决定。

译法二：玻尔模型提出，电子只能<u>在不同原子"层级"内</u>的固定轨道上运动，而元素的化学特性由<u>处于最外部"层级"的电子数</u>决定。

汉语中还有一些表达在表面仿佛是主动语态，实际表达的则是被动含义；还有些句子英译过程中会出现不同方式的句式调整，也会出现原有的主动语态需要调整为被动的现象。（详见 13.3.2 "桐油"一句的翻译）

再有，网络文化中，"被"字句被赋予了一层新意义，成为一种"不幸语态"。

例30.

1)高校采取非正常手段推动毕业生"<u>被就业</u>"，是一种不折不扣的造假。

2)上面调查问"小康了吗"，下面回答说"小康了"，那些原本在小康达标水平之下的群众，一夜之间就"<u>被小康</u>"了……

3)不由得想起了刘恒的小说《贫嘴张大民的幸福生活》，弱势如流浪猫、卑微如小蚂蚁的市民张大民们，他们的所谓幸福生活，其实是一种典型的"<u>被幸福</u>"了的"<u>被生活</u>"。[①]

上述例子中，"被"这一汉语中的被动语态标记被有意加在一些一般用作主动态的动词前面，以一种黑色幽默的方式描述没有选择地被迫接受某一种行为后果的现象。严格来说，这已经属于一种修辞手段。翻译时需要发挥创造力，运用一些转译的手段。

6.2.1.3 形容词、副词的"级"

英语中，形容词和副词分为原级、比较级和最高级三种形式，通过将两个或两个以上的人或事物从程度上进行比较，体现差别。一般情况下，单音节或少数双音节形容词和副词在

---

① http://news.sohu.com/20090723/n265432310.shtml，引用日期：2020.3.11.

词尾加 -er 构成比较级，加 -est 构成最高级。大部分双音节、多音节形容词和副词在前面加"more"构成比较级，加"most"构成最高级。除此之外，英语中还有一些特殊句式体现程度差异，如：

（1）使用介词表达比较：above, over, below, under, beneath, beyond, before, behind。

His richness is <u>beyond</u> your imagination.

Teenagers <u>under</u> 18 years old is not allowed to drive nor to buy alcohol.

…but a friend of a friend said, in today's world there are those who value power <u>above</u> dignity.

（2）有比较意义的名词：superior, inferior, senior, junior, prior，major，minor

At five foot two, Darlene felt instantly <u>inferior</u> to this tall, gorgeous, horse-riding, snake-slaying blonde.

(According to the custom of our tribe)，each additional wife serves the wife who is <u>senior</u> to her (in rank).

（3）有比较意义的动词：better, enlarge, exceed, decline, diminish, drop, increase, lengthen, lessen, lower, maximize, minimize, narrow, reduce, shorten, worsen……

The City Attorney's office negotiated for the city's fees not to <u>exceed</u> $50,000 per case.

To <u>minimize</u> and prevent attacks, organizations must install and update appropriate security-related tools.

I'm not going to work at certain kinds of job that are going to <u>lengthen</u> my commute even further.

（4）通过特殊句式，如 would rather…than 表示比较级，never… so/such…，no/nothing like…，the last thing/man…表示最高级或唯一。

She cried and said she'<u>d rather</u> die <u>than</u> go back to that stinky place.

"What!" She had <u>never</u> heard <u>such</u> explosive rage and anger in Tam's voice before.

There is <u>no</u> place <u>like</u> home.

He left Sidney in the open doorway, her thoughts centered on the brutal fate of <u>the last</u> man to give her that particular piece of advice.

汉语不通过形态变化体现形容词、副词的程度差别，进行比较时靠的是形容词本身具备的等级意义，有比较意义的成语，以及动词、程度副词、补语或其他特殊句式。如：

（1）形容词本身的等级意义

伯、仲、季

冠、亚、季

高级、中级、初级

（2）有比较意义的成语

自惭形秽　　自愧不如　　天壤之别　　判若云泥

不可同日而语　百尺竿头，更进一步　蒸蒸日上　青出于蓝　重中之重

不相上下　　旗鼓相当　　各有千秋　　八两半斤　　平分秋色　　势均力敌

动词：优于……、高于……、快于……、增长了……、下降了……

消费者对于该 APP 最新版的评价明显优于老版。

（4）程度副词：更、更加、稍、稍微、略有、略微、比较

网上超市买东西更便宜。

我儿子这学期成绩略微有些下降。

季度月收入平均水平较上一季度略有提高。

你再稍微晚来一会儿就见不到我了。

（5）补语

他妈妈最近好些了。

这次买的水果要新鲜得多。

这段时间她已经变得勤快得不能再勤快了。

这份工作他再适合不过了。

（6）特殊句式

"比"字句	他比以前结实了不少，皮肤也黑了不少。
越来越……	姑娘已经十八岁了，出落得越来越漂亮。
和……一样、与……一般	他和我一样，都是二十五岁参加的工作。
没有比……更……的了	再没有比我妈妈更关心我的人了。
宁肯（可/愿）……也不……	《非诚勿扰》的女嘉宾竟然说，"我就是宁愿坐在宝马车里哭，也不愿意在自行车上笑"。

图 6-2 汉语中的比较

翻译时，一方面应正确理解英汉比较级与最高级，另一方面需要灵活运用各种表达手段，不能一种方法用到底，应使译文通顺自然，符合译语表达习惯。

例 31.

1) Climate change continues to move <u>faster</u> than we do.

我们的行动速度仍<u>落后</u>于气候变化的速度。

2) The operational strategies and initiatives I have set in motion during this first phase of my tenure aim to set the stage for <u>a more effective Organization</u> in the months ahead and the longer term, even as we continue to carry out essential daily life-saving humanitarian assistance.

我在任期第一阶段内启动了各种业务战略和举措，目的是在继续开展必需的日常人道主义援助、拯救生命的同时，创造条件，在今后数月和更长时期内<u>提高本组织实效</u>。

3) In 2019 we will see the progressive establishment of a new generation of United Nations country teams, with enhanced skillsets, <u>better tailored</u> to country realities and <u>more responsive</u> to national priorities.①

2019 年，我们将看到新一代联合国国家工作队逐步建立，它们将有更强的技能组合，<u>更适合各国国情</u>，<u>更能满足</u>国家优先事项的需要。

---

① 以上译例来自于《秘书长关于联合国工作的报告》，2018：10，13，72.

在上面的例子中，可以看出英文中的比较在翻译成汉语时，不一定非要选择汉语中的比较级进行对应，运用汉语中表达比较意义的动词形式也完全可以传达原文中的意义，而且更加自然。

在汉译英时，同样应该注意英语中比较级和最高级的多元化表达。不要囿于原文的语言形式，而要运用丰富的语言表达手段突出原文的目的。

例 32.

为了让香港的旅游吸引力可以<u>更丰富、更多元</u>，我们亦推出了首个地区旅游推广项目"旧城中环"，引领旅客像本地人一般走进小区，探索香港的地道生活文化。

And <u>to increase the diversity</u> of our visitor appeal, we launched Old Town Central, the first in a series of exciting new initiatives that take visitors deep into our distinctive neighbourhoods to explore their culture and discover Hong Kong like a local.

同时，我们亦推出了"绿色深度游先导计划"，鼓励旅游业界开发<u>更多崭新</u>的绿色旅游产品，带领旅客发掘香港怡人的绿色景致。①

A Green Tourism Pilot Scheme was also introduced to encourage travel operators to <u>develop new products</u> highlighting Hong Kong's outstanding natural scenery.

【课后练习】

1. 阅读下列文字，谈谈你对"综合语"与"分析语"的看法。

说"汉语重综合而印欧语言重分析"，在全面摸清语言事实之前最好先不要下这样的结论。先把每种语言哪些方面重分析哪些方面重综合弄弄清楚。例如，描述"出版"这个动作英语用 publish，指称"出版"这个事情英语用 publishing，而汉语两者都用"出版"这一个形式。从这个方面讲，英语重分析而汉语重综合。然而，"击中"在汉语中分别用两个语素表达"击"和"中"两个概念，英语只用 hit 一个语素表达。从这个方面讲汉语重分析而英语重综合。英语倒是跟古汉语相像，古汉语的"污"现在要说成"弄脏""杀"要说成"杀死／弄死"。实际情形似乎是，一种语言在某个时期在某些方面注重分析，必定在另一些方面注重综合，这样才能取得一种均衡。②

2. 翻译下列文字，注意时态选择。

徐霞客观察记述了考察区域的几乎所有热带、亚热带岩溶现象，其类型和数量比早期西方任何单一学者记录的都要多且详细，并对其成因和地理分布提出明确的科学观点。岩溶发育机制方面，不仅记述了溶蚀作用，还着重指出流水侵蚀和"重力"作用在岩溶地貌形成中的意义。如：云南保山水帘洞，"崖间有悬干虬枝为水所淋漓者，其外皆结肤为石，盖石膏日久凝胎而成"。广西桂平（浔州）石桥村，"其东有山，……进穴愈多，皆曰骨嘘结，偶骨裂土迸，则石出而穴陷焉"。在洞穴学方面，准确细致地记述了 300 多个洞穴，这些记录几乎涉及洞穴学的各个分支。如：桂林七星岩"计前自栖霞达曾公岩，约径过者共二里，复自曾公岩入而出，约盘旋者共三里"。这与现代测量数据基本一致。

---

① 以上译例来自于《香港旅游发展局年报 2017/18》，2018：6.
② 沈家煊. "分析"和"综合"[J]. 语言文字应用，2005（03）：18.

3. 请翻译以下短语。

被就业　　　被自杀　　　被自愿　　　被高速　　　被娱乐

6.2.2　几对相关概念

6.2.2.1　形与意

英汉对比最经常提及的一个区别就是形合和意合。英文一般被视为形合语言，汉语一般被视为意合语言。因为英语的组织手段主要是依靠形式上的连接，而汉语主要依靠意义上的融会贯通。正如奈达所说：

在英语以及大多数的印欧语言中，句子的从属关系大多是用连接词，如 and, but, if, although, because, when, in order that, so, so that 等词明确地表示出来。但是，同一概念，我们用意合的方法基本上也同样可以表达出来。那就是说，两个句子放在一起并没有连接词表明其关系，而从句子本身的意思中体现出来。例如，我们说 Because it is late, I must leave. 在这里两个句子的逻辑关系是用连接词 because 表示出来的；但是我们也可以说 It is late. I must leave. 在这里，虽然没有明确的词汇表明相互的关系，但这种关系显然是存在的①。

然而对于何为形合、何为意合，中外学者的看法不尽一致。"一种观点是把形合与意合看作造句法，二者主要区别在于词语或分句之间的连接方式不同，因而主要是句法层面的现象。另一种观点则主张把形合与意合视为语言表达法或话语组织法，即认为形合、意合不仅仅发生在句法层面，同样也发生在其他语言层面（如词法和语篇层面），具有系统性，是语言的基本表达手段或组织法则"②。主要的争议在于形合与意合究竟发生在哪个层面。

王菊泉认为，之所以产生以上争议，主要是由于将形合、意合与英文中的 hypotaxis 与 parataxis 进行简单对应的结果，但这两对概念并不是彼此相当的。形合与意合可以描述语言多个层面的整体现象，而 hypotaxis 与 parataxis 只描述句子层面的连接特征。但对于形合与意合的特征如何描述，尚缺乏比较科学的界定。导致"把形合与意合视为表达法的学者之间的分歧就更为明显，主要表现在对句子层面以上英汉差异的看法上。也是两种观点，一种观点认为仍然是英语重形合，汉语重意合，另一种观点认为到了句子层面以上情况反了过来，倒是英语更重意合，汉语更重形合"③。

正如沈家煊所说，"……讲汉语注重'意合'，究竟怎么个意合法，我们自己并没有说出什么道道来。西方……对'意合'的研究也已取得不少成果，这一点值得我们反思"④。对于英语与汉语的形合意合之辩还应该进行更深入、更科学的研究，不能直接套用西方的相似概念。

6.2.2.2　动与静

由于思维方式的不同，英语与汉语描述事物倾向使用不同的方法。英语等西方语言习惯使用命名的方式，而以汉语为代表的亚洲语言则倾向于描述之事物之间的关系。心理学家

---

① 转引自连淑能. 英汉对比研究 [M]. 北京：高等教育出版社，2010.73.
② 王菊泉. 善于形合意合问题的几点思考 [J]. 外语教学与研究，2007（6）：410.
③ 同上，页码413.
④ 沈家煊. 分析和综合 [J]. 语言文字应用，2005（3）：18.

George Nisbett 认为,"Categories are denoted by nouns…Relationships, on the other hand, involve, tacitly or explicitly, a verb. Learning the meaning of a transitive verb normally involves noticing two objects and some kind of action that connects them in some way…'Verbs,'says cognitive psychologist Dedre Gentner, 'are highly reactive; nouns tend to be inert'… Verbs are more salient in East Asian languages than in English. … Western languages encourage the use of nouns, which results in categorization of objects, and Eastern languages encourage the use of verbs, with the consequence that it is relationships that are emphasized"①。

Nisbett 提到了一项由 Anne Fernald and Hiromi Morikawa 所做的发展学心理学实验。研究人员观察了多位美国及日本母亲与自己年幼的孩子玩玩具时的语言，他们发现美国母亲倾向于向孩子介绍玩具的名称或各个部分，语言中名词居多；而日本母亲倾向于在游戏中与孩子互动，通过游戏了解事物之间的关系，语言中动词居多。"American Children are learning that the world is mostly a place with objects, Japanese children that the world is mostly about relationships"②。

从上文来看，说英语是静态语言，汉语是动态语言，实际上是与英语中的名词化特征与汉语的动词化特征有紧密联系的。而英语之所以名词化特征显著，除了有上述的心理因素，更重要的还有英语的句法要求比较严格。英语中一个单句只能有一个主谓结构，因此要想描述一连串复杂动作，就需要找到一个主要的行为作为谓语动词，而其他行为就只能使用名词、形容词形式或非谓语结构进行描述。因此英语的静态也不仅仅表现在名词化方面，除了名词，英语还通过形容词、介词体现事物发展的状态。

例 33.
蜜意的父母在镇上很体面，家庭条件不错，蜜意读的是重点学校、工作也很好，几个因素叠加起来，找个门当户对的男孩子就成了一件非常难的事情③。

这句话里"很体面""家庭条件不错""读重点学校""工作很好""因素叠加""找男孩子"几个谓语动词在原句中是看不出任何层次的。如果顺句推动来译，一定会出现流水句。但如果将各个动作之间的关系重新进行分析就可以发现，这句话的重点是"蜜意"在择偶方面上所具备的"优越"条件，也是导致她择偶困难的原因。

Born in a decent and well-off family, Miyi graduates from a prestigious university and has a good job. With all these advantages at hand, it would be very hard for her to find a suitable mate.

例 34.
1) Freedom-loving people everywhere <u>condemned</u> them because they <u>violated</u> the agreement reached at Helsinki and <u>abused</u> basic human rights in their own country.

2) The <u>abuse</u> of basic human rights in their own country <u>in violation of</u> the agreement reached at Helsinki <u>earned</u> them the <u>condemnation</u> of freedom-loving people everywhere.

第一句中出现了三个动词，其中 condemn 一词在主句中，而 violate 与 abuse 两个动词在同一原因状语从句中，是平行关系。

---

① Nisbett,G. The Geography of Thought [M]. New York: The Free Press. 2003.147-154.
② 同上，页码 148。
③《三联周刊》2020 年第 37 期 "小镇做题家：如何自立"。

第二句只有一个谓语动词 earn，其他有动作意义的词语全都名词化为 abuse, violate, condemnation。

相比较而言，第一句话的动词及其形态变化都让人感觉是在叙述过去某一次的行为，因果关系存在偶然性；而第二句话只有一个动词，而将动词名词化给读者造成的感觉是主语与宾语之间存在某种必然联系。

例 35.

在序中，裴秀在<u>总结</u>前人制图经验的基础上，<u>结合</u>自己亲身体验，<u>归纳</u>了绘制地图的准则，史称"制图六体"。

In the preface, based on the <u>lessons</u> of predecessors' map-making and <u>his own experience</u>, Pei Xiu <u>summarized</u> the principles for mapping, known as the "six basic principles for cartography".

原文中有三个动词："总结""结合"和"归纳"，三个动词是按照"时序律"原则，以时间的先后关系排列的。如果英语按照这样的顺序翻译，就会成为没有主次的流水句。因此，在翻译过程中，需要分析动作之间的关系，将主要动作译为主句的谓语动词，其他动词转变名词或其他非谓语成分。经过分析可知，明确该句的主要动作为"归纳"，而其余动词均为这一动作的发生提供了前提条件，将这部分动作"静态化"有利于找出突显事物发展的一般规律。

例 36.

××学科与诸多国外著名科研院所<u>签署</u>合作协议、<u>联合申报并承担</u>国际合作研究项目，并<u>依托</u>国家级学科创新引智基地、国际合作联合实验室、高精尖创新中心等多种形式<u>开展</u>实质性的学术交流、信息共享、项目合作和人才培养，为学科发展<u>整合</u>国际资源，<u>提升</u>学科内涵，<u>促进</u>学科长远发展。

这句话明显体现了中文在动词使用方面的特点，可以说句子主干结构全部是由多个动宾短语构成的。然而在翻译过程中，如此多的动词不可能全部以并列的方式塞进一句话中。如果真的那样翻译，肯定译文句式冗长拖沓，语义不明确。因此需要仔细分析中文中各动词之间的关系，区分出哪些动作适合放进主句，哪些应该以名词或非谓语动词形式出现。

经过分析可知，原文最主要的主干结构应该是"××学科开展实质性的学术交流、信息共享、项目合作和人才培养"，而"签署合作协议""联合申报并承担国际合作研究项目"及"依托国家级学科创新引智基地……等多种形式"是方式方法，而句末的"为学科发展整合国际资源，……"表示上述努力的结果。因此可以在翻译过程中有意识地调整句式结构，不受原文词性的影响，使译文的表达更顺畅，语义更明确。译文如下：

By <u>signing</u> cooperative agreements, <u>applying</u> for joint research projects with distinguished scientific research institutes abroad and <u>undertaking</u> international joint research projects, the Discipline of ×× has been sharing information, developing talents and carrying out academic exchanges and cooperation in different forms through national-level bases of discipline innovations, international joint laboratories, and high-tech innovation centers. These measures all help <u>the growth and development</u> of the discipline <u>by exploring and integrating</u> international resources.

从译文下划线部分可以看出，译文将一些动词变为动名词或名词，有效避免在一个长句中出现多个动词。在具体翻译实践中，还可以通过将动词转化为其他非谓语动词（不定式、现在分词及过去分词）形式进行处理。

6.2.2.3 刚与柔

我国著名语言学家王力曾经说过,"就句子结构而论,西洋语言是法治的,中国语言是人治的。法治的不管主语用得着用不着,总要呆板地求句子形式的一律,人治的用得着就用,用不着就不用,只要能使人听懂说话人的意思,就算了。"

所谓"法治"是指英语有一套严谨的句法,各句法成分的功能十分明确,除了一些特殊的命令句或新闻标题等情况,一般来说,一个单句只有一个主谓结构,句子结构完整,形式规范,以 SVO 语序最为典型。句子中各个成分之间必须在语法与语义方面保持一致,相互之间的关系除了语义上的联系,很多情况下还要靠具体的连接词来实现。这些硬性的规定都使得英语显现出"刚性"的特征。而汉语的所谓"人治"则是指汉语的句法比较松散,语序比较灵活,成分不固定,变化较大,各成分之间的关系常常需要靠时间、空间与逻辑关系进行推断。

(一)主谓结构

一般来说,英语的句子里必须有主谓结构。其中主语有以下几个特点:

(1)主语不可或缺,因此有些时候为了平衡句式,存在形式主语;
(2)主语绝大部分情况占据着"主位"(theme),也就是最显著的位置;
(3)主语一般是名词、代词或名词性的短语、从句;
(4)主谓协调一致;
(5)物称化主语(无灵)现象显著;

而中文的句子结构则松散得多,句子成分也要灵活得多。其中主语的特点表现为:

(1)主位一般往往不是主语,而是一个话题;
(2)"主语"(话题)往往可以是任何词性,既可以是名词、代词,名词性短语及从句,还可以是动词及动词短语;
(3)无主句十分普遍。

例 37.

(1)他母亲我已经见过了。
(2)锅他不刷,碗他不洗,地他不扫⋯⋯
(3)昨天乡下来了个亲戚。
(4)这场大火,多亏消防员来得及时。
(5)让他自己呆在家里,我不放心。
(6)脑袋大,脖子粗,不是大款就是伙夫。
(7)蹦蹦跳跳身体好。

这些句子中,所有占据主位的都是该句的话题,而非主语。如果按照英语语法体系分析的话,其中(1)、(2)为宾语,(3)、(4)为状语;(5)为宾语从句;(6)可以理解为"(如果一个人)脑袋大,脖子粗,(那么他)不是大款就是伙夫",(7)可以理解为"(如果能够经常)蹦蹦跳跳(那么就会)身体好",相当于是条件从句。从词性角度来看,"主语"的词性也十分随意。名词、动词、形容词等都可以作为话题,充当句子的"主语"。

在翻译过程中,译者需要能够洞察这样的区别,并采取合适的处理方式,弥补语言上的差异。如英译汉过程中,译者需要打破英文的僵化句式,考虑中国人的语言习惯,考虑运用句子其他成分，或名词以外的其他词性充当"主语"，或尝试运用无主句等，使句式更加灵活。例如下面句子的译文中，译者并没有死守原文结构，以译语上下文语义为重，不为句子成分所限制。

例 38.

When Alberto was 17, a fall from a horse left his father paralysed. Monsieur Dumont decided to move to France, taking Alberto with him. But this tragedy opened up the playground of Paris to the wealthy teenager Alberto.

小杜蒙十七岁，父亲坠马导致瘫痪，由此决定带着小杜蒙移居法国。而家境殷实的小杜蒙也在这场悲剧后迈入了巴黎这样一个花花世界。

原文主语为 a fall，译文主句选择以"父亲"作为主语，并且从上下文可以判断"十七岁"指的是 Alberto 的十七岁。第二句话中主语原为 tragedy，译文则选择用了"小杜蒙"做主语，更符合汉语语言习惯。

汉译英过程中，译者则需要注意以下几点：

其一，需要在一连串小句中找到核心的主谓关系，必要时需要考虑增补主语或运用形式主语的方式进行翻译。下面这句话的划线部分就是一个无主句。汉语可以通过上下文分析出来"骑行""双脚"的主语都是"骑者"，但译为英文时，则需要根据英语的语言习惯添加主语。

例 39.

上马时，骑者可以脚踏一侧马镫跨上马背。<u>骑行时，双脚穿过马镫，起到帮助稳定身体的作用</u>。

Stirrups enable riders to mount a horse easily from either side. More importantly, with the help of stirrups, <u>riders</u> can be more stable on horses with their feet staying secured in the rings.

其二，需要对译文进行语篇分析。在很多情况下，既然在主位的并非句子真正的主语，就需要通读全文，找到恰当的主语。下例中，主位"我们的自然科学"并非"落后"与"努力向国外学习"的主语，而是"我们"在"自然科学方面"比较落后。因此需要体现在英语译文中。

<u>我们</u>的自然科学比较落后，要努力向外国学习。

In natural sciences, <u>we</u> are rather backward and here, we should make a special effort to learn from foreign countries.

如上文所说，英语中的物称主语较多，主语常常由没有生命的名词、动名词或从句构成。其中有些是比较抽象的概念，有些是具体的年代或地点，还有些则是行为动作。

例 40.

<u>Charcoal and burnt bones from several African sites</u> suggest people may have controlled and used fire as early as 1.5 million years ago and certainly by 400,000 years ago.

原文的主语为"Charcoal and burnt bones from several African sites"，是没有生命的。将其直接移植进汉语译文中不是不可以，如：

<u>非洲考古遗址发现的木炭和烧过的骨头</u>显示：早在一百五十万年前，人们可能就掌握了如何控制和使用火，可以确定的是四十万年前人类已经会使用火。

但以汉语普遍比较短小的句式驾驭这个比较长的主语，会显得头重脚轻，如上句共 19

字，主语就占了 17 字。因此译法上可以考虑采取重新更换主语，调整句子信息焦点。如：

人们在非洲考古遗址发现了木炭和烧过的骨头。这一发现显示：早在一百五十万年前，人们有可能已经学会如何控制并使用火。并且可以确定的是，四十万年前人类已经会使用火。

从这一译法可以看出，在汉语译文主语较长时，有时可以将相关内容独立于主句之外，成为"外位结构"，并使用一个代词或充当代词的较为短小的结构取代主语的位置。上文"人们在非洲考古遗址发现了木炭和烧过的骨头"就成了"外位结构"。而"这一发现"则取代了"外位结构"在原句中的位置，成为新的主语。

例 41.

The gradual rusting of iron and the explosive response of gunpowder show that chemical reactions can take years or be over in seconds.

与上例相似，原文的主语同样是没有生命的。直译为汉语后，译文并不地道：

铁的逐渐生锈和火药的爆炸反应表明发生化学反应可能需要几年，也可能就在几秒之内。

然而通过将较长的原主语独立于主句之外，使用代词"这"取代其原有的位置，译文质量大为改善：

铁逐渐生锈、火药瞬间爆炸，这表明化学反应可能需要几年，也可能就在转瞬之间。

汉语中偶尔也出现形似无生命主语句的情况，但这里的主语往往只是"话题"，而非真正的主语。如：

例 42.

……日本的小保方晴子是没有一家实验室重复出来（因此质疑她情有可原），而我这个实验已经有人重复出来，……

这我没法跟你说，科学的事情没法预测。地心说和日心说争论了多少年？日心说的坚持者还被烧死了呢！

可以明显看出，划线部分除了"日本的小保方晴子"和"日心说的坚持者"以外，主语位置都是无生命的。并且仔细阅读原文可以发现"日本的小保方晴子"实际上指的并不是这个具体的人，而是她的实验。"地心说和日心说"也不可能自己进行争论，而是它们各自的支持者在争论，或争论存在于这两派学说中。因此汉语中这种表面上的主谓关系实际上并不存在，只是基于逻辑关系的一种共存，在翻译过程中还是应该挖掘出主谓间的关系，再根据英语的表达习惯进行转换。

It is reasonable to question Haruko Obokata since no one has yet to repeat her experiment, but my experiment has been repeated.

I can't give you any answer. Science is never predictable. Look at the dispute between geocentric theory and heliocentric theory. The heliocentric adherent was even burned to death at the stake!

第一句的译文采取的转换方式为：将原文转换为以 it 为首的形式主语；找到动作执行者"no one"以及保留原主语同时使用被动语态将主谓进行关联。

第二句的译文采取的转换方式为：找到动作执行者 I；保留原主语；使用无主句；以及运用被动语态。

（二）形式连接

著名文学家余光中先生曾说过："在英文里，词性相同的字眼常用 and 来连接：例如 man

and wife, you and I, back and forth。但在中文里，类似的场合往往不用连接词，所以只要说'夫妻'、'你我'、'前后'就够了。同样地，一长串同类词在中文里，也任其并列，无须连接：例如'东南西北'、'金木水火土'、'礼乐射御书数'、'油盐酱醋茶'皆是。中国人绝不说'开门七件事，柴、米、油、盐、酱、醋以及茶。'谁要这么说，一定会惹笑。同理，中文只说'思前想后'、'说古道今'，英文却必须动用连接词，变成'思前和想后'、'说古及道今'"[①]。

句子结构方面，英语的第二大"刚性"特点就是必须使用连词以及各种关系代词来体现句法方面的衔接，而汉语由于常常缺乏这样的衔接，使得英译汉过程中，译者常常忘记省略连词，或将关系代词一并译出；而汉译英过程中，往往忽略了小句之间的衔接，使译文句式普遍偏短，缺乏连贯性。

例 43.

<u>While</u> we can't control the markets, we are in charge <u>when it comes to the things that</u> really determine investing success.

按照原文的句式翻译，会出现以下的译文：

<u>尽管</u>我们无法控制市场，<u>当讨论到</u>真正决定投资成功的问题时，我们却是有控制力的。

虽然语义没有错，但仍离通顺相差甚远。可以依据汉语的习惯有意识减少小句之间的衔接，靠无形的逻辑关系贯通上下文。

我们无法掌控市场，能够掌控的是那些对于投资成败起关键作用的要素。

汉译英过程中情况则相反，很多学习者常常忽略必要的连词与上下文的衔接，经常发生复合句一"逗"到底的现象，例如：We arrived at the party at 7 o'clock, they had arrived before us ten minutes ago!

对于翻译学习者而言，除了避免上述"硬伤"，我们更要注意化"柔"为"刚"，根据需要增补连词与关系代词。

例 44.

凤凰古城始建于清康熙四十三年（1704 年），历经 300 年风雨沧桑，古貌犹存。

原文看上去由三个独立的小句构成，语序标记了时间顺序，而其中的逻辑联系只能通过进行上下文语篇分析才能显现。在翻译过程中，译者必须分析各小句之间的关系并使其外显，并且思考，如果关系比较紧密，那么译文中如何突显这种关系？如果关系比较松散，是否可以译为独立的几个句子？

分析得出，这三个小句表达了"凤凰古城尽管历史悠久，但仍旧保持了原样"的意思。

<u>Built in 1704</u>, Phoenix Town looks almost the same <u>as it was three hundred years ago</u>.

或

The Phoenix Town, <u>which was built in 1704</u>, has scarcely changed <u>all through three hundred years</u>.

两种译法均将"凤凰古城保持了原貌"的意思放在了主句中。第一种译法将"历经 300 年风雨沧桑"作为 as 的宾语从句，将"始建于清康熙四十三年"作为非谓语动词结构充当了对于主语的解释与说明；第二种译法则使用非限定性定语从句形容古城建立的时间，运用介宾短语体现时间的跨度。两种译法都有效地将中文"无缝对接"的结构变得有形可见，使译

---

① 余光中. 翻译乃大道 [M]. 北京：外语教学与研究出版社，2014：111.

文表达的意思更加丰富。

6.2.2.4　长与短

英、汉语在句式的长度方面也存在很大差异。如上文所述，英语句式结构遵从的法则是刚性的，因此如果希望能在一句话里传递比较复杂的信息，就需要将不同的分句通过一定的规则合并起来。英语的句式特点使其能够十分容易地扩展。主句如一棵大树的主干，而修饰成分可以像树杈一样不断从主干上分离出来。而汉语由于形式比较灵活，以动词表达、变化十分方便，因此以短句居多。整体来看，汉语的一个句子（或者一个意群）就如同由一块块马赛克拼起来的一幅画，局部分析都是由一些小句构成，要想了解整句话的语义，只能看整体，才能了解小句与小句之间的关系。

长句只是句式容量的一种特点，并不是一种独立的句式。除了个别句子为简单句，大部分英语长句由一个或多个并列复合句或主从复合句构成。因此翻译英语长句时，往往需要分析原文句式结构，了解各组成部分之间的逻辑关系，相当于将一个复杂的机器先拆解，化有形为无形，再按照汉语的句式特点拼装。而汉译英过程中，由于汉语各小句之间的关系不是十分明显，因此需要将原本光滑的马赛克方块"打孔""穿线"后，按照英语习惯的连接方式重新穿编。

例 45.

<u>Any student of the history of technical progress must be struck by the difference</u> between the epochal, first-order innovations that take place only infrequently and at unpredictable times and the myriad of subsequent second-order inventions, improvements, and perfections that could not have taken place without such a breakthrough and that both accompany and follow (sometimes with great rapidity, often rather tardily) the commercial maturation of that fundamental enabling advance.

这个长句共 71 个字，除划线部分外，其余部分均为修饰成分。修饰成分为三个定语从句。如果不能够按照汉语的表达习惯重新调整，译文基本是不可读的。在重新组合原文各"组成部件"的过程中，还需要综合运用英汉语言差异其他方面的知识，包括将静态表达转为动态表达，被动语态转为主动等。但定语从句的处理对于这句话的翻译质量起到了十分关键的作用。译文如下：

了解科技进步史的人都一定明白，有些发明是具有划时代意义的一类发明，<u>这些发明并不是经常出现，人们也无法预测什么时候会出现</u>；而有些则属于二类发明、改进或完善，<u>如果没有前人突破性的进展，这些发明是不可能出现的</u>，<u>它们会伴随那些突破性的进展在商业上不断成熟一起出现，或者在其后出现</u>（有时十分迅速，有时则相当缓慢）。

定语从句只能说明从句与主句在语法上的关系，并不表示这两部分在语义上有主从关系。绝大部分定语从句都不能译为中心词前的修饰语，而要分析其与主句之间的逻辑关系，在汉语中找到恰当的方式再现这一关系。

主语从句也是这样，学生在英译汉的时候经常死守原文句式，将原句中的主语依旧译为主语，经常导致译文头重脚轻，失去重心。

例 46.

<u>The controversy over Roosevelt's motives regarding his presidential records</u> were but one of

several controversies that followed him beyond the grave.

上例中，第一个划线部分为主语从句，第二个划线部分为定语从句：

相当多学生在翻译时都会保留原文的结构，译为：

关于罗斯福总统任期内档案记录的争论只是他去世后的数个争议其中之一。

这句话乍一看上去不算长，但只要出声朗读一下就会发现上气不接下气。主语为"关于罗斯福总统任期内档案记录的争论"，主语本身，尤其是其修饰语过长。"他去世后的数个争议"读起来也翻译腔十足。整句话读到最后读者已经忘记这句话中什么才是争议的要点了。

汉语主谓之间的距离一定不能太远。在翻译过程中，有意识地将一连串相互纠缠的修饰关系打散，再按照逻辑思维顺序进行重组是十分重要的。译文修改为：

罗斯福逝世后，围绕他的争议不断。其中之一就是他在任期内为何要修改总统文案记录。

例 47.

The device was popularized by the Scottish civil engineer Thomas Drummond (1797—1840), who devised an adaptation for his trigonometrical survey of the country.

学生译文如下：

这个设备被曾为这个国家的三角测量设计了一个改良版的苏格兰土木工程师托马斯·德拉蒙德（1797—1840）普及开来。

可以看出，虽然原文中划线部分为非限定性定语从句，但学生译文仍旧将其处理为前置修饰语，导致译文理解困难，可读性差。而按照时间与逻辑顺序将语段拆解并重新安排语序后，语义就更加清晰了：

苏格兰土木工程师托马斯·德拉蒙德（1797—1840）曾对这种灯进行过改良，以便进行国土三角测量。由此，该设备的使用更为普及。

可以看出，英译汉过程中应该有意识地断开定语从句与主句之间的形式连接，使其单独成句，并且采取一些语篇手段帮助读者领会上下文的衔接关系，可以有效避免长句在汉译过程中容易出现的翻译腔，还能使译文更加准确。

由于中文之间的衔接比较松散，英译过程中如果不进行任何句式上的调整，会使译文语义不突出，逻辑混乱。

例 48.

西藏自治区今年确定了 17 个对口支援省市和 17 个中央援藏企业，这些省市和企业每年各免费救治 100 名西藏先心病儿童，力争两年内基本实现西藏所有先心病患儿得到救治。

学生译文：This year Tibet is supported by 17 cities with counterpart aid relationship and also 17 central enterprises to facilitate the development of Tibet. Each year they would respectively offer free medical treatment for 100 children with congenital heart disease. And the goal is to have all children with congenital heart disease treated basically in two years.

除了在一些专有名词的翻译不准确以外，上述译文句与句之间的衔接并不紧密，并且原文的重点"力争两年内基本实现西藏所有先心病患儿得到救治"在译文中并不突出。译文修改为：

This year Tibet will get the assistance from 17 counterpart provinces and municipalities and 17 central-owned enterprises, each of which will offer free medical treatment for 100 Tibetan CHD children every year and will supposedly help all CHD children get proper treatment within two years.

经过修改，译文将主句结构确定为"西藏确定了17个对口支援省市和17个中央援藏企业，……力争两年内基本实现西藏所有先心病患儿得到救治"，同时将"这些省市和企业每年……"确定为修饰成分，因此选用非限制性定语从句进行翻译，避免对主干结构内容进行干扰，使译文主题更加突出。

除了从句，英语中的非谓语结构也常常在翻译过程中造成障碍。在翻译过程中，非谓语结构经常以直译的方式移植进汉语，而受到这一影响，汉语也慢慢改变。稍微留意一下网络新闻的标题就可以看出这一变化。

例 49.

1）走遍几千公里，这个英国大爷用无人机拍下了全段长城，无比震撼……

2）亲手建房、牛粪刷墙、种菜养年，她就是这么过了30年与世隔绝的真隐士生活

3）明明可以过得很舒服，她跑到泰国捡起了垃圾……

汉语在不同语言的影响下一直发生着各种变化，这样的变化是好是坏，学界也有不同的争议。可以说，随着语言文化的不断交流，语言变化在所难免。但翻译作为一种交流手段，还是应该保证译语读者的阅读感受。

例 50.

1) Completed in 1975, it was the tallest building in the world, earning Khan a place in engineering history.

2) Having no great knowledge of steelmaking, but all the zeal of an enthusiastic amateur with a large fortune, Bessemer threw himself into solving the problem.

很多学生受到上句中划线部分非谓语结构的影响，采取了如下的译法：

【学生译文】

1）<u>建成于1975年</u>，它曾是世界上最高的建筑，让卡恩在工程史上占据了一席之地。

2）<u>没有炼钢方面的渊博知识，但凭借着大笔财富和作为一个业余爱好者所有的满腔热情</u>，贝塞麦全身心地投入到解决这个难题当中。

可以看出，译文仍旧保留了原文的结构。但与英语不同的是，汉语是分析型语言，上下句之间的关系凭借的是隐含的逻辑关系，而非英语中显性的语法关系。如果句式过长，这种关系就会被冲淡，使读者不易了解上下文关系，造成阅读负担。因此翻译时还是应该找出非谓语结构与主句之间的逻辑关系，依据中文习惯翻译。如：

1）<u>西尔斯大厦建于1975年</u>，曾是世界上最高的建筑，使（其设计师）卡恩在工程史上占据了一席之地。

2）<u>贝塞麦不懂炼钢，但他很有钱，并且初涉此行，满腔热忱</u>，于是不顾一切地开始着手解决这一难题。

从汉译英角度来看，译者则经常需要有意识地利用非谓语结构来解决中文结构松散的问题。如下面的例子中常见的中文流水句结构就很适合调整为英文的非谓语结构。

例 51.

黄山，中国十大风景名胜之一，1990年被联合国教科文组织列入"世界文化与自然遗产"名录，蜚声中外，令世人神往。

<u>One of the ten best known scenic spots in China, and enlisted as one of the UNESCO world</u>

cultural and natural heritages in 1990, Mount Huangshan has attracted tourists from all over the world ever since.

不过在使用非谓语结构翻译时，一定要保证该结构的逻辑主语与主句的主语一致，避免出现悬垂结构，引发误解。

例 52.

1) Warned about the possible costs, the building is to be suspended.
2) Learning how to make a cup of cappuccino, a brilliant idea suddenly stroke me.
3) To help her get to school, a wheel chair was prepared for her.

这几句话中划线部分的逻辑主语都与主句主语不一致。在汉译英过程中很容易忽略，需要在修改过程中加倍小心。

中文有些句式也很容易让译者误用这一结构，忽略了其语法功能。这一问题在中国学生作文及译文中经常出现（见 13.3.2 "谈到油漆的颜色，其原理……"），需要在修改和润色阶段认真检查。

6.2.2.5 前与后

在讨论"孰前孰后"的话题之前，需要了解一下句子的"信息焦点"（focus）与"句子重量"（weight）的概念

人们通过语言交流信息，在已有信息基础上与他人所交换的新的信息内容的就是"信息焦点"。

信息焦点是句子中最重要的信息，一般来说是新信息，但并不是说所有新信息都是信息焦点。信息结构虽然主要是关于信息的构成，是从形式的层面上对语言的描述。但从上下文的衔接来看，对语义也会产生影响。如果信息结构处理得不好，就会导致信息失去焦点，或者焦点偏离，答非所问，造成理解困难。

例 53.

—How is your holiday in Spain?
—The food in Italy was fantastic.
—上学期是哪位同学获得了一等奖学金？
—上学期英语不及格的是赵同学。

在上面两个例句中，回答者都没有在原文所给出的信息基础上给出新的信息，而是给出了全新的信息，导致信息断流。一般来说，信息流永远是从"已知信息"到"未知信息"。只不过在日常交流过程中，很多已知信息被省略掉了。

例 54.

—How is your holiday in Spain?
—(My holiday in Spain was) fantastic.
—上学期是哪位同学获得了一等奖学金？
—（上学期获得一等奖学金的是）赵同学。

正如上面两个例子所呈现的那样，新的信息都建立在已知信息的基础上。因此一般来说会放在已知信息的后面。无论英文还是中文，都存在"句末焦点"（end-focus）的一般原则。而由于新信息往往需要更多的细节进行描述，因此也经常导致这部分信息容量比较大，往往

体现为句式比较长或比较复杂的部分，也叫做"句子重量"。

一般来说，在英语分量最重的部分往往出现在句末，而由于新信息比旧信息出现得晚，一般也会出现在句末。因此一般来说句子分量最重的、句式最长的部分往往也是信息焦点所在的部分。

例 55.

My brother told me something exciting. He was assigned <u>a new partner whose parents are both astronauts in NASA</u>!

在上句中，划线部分既是信息焦点，也是句子最重的部分所在。读起来没有任何不舒服的感觉。

但如果将句式变成下面的模式：

My brother told me something exciting. <u>A new partner whose parents are both astronauts in NASA</u> was assigned to him.

划线部分内容较多，是"句子重量"所在，如果将这部分放在句首，就会导致句式头重脚轻，句式失衡。同时新的信息出现在旧信息之前，导致语义不明，理解困难。

在语言的应用过程中，为了与上文更好地衔接或达到某种特殊效果，往往会运用一些语言手段，调整信息焦点的位置。这些手段有词汇方面的，比如添加副词及副词短语：

alone，exclusively，just，merely，only，simply，solely，especially，specifically，particularly，at least，in particular，also，either，even，too，as well，in addition

否定词：not，never，hardly，scarcely，seldom，rarely，barely

这些手段也有句法方面的，如使用被动语态、倒装、强调句、wh-从句、all...that 结构等。

与英语相比，汉语中的信息焦点则不太受制于长度。

例 56.

1）为了进一步扩大对外开放，发展对外经济技术合作和贸易，加快上海市经济技术开发区的建设，根据中华人民共和国有关法律、法规，结合本市情况，<u>制定本条例</u>。

2）国家林草局、住房城乡建设部要加强业务指导，会同中科院、北京市人民政府建立四方协调机制，密切协作配合，落实工作责任，<u>统筹研究解决重大问题</u>[①]。

从上面两个例子可以看出，句子的信息焦点基本在句尾，但划线部分并不长，也就是说汉语中无论句式长短如何，都是以句尾作为信息焦点的。

同英语一样，汉语也会借助一些语言手段调整信息焦点的位置。包括添加以下词汇：

只是、必须、如果、要是、真的、竟然、仅仅、仅、就、光、尤其、的确、确实、实在、着实、诚然、毕竟、到底、终究、终归、反正、断然、绝、根本、准保、管保、必定、定然、势必、想必、不愧、明明、分明、难怪、果然、恰恰、恰巧……

使用否定词：

绝不、不可能

以及一些特殊的句子结构：

"是"字句，"只"字句，"也"字句，"把"字句，"连"字句等。

有些情况下，英文中一些句式中"份量"较重的部分并非该句的"信息焦点"。比如，在

---

① 选自《国务院关于同意在北京设立国家植物园的批复》。

下面这句话中，划线部分是全句中最长的部分，信息量也是最大的部分，然而结合第一句中的"leadership"可知，该句为已知信息，将其放在句首能与上文更好地衔接。因此为了保证信息流顺畅，作者采用了被动语态，将这部分内容提前。

例 57.

  Roosevelt's wartime leadership has generated less criticism and controversy, but even here disagreements persist regarding his leadership abilities. <u>The image of Roosevelt guiding the ship of state through World War Ⅱ almost single-handedly</u> was challenged by historians in later years.

  如果这部分按照主动语态写为"Historians in later years challenged the image of Roosevelt guiding the ship of state through World War Ⅱ almost single-handedly""historians"作为新信息放在句首就不利于信息流的持续。

【学生译文】

<u>罗斯福在二战时所树立的指导国家度过战争的形象</u>，在后来几年被历史学家们诟病。

  这一译法看上去与原文语序一致，但由于"形象"一词前的修饰语过长，读者要等待到最后才能发现这句话的主题是什么，这就导致读者阅读过程中的记忆负担过重。但如果按照下面的译法：

  罗斯福单枪匹马引领美国挺过了二战，<u>这一形象后来受到了史学家们的质疑</u>。

  将"这一形象"作为已知信息，使信息的流动更加顺畅。

  汉译英过程中，译者同样应该注意句子的重心与信息焦点的问题，在译文中选择恰当的语序，使新旧信息能够形成合理的传递。尤其受到思维定式影响，汉语中信息结构中的信息焦点有时会与语义上最重要的信息并不一致。

例 58.

  多年来，特别是在当下这样一个追求创新的时代，学界与公众对了解中国人究竟做出了哪些独创的科技成就，<u>期望尤切</u>。

  划线部分是信息焦点，并且由于加了"尤"字，强调的意味更加突出。但实际上，这句话中最重要的语义信息却是提出了一个疑问："中国人究竟做出了哪些独创的科技成就？"因此译者需要将这部分信息调整为信息焦点，将其放在句尾。

  Over the years, especially in an era when innovation is highly honoured, the academic community and the public have been very eager to understand <u>what original achievements were made by the Chinese</u>.

第三节　英汉篇章对比

  语篇一般由多个句子构成，各句之间依照一定的逻辑关系结合在一起，使整个语篇表达出一个完整的意思。语篇对于理解与翻译的影响很大。其一，语篇上下文的衔接与连贯影响着对于原文的理解，也影响译文的表达；其二，篇章结构也对语篇意义的表达起到举足轻重的作用。本章就从衔接、连贯以及篇章结构的角度进行探讨。

6.3.1　衔接与连贯

  在英语中，衔接指运用明显的语言手段对句子以及语篇中各部分内容进行标记的语言现象。按照韩礼德的分类（Halliday & Hason），英文主要有五类衔接方式，分别是：照应（reference），替代（substitution），省略（ellipsis），连接成分（conjunction）以及词汇衔接（lexical cohesion）。这些方式包括语法层面的，也包括词汇层面的。对于部分词汇层面的衔接（如同义词、近义词、代词等）请参照部分。

6.3.1.1 照应

英语的照应关系比较丰富，可以进一步分为人称照应、指示照应与比较照应。相比之下，汉语的照应方式往往没有那么明显，"零回指"，即不使用任何手段就可以实现衔接的现象非常普遍。很多言外因素也会在篇章的意义上扮演非常重要的角色。

例 59.

By February 1895, the brothers (the Lumière brothers) had a design that was ready to be patented. On 19 March 1895, they took their cinématographe to their family's factory and recorded the workers leaving the building.

【学生译文】到 1895 年 2 月，兄弟俩的设计已经足够申请专利了。1895 年 3 月 19 日，他们带着他们的活动电影放映机回到了他们家的工厂，并记录下了工人们离开厂房的场景。

英语倾向于使用代词对上文的重复信息进行复指，实现上下文的照应衔接。但汉语中更多采用重复该信息的方式进行复指。并且由于汉语的意合特征，衔接手段往往体现在上下文之间的逻辑关系中，需要意会。汉语中盲目添加代词，不仅不会使语义更清楚，有时会适得其反，致使语句不通。上述译文中的人称代词冗余现象很明显，严重影响了译文质量。根据汉语的特征，有意识地使用零回指，去掉多余的人称代词，转而使用重复等衔接手段就可以提高译文的可读性。

参考译文：1895 年 2 月，卢米埃尔兄弟已设计出样机，可以申请专利了。当年 3 月 19 日，〇二人把〇新发明的电影机带到〇自家工厂，拍摄了工人离开厂房的场景。

以上的〇用来标记原文中代词在译文中空缺的情况，下同。

再看一例：

例 60.

Indeed, it (Drummond light) was so bright that it was used in theatres to pick out performers on stage—which is where the phrase "in the limelight" comes from—and in lighthouses, as it could be seen by ships many miles away.

【学生译文】事实上，它是如此的亮以至于它被用在剧场里用来在舞台上挑选演员——这也就是短语"万众瞩目"的来历——它还被用在灯塔上，因为它能被数里之外的船只看到。

可以看出，译文中频繁出现的"它"极大降低了译文可读性。事实上这些代词很多情况下都可以省略，或者通过重复原词、改用无主句等其他方式进行处理。

参考译文：这种灯具所发出的光十分明亮，可以用于剧院舞台追光，短语"在聚光灯下"（in the limelight，本意为在石灰光灯下）即源于此。这种灯还可以用于灯塔照明，所发出的光，数海里以外的船只都能看到。

与之对应，汉译英过程中，汉语里很多隐含的指代关系都需要在译文中进一步明确。

例 61.

"那时 5 块钱攥在〇手里，〇能熬一个礼拜，〇买个西红柿、鸡蛋都得琢磨半天，〇不敢买"。王健华回忆，"现在可不一样了，谁还会巴巴地数着发工资的日子呢？"①

在上面的例子里O的位置可以用代词"我"来表示，但因为讲话的人是"王健华"，因此无须使用任何衔接手段就可以表达语篇意义。

例 62.

1）过得下去就过，过不下去就散。
2）有借有还，再借不难。
3）读博数年，还是孑然一身，一文不名，不由得顾影自怜。②

"零回指"是汉语衔接的典型情况。其中最典型的特征就是汉语中代词的使用频率要远远低于英语。很多情况下，代词都可以省略，而有些代词的使用则使得语义发生特殊的改变。正如赵元任先生所说，"汉语物主代词的使用往往有特殊含义，可以表示其他所属关系，或不耐烦、不满等情绪"（1968，637-638）③。比如：

1）他把O西服落在办公室了。（零回指，指主语本人的西服）
2）落在办公室的是他的西服，又不是你的。（表示强调）
3）他身上穿的是他的西服，不是自己的西服。（表示其他所属关系）
4）让他取他的西服去，咱们不跟着。（表不满情绪）

既然"零回指"是汉语的常态，那么在进行汉译英时，就需要仔细阅读上下文，找到原文中缺失的代词进行补充，或者在译文中对原文信息进行重构。如例61可译为：

"I had only 5 yuan to spend in a week. Even buying foods like tomatoes or eggs had to be carefully planned, cause they were too expensive for me." Wang remembered, "but now, nobody is counting on the payday."

6.3.1.2 省略与重复

英文句法结构紧密，多数情况下可以凭借句法分析出省略的内容，因而上文重复信息可以减少。而汉语句法松散，因此经常需要重复上文已知信息，才能保持上下文信息连贯。因此在翻译过程中，需要根据译语的特点进行省略或补充。有时仅靠言内信息是不够的，还需要对言外语境信息多加了解。

例 63.

It was cheap, simple, and ultralight and Santos-Dumont gave the design freely to anyone who wanted to have a go at making it, <u>as thousands did</u>.

【学生译文】它价格低廉，样式简单，属超轻型。桑托斯·杜蒙向所有人免费提供这种飞机的设计图，<u>正如上千人所做的那样</u>。

上述案例中的 it 指的是桑托斯·杜蒙所发明的一种轻型运动飞机。如果单纯从句法进行分析，划线部分 as thousands did 既可理解为 as thousands gave the design，也可理解为 as thousands wanted to have a go at making it。如果只阅读学生译文，会感觉上千人都向所有人免费提供过飞机设计图。但通过了解相关背景以及从常识进行推断，桑托斯·杜蒙飞机发明的

---

① 人民网微信公众号文章"大学开学'三大件'，又变了！"，引用日期：2019.9.1.
② 微信公众号"学术志"转发"生物学霸"（ID：ShengWuXueBa）文章，引用日期：2019.9.1.
③ Chao, Yuen Ren, 1968, A Grammar of Spoken Chinese, Berkley; University of California Press.

先驱人物，在当时不可有上千人都免费提供过飞机设计图，因此省略的部分只能是基于第二种理解进行补充。

参考译文：这种超轻型飞机，价格低廉，样式简单。当时上千人都想尝试制造这类型飞机，桑托斯·杜蒙向所有人提供了设计图，分文不取。

例 64.

不同熔炼炉所用<u>风箱</u>的大小尺寸不同，其中有只需一人操作的小<u>风箱</u>，也有需"合两三人力"操作的大<u>风箱</u>，特别是"炒铁炉"上所用的<u>风箱</u>更大。

上文短短两行文字，但"风箱"一词重复了四次，这在汉语中十分普遍，但在英语中却是要尽可能避免的现象。对于同一指称对象，英文中更多地使用代词、上义词或近义词进行替换。

参考译文：

The sizes of the bellows vary with the furnace types: from small <u>ones</u> operated by only one person to large <u>ones</u> operated by two or three persons. The <u>device</u> for smelting iron is even bigger.

从参考译文可见，对于 bellows 一词，除了使用 ones 这样的代词进行替换，在最后一处还使用了上义词 device，避免代词 ones 的重复使用。

6.3.1.3　连接成分

上文介绍过，汉语的句法与篇章结构比较松散，语句之间缺少明显的连接成分；而英语则有比较严密的句法结构，句与句之间也会通过明显的连接成分进行过渡，体现其中的空间、时间与逻辑关系。

例 65.

算盘以档定位，左档各珠皆为相邻右档〇之十倍，〇逢十〇进一。〇拨珠靠梁计数，〇珠靠档时不计数。〇用拇、食、中三指拨珠，〇进行各种运算。

圆圈部分均为省略掉的衔接手段。经过上下文分析，可以将原文隐含的衔接手段进行外显。在这一基础上再进行翻译。

算盘以档定位，左档各珠皆为相邻右档（各珠）之十倍，（只要）逢十（就）进一。（如果）拨珠靠梁（就）计数，（如果）珠靠档时（则）不计数。（通过）用拇、食、中三指拨珠，（人们能够）进行各种运算。

参考译文如下：

The vertical rods represent different decimal number positions, with the left <u>ones</u> amounting to ten times the value of the right ones. <u>If</u> a bead is moved toward the beam, <u>its</u> value is counted; <u>if</u> the bead stays on the rod, no value is counted. Moving the beads by using the thumb, index finger, and middle finger, <u>one</u> can perform various complicated calculations.

可以从划线部分看出，译文有效运用了英文中的衔接手段，尤其通过两次增补 if 这一体现条件关系的连接成分，使得语义贯通，逻辑清晰。

然而，在英译汉过程中如果完全保留衔接手段，不仅会导致译文行文啰唆，甚至会导致歧义。

例 66.

Indeed, <u>it</u> was <u>so</u> bright <u>that</u> <u>it</u> was used in theatres to pick out performers on stage—<u>which</u> is where the phrase "in the limelight" comes from—and in lighthouses, <u>as</u> <u>it</u> could be seen by ships many miles away.

【学生译文】事实上，它是<u>如此</u>的亮<u>以至</u>于<u>它</u>被用在剧场里用来在舞台上挑选演员——这也就是短语"万众瞩目"的来历——<u>它</u>还被用在灯塔上，<u>因为</u>它能被数里之外的船只看得到。

上例介绍的是英国的格兹沃西·格尼爵士所发明的一种灯具的照明效果。学生译文中的问题比较明显。抛开其他理解上的硬伤不说，只要出声朗读一下这句话，就会发现十分拗口，因为过多的代词以及"如此……以至""因为"等衔接手段都完全从原文移植到了汉语中，十分不符合汉语语言习惯。再比较下面的译文。

这种灯具的亮度的确很高，曾在剧院里为舞台上的演员追光，英文短语"in the limelight"（聚光灯下）就出自此。这种灯还曾用在灯塔上，所发出的光，数里之外的船只都能看到。

在理解正确的基础上，译者有意识地去掉了冗余的代词以及连接成分，使译文读起来自然流畅，无生硬不适之感。

【课后练习】

1. 请将下面的句子译为中文，注意代词与连词成分的处理。

1) The parents of the child were worried. They had not seen the child for hours.

2) More than any president before him, his public persona often was controlled and scripted; future presidents followed suit. Although he was not a particularly gifted public speaker, he did have excellent speech writers and learned to use the medium of radio to his advantage.

3) The brothers adapted this idea and designed a hand-cranked driving mechanism for their camera, which had a wheel that moved a small hood that fitted into holes running along the edge of the film, and pulled it through to the shutter. It remained there for the brief exposure, and was then pulled further through.

2. 请将下面的句子译为英文。

1）手臂的康复还要很长一段时间，眼科手术需要精准到毫米级的操作，如果手恢复得不理想，陶勇可能再也无法上手术台。但他已经有了新的事业规划，毕竟自己"不是一条腿走路"，手术做不了还可以做科研、带学生。

2）苏州园林"水随山转、山因水活、因水成景"，山水密切融合，给人深远意境的联想。

3）"我的简历看起来没那么突出，再加上我的专业，筛选简历的人可能都匪夷所思，一个学这种专业的学生，本科刚毕业没有任何相关经历，就想来这个行业工作，不可能。"

6.3.2 语篇结构

英汉语篇有各自的结构特点。与句式结构相仿，英语语篇结构比较严谨，常常通过主题句来表达语篇的主要意图。语句之间也通过词汇手段及照应、替代、省略、连接等语法手段来衔接。而汉语的语篇结构则相对松散，语句之间的关系常常通过意会。

一般来说，无论英语还是汉语，语句间的逻辑关系均可分为对称、主次、顺序和总分[①]。

---

① 杨莉藜. 英汉互译教程 [M]. 郑州：河南大学出版社，1993：116.

但由于不同语言体现这种关系的方式不同，因此翻译时常常需要依照译语语篇结构的特点改造源语。英语语篇结构比较紧密，直接移植进汉语不会有太大问题；而汉译英过程中就经常需要重新调整语篇结构。

例 67.

买买提艾力的房子已经有一百多年了，房子依山坡的地形而建，起初只有三层，后来又在原有基础上几次加盖，最终形成了错落七层楼的规模。这里最新的房间也已有十多年的历史。

【学生译文】

Mamatale's house has over 100 years' history. It is built on a hillside. In the beginning, it has only three floors, but after a few times of construction, it now has seven floors. The newest room was ten years old.

这一译文对原文的语篇结构未做任何调整，但可以看出，中文中并不觉突兀的松散结构移植至英语会变成如儿童语言一般，语句表达的内容很单一，显得十分幼稚。因此需要对原文语篇结构动一下"手术"。

原文由两句话构成。第一句前半部分与第二句话均与房子的历史有关。而剩余部分与房子的结构变化相关。因此不如重新调整语篇结构，第一句介绍房子的历史背景，第二句介绍结构变化。变成如下结构：

<u>买买提艾力的房子已经有一百多年了，最新的房间也已有十多年的历史</u>。房子依山坡的地形而建，起初只有三层，后来又在原有基础上几次加盖，最终形成了错落七层楼的规模。

参考译文：

Mamatale's house is over 100 years old, and even the newest room was added ten years ago. Built along a hill, his house had only three floors initially, but after several times of expansion, more floors have been added to the original one. It now has seven floors of different levels.

较长的语篇也经常需要结构调整，有时是在一个段落内，有时需要跨越几个段落。

例 68.

① 举世闻名的古"丝绸之路"是古代横贯亚洲大陆的交通要道，自公元前119年张骞出使西域后逐渐出现。② "丝绸之路"东起中国古都长安（今西安附近），全长约7 000公里，因运输西方视同珍宝的中国丝绸而得名。

③ 通过丝绸之路，中国的丝绸、铁器、打井技术等传到西域，西域的土特产、乐器，印度的佛教等也传入中国。④ 丝绸之路是汉、唐千余年间中外经济、文化交流的重要通道。⑤ 沿渭水西行，经过河西走廊（今甘肃省狭长地带），到达敦煌，出玉门关和阳关，进入"西域"（今新疆及以西地区）。

⑥ 丝绸之路使中国、印度、希腊、波斯等东西方文明在这里相互融合，使新疆各民族的文化习俗呈现五彩缤纷、绚丽璀璨的景象。

原文由六句话构成。第①句介绍了"丝绸之路"的历史，但其中也提到了"横贯亚洲大陆"的走向特征；第②句内容主要为"丝绸之路"的走向，以及当时的主要功能（运输中国丝绸）；第③句重点为"丝绸之路"的功能；第④句讲述了其重要性；第⑤句更加具体地介绍了"丝绸之路"的走向及所经过的地方；最后一句则强调了"丝绸之路"在经济文化交流方面的重要性。

可以看出，原文分别介绍了"丝绸之路"的起源、走向、功能、以及在文化交流方面的作用。然而在语篇结构方面逻辑比较模糊，很多功能相似的内容分散在不同的部分。因此在英译之间需要对语篇结构进行调整。

来看调整之后的语篇：

举世闻名的古"丝绸之路"是古代横贯亚洲大陆的交通要道，自公元前119年张骞出使西域后逐渐出现。因运输西方视同珍宝的中国丝绸而得名。（历史渊源）

"丝绸之路"东起中国古都长安（今西安附近），全长约7 000公里。沿渭水西行，经过河西走廊（今甘肃省狭长地带），到达敦煌，出玉门关和阳关，进入"西域"（今新疆及以西地区）（走向及所经地点）。

通过丝绸之路，中国的丝绸、铁器、打井技术等传到西域，西域的土特产、乐器，印度的佛教等也传入中国。丝绸之路是汉、唐千余年间中外经济、文化交流的重要通道。丝绸之路使中国、印度、希腊、波斯等东西方文明在这里相互融合，使新疆各民族的文化习俗呈现五彩缤纷、绚丽璀璨的景象。（功能及重要性）

在经过上述调整后，原文语篇被分为三个主要的语段，每个语段分别介绍"丝绸之路"的历史渊源、走向与所经地点以及功能与重要性。经过整理的语篇结构更加清晰，逻辑更加合理。

The Silk Road, which derives its name from the lucrative trade of Chinese silk to the West, was once a world famous communication line across Asia. It was gradually established ever since 119 BC when Zhang Qian, an imperial envoy was commissioned by Emperor Wu of Han Dynasty on a diplomatic trip to west Asian nations.

Originating from the ancient capital of China, Chang'an (near Xi'an, the ancient capital city), the Route stretches west for about 7,000 kilometers along the Weishui River, all through the Hexi Corridor in western China's Gansu Province and keeps running west out of Yu Men Guan and Yang Guan at Dun Huang till it reaches the "West Regions" (now regions in the west of Xinjiang Uygur Autonomous Region).

The Silk Road brought Chinese silk, ironware and techniques like well drilling to the west while imported the local products, musical instruments into China. The Indian Buddhism was also introduced through this route. In ancient times, the Silk Road was vital for the economic and cultural exchange between China and the west countries during the 1,000 years of Han (206 BC-220 AD) and Tang Dynasty (618-907 AD) and integrated western civilizations from India, Thanks to the Silk Road, different cultures, namely Indian, Greek and Persian cultures meet, collide and intermingle with Chinese culture in Xinjiang, making the cultures of minority groups there more thriving and diversified.

第七章
英汉翻译中的语用与文化差异

上一章我们主要介绍了英汉语言差异，而翻译过程中，译者要处理的问题要复杂得多。真实语境的翻译问题有很多是由于语言在不同语境中所产生的意义变化所导致的，也就是说，很多情况下，引发翻译问题的并不仅仅是语言差异，而是语用与文化方面的差异。

语用是一个较大的概念，可以说语言使用过程中的方方面面，如连贯（coherence）、信息焦点（information focus）、语域（register）、语言风格（language style）、情感（emotion）、修辞（rhetoric devices）以及文化要素（cultural elements）等均属于语用的范畴，无论在理解还是表达方面均对翻译构成重要影响。有些内容在前面的章节中已经在一些案例中讨论过，受篇幅所限，本章主要通过一些修辞和习语案例探讨翻译中如何实现语用功能对等以及文化差异在翻译中的处理。

第一节　修辞中的语用与文化差异

英语和汉语都大量使用多种修辞手段，有些修辞手段利用的是语言本身的特征，有些则运用了语境信息；有些在翻译过程中可以直接对应，而有些则会遇到很大障碍，也许不可译。译者首先应该尽可能加强对原文的理解，认识到修辞手段的语用意义，并尽可能探索恰当的方法，实现语用功能对等；另一方面，译者也应该在接受不可译的前提下，以读者的理解以及原文功能的传达为目的，采取必要的变通手段。受篇幅所限，本节只挑选部分典型案例进行分析。

7.1.1　比喻

无论是明喻、暗喻、借代还是转喻，都是将一个事物与另一个事物在某一方面进行比较。人类的思维存在一定的共通性，因此部分比喻能够跨越语言障碍，直接实现语用功能对等；但也有一部分比喻由于存在文化差异或冲突，翻译时需要进行一定的调整。

例1.

方鸿渐住家一个星期，感觉出国这四年光阴，对家乡好像<u>荷叶上泻过的水</u>，留不下一点痕迹。（钱锺书《围城》）

After he had been home for a week, Fang Hung-chien felt as if he had not left home at all; his four years abroad were like water running over a lotus leaf leaving no trace behind. (*Fortress Besieged* Jeanne Kelly & Nathan K. Mao)

在上例中，钱锺书先生运用了非常精妙的比喻，形象地将四年的留学时光在方鸿渐心中留下的痕迹比作了荷叶上流下的水。钱先生并没有使用"荷"在中国文化中常用的"出淤泥而不染"这一典型的文化意象，而是形象地运用了荷叶的物理特征，而这一特征是在任何文化中都能够理解的。因此在翻译中，译者能够比较轻松地通过直译找到对应。

例 2.

20 years ago I didn't know either of those booksellers (B&N and Borders) existed - though I spent ages in Eason's, Hodges Figgis, Waterstone's, etc. Amazon is a gorilla in the market this side of the pond too, though, and that's new.

上面的例子中，亚马逊被比作为电子图书市场中的 gorilla。首先，译者应该了解 gorilla 这个词在该语境下语义应该已经发生了扩展，绝非该词的本义"大猩猩"。查词典可知，在英语中，gorilla 一词还有两层引申义，分别是：1. an ugly or brutish person；2. a hoodlum or thug。而这两层意思与该词在这一语境下的意义应该更为接近。在汉语中"大猩猩"并没有这样的引申义，直译只能导致译文语义不明。因此需要以语用意义的对等为重，采取变通手段，选择汉语中与该义更为接近的"大鳄"来翻译。

例 3.

The image of Roosevelt guiding the ship of state through World War II almost single-handedly was challenged by historians in later years.

在上例中，作者将国家比作了一只航船，也就将罗斯福比作了舵手。中文虽然也有"大海航行靠舵手"的习语，但将上句直译为"罗斯福在二战期间几乎以一己之力为国家之船掌舵"并不通顺。

可以从读者的理解出发，运用套译的方法处理原文中的习语，译为：罗斯福凭借一己之力，单枪匹马引领美国挺过了二战，这一形象后来受到了史学家们的质疑。

7.1.2 引典

如果说比喻是将有相同特点的人、物进行比较，那么引典则是直接引用历史上真实的事件或文学经典中的人、物、地点或事件。

翻译过程中，译者面对引典需要进行必要的调整，因为译文读者对于所引用的经典与原文读者的理解程度常常存在差异。差异太大的情况下，译者需要进行采取一些显化的译法帮助读者理解，显化的程度需要根据不同的情况调整，以免过度显化，导致读者失去阅读兴趣。

例 4.

I just want to click my heels and get back to reality.

这句话中"click my heels"是引用了电影《绿野仙踪》（*Wizard of Oz*）中的一个情节，在电影中 Dorothy 碰了碰脚就回到了现实。但案例中只是一个日常场景，如果译为"我只想碰碰脚，回到现实"，无疑会给读者的理解增加负担。由于这个引用在该语境下是一句日常用语，并非作者有意使用的文学手段，运用加注法解释这一背景也没有必要，因此可以意译为"我真的好想有魔法帮我回到现实"。

例 5.

以上造园技巧的高超运用，使人"不出城廓，而享山林之怡"，达到"虽由人作，宛自天开"的艺术效果。

上例中，"不出城廓，而享山林之怡"，这段诗句出自北宋著名书画家米芾之手，而"虽由人作，宛自天开"则是明代园林家计成的观点。翻译时，有些学生直译了诗句的内容，有些还将出处加上了注释。然而，正如上文所说，在翻译过程中遇到引典需要根据实际上下文选择译法。中文的旅游文本中经常出现引用诗句的情况，这些诗句往往没有什么文学意义，有时是为了突出景点悠久的历史文化背景，有时是为了突显景点特色，有时则是为了句式整齐的需要。很多时候一段诗句在某种语境中出现甚至成为"必然"，但深究出处已经无从得知。例如，相当多介绍苏州园林的文章中都会出现"咫尺之内再造乾坤"这样一句引文，但具体是什么出处却很难考证。

上例中的两句诗虽然都是名家所作，但从上下文判断，这两句主要是为了说明苏州园林的造园特点，翻译时采取意译手法可以使原文的意图表达得更加清晰。如，下面的译法就将这两句诗分别译为"make the artificial landscapes as natural as possible"以及"allow people to enjoy the charms of nature without having to leave the hustles and bustles of cities"。

参考译文：In brief, the above-mentioned designs and superb craftsmanship all help to make the artificial landscapes as natural as possible and allow people to enjoy the charms of nature without having to leave the hustles and bustles of cities.

7.1.3 对照与对偶

对照与对偶均是中英文常见的修辞手法。对比是将两种相反、相对立的事物或同一事物的相反相对的不同方面进行比较，目的是突出差异。而对偶则更加关注语言的形式结构，要求结构相同或相近、字数相等、意义相反或相关、平仄要对立。如果说对照运用的是词汇的反义关系，那么对偶中所使用的既有反义关系，又有同、近义关系。其中的"反对"也是一种"对照"，属于修辞格的兼用现象。下面的例子均属于"对照"兼"对偶"的辞格，其中最著名的莫过于狄更斯《双城记》开篇那段话。

例 6.

It was the <u>best</u> of times, it was the <u>worst</u> of times, it was the age of <u>wisdom</u>, it was the age of <u>foolishness</u>, it was the epoch of <u>belief</u>, it was the epoch of <u>incredulity</u>, it was the season of <u>Light</u>, it was the season of <u>Darkness</u>, it was the <u>spring</u> of <u>hope</u>, it was the <u>winter</u> of <u>despair</u>. We had <u>everything</u> before us, we had <u>nothing</u> before us, we were all going direct to <u>Heaven</u>, we were all going direct <u>the other way</u>.

作者有意使用大量反义词，开篇就向读者展现了一个充满混沌与矛盾的历史背景。在翻译过程中，这样的意图也必须得以体现，这就需要在汉语中同样寻求恰当的反义词。

译文：那是最美好的时代，那是最糟糕的时代；那是智慧的年头，那是愚昧的年头；那是信仰的时期，那是怀疑的时期；那是光明的季节，那是黑暗的季节；那是希望的春天，那是失望的冬天；我们拥有一切，我们一无所有；我们全都在直奔天堂，我们全都在直奔相反的方向。

（孙法理译）

汉语中对照与对偶更是普遍存在，相当多的诗词歌赋中都大量运用了这类修辞手段，其中在骈文体最为突出。在政论体文本中，对照手法的使用能使作者的语言更加铿锵有力，在读者中产生共鸣。

例 7.

<u>利莫大于治</u>，<u>害莫大于乱</u>。作为全球性问题，网络安全事关各国共同利益，需要国际社会共同维护①。

这段话来自《人民日报》钟声文章，针对美国歪曲事实，污蔑中国"网络窃密"进行了有力的回应。其中"利莫大于治，害莫大于乱"语出《管子·正世》，运用对偶的手法有力回应了美国一些人别有用心的挑拨，强调了和谐稳定的国际社会对于发展的重要性。而英文译文在选词上突出了这一对照，句式上则选择了排比句，尽可能地向原文整齐划一的结构靠拢。

译文：As it is written in ancient Chinese political and philosophical text Guanzi, "Nothing is more <u>beneficial</u> than <u>stability</u>, and nothing is more <u>detrimental</u> than <u>chaos</u>." Cyber security concerns the common interests of various countries and needs to be jointly safeguarded by the international community.

7.1.4 矛盾修辞法

矛盾修辞法通过并列使用两个语义相反的词，达到一种强烈的表达效果。如 open secret（公开的秘密），original copies（原版拷贝）等。作为语言大师，莎士比亚创造过许多经典的矛盾修辞法。

例 8.

O serpent heart, hid with a flowering face!
Did ever dragon keep so fair a cave?
<u>Beautiful tyrant</u>! <u>fiend angelical</u>!
<u>Dove-feather'd raven</u>! <u>wolvish-ravening lamb</u>!
啊，花一样的面庞里藏着蛇一样的心！
那一条恶龙曾经栖息在这样清雅的洞府里？
美丽的暴君！天使般的魔鬼！
披着白鸽羽毛的乌鸦！豺狼一样残忍的羔羊！

这段话是朱丽叶在暴怒之下痛骂罗密欧的，其中 tyrant, fiend, raven 几个具有贬义感情意义的词前面分别加上了 beautiful, angelical, dove-feathered 这样一些容易引发美好想象的词汇，而 lamb 这一温顺的动物形象前面故意添加了 wolfish-ravening 这样描述凶恶贪婪的修饰语，由此希望勾勒出对方人面兽心的形象。而翻译也有意识地突出了这种明显的反差。

7.1.5 习语

习语是在一定人群中长期使用，结构与语义基本定型的短语或句子，其意思往往不是通过单词的意义简单相加得到的。牛津词典对 idiom 一词的定义为：a group of words whose meaning is different from the meanings of the individual words。可以看出，无论是汉语还是英语，习语最主要的特征就是与语言的组合性原则（compositionality）相悖，并且由于这一特征，语言学常把习语归为修辞的范畴。因此翻译习语时，同样要充分考虑传达源语的语用功能，

---

① 《人民日报》所谓"网络窃密"纯属倒打一耙（钟声）——美国一些人的不实之词荒谬在哪里④http://world.people.com.cn/n1/2019/0820/c1002-31305354.html，引用日期：2020.7.23.

不能只考虑在语言上进行转换。

例 9.

AJ is four and has autism. AJ does not communicate with us, even though he knows lots of words. AJ can not dress himself. AJ is not potty trained and no matter how many different methods we have tried, he will not go on the toilet at this time. He is already close to 50 lbs and is too heavy for changing tables. He is also <u>off the charts</u> for height so he is actually the size of a six-year-old. (COCA)

例 10.

The television news show 20/20 once hired a neuropsychologist to give Langan an IQ test, and Langan's score was literally <u>off the charts</u>— too high to be accurately measured. Another time, Langan took an IQ test specially designed for people too smart for ordinary IQ tests. He got all the questions right except one[①]. (COCA)

上面两个案例中均包含 off the chart 这一短语，该短语的字面意思是不在表格上，实际的意义则是"超过正常范围"。然而在不同的语境下，这一习语的意义还是会根据不同的情感倾向发生变化。第一例描述了一个患有自闭症的四岁儿童的行为能力与身体指标都未能达到正常指标，因此可以译为"超标"；而第二例中 Langan 的智商是超过常人的，虽然同样不属于正常范围，但译为"智商超标"就很不恰当，可以译为 Langan 的 IQ 测试成绩无人能敌，或更为口语化一些，译为"IQ 测试成绩爆表"。

例 11.

老师：这是杵臼，可以把东西捣成粉末，或是泥状，古时候，人们用大型杵臼来舂捣谷物。

学生：哦，我知道了，有一句歇后语叫：石臼捣蒜——石（实）打石（实）。

上面这段对话中，学生在回应老师所介绍的"杵臼"时使用了歇后语这一典型的汉语习语。歇后语的特点是前半段运用谐音或幽默诙谐的语言进行铺垫，后半段再进行点题。然而在翻译时，这种特点就很难在译文中得以保留了。译者首先要这段话主要功能是介绍"杵臼"这一工具，因此必须如实译出，而学生的回应只是运用习语表达自己曾经听说过这一工具，不需要专门思考"捣蒜""石（实）打石（实）"如何翻译，而是将重点放在如何使这两句相邻的话语产生语义上的联系。比如下面的译文中，由于"杵臼"一词的英文是"mortar and pestle"，因此译者专门找了一段提到了该工具的非洲谚语，用套译的方法为译文读者提供上下文语境信息。

Teacher: They are mortar and pestle, which can be used to pound or grinding substances into powder or paste. In ancient times, large mortar and pestle were used to pound grains.

Student: Oh, I see. I once heard about an African proverb that says, "No pestle can be bigger than its mortar".

除了考虑语用问题，习语还常常包含丰富的文化要素，因而会对文化群体之外的人构成理解障碍。

---

① COCA 语料来源 https://www.bakadesuyo.com/2012/10/smartest-man-world/，引用日期：2020.7.24.

例 12.

Beth said, "I didn't know what he was talking about. Anyway, didn't you say he was a quack?"

"I like that he could talk a dog off a meat wagon, "Audie said. "And I sometimes think I'm a quack, a phony." (COCA)

上例中划线部分的习语"talk a dog off a meat wagon",有的时候也会写为"talk a dog off a meat truck",字面意思是"劝狗远离运肉车",一般用来形容一个人口齿伶俐、能说会道,常常有一定的贬义。虽然直译的译文完全可以理解,但从表达来看并不通顺,译文语言表达生硬,可读性不强,因此还是应该以传意为主,采取意译的方法译为"巧舌如簧"或"颠倒黑白"。

7.1.6 修辞的复杂性与翻译

中、英文存在大量相似的修辞手段,然而由于两种语言的差异较大,很多情况下并不能将原文中的修辞手段直接移植到译文中,而是要采取诸多变通手段。有时译者需要采取增补、加注的译法,有时需要采取删减或转换的译法,甚至有相当多的修辞手段不可译。

比如,英文中经常使用双关的修辞手段,利用的就是一词多义的特征,而在翻译时,很难在译文中找到存在同一种对应的词汇。

例 13.

Why did the skeleton not cross the road?

Because he didn't have the guts.

在英文中,gut 指肠道或泛指内脏,而抽象意义可指胆量;在汉语中,我们并不能找到一个现成的词同时具有这两层含义。然而,比较巧合的是,汉语中的"胆"既是内脏,又指胆量。因此可以将上面的案例译为:

为什么骷髅不敢过马路?因为它没有胆。

但这种巧合出现的概率是很低的,绝大多数情况下,译者都需要采取变通的手法。

例 14.

What does that lawyer do after he dies?

—Lie still.

在上例中,lie 与 still 两个词都使用了双关的修辞。这一回答既可理解为"安静地躺着",也可理解为"继续撒谎"。同样,在汉语中无法找到同时存在这两层含义的词汇与之对应。这时,译者可以分析这段对话主要的功能是对某一位律师说谎成性的特征进行了讽刺,而在翻译时,只要突出这一意图即可,而不要拘泥于原文的表层意义。比如可以译为:

那位律师死后忙什么?

——他忙着把死人说成活的!

汉译英过程中也会存在很多复杂的修辞现象,比如仿词就是根据表达的需要,将现成词语的某个语素进行替换,改变原有词义,创造新意的修辞手法。仿词有很多种,其中的同类仿、反义仿等就是运用了词的上下义关系以及反义关系。

例 15.

甲(炫耀):你们听说过水排吗?

乙(不屑):我倒是听说过牛排和鸡排。

一般情况下"牛排""鸡排"会译为 steak 和 chicken steak，水排一般则译为 Shui Pai，如果按照常规译法，译文中就无法使这几个词构成混淆。因此翻译时可以从功能入手，考虑如何突显甲的炫耀和乙对此的不屑，不必受制于原文的表层语义。比如可以考虑以下译法：

A (bragging): Have you heard about Shui Pai?
B (indifferent): I have heard about Apple Pie and Banana Pie.

上述译法运用了 Pai 与 Pie 的同音异义关系，使上下两句话产生了语音方面的联系，而至于语义上将原来的"牛排""鸡排"转变为"苹果派"与"香蕉派"则不必过于纠结。

上述案例中，译者均尝试运用不同的译法在一定程度解决了修辞手段翻译的难题，然而还是要承认，修辞手段存在不可译性的情况是非常普遍的。

第二节　文化差异与翻译

相对于语言来看，文化是一个更大的概念。从广义上来说，文化无处不在。而从狭义的角度来看，文化则有语言、音乐、美术、建筑乃至科技等不同的表现形式。在单语环境中，人们常常意识不到自己身处某一文化之中；然而一旦置身于双语活动中，文化的差别就会十分明显。

翻译作为一种双语活动，经常需要处理语言中所体现出来的文化差异。文化可以通过耳濡目染进行传承，但更需要主动习得。事实是很多中国译者在这方面的努力不够，因此并不通晓本民族文化，对于外国文化就更是只知皮毛了。

从广义角度来说，上一章所讨论的英汉语言差异，无论是字词、句法乃至语篇方面，归根结底都是受到两种文化差异的影响，是英、汉民族思维差异的体现。这种差异十分抽象，根深蒂固，代代相传。受此影响，译者要想破除母语文化在语言上的影响，必须在译语文化中浸淫多年，或大量地学习。

然而，从狭义角度来看，语言中描述的一些文化的表现形式是比较具体的。译者完全可以通过不同的检索方式，在短时间内了解自己所不熟悉的文化因素，并且采取恰当的方式进行处理。

因此，在处理习语中所包含文化要素时，译者要注意的问题主要有二。其一，识别并理解语言中所体现的文化要素；其二，准确理解文化要素的语用功能，从而采取恰当的处理方式。

7.2.1　文化要素翻译的复杂性

文化要素有很多表现形式。随着时代发展，了解异域文化的方式也越来越多，人们不会仅凭借语言这一种媒介去了解另外一种文化。再有，语言中的反映有些比较直接，有些则比较隐含；有些可译，有些也只能靠读者通过不同方式对于异族文化进行了解才能够传达。

中国的饮食文化博大精深，在漫长的发展过程中演化出多个菜系、无数种菜肴。菜名也是中国文化的体现方式，不仅体现出菜肴所使用的原料与烹饪方式，很多菜名还通过引用文学经典、神话传说等方式，蕴含了美好的喻义，如"东坡肘子""佛跳墙""花好月圆"等。"四喜丸子"这一名称中包含了人生四喜：久旱逢甘霖，他乡遇故知，洞房花烛夜，金榜题名时。因此，在中国人的婚宴、升学宴或年节家宴的餐桌上往往有这样一道菜。北京市外办和市民讲外语办公室曾经联合出版了《美食译苑——中文菜单英文译法》，为2 158道中餐饭菜正名，参照西方菜名的编写习惯将"四喜丸子"译为"Braised Pork Balls in Gravy"。这极大地为外国食客提供了便利，使其在点菜时不再因不知原材料与做法而困扰不已。然而这一译法却无法体现这道菜肴中所蕴含的中国文化与特殊情怀。"四喜丸子"曾经还有一个译名——"Four Glad Meatballs"。这一译法由于过度直译，被嘲笑为奇葩译法。但与此同时，很多外国人却受到这一译名吸引而专门来点这道菜，并且受到译名感染而感到非常愉悦。

如何确定文化要素的翻译策略，是译者常常面临的问题，很多人也一直希望能够找到其中规律，但至今无法找到确定的答案。因为影响文化要素翻译策略的原因十分复杂。这其中既包括翻译目的、读者群体的认知水平、译者个人风格，也包括特定时期译语及源语文化势能强弱对比，以及国家语言文化发展战略。一般来说，作为译者，不仅要处理不同层面的语义差异，还需要具备一定的文化翻译观，将翻译理解为一定文化背景下的交际活动，以历史与发展的眼光对译法做出综合判断。

7.2.2 文化要素翻译策略

不同翻译理论关注的焦点不同，看待问题的视角也不同。如果将问题落脚点放在文化要素发生的变化方面，翻译策略就可以呈现出隐化与显化两个方向；而按照第五章第二节 翻译策略中所介绍的，将翻译放在一个文化交流的背景下，那么其中文化要素的翻译策略有两个主要方向：归化与异化。

7.2.2.1 归化

语言不可避免会受到文化的影响，如汉语中有很多谚语、歇后语和比喻都反映了汉民族的农耕文化以及独特的儒、释、道三教合一的思想文化。同样，航海文化、体育文化也在英文语言中有着不同程度的反映。可以说，语言与文化本身是一个整体，不可剥离。但在翻译过程中，将语言与文化中的意思全部完整地移植到另一种语言中是无法完成的，必须根据具体情况取舍。归化是选择了保留语义内核，而适度放弃或者改换文化外壳的一种策略。一般来说，如果在某一特定时期，某些文化要素与译语文化存在冲突，或者异质感过于明显，与译语文化格格不入，或者对于特定读者群体存在接受障碍，那么应该采取归化的策略，将重点放在语义的传递上。

例 16.

英文漫画 *Big Nate Makes Grade* 中有一个场景，是小学生 Nate 在学校广播室广播时讲笑话，因此受到校长的批评，而他就装模作样播送了学校许可处理的"官方消息"：Hey, Hey, peoples! Head lice screening at 10:00 today!（注意，注意！今天上午十点整学校检查头虱！）

对于绝大多数中国小学生来说，头虱已经是非常陌生的事物了。甚至在相当多农村地区都已经很难见到头虱的踪迹。然而，在英、美等发达国家，哪怕是在大城市，头虱泛滥仍旧是中小学的常见现象。学校经常需要检查学生头上是否有虱子，以防出现大规模传染；超市货架上也常常摆有去头虱专用的洗发水与篦头虱专用的梳子。由于中国学生对于这一生活习惯极为陌生，并且由于年龄限制使他们无法通过其他途径了解，因此在翻译过程中必须采取手段，使这一文化现象变得不再陌生。如，将这一活动译为"今天十点检查个人卫生"将原来具体的文化行为变得模糊化，从而更容易理解。

即便是为了照顾读者理解，文化因素的翻译也还要考虑到译文应该反映的源语文化特色，而非译语文化特色。如在 6.1.2 这部分，我们曾提出一个问题：能否将"There's no Y in Europe"译为"'欧洲'的'洲'你都写错了"，或"'欧洲'的'洲'你忘记加三点水了"？从理解角度来看，这两种译法无疑对于中国小读者来说更为亲切易懂。但考虑到文化问题，这两种译法均与源语文化格格不入。因为在原文所设定的情境下，几个美国小学生在课间讨论汉字的写法并不太常见，可以考虑改译为"你连 Europe 这个词都没写对"。

7.2.2.2　异化

正如上文所说，语言与文化本身密不可分，在译语文化某一方面存在空缺或者比较薄弱的时候，源语文化的引入能够促进译语文化的发展。适当采取异化策略，让读者能够领会丰富多彩的源语文化，甚至有可能让其落地生根，不断丰富译语文化，促进世界各族人民相互理解，这应当是翻译这一活动最终极的意义所在。

异化是不是就等于将原文的内容与形式直接搬进译文呢？

例 17.

小学生 Nate 将自己粗制滥造的作业外面加上了一个干净漂亮的封面交给老师，并且得意扬扬地等着老师表扬。而老师看着这份作业却挖苦他说："Are you familiar with the expression 'putting lipstick on a pig'?"

在翻译"putting lipstick on a pig"这个成语时，很多学生想到了一个对应的中文成语"金玉其外，败絮其中"。然而，一个西方老师口中说出如此文绉绉的中国成语，与原文的文化语境同样相去甚远。但采取直译的方式处理，将其译作"给猪涂上红嘴唇"，对于中文读者，尤其小学生来说并不友好。因此，可以考虑折中的译法，选择两种文化均可以接受，又不相互抵触的方式，译为"有个说法叫做'哪怕涂上红嘴唇，猪也没法变美人'，这话你听说过吗？"，与前面的直译相比，这种译法一方面保留了原文意象，一方面以诙谐幽默的方式让读者了解了这个成语的意思。

作为一种翻译策略，异化应该被视为处理文化空缺或文化冲突的一种方法论，而非具体手段。在翻译过程中，可以采取直译、直译加注、直译加释意等具体方法实现。

7.2.3　文化翻译策略的取舍

翻译作为一种文化交际活动，对于文化的传播具有十分重要的作用，但也会成为"文化侵略"的"帮凶"。如果处理得当，翻译可以让译语读者更好地了解源语文化，从而有助于民族之间的相互理解与沟通；但处理方式失当，也可能会使得民族文化丧失自己的独特之处，久而久之，使世界各民族文化趋同。

在英译汉与汉译英过程中，中国译者处理文化因素的方法与文化倾向是不一致的。英译汉中，译者常常采取直译的方式处理原文的文化因素；而汉译英过程中，译者却往往更多地考虑英文读者的阅读感受，从而改变中文中的文化意象，将其归化处理为英文读者更喜闻乐见的形式。上文所讨论的菜名的翻译便是一例。"四喜丸子"被译作"Four Glad Meatballs"受到国人嘲笑；而同样是菜名，英国威尔士的著名"黑暗料理"Stargazy Pie 就被直译为"仰望星空派"，国人除了嘲笑该菜式本身的制作方法、外形及口味，无人对这一译称提出异议。

这一现象与文化的强弱对比以及文化自信有关。近两个世纪，英美文化在全世界大行其道，一方面吸收世界各民族文化，不断膨胀；一方面不停向外扩张，蚕食瓦解弱小文化。这使得英美文化成为全球主流文化。因此在两种文化强弱对比力量较为悬殊之时，翻译过程中往往在主观上更希望能够引进更为强势的英美文化，并且更加照顾英美文化读者的感受。

随着我国的改革开放与经济发展，汉语文化在经历衰落后逐渐繁荣起来。据报道，截至 2014 年底，全球已经建立 475 所孔子学院和 851 个孔子课堂，分布在全球 126 个国家和地区；而仅 2014 年一年，来华的留学生就达到 37 万人，来自 203 个不同的国家和地区。汉语的普及也使得汉语文化更加为全世界所了解，而中国人对于自己的民族文化也更为自信。因此，在翻译中国文化相关内容时，采取直译甚至音译的情况越来越普遍。

翻译使中国文化不断走向世界，同时为世界所接受。2012 年莫言凭借小说《蛙》获得诺贝尔文学奖，该小说瑞典文译者陈安娜功不可没。2015 年刘宇昆所译的刘慈欣科幻小说《三体》第一部获第 73 届雨果奖最佳长篇小说奖。2016 年，同样由刘宇昆所译的郝景芳科幻作品《北京折叠》获得第 74 届雨果奖最佳中短篇小说奖。同年，一家专门翻译中国网络武侠小说的网站"武侠世界"（Wuxiaworld）的访问量飞涨，尤其是一部由网名为 RWX 所译的名为《盘龙》的长篇小说，引发了西方读者的极大兴趣。该小说有 800 多章，对于英语读者的阅读极具挑战。如将"蕴气功"译为"Qi Building Stance"，将"灵位"译作"Spirit Tablets"，可以说在文化因素的翻译处理上还是以异化为主。但很多读者仍旧急切地等待更新。与此同时，"在 Wuxiaworld 上还有专门的板块介绍中文学习经验和道家文化基础，有关于'阴阳''八卦'的普及知识。并且相当一部分读者在论坛的交流中互称'Daoist'（道友），并用'May the Dao be with you'代替'May the God be with you'（愿上帝与你同在）作为相互致意的问候语。在漫长的'追更'与日常的陪伴中，中国的网络小说真正显示出其'网络性'和'中国性'的魅力"[①]。

因此，在汉译英的学习过程中，学生更应该主动建立推介中国文化的意识。在不给读者造成过多阅读负担的情况下，通过直译、增译、直译加注等手段帮助中国文化走向世界。以下通过一个具体翻译案例帮助同学们理解汉译英过程中文化要素的翻译策略与方法。

例 18.

过端午节，是中国人二千多年来的传统习惯。由于地域广大，民族众多，加上许多故事传说，于是不仅产生了众多相异的节名，而且各地也有着不尽相同的习俗。其内容主要有：<u>女儿回娘家，挂钟馗像，迎鬼船，悬挂菖蒲、艾草，佩香囊，备牲醴，赛龙舟，比武，击球，荡秋千，给小孩涂雄黄，饮用雄黄酒、菖蒲酒，吃五毒饼、咸蛋、粽子和时令鲜果等</u>，除了有迷信色彩的活动渐已消失外，其余至今流传中国各地及邻近诸国。

在这段话的划线部分，作者通过列举的方式介绍了中国人过端午节的习俗。有些习俗对于相当一部分中国人来讲也已经过时很久了，有些则有很强的地域差别（如吃五毒饼），因此需要在理解过程中认真查询，避免望文生义。大部分习俗具有非常鲜明的中国文化印记，但也有些习俗由于过于常见，身处母语文化的译者往往不以为然，未能考虑到其文化的特殊性，因此常常遗漏，如"女儿回娘家"就是一例。很多学生在翻译过程中直接将其译为"daughters returning to their mothers' home"。然而，对于不熟悉中国文化的读者来看，女儿回父母家不是很正常吗？这也算是习俗？为什么只回到自己母亲的家？这个习俗太奇怪了。

---

① http://www.donews.com/news/detail/1/2944903.html，引用日期：2020.8.3.

其实只要是中国人都会懂得"女儿回娘家"指的是"出嫁的女儿回到自己的父母家"。按照中国传统,女儿出嫁了就是别人家的人,因此只有在重要节日才有机会回到自己家。这些不言自明的"道理",一旦翻译过程中未能说明,就会给译语读者造成很多困扰,甚至误解。因此,译者首先要保持对于母语民族文化的敏感度,再运用具体手段传递原文信息,传播母语文化。

然而,传播母语文化不意味着将其原原本本、事无巨细地照搬进译语文化,而这也是不可能的。翻译过程中,一些信息肯定会有削减或更改,这样的结果有些是译者的无意识行为,但有很多是有意为之。比如,尽管译者可以将"女儿回娘家"译为"married daughters reunite with their parents",却无法传达在"嫁出去的女儿,泼出去的水"这一中国传统观念影响下,女儿回娘家这一机会的来之不易。而英语读者也只能借助自己对于中国文化的理解,借助 reunite 一词对这一文化因素做出自己的理解。

同时为了照顾读者的阅读感受,除非是十分必要的解释,在文外加注(包括脚注与尾注)并不值得推荐。学生在遇到比较难以表达的中国文化因素时经常会在文章末尾附加很长的注释,这样的做法给读者的阅读体验造成了很大干扰,很多种情况下,读者会选择忽略这一注释,继续阅读。文外注释也就失去了存在意义。因此,译者需要在译文本身如何处理方面下功夫,折中一点的作法是文内加注,也就是在译文内对文化因素进行必要的解释。但这一作法也受到原文内容与空间的限制。译者必须精心锤炼自己的语言,避免所添加的解释喧宾夺主。

来看上例中"挂钟馗像"的翻译。钟馗是中国民间传说中能打鬼驱除邪祟的神。很多中国年轻学生已经对这一神话人物感到十分陌生了,甚至有人连"馗"字都不认识,将其译为"putting up zhongdao's portrait",令人啼笑皆非。不过即便如此,提到逢年过节门上挂的门神,大部分同学还是清楚的。还有一些学生译文有矫枉过正之嫌,在译文脚注中对"钟馗"进行了非常详细的解释。其实这一神话人物本人的背景在中国文化中并不占据重要地位,最常见的形象就是年画门神。与其费尽心思地告诉外国人这个人物具体是谁没有太大意义,关键是要让他们了解老百姓在哪里"挂钟馗像",而这又是为了什么。因此,可以考虑使用直译加注法,通过不定式对这一行为的目的进行附加解释,如"to put up the portraits of ChungKuel (a character in Chinese folklore) on doors to scare ghosts"。

再看"吃粽子"的译法。中国无论南北,端午节最重要的习俗之一就是吃粽子。而很多学生直接采取音译,将其译为"to eat Zongzi"。文化的传播并非一朝一夕,而是需要通过多种渠道的长期沟通。中国的饺子曾多年被译为 dumpling(一种形似饺子的意大利食品),但只有近几年随着中国饮食文化的普及,才音译为 jiaozi。对于粽子这一食物来说,其在西方的普及度远不及饺子,直接音译无法使读者了解这是一种什么食物,也就无法达到文化传播的效果。当然,我们不建议参照 dumpling 的译法,即在西方人更熟悉的食物中选择一个与粽子类似的食物名称去翻译,但还是应该在音译的基础上对其形状与大致食材进行解释。如可以将其译为:Zongzi, a glutinous rice pyramid wrapped in bamboo leaves。

"迎鬼船""吃五毒饼"在翻译中如何处理也值得考虑。对于绝大多数中国人来说,过端午并不包含这样的习俗。原文作者的期待读者是中国人,因此对于文化习俗的介绍比较详细。而将端午习俗介绍给外国人时,有些过于具体的、比较边缘化的信息应该考虑舍去,或者模糊处理。"迎鬼船"是一种用草扎成的船,其功能与"挂钟馗像"的功能类似,都是驱鬼除祟;

而"五毒饼"只是表面印有蝎子、蛤蟆、蜘蛛、蜈蚣、蛇的玫瑰饼,其功能是祈愿消病强身。因此还是应该考虑舍弃具体形象的意译法,将二者译为"to carry straw boats to take ghost away"以及 "flower cakes decorated with insects patterns for wish of good health"。

翻译中的文化因素如何处理是一个难题,常常使译文出现费力却不讨好的现象。作为译者,如果不能同时通晓两种文化,很难恰当处理。然而作为翻译硕士,首先应该树立一种文化交流的意识。只有在这一前提下,译者才能够主动认识到翻译过程中需要处理的问题,也才能够采取恰当的手段进行处理。

【课后练习】

1. 下面一段话来自《习近平谈治国理政》第三卷,请对照原文与译文,谈谈文化要素的翻译策略。

1)原文:现在,在一些党员、干部中,不愿担当、不敢担当、不会担当的问题不同程度存在。有的做"老好人""太平官""墙头草",顾虑"洗碗越多,摔碗越多",信奉"多栽花少种刺,遇到困难不伸手""为了不出事,宁可不干事""只想争功不想揽过,只想出彩不想出力";有的是"庙里的泥菩萨,经不起风雨",遇到矛盾惊慌失措,遇见斗争直打摆子。这哪还有共产党人的样子?!缺乏斗争精神、不担当不作为,不仅成不了事,而且注定坏事、贻误大事。温室里长不出参天大树,懈怠者干不成宏图伟业。广大党员、干部要在经风雨、见世面中长才干、壮筋骨,练就担当作为的硬脊梁、铁肩膀、真本事,敢字为先、干字当头,勇于担当、善于作为,在有效应对重大挑战、抵御重大风险、克服重大阻力、解决重大矛盾中冲锋在前、建功立业。①

译文:At present, among our Party members and officials, there are problems such as the lack of will, courage or ability to take on responsibilities. Some prefer to be risk-averse, avoid confrontation, or sit on the fence. They worry that "the more dishes you wash, the more likely you are to break them". They embrace ideas such as "making friends rather than enemies, and turning a blind eye to indiscretions", "rather do nothing in case something goes wrong", "taking credit for successes but refusing to accept responsibility for mistakes", and "enjoying standing in the limelight rather than working behind the scenes". They panic whenever problems and difficulties arise. This is not the conduct of a Communist! They will bring nothing but trouble or even disaster.②

2)原文:良好职业道德体现在执着坚守上,要有"望尽天涯路"的追求,耐得住"昨夜西风凋碧树"的清冷和"独上高楼"的寂寞,最后达到"蓦然回首,那人却在,灯火阑珊处"的领悟。

译文:Writers, artists and scholars with a good work ethic should demonstrate dedication and perseverance in the pursuit of their professional aspirations, and achieve their goals through assiduous and painstaking efforts. (ibid. 380)

---

① 《习近平谈治国理政》第三卷,542 页。
② Xi Jinping. The Governance of China, III. Foreign Languages Press. 628-629.

第三编 译欲何为

如今翻译市场对于职业译者的要求已经不仅仅局限于翻译转换能力，而是要求译者熟悉各种计算机辅助翻译（CAT）的工具与技能。据苗菊、王少爽的调查结果，翻译应聘人员应具备15项职业能力（见表1）[①]。

表1 翻译职业能力

职业能力	公司数	百分比
计算机操作能力	52	86.67%
中外文语言及互译能力	51	85.00%
基本互联网知识和网络资源使用能力	48	80.00%
专业领域知识	47	78.33%
职业道德与行业规范	43	71.67%
文本审校能力	28	46.67%
术语学知识和术语翻译能力	26	43.33%
文献查找、利用、储备和管理能力	25	41.67%
工作压力承受能力	24	40.00%
人际沟通协作能力	23	38.33%
各类文体的处理能力	15	25.00%
翻译软件使用能力	13	21.67%
解决问题能力	12	20.00%
本地化能力	11	18.33%
组织管理能力	10	16.67%

可以看出，绝大多数翻译公司对于应聘翻译人员语言能力与互译能力提出了较高要求，但对计算机操作能力的要求却更高。与此同时，译者的基本互联网知识和网络资源使用能力、术语学知识和术语翻译能力，以及文献查找、利用、储备和管理等能力，也在各翻译公司的职业能力要求之列。随着计算机与互联网不断发展，新技术日新月异，对译者计算机辅助翻译能力的要求也越来越高。有专家指出，除智商、情商、财商之外，"搜商"同样是决定一个人在今后事业中是否会取得成功的关键因素之一。而这里的"搜商"就是一种对互联网海量信息或电脑本地冗杂信息的快速检索能力。

然而与此同时，我国翻译专业的本科及硕士研究生生源大部分为文科生。受到多种现实因素的影响，相当一部分文科生对于计算机应用不熟悉或不感兴趣。有些学生因为自己是文科出身而干脆认为自己根本不具备学习这方面知识的能力，因此在翻译过程会尽量避免接触各种计算机软件与互联网检索。

然而，仅靠回避无法解决问题。如今随着计算机技术的发展，绝大多数软件的使用更加轻松便捷。只要有耐心，或在使用中不断学习，文科学生也完全能够掌握信息技术，并且在翻译过程中熟练运用。

---

① 苗菊，王少爽. 翻译行业的职业趋向对翻译硕士专业（MTI）教育的启示[J]. 外语与外语教学，2010（3）：65.

第八章
文档电子化

文档电子化是使用 CAT 软件进行翻译的前提。然而，翻译实践时，很多种情况下译者拿到的文本并不是现成的电子文本，常常是一本书、一份印刷好的材料、图纸等等。因此需要提前将这样的材料转化为可编辑的电子文档。

翻译实践需要处理大批量的文档，如果仅仅靠键盘输入，那么就完全背离了运用 CAT 软件提高翻译工作效率的初衷。目前，SDL Trados 等 CAT 软件可以直接翻译 PDF 文档，但导出的 WORD 文档质量却没有保证。因此还是应该运用 OCR 软件直接将文档扫描为可编辑文档，或先将文档扫描为图片或 PDF 文档，再通过 OCR 软件将其转换为 WORD 文档。

OCR 文字识别软件运用 OCR 技术（Optical Character Recognition，光学字符识别技术）将图片、照片上的文字内容，直接转换为可编辑文本的软件，因此可以快捷地将大批量图文内容转化成 CAT 软件可以识别的电子文档。以下就介绍几款常用的 OCR 软件供参考。

第一节 ABBYY Finereader

目前市场反应较好、准确率高，而且比较容易上手的 OCR 软件为俄罗斯软件 ABBYY Finereader。这款软件可以从网络上轻松下载。但如果没有购买许可证，只能试用 30 天，保存 100 页内容，并且一次最多只能保存 3 页。作为翻译学习者，可以先使用试用版学习如何转写电子文档，待到真正有大规模内容需要转写时再考虑购买。

ABBYY Finereader 的功能十分强大，本身集成了扫描功能，可以对文档进行扫描，生成 PDF 文件，还可以将图片及 PDF 中本不可编辑的内容转为可编辑的 WORD、EXCEL、TXT 等格式，其 Screenshot reader 套件还可以对电脑屏幕上的内容截屏后生成可编辑内容。当然它的功能不止如此，但与翻译工作相关的基本是上述的文字转化功能。

此外 ABBYY Finereader 还可以识别多种语言进行，如果只是单一语言文档，可以在软件中设置，以提高精确度。

软件启动后，可以看到"读取""分析"及"保存"页面将屏幕分成了三部分。这三个页面可以根据工作需要调整大小，也可以关闭或重新开启。对于一般翻译所涉及的文档内容，该软件在文档读取过程中就直接进行了分析，并且基本准确。

软件使用不同颜色对不同内容进行框选，如文字内容为绿色框，图片内容为红色框，而表格内容为蓝色框。选择框可以根据所选内容的范围调整为相应的形状。有些时候在软件读取阶段未能对某部分文字内容进行识别，用户可以使用"绘制文本区域"功能将该部分内容框选，之后就可以由软件进行自动识别了。经过试用，发现该款软件比较容易上手，并且识别正确率很高。

ABBYY Finereader 还有一个非常实用的集成功能叫做 ABBYY Screenshot reader。我们平时常常遇到一些需要转化成文字的原文格式是照片或者不可编辑的 PDF 格式。这种情况下，可以直接运用该功能，对所需要转换的部分进行截屏，捕捉文字信息，根据设置，将识别到的文本发送到剪贴板或文件等。

ABBYY Finereader 在读取文档时速度有些慢，在进行大量信息转化过程中所需的内存较高，需要关闭一些应用程序。

第二节　其他 OCR 软件及功能比较

其他常用 OCR 软件还包括清华紫光、尚书七号、汉王、以及常用的 CAJ Viewer。这些软件在识别的精确度、速度与便携程度方面各有千秋。拿表格的识别为例，利用 ABBYY Finereader 可以轻松地将原文中的表格识别为可编辑表格；但 CAJ Viewer 只能识别出表格中的内容，还需要用户在编辑过程中将这些内容进一步转化为表格（见图 8-1）。但 CAJ Viewer 为免费软件，这一点对于国内一般用户而言是一个优势，并且使用方法更加简单，对于文科专业背景的学生来说更容易上手。

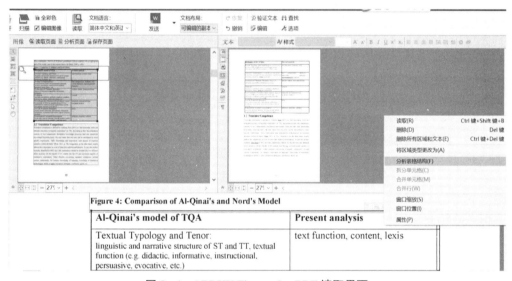

图 8-1　ABBYY Finereader PDF 读取界面

ABBYY Finereader 对于表格的识别非常便捷，并且通过分析表格结构功能，可以将原来表格的结构比较准确地读取出来，直接粘贴在 EXCEL 文档时格式与原表格（见图 8-2）基本保持一致。

从图 8-3 可以发现，直接从 ABBYY Finereader 所识别的表格中复制粘贴到 EXCEL 表格中的内容和格式基本没有变化。

CAJViewer 对于文字的识别毫无压力，但只能识别表格里的内容，并且无法保留表格结构。下图可以看出，从原 PDF 文档中拷贝出的表格内容（见图 8-4），在 EXCEL 里只能显示为一列内容，还需要进行后期编辑。

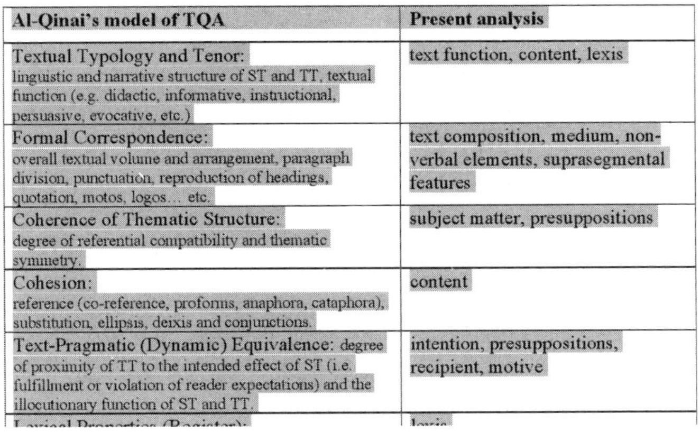

Al-Qinai's model of TQA	Present analysis
Textual Typology and Tenor: linguistic and narrative structure of ST and TT, textual function (e.g. didactic, informative, instructional, persuasive, evocative, etc.)	text function, content, lexis
Formal Correspondence: overall textual volume and arrangement, paragraph division, punctuation, reproduction of headings, quotation, motos, logos… etc.	text composition, medium, non-verbal elements, suprasegmental features
Coherence of Thematic Structure: degree of referential compatibility and thematic symmetry.	subject matter, presuppositions
Cohesion: reference (co-reference, proforms, anaphora, cataphora), substitution, ellipsis, deixis and conjunctions.	content
Text-Pragmatic (Dynamic) Equivalence: degree of proximity of TT to the intended effect of ST (i.e. fulfillment or violation of reader expectations) and the illocutionary function of ST and TT.	intention, presuppositions, recipient, motive

图 8-2　原 PDF 中的图片

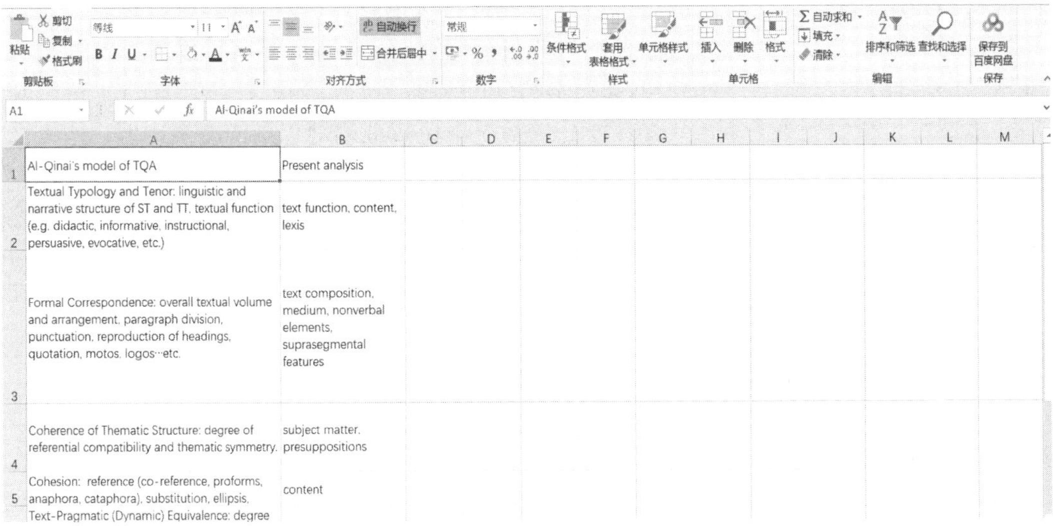

图 8-3　ABBYY Finereader 表格读取结果

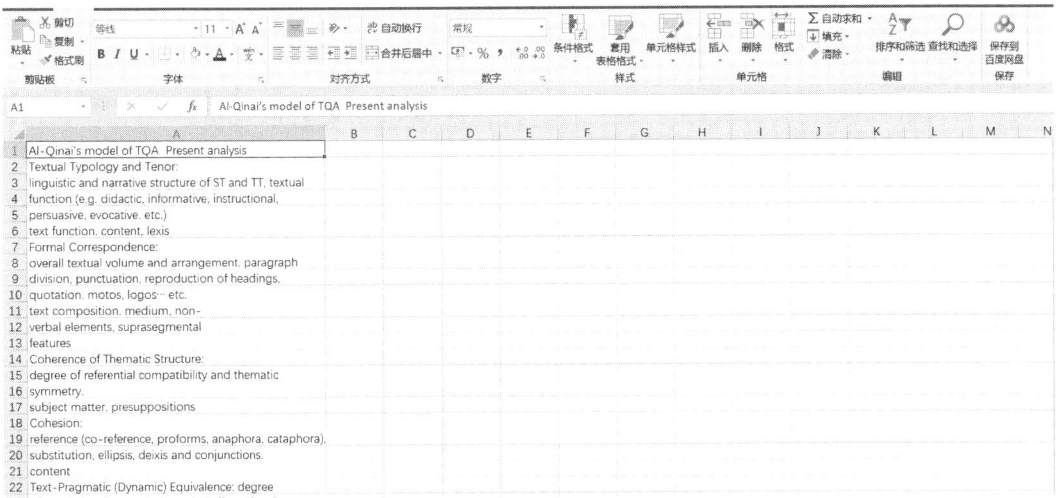

图 8-4　CAJViewer 表格读取结果

在图片及 PDF 生成软件方面,值得一提的是一款叫做 Cam Scanner(扫描全能王)的免费软件。相对于专业扫描仪来说,这款软件可以将智能手机转化为便携的扫描仪。既不需要占据大量空间,又不需要专门购置设备,并且十分容易上手。用户只要将文档拍成照片,框选需要扫描的区域,就可以生成 PDF 文档进行保存。该软件核心功能也是 OCR 技术,可以对图片文字进行识别后变成文本输出,文字识别准确率尚可,但表格基本识别不出来。免费账户 PDF 扫描文本中有水印,并且只能使用 OCR 进行文字识别,无法导出。高级账户 PDF 扫描文本无水印,并且可以导出文本。

近年来,扫描全能王之类的 APP 端扫描软件还有不少,比较常用的还有白描、猫图鹰与迅捷。这些国产软件识别准确率已经达到了较高水平,而且基本功能免费或收费比较低,受到了许多用户青睐。

与此同时,还有一些在线 OCR 软件的效果也可圈可点,如 OCRMAKER (http://www.ocrmaker.com/)。用户可以直接在线进行文字识别而不必下载软件,还可以通过微信小程序在手机端使用,十分方便。这款软件目前还只能进行识别 .png 与 .jpg 格式的图片,PDF 格式仍旧在测试中,且大小不超过 5MB,但其识别精度在一些方面已经超过了 ABBYY Finereader,可在光线不均、字体模糊、变形、角度不正的情况下比较准确地识别出文字,但仍旧无法完成对表格的识别。

图 8-5 左侧图片为比较复杂的情况,中英文混排,有表格,并且图片不清晰、不平整,在 ABBYY Finereader 中进行识别后会出现乱码。而从图 8-5 右侧的识别结果来看,通过一定的校对,该识别精度尚可接受。

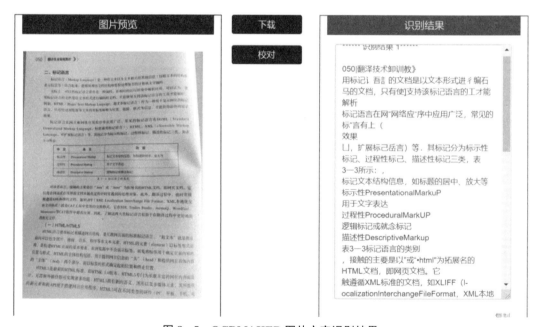

图 8-5　OCRMAKER 图片文字识别结果

需要注意的是,无论使用什么样的 OCR 软件进行文字识别与转化都会存在一定的错误率,因此转化成 WORD 文档后一定要认真校对,以免使待译原文出现错误。另外,随着技术的不断发展,一定会有更多更加便捷准确的 OCR 软件出现,作为译者,需要持续关注新的技术变化，选择最适合的软件使用。

【课后练习】

请使用不同 OCR 软件扫描同一个不可编辑的 PDF 文档（最好是图文混排的），并且对文字识别效果进行对比。

第九章
互联网检索

每个译者都希望自己能够完全具备待译文本内容所涉及的专业知识，不用做任何查询便可以胜任所有门类的翻译。然而这永远是一个遥不可及的希望。随着科技发展、社会进步，文化交流不断加深，译者所面对的专业知识越来越多，内容也越发深奥。图书馆、词典等仍旧能为译者提供所需的专业知识，但随着互联网的兴起与发展，这些工具已经"退居二线"，成为备用的知识库。

互联网如同译者的随身百宝囊，它无所不知，无处不在，可以为译者提供无限帮助。然而由于信息量过于庞杂，互联网上的内容有相当多对于译者的需要来说是无用信息，有些甚至是错误信息。进行互联网检索时，如果没有掌握恰当的方法，译者很容易被大量无用信息所困扰，或者被错误信息所误导。作为翻译学习者，第一需要学会如何利用互联网快速有效地检索所需的信息；第二需要掌握信息的甄别技术，对信息的准确性进行验证。

第一节 搜索引擎

对于中国大陆用户来说，最常用的搜索引擎就是百度（baidu.com）了。百度同时也是全球最大的中文搜索引擎，每天都进行上亿次搜索，可查询数十亿中文网页。作为中文搜索引擎，百度的检索结果可以帮助译者确定中文译法，对于英译汉工作是十分便利的。但与此同时，由于是全文检索，百度的检索结果质量良莠不齐，准确性不够高，在确定译法的过程中需要译者仔细进行交叉验证。

除了百度，常用中文搜索引擎还有搜狗（sogou.com）、搜搜（soso.com）等。虽然不如百度大，但这些搜索引擎也有自己独到的特点与优势。如，搜搜可以搜索到其他搜索引擎无法搜到的 QQ 空间内容；而搜狗则可以直接检索微信与知乎的相关内容，还能够直接进行海外检索，这对于翻译工作来说是一个十分便利的功能。检索时应该根据需要选择合适的搜索引擎，同时也可以尝试同时利用多个搜索引擎检索，并对结果进行综合比较。

目前全球公认使用率最高的搜索引擎仍是 Google（谷歌）。谷歌能够支持一百多种语言的检索，搜索速度快，网页数量多，因此对于英汉翻译工作来说，是最常用的搜索引擎。

谷歌翻译是谷歌公司提供的一项免费翻译服务，可提供 80 种语言之间的即时翻译。谷歌翻译曾经是基于统计的原理，在以往人工翻译的内容中查找可以匹配的短语内容生成译文。因此准确度不高，翻译质量屡受诟病。2016 年 9 月，谷歌翻译有了重大突破，其神经网络机器翻译系统（Google Neural Machine Translation，简称 GNMT）技术一改以往将短语为机器学习的基本单位，变成以句子为翻译的基本单元，因此使翻译过程中需要进行的调整大大减少。据悉,谷歌神经机器翻译在英法、英西等语言间的互译准确率已经达到 90%,而英汉互译准确率也已经达到 80% 左右。不过经过测试,虽然谷歌翻译在非文学方面的翻译准确率有了很大提升,但在文学翻译方面仍有待提高,有些时候还不如必应、有道的翻译准确率高。

谷歌学术是谷歌推出的免费搜索学术文章的网络应用,可以搜索世界上绝大部分出版的学术期刊,包括学术著作出版商、专业社团等学术组织的经同行评论的文章、论文、图书、摘要和文章[①]。这一功能对于翻译工作者来说也十分有用。翻译过程中经常遇到译者所不熟悉的专业知识,如果没有相关知识背景,很容易造成理解与表达错误。通过这一功能可以查找到某一领域最权威的研究与最新发展,为翻译工作提供可信赖的依据。

谷歌图片也是翻译工作中可以使用的便捷工具。翻译过程中往往由于缺乏对某些知识的了解而陷入理解的难题。有些情况下,综合搜索的结果良莠不齐,译者没有一定的专业知识很难甄别其正确性;而垂直的专业搜索结果又过于专业,如果只是因为某一个知识点而阅读一些专业论文是极为低效的。这时可以尝试图片检索。这种方法十分便捷,并且由于图片可以给译者呈现直观的信息,有利于译者根据译语的习惯进行翻译。

例 1.

In recognition of his genius, renowned Spanish artist Carlos Marinas designed a large sculpture featuring a bust of Khan set alongside a representation of Chicago's skyline. The sculpture found a home in the Willis Tower lobby.

相当多学生在翻译这句话时,由于缺乏对于这座雕像的直观印象,只能根据文字描述对雕像的样子进行推测,将其译为:"……设计了一座卡恩的半身像,旁边是芝加哥高楼大厦的象征。这座半身像就放在威利斯大厦的大堂里。"原文作者在创作时并非将该雕像的描述作为重点,只是泛泛而谈。但在翻译过程中如果缺乏相应的背景知识,很可能导致理解错误。利用图片搜索功能,可以很轻松地找到文章中所描述的那座雕像(图 9-1)。可以很清楚地看到,文字描述的那座雕像实际上是一座大型浮雕,浮雕的前景是威尔斯大厦设计者卡恩,背景则是芝加哥高楼大厦的轮廓。而整座浮雕安放在威利斯大厦的大堂内。

图 9-1 卡恩雕像图片

---

① http://baike.baidu.com/link?url=w6io74_DaSOxxWcUwR74sE5mMIbn7hdltN6Q-udBkz8GOOv7LVru5Yqll89ETM8Si89IKRd3MIq3mlyDfNCBUzhfie2ZUjRNZi1fKm4RiHpdz4kvTC0Go2XM6HN7n5gc,引用日期:2021.8.3.

此外，图片搜索功能还能帮助译者对于建筑外观、发明专利、甚至人的外貌特征等进行更加直观的了解，是十分实用的功能，在翻译实践与学习过程中应该好好地拓展这方面功能的运用。

除了谷歌，其他全球搜索引擎还有必应、雅虎、yandex、duckduckgo 等。这些搜索引擎也都各有特色，有些时候如果通过某一个搜索引擎无法查找到需要的信息，或者检索结果太少，可以尝试更换一下搜索引擎。

对于翻译工作来说，了解一些主要的搜索引擎特色可以帮助我们方便地选择最合适的搜索工具。但与此同时，还要注意这些搜索引擎的使用方法。由于大型搜索引擎基本都是全文检索，利用关键词检索时往往会搜到很多不相关的内容。因此有必要掌握一些高级检索命令，并且学会变通，运用合适的诱导词来增强检索的准确度。

第二节　关键词与诱导词

在进行网络检索时，我们当然希望能够通过直接输入关键词就可以查找所需要的信息。但现实往往是，我们的关键词需要不断变换，而有的时候还需要加一些诱导词帮助我们缩小检索范围。诱导词与关键词不同的是，它可以为搜索引擎提供更多与关键词相关的信息，从而帮助搜索引擎更准确地查找到相关内容。

比如我们希望在某大学寻找一个叫作"小明"的学生。由于与"小明"同名的人太多，在查询时就需要添加一些与众不同的特征，使这个小明有别于其他小明。比如在"小明"这个关键词后面附加诱导词"无人机比赛冠军""20 年国奖获得者"或者"21 级 XX 中学生源"等都有可能帮助我们锁定独一无二的小明。如果小明曾经是国外大学毕业的、在国际上获过奖，或者发表过国际期刊的论文等，那么对他的检索还可以增加一些双语的诱导词。

在翻译过程中进行的互联网检索一般分为单语检索与双语检索。前者主要用于理解原文或确认译文，后者则是为了查找到翻译所需要的双语资源。在检索过程中，我们还常常需要利用词的近义关系、上下义关系与相关关系附加源语或译语的诱导词。

近义关系比较好理解。比如我们想通过必应国际版检索"莱卡"这种面料，检索结果（见图 9-2）相当多都是关于莱卡相机甚至还有不少关于俄罗斯太空狗莱卡的信息。

图 9-2　必应"莱卡"关键词检索

但如果我们利用这个关键词的同近义关系，加上诱导词"聚氨基甲酸酯纤维"或者"氨纶"，那就会将检索结果指向这种具体的面料成分。如果我们将诱导词变为"面料""弹性纤维"，那就是运用了上下义关系；如果想了解这种面料的进口商相关情况，我们就可以利用相关关系，加上诱导词"面料进口商"等。以上只是单语检索，如果放在翻译的环境下，我们还可以将诱导词变为双语，同样利用上述关系。如"莱卡"加上同义词 Lycra，上义诱导词 fibre，或者加上相关诱导词"面料 importer"等都可以比较快捷地帮助我们锁定想要查找到的信息。

再有，诱导词的使用与下节要介绍的高级检索指令相结合，可以使互联网检索发挥最大的功效，更加快捷准确地找到所需的检索结果。

值得注意的是很多同学常常缺乏技巧与耐心，不会变换诱导词，一旦使用某一关键词无法检索到自己希望的内容就放弃了。因此我们需要学会在检索过程中尝试使用不同的诱导词，不断积累经验才能熟能生巧。

第三节 逻辑运算符与通配符

本节所讨论的检索命令是基于 Google 搜索引擎的设置。这些命令大部分在其他搜索引擎也适用，但仍需要在具体使用过程中进行验证。

首先要了解一些检索中所用的基本逻辑运算符与通配符，符号不仅可以用在搜索引擎方面，对于文献检索，语料库检索也同样适用。

And 或加号"+"这一命令表示的是"和"或"既包括……又包括……"的概念。也就是说如果将两个关键词 A 与 B 通过加号连接在一起，那么搜索引擎就会认为用户希望查找的内容既包含 A 又包含 B。目前大部分搜索引擎对于该指令采取的是默认方式，也就是说用户不需要输入加号或 and，只要将两个并列输入就会被自动执行该指令。

Or 或竖杠"|"该指令表示"或"的概念。如果将关键词 A 与 B 通过 OR 或"|"连接在一起进行检索，那么搜索引擎即认为用户希望查找的内容可以包括 A 也可以包括 B。在翻译实践中，有时会遇到这样的情况。我们希望查找一个外国人的背景信息（如篮球运动员 Drummond），但知道这个人的中文译名或昵称有多个（比如，德拉蒙德，庄神），为了更详细地了解，可以将几个中文译名通过这一指令连接起来检索，就可以扩大检索范围。

Not 或减号"-"该指令表示"非"或"不包括"的概念。如果将关键词 A 与 B 通过 No 或"-"连接在一起检索，搜索引擎即认为用户希望查找的内容为 A 但同时排除与 B 重合的内容。还使用上例 Drummond 这一个例子。由于外国人重名很多，如果希望查找的是另外一个德拉蒙德，而非篮球运动员德拉蒙德，我们就可以将检索命令确定为德拉蒙德-篮球运动员，这样在检索结果最开始的部分罗列的就是非篮球运动员德拉蒙德的相关信息了。

通配符在互联网检索、桌面检索以及一些电子词典、语料库的模糊检索方面十分实用。常用的通配符有问号（?）和星号（*）。注意，在输入时，这里的符号一定是英文半角。

问号（?）代表任意一个字符。比如"r?d"既可以代表"red"，也可以代表"rod"和"rid"；"我?你"既可以代表"我爱你"，也可代表"我恨你""我想你""我求你"等。

星号（*）表示任意字符串。注意这里的字符串可以指一个字符，也可以指多个字符。比如在翻译中可能我们对于某一个词拼写或用法不是十分确定，只知道该词的一部分，就可以输入"*"号来代替未知的字符。如"interest*"可以表示"interesting"和"interested"。而

"*tolerable"也可以帮助我们了解到在具体使用过程中应该是 intolerable 还是 untolerable。而在中文检索中，也可以利用星号代表任意几个连续的汉字。如"光学*识别"可以指"光学识别""光学字符识别""光学指纹识别"等。

双引号""表示将关键词作为一个整体进行检索。通常情况下，对于关键词的检索，如"计算机辅助翻译"，默认情况都是将其先按照一个整体进行检索，再按照其构成成分如"计算机""辅助""翻译"再到"计算""机"乃至更小的单位"计""算"进行检索。但如果我们希望提高检索效率，尽可能排除无效信息，那么就可以在检索时能够将该短语识别为一个整体，而非单独的几个词。这就需要用双引号将该短语框起来，尤其是一些不是很常用的短语，更大程度提高检索的速度。

第四节　高级检索指令

site:指令　对于大型全文搜索引擎来说，由于所收录的网站与信息十分庞杂，因此要想提高检索效率，可以通过 site: 这一指令限制其检索范围。比如，如果希望了解外交部网站针对某一关键词的相关消息，则可以在检索框中关键词前面加上 site:fmprc.gov.cn。这一指令还有一个对于翻译十分有利的用途，就是可以进行域名检索。尤其是在汉译英过程中，由于译者非英语母语使用者，因此对于某些译法是否标准没有把握，可以尝试将这种译法作为关键词，前面使用 site:加 uk（英），us（美），ca（加），au（澳）等域名后缀就可以将检索范围控制在英美等国，了解该译法是否在这些国家使用。也可以将域名控制在.cn，这样可以很清楚地看出该译法是否只有在中文中使用。

需要注意的是 site 后的冒号一定是为英文半角字符，冒号后没有空格。此外，网站域名不能有"http"以及"www"。如上例中，对外交部网站内容进行检索不能写成 site:www.fmprc.gov.cn。

filetype:指令　这一指令可以帮助用户快捷地查找某一种文档类型。综合检索的结果过于庞杂，在权威性及针对性方面不够强。由于 PDF 文档与 WORD 文档一般为专业文献或文件，因此在专业性方面一般来说优于网页的页面内容。如果在关键词后面加上 filetype:pdf，则可以只检索与关键词相关的 PDF 文档。Google 还可以检索视频文件，对于帮助译者获取直观的信息是十分有用的。

filetype 指令也可以和 site 指令相结合，指定具体检索的路径，缩小检索范围。比如（图 9-3），通过 "Covid-19" site:who.int filetype:pdf 指令可以快速找到世界卫生组织所正式颁布的所有关于新冠疫情方面的 PDF 文件。

define:指令　翻译过程中遇到不熟悉的术语时，如果使用这一指令可以快速地查找到各网站对于该关键词的定义。如我们想了解"石墨烯"的概念，就可以输入 define:graphene，检索结果比较靠前的均为与石墨烯基本概念相关的网页。

intitle:与 allintitle:指令　在全文检索中，关键词不仅出现在标题中，还出现在网页正文中。很多时候，网页内容本身可能与关键词内容没有太大的关系，只是出现了关键词而已。而这一指令可以限制检索范围为网页标题，这样就能够更加精准地检索到以关键词为标题的针对性更强的内容。例如，我们希望了解 2020 年美国大选中民主党的民意调查情况，可以输入 allintitle:2020 democrats polls，可以检索这三个词同时出现在网页标题中的情况（图 9-4）。如

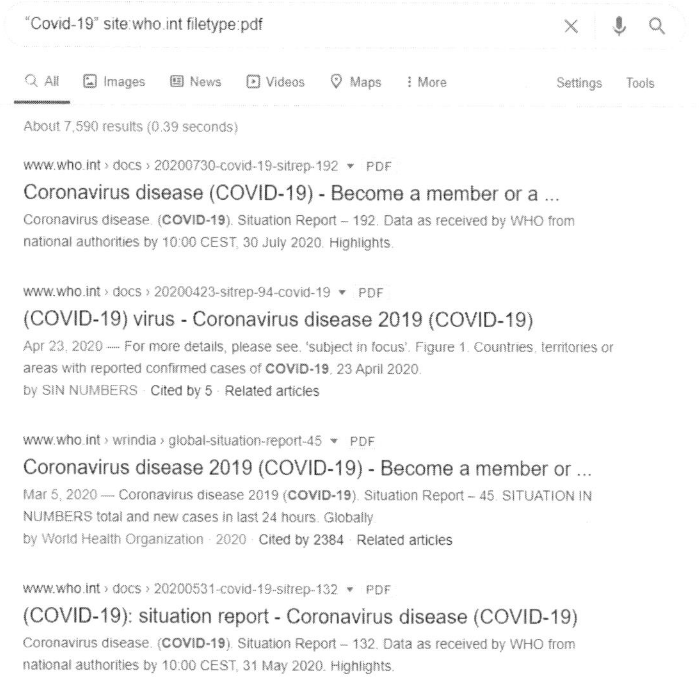

图 9–3 "Covid–19" site:who.int filetype:pdf 检索结果

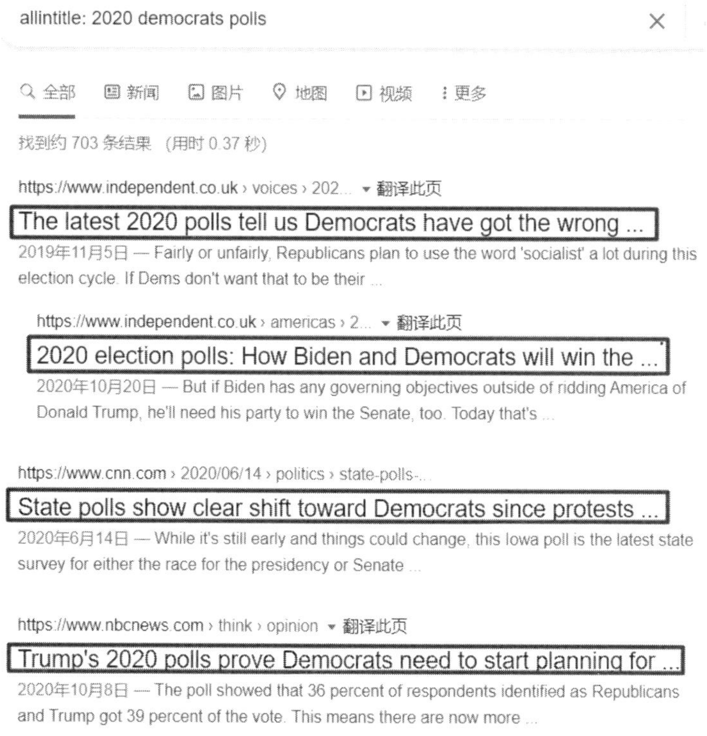

图 9–4 谷歌 allintitle:2020 democrats polls 指令检索结果

果认为检索结果太少,则可以选择将这三个词设置为"或"的关系,在谷歌中的检索方式为 allintitle:2020 OR democrats OR polls,在有些搜索引擎中则可以使用 intitle: 2020 democrats polls 这一指令。从图 9-5 可以看出,返回结果就宽泛的多,但也出现了很多不相关的结果。

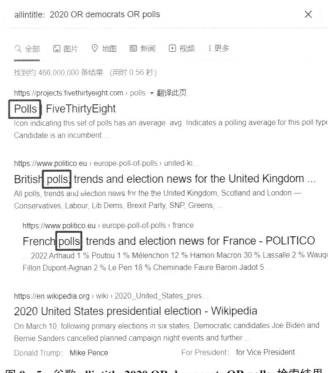

图 9-5　谷歌 allintitle:2020 OR democrats OR polls 检索结果

inurl:指令　这一指令可以允许用户搜索在 url 中进行搜索。该指令后加上任意字符串后可以用来查找 url 中包含该字符串的网页。如输入 url:zhihu.com 可以找到所有 url 中包含 zhihu.com 的检索结果;将这一指令再结合关键词使用就可以查找该 url 中包含某一关键词的页面,语法为 inurl:xxx（url 中所含字符）+关键词。例如,我们希望了解知乎网站上有关表面张力的内容,就可以输入"inurl:zhihu.com 表面张力"。如果希望自己的检索结果再专业一些,还可以希望查找一些 url 中包含 physics 的网站,因为这样的网站在网页目录中就包含了 physics 一词,表示其有专门的分类,于是可以输入 inurl:physics 表面张力。这样得出的结果会更加精确。

要注意的是 url:后面所接字符可以是英文,也可以是中文,所得出的检索结果是不一样的。由于大部分网站 url 是英文,因此运用英文的检索结果会更多。

这一指令还可以与其他指令相结合。如果希望查找到 url 为 physics 的网站中网页标题为表面张力的页面,可以输入 intitle:表面张力 inurl:physics。

inurl:指令每次只能检索一个关键词,allinurl:指令则可以检索 url 中同时包括多个关键词的网页。如 allinurl:ox.ac.uk alumni interview 可以检索牛津大学所有校友的访谈。

Related:指令可以帮助用户查找与某一网站风格与架构相类似的其他网站。在翻译过程中,如果发现某一网站的风格与内容比较符合自己的需求,但同时希望能够了解更多,就可以运用这一指令。比如,可通过一个比较常用的电子词典网站找到其他相似的电子词典。再如,我们找到了某一权威网站对某一术语的解释,但还希望了解其他类似网站的情况,就可以使用这一命令进行搜索。

以上的指令大部分比较容易记忆,并且只要掌握了该指令的意义,基本上可以掌握。为了让用户有更好的体验,大多数搜索引擎在设置中也提供了一些常用指令的设置功能。如在百度与谷歌可以点击高级检索设置按钮,在弹出的对话框中可以设置结果中关键词的逻辑关系(包括全部关键词、任意关键词、不包括某关键词等),还可以对网页的格式(常用包括.pdf, .xls, .ppt, .rtf, .swf 等)、关键词的位置(网页任何位置或标题等)以及网站域名进行设置。检索之前,可以不必记忆繁多的指令,提前设置好所需条件,更轻松地完成检索。

检索时,诱导词的使用同样非常重要。诱导词与关键词不同的是,它可以为搜索引擎提供更多与关键词相关的信息,从而帮助搜索引擎更准确地查找到相关内容。很多学生由于不会变换诱导词,一旦使用某一关键词无法检索到自己希望的内容就放弃了。

一般情况下,在翻译过程中所使用的诱导词大致分为两大类:第一,运用源语信息查找诱导词;第二,运用译语信息查找诱导词。而在每一种类别下,又可以根据源语与诱导词之间的关系分为近义关系、上下义关系、相关关系等。

比如关键词是 Lumière(卢米埃尔),我们希望了解的是关于卢米埃尔发明电影放映机的信息,那么就可以将 cinema invention 作为诱导词,这利用了源语的相关关系。如果将诱导词变为"电影的发明"则利用了译语的相关关系。再比如,关键词是 Market Colonnade,如果我们希望了解其历史背景,则可以使用源语的相近关系 history 或 origin 等词作为诱导词;而如果我们希望了解的是这一地名的中文译称,则可以利用其译语的上下义关系,使用诱导词"卡罗维发利小镇"或"捷克旅游",可以找到很多关于"集市回廊"相关的双语信息。与检索指令不同,诱导词没有固定的规则与程序,而是需要在应用过程中不断积累经验才能熟能生巧。

诱导词的使用需要与检索指令相结合,才能使互联网检索发挥最大的功效,更加快捷准确地找到所需要的检索结果。

第五节　互联网检索结果验证

互联网可以方便快捷地查找到我们所需要的几乎任何门类的信息,通过以上的内容学习,我们也了解到在互联网检索过程中,通过变换检索诱导词以及执行检索指令,可以有效帮助我们更高效地查找到更加专业、权威的内容。然而,翻译实践中,不能盲从某一网站所提供的译法,因为即便是较权威的网站,如果搜索结果很少,有时也是值得怀疑的。尤其是通过中文网站查找到的英文内容或在国外网站查找到的中文内容,都应小心甄别,再次验证。甄别方法包括:

一、对网站的专业性进行判断。尤其对于专业性较强的知识,应该判断该网站是否在该专业领域较为权威。如果是一些论坛上发布的帖子,需要判断发帖人的专业性。

二、对搜索结果的数量进行判断。如果完全匹配的检索结果少于十个,就应该对这种译法加倍小心对待。

三、将查找到的某种译法重新输入检索栏进行检索,与此同时变换诱导词,关注新的检索结果。

下面我们通过几个例子来看一下：

例 2.

Quirky Inventions

It may have been his most successful invention, but the converter was by no means the last of Bessemer's contributions to industry. The incorrigible tinkerer also created a hydraulic device for extracting more sugar from sugarcane, a steam-driven fan for ventilating mines, a furnace for making sheet glass, a process for compressing waste graphite powder into solid graphite so as to form lead pencils, and, in an attempt to cure his own seasickness, a ship—the SS Bessemer, which used hydraulics to keep the decks level no matter how choppy the seas were. Unfortunately, it proved highly unstable, demolishing a pier at Calais on its maiden (and only) voyage.

There were many other inventions, most of them unsuccessful, but the failures were more than compensated by the profits accrued from his bronze powder and steel maker. W. M. Lord said with regard to this success that "Sir Henry Bessemer was somewhat exceptional. He had developed his process from an idea to a practical reality in his own lifetime and he was sufficiently of a businessman to have profited by it. In so many cases, inventions were not developed quickly and the plums went to other persons than the inventors" ...

这段话介绍了转炉炼钢法的发明人亨利·贝塞麦在其他领域的一些发明。其中引用了一位称作 W.M.Lord 的人对他的评价。翻译实践中，相当多学生都将这个人译作 W.M.勋爵。然而通过对于英语中爵位的使用习惯来看，这一译法明显不正确。Lord 指"勋爵"之义时，不能单独使用，后面肯定要有封地名或部分教名，如 Lord Cavendish 及 Lord Randolf Churchill。因此上述译法肯定有误。那么这个人到底是谁？该怎么译呢？

首先，直接在谷歌中检索 W. M. Lord 有 110 000 000 条结果，排在前面的基本没有参考价值，因此可以考虑添加诱导词。既然与贝塞麦有关，那么就可以考虑添加"Henry Bessemer"为诱导词，在谷歌检索框里输入"W. M. Lord"+"Henry Bessemer"，可以将检索结果减少到 135 个，而且绝大多数都与此人评价贝塞麦有关。可以发现结果中仍旧无法找到 W. M. Lord 的全名，但在维基百科中贝塞麦的词条中有 W. M. Lord 对贝塞麦的评价，并且在页面底部列出了参考信息来源（见图 9–6）。

Sources [edit]

- Anstis, Ralph (1997). *Man of Iron, Man of Steel: Lives of David and Robert Mushet*. Albion House. p. 140. ISBN 978-0951137147.
- Bessemer, Henry (1905). *Sir Henry Bessemer, F.R.S.: an autobiography; with a concluding chapter*. London: Engineering.
- Boylston, Herbert Melville (1936). *An introduction to the metallurgy of iron and steel*. Wiley.
- Jeans, William T (1884). *The creators of the age of steel*. Chapman and Hall.
- Lord, W M (1945). "The Development of the Bessemer Process in Lancashire, 1856–1900". *Transactions of the Newcomen Society*. **25**: 163–180. doi:10.1179/tns.1945.017.

图 9–6　维基百科中贝塞麦词条中 W.M.Lord 的相关文献

虽然此人全名并未出现，但从英文参考文献的格式可以判断出来 Lord 是姓氏，而 W.M 是此人名字的缩写。并且全部指向一篇名为"The Development of the Bessemer Process in Lancashire, 1856—1900"的文章（见图 9–7）。再以该书名为关键词继续查找，虽然在目前所查到的贝塞麦炼钢法相关著作中都会引用 W. M. Lord 的学术著作，但在文献来源中仍旧只有缩写，仍旧无法找到该作者全名，不过通过检索，我们也明确了两件事：其一，该学术著作原文中，作者的身份为"B. Sc. Tech Member"，意为"工科学士"；其二，此人的全名对于上段话的翻译不具有核心意义。

The Development of the Bessemer Process in Lancashire, 1856-1900

BY

W. M. Lord, B.Sc.Tech., Member

(Read at the Iron and Steel Institute, London, Feb. 12th, 1947).

"Steel, which is nothing more than soft iron combined with a small portion of carbon, silex, and phosphorus."
Samuel Parkes—*Chemical Essays*, 1815.

图 9-7　The Development of the Bessemer Process in Lancashire，1856—1900

因此对于上述信息可以模糊处理为，对于贝塞麦的成功，曾有人这样评价，"亨利·贝塞麦爵士有些与众不同。他一生都在让一个想法不断成长，最终落实在实践中。并且作为一个地道的商人，他能从这种发展过程中获利。很多情况下，发明未能无法得到迅速发展和应用，或者利润都进了其他人的腰包，而发明者本人却得不到回报。"

例 3.

网络新词"洪荒之力"的译法。

最简单的方式就是直接通过电子词典。有道词典对于"洪荒之力"给出了两种译法"prehistorical power"与"mystic energy"。而金山词霸与灵格斯都未能检索到词条。较为简单的译法还包括搜索百度翻译，得出 prehistorical power 的译法，而谷歌则译为 prehistoric power。

那么究竟应该采取哪种译法呢？肯定不能随便选一个，这种做法是极不负责任的，必须要经过一系列验证才能接受。

首先，对于 prehistorical 还是 prehistoric 应该可以从词义本身来判断。查网络词典 thefreedictionary.com 可以看出，柯林斯词典与兰登书屋词典均认为这两个词是同义词，可以互换。

柯林斯定义：

prehistoric or prehistorical　　*adj.*

(Historical Terms) of or relating to man's development before the appearance of the <u>written word</u>.

兰登书屋词典定义：

prehistoric or prehistorical　　*adj.*

of or pertaining to the time prior to <u>recorded history</u>.

因此可以大致判断，prehistoric power 与 prehistorical power 的译法是差不多的。但是否能够这样翻译还是要看西方主流媒体的译法。我们可以通过运行一些高级搜索指令来验证前面所提到的几种译法。

首先，可以通过 site 指令，帮助我们查找中文域名或英文域名网站译法的不同。在谷歌搜索框里可以输入：

site:cn "prehistoric power"

搜索结果一共有 602 个，粗略看一下结果，发现比较权威的有 chinadaily.com.cn（中国日报）与 globaldaily.cn（环球时报），ecns.cn（中新网），china.org.cn（中国网）等几家，其余多为转贴。

搜索 site:cn "prehistorical power" 得到 775 个搜索结果，不过只有 chinadaily 比较权威。

同样通过 site 指令搜索 mystic energy，得到的结果最多，有 4 320 个，但除了浏览一下发现绝大多数与"洪荒之力"无关。其中又有 url 来源为 Chinadaily 的译文。对照上文结果发现 Chinadaily 居然给出了三种译法，除了最后一种出自其翻译论坛，另外两种译法均为英语新闻。这也让人对这一译法的权威性生疑。

我们还可以通过 site 指令或 inurl 指令对各大主流外媒对"洪荒之力"的译法进行更为精准的检索。值得注意的是，在搜索外媒时，由于不确定"洪荒之力"的译法，可以变换一下关键词，利用与其相关的诱导词 Fu Yuanhui（付园慧）进行检索。如经过检索发现英国《卫报》与《太阳报》译为 mystic energy[1]，而 BBC 译为 prehistoric power[2]，美国《纽约时报》译为"primordial powers"，《华盛顿邮报》则译为"mystical power"。看来外媒对"洪荒之力"的翻译处理方式也不尽相同。但这些译法到底是否地道，还要看除了对于"付园慧"的"洪荒之力"的报道，这些短语平常在英语中的用法。通过上述方法，再使用 site:uk; site:us; site:au 对几种译法进行验证。

发现 mystic energy 在外媒中使用率不高，主要用来描述通过音乐、美术的影响而在心灵上感受到的一种力量。如：

An alchemical merging of colour and brushstrokes involving techniques of sfumato and chiaroscuro, evoking a powerful, mysterious energy.[3]

心灵治疗体验项目：Mystic Energy Healing[4]

心灵治疗音乐名称：Mystic Energy[5]

Mystical power 与 mystic energy 相比，更有一些神秘感，指的是与第六感相近的"神秘力量"。

Releasing psychic abilities and finding mystical power within you is just a matter of learning how to tap into the sixth sense.

介绍考古发现及古代传统的文章：Magical Rings and Their Mystical Powers[6]

再来看 prehistoric power，外媒多将这一表达用于一些游戏与玩具的描述中，主要用来形容史前的蛮荒之力。如：

"Using the DNA schematics of former Maximal Dinobot, each warrior emerges as a hybrid of

---

[1] https://www.theguardian.com/sport/2016/aug/10/fu-yuanhui-china-falls-in-love-with-olympic-swimmer-and-her-mystic-energy，引用日期：2022.9.18.

[2] http://www.bbc.com/news/world-asia-china-37031983，引用日期：2020.11.8.

[3] http://www.stateoftheartgallery.com.au/art/painting/mystic-energy-1-by-elaine-green/1585，引用日期：2020.11.8.

[4] http://www.mysticjourney.co.uk/energy-healing-sessions，引用日期：2020.1.5.

[5] https://www.amazon.co.uk/Mystic-Energy/dp/B01B4WTJBS，引用日期：2020.11.20.

[6] http://www.ancient-origins.net/artifacts-other-artifacts/magical-rings-and-their-mystical-powers-005686，引用日期：2020.11.20.

savage <u>prehistoric power</u> and advanced Cybertronian robotics... the result, the fearsome Dinobots are born!"①

"From the makers of Nerf, this chomping Velociraptor head is made of soft foam so you can pretend to be this prehistoric predator in comfort. Unleash the <u>prehistoric power</u> of Velociraptor with this chomping head！"②

"LEGO Creator 4,892 Prehistoric Power": Bring the dinosaurs back! Years ago, dinosaurs roamed the earth and this is your chance to bring them back! This new set has enough <u>prehistoric</u> pieces inside to build at least 8 different dinosaurs, one at a time! Build a Triceratops, a Stegosaurus, and more. Or, build and discover your own dinosaur!（乐高一款玩具描述）③

The user attacks with a <u>prehistoric power</u>. It may also raise all the user's stats at once.

而 prehistorical power 在英、美、加、澳媒体的检索结果均为个位数，没有参考价值。

最后来看 primordial power。首先，还是来看 primordial 一词作为形容词的本义。

柯林斯词典定义：

1. existing at or from the beginning; earliest; primeval
2. constituting an origin; fundamental
3. (Biology) biology of or relating to an early stage of development: primordial germ cells.

兰登书屋定义：

1. constituting the earliest stages; original: primordial forms of life.
2. existing at or from the very beginning: primordial matter.

可以看出，词典定义中 primordial 一词比 prehistoric 一词更适合形容宇宙形成之初的蛮荒阶段。再来看实际应用中的情况。

运用上述方法，对 premordial power 进行检索，可以发现很多使用该表达的网站为游戏网站，介绍虚构的游戏人物所具有的神奇力量。④

描述宇宙间弥漫的混沌力量：The whole universe is permeated by the invisible energy - the <u>Primordial Power</u>. It manifests itself as light and heat which under the effect of the Eternal Laws maintains individual levels of Creation.⑤

此外，还发现一些介绍东方信仰的书籍中使用了这一表达。如：

"Kali's <u>premordial powers</u>"（时母的神力）⑥以及"san yuan, the three primordial powers, refer to the sun, moon and stars of heaven; the water, fire and winds of Earth; the postnatal *ling*, *qi*, and *shen* (postnatal essence *yuan*, *qi* and *shi shen*); and the inborn *ling*, *qi*, *xu* (the inborn spirit, geniune *qi* and *yuanshen*)."⑦

---

① http://www.unicron.us/tf2000/toypics/dinotron.htm, 引用日期：2020.11.20.
② http://marc.mywebdesign.us/index.php?route=product/product&product_id=14064, 引用日期：2020.11.20.
③ https://www.amazon.co.uk/LEGO-Creator-4892-Prehistoric-Power/dp/B000BVMALU, 引用日期：2020.11.20.
④ http://powerlisting.wikia.com/wiki/Category:Primordial_Powers, 引用日期：2020.11.20.
⑤ http://www.zelenaratolest.sk/en/universe/primordial-power.html, 引用日期：2020.11.20.
⑥ https://www.jstor.org/stable/41208811?seq=1#page_scan_tab_contents, 引用日期：2020.11.20.
⑦ https://books.google.com.hk/books?id=xVarmT4IhmsC&pg=PA124&lpg=PA124&dq=%22primordial+powers%22&source=bl&ots=OepQ6GuRU2&sig=xVboiz34K6ZmKhdorJz9pBB-JIA&hl=zh-CN&sa=X&ved=0ahUKEwiRmZqBjpbSAhWn34MKHfVFBIs4ChDoAQgqMAM#v=onepage&q=%22primordial%20powers%22&f=false, 引用日期：2020.11.20.

经过上述讨论，可以发现，外媒对于"洪荒之力"的译法是多样的，但通过对各译法在英语中实际使用过程中所表达的意思来判断，"primordial powers"的译法更为接近。

然而这里仅仅是通过"洪荒之力"的翻译展示一下翻译过程中通过网络搜索来确定译法的过程，最终确定译法还需要考虑很多其他相关的要素。比如在一些翻译论坛[①]中，我们可以看到很多人对"洪荒之力"的译法提出了异议，认为"prehistoric/prehistorical"所描述代表的年代只是史前，也就是有文字记载的历史之前。但"洪荒"所表达的年代要比"史前"久远得多。有很多网友也提出了自己的译法，如可以译为：the Force（出自星球大战的"原力"）；the Genesis Power（将宇宙洪荒时期对应天地初开的创世纪时期）；primal power（游戏《魔兽世界》中高频词）以及 power of Titan（泰坦之力）。那么这些译法是否合适？究竟应该意译还是直译？这些不是本章要讨论的重点问题。真正的译法如何确定还需要结合语境\译者对于读者文化背景的了解以及对于语篇功能的分析等方面进行综合判断。在这里提供仅一篇报道中的讨论作为参考，详见脚注链接[②]。

【课后练习】

1. 在翻译"冠状病毒有包膜"这段文字时，有同学在电子词典中查到"包膜"一词可译为"diolame"，该同学应该如何确认该译法正确性并查找到正确的译法？

2. 在翻译中文汽车发动机方面内容时，必须了解发动机的基本构造、原理以及相关英文表达。哪些方法可以帮助我们在互联网上快速查找相关信息？

3. 请利用互联网检索翻译下面这句话：美学家苏珊·朗格认为，"虚幻空间作为完全独立的东西而不是实际空间的某个局部，是一个独立完整的体系。不管是二维还是三维，均可以在它可能的各个方向上延续，有着无限的可塑性。"

[①] https://www.zhihu.com/question/49389880，引用日期：2020.11.20.
[②] http://news.sina.cn/sh/2016-08-12/detail-ifxuxhas1756057.d.html?from=wap，引用日期：2020.9.20.

第十章
平 行 文 本

互联网能够为职业译员提供的养分虽然充足,但过于庞杂,很难吸收。而平行文本(parallel texts)则是职业译员需要主动寻求并吸收的最重要的营养。

狭义的平行文本指原文与译文句对齐的结果。通常的作法是将原文与译文进行句对齐后制成平行语料库或记忆库,通过语料库检索工具或计算机辅助翻译软件,在翻译过程中根据记忆库中原文与待译文本句段的匹配度,提取译文供译者参考。

而广义的平行文本主要是在主题、内容等方面与待译文本有相同或相似之处。需要说明的是,这里所谓的"平行文本"实际包含的内容远不止传统意义上的文本(text),而是与待译文本相关领域的各类资源,包括书籍、手册、网页、论坛、博客上的文字资源,以及线上与线下各类音视频与图片资源等。

双语对照平行文本材料固然理想,但不易获取,并且多数情况下是不存在的。在实践当中,单语平行文本更为广泛,既包括源语平行文本,也包括译语平行文本。

第一节 源语平行文本的使用

源语平行文本与待译文本语言相同,其作用主要有二:一是为译者提供背景知识方面的参考,帮助译者更深入地理解原文;二是提供帮助译者发现原文中存在的问题。一般来说,除非是非常尖端的科学发现与发明创造,一般来说,都能够查找到比较丰富的资料。译者应认真阅读,重点关注与待译文本相关的重要概念,避免因为个人认知瑕疵导致对原文理解不够透彻,或在译文中出现概念性错误。

例1.

双作用活塞式风箱的箱体为木质,有方形和筒形两类。内部装置一个活塞板,<u>箱内一侧下部有一个长方形风管</u>,<u>前、后开口都与箱内相通</u>,<u>中间有一个向外的出风口</u>。出风口内部的一个单页双置活门,可使出风口与<u>方管</u>的一半相通,阻断出风口与方管另一半之间的空气流动。在气流推动下,方管两部分交替与出风口相通。活塞板作前后往复运动时,都可以将空气压出,从而实现连续鼓风。

这段文字介绍的是一种传统鼓风设备。翻译时,如果译者对这种物品的外观完全不了解,仅凭文字很难想象风箱的内部构造。在没有摸清楚构造就贸然进行翻译,译文肯定是错误百出,不知所云。这时就需要检索其他中文资料或相关图片、视频资料等,增加对于所译内容的直观认识。

通过互联网检索,可以很方便地查找到与"双作用活塞式风箱"相关的文字及图片简介,直观了解风箱的内部构造，帮助译者了解"箱内一侧下部"具体指什么位置，"前、后开口"是哪个部位的开口，"中间"是什么部位的中间，以及"方管"与"长方形风管"的关系。从而选择准确的语言进行描述，同时使用正确、灵活的照应手段，使整个篇章重点突出，连贯性强。

例 2.

  Privately, however, Roosevelt seethed. In several letters to Eleanor he blasted both Daniels and Bryan. "A complete smashup is inevitable, and there are a good many problems for us to consider," he wrote at the outset of the war. "Mr. D totally fails to grasp the situation." The fact that neither Daniels nor Bryan had military experience fed into Roosevelt's view that he knew better than they what the trajectory of naval policy should be. "Mr. Daniels," he wrote on another occasion, was "<u>feeling chiefly very sad that his faith in human nature and civilization and similar idealistic nonsense was receiving</u>." The invective continued. "These dear good people like W.J.B. and J.D. have as much conception of what a general European war means as Elliot [Roosevelt's young son] has of higher mathematics."

  对于待译文本中存在引用的情况，查找平行文本的另一个作用就是确保待译文本的准确性与完整性。在上例中，罗斯福在与妻子的信里对他的上司进行了抨击。划线部分明显不是完整的句子，receive 没有宾语。因此如果想准确地翻译这句话，就需要找到原文。通过查阅平行文本，发现的确这一版本是错误的，下面的划线部分是 receive 的缺少的宾语。

  "Mr. Daniels," he wrote on another occasion, was "feeling chiefly very sad that his faith in human nature and civilization and similar idealistic nonsense was receiving <u>such a rude shock</u>."①

第二节 目的语平行文本的使用

  目的语平行文本主要为译者提供译法与风格方面的参考。

  同样以第一节"双作用活塞式风箱"的翻译为例。我们可以查找到中文相关资料帮助理解原文，但在翻译过程中，如果能够找到英文的相关描述，那么译者的工作就如虎添翼，事半功倍了。当然，找到与原文一模一样的译语资料是不太现实的，否则翻译就失去了意义。绝大多数情况下，平行文本只能提供部分参考。因此译者需要查找多个资源，提取有用信息并进行综合才能够使平行文本的效用最大化。

  比如对于"双作用活塞式风箱"的构造，译者可以在李约瑟的《中国科学技术史》第四卷第二部分找到如下描述：

  "Beneath is a longitudinal section to show the arrangement which ensures a continuous blast, and a small transverse section of the nozzle to show the mounting of the outlet valve. Air is taken in alternately at each end of the rectangular cylinder through crapaudine valves which open as the

---

① 原文来自 Ark of the Liberties:America and the World 一书，作者为 Edward Widmer 与 Ted Widmer。https://www.google.com/books/edition/Ark_of_the_Liberties/9Cht_ETq3wwC?hl=en&gbpv=1&dq=%E2%80%9CMr.+Daniels,%E2%80%9D+he+wrote+on+another+occasion,+was+%E2%80%9Cfeeling+chiefly+very+sad+that+his+faith+in+human+nature+and+civilization+and+similar+idealistic+nonsense+was+receiving+such+a+rude+shock.%E2%80%9D&pg=PA197&printsec=frontcover，引用日期：2022. 2.5.

piston withdraws and close as the piston approaches. A separate lower compartment closed at the centre conducts the air alternately to each side of a third crapaudine valve within the nozzle. The piston packing consists of feathers, or sometimes of folds of soft paper.[①]"（Needham,1965: 136）

通过互联网检索，我们还可以找到曾任美国专利局局长的 Thomas Ewbank（1792—1870）所著的一本专门介绍各种机械的书，其中有如下描述：

"When the piston is forced inwards, as represented in the cut, the valve at F is closed, and that at J is opened; and thus the upper chamber is constantly filled with air. The wind driven into the lower chamber by the piston urges the clapper G against the stop, and is consequently forced out at the mouth."[②]

这样的资料可以找到很多，在翻译实践中，译者可以将这些描述双作用活塞式风箱外观及原理的语言进行综合，找到最优的译法。

当然，与互联网上检索到的资源一样，平行文本同样需要细心甄别，不能看到平行文本就如获珍宝似的直接使用。事实上，即便是正式出版物上的译文，有时质量也十分粗劣，根本经不起推敲。

【课后练习】

1. 以下是一段关于"人痘接种术"的介绍，请运用互联网搜索相关英文介绍，并将这段文字译为英文。

历史上记载的人痘接种方法大致有四种，即痘衣法、痘浆法、旱苗法和水苗法，这些方法历经了中国古代医师的挑选和取舍。痘衣法，是给被接种者穿上天花患者的内衣，该法比较原始，有危险性，后来较少被采用。痘浆法，是用天花患者痘浆浸染棉花，塞进被接种者的鼻孔，因其危险性较大，且对患者有损，后来杜绝。旱苗法，是把天花患者脱落的痘痂，研磨成粉末，通过细管吹入被接种者的鼻孔，粉末量不易控制，难于掌握。水苗法，是将痘痂研细调水，沾染在棉花上，塞入被接种者鼻孔，六个时辰（12小时）后取出，此法相对安全可靠，使用最多。

2. 以下的段落是关于 TD-Gammon 这款游戏的训练过程，请利用互联网搜索中文的相关介绍，并将这段话译成中文。

The first concept that TD-Gammon learns is "Bear off pieces," by attaching positive weight to the input feature that represents number of pieces borne off. The second concept is "Hit the opponent pieces"— a fairly good heuristic in all phases, learned by putting positive weight on the input unit encoding number of opponent pieces that were hit. The third concept, "Avoid being hit" is a natural reaction to the second concept, and is learned by putting negative weight on single pieces that can be hit. The fourth concept is "Build new points" to block the opponent's progress, learned by putting positive weights on made-point inputs.

---

① Needham, J. Science and Civilisation in China: Volume 4, Physics and Physical Technology, Part 2, Mechanical Engineering[M]. London: Cambridge University Press,1965.136.

② Ewbank, T. A Descriptive and Historical Account of Hydraulic and Other Machines for Raising Water [M]. New York: Greeley & McElrath, 1849. 249.

第十一章
语　料　库

语料库（corpus）是以一定的标准采集起来，并服务于一定目的的电子文本集。如果我们把文字看作是物资，那么语料库就是为了不同的使用需求将这些物资分门别类进行收集、整理、存放并进行管理的仓库。随着语料库语言学的发展，语料库在各行各业的应用越来越广泛。这一章里，我们仅介绍语料库在笔译实践中的应用方式以及一些常见语料库。

第一节　语料库的分类

语料库的分类方法有很多，所保存的文本也五花八门。有的是整部小说、期刊或报纸历年的合辑；有的是则是按照不同的目的将作品进行分解，只收录片段；还有的是对原始语料进行不同程度的加工后再收录。按语言的传播方式可分为口语（转写为文字）语料库与笔语语料库；按使用的目的可分为通用型语料库与专用型语料库；按文本的语言种类可分为单语语料库、双语语料库、多语语料库；按语料为编纂的时间排列方式可以分为共时语料库与历时语料库；按语言变体可分为本族语语料库、译文语料库与中介语语料库；按照加工层次则分为生语料库与加工（标注）语料库。

11.1.1　通用型语料库（general corpus）

通用型语料库，顾名思义，指在语料采集过程中尽可能平衡语言的各种变体（如不同地域、行业等），或者所采集的语料并不专属于某一文体或语域，因此也叫做平衡语料库，比较典型的代表包括 BNC（British National Corpus）以及 COCA（Corpus of Contemporary American English）。

11.1.2　专用型语料库（specialized corpus）

专用型语料库指出于特定目的，只针对某一特定领域的文本进行收集的语料库。专用语料库可以与通用语料库中的语料进行对比，以了解该领域的语言特点。由于语料专业程度高，也可以在翻译中作为工具书或计算机辅助翻译工具的记忆库使用，为专业翻译提供参考。

11.1.3　单语语料库（monolingual corpus）

单语语料库指语料库中所有的语料都来自同一语种，是应用最为广泛的语料库类型，上面所说的 BNC 与 COCA 都是这一类型。为了提高其在语言研究中的应用价值，很多单语语料库都进行了词性标注，因此可以通过其自带的或专业的检索软件进行检索，以发现自然语言的使用与搭配习惯，预测语言的发展。

11.1.4　本族语语料库（national corpus）

本族语语料库只收录一种语言的语料，因此是单语语料库的一种。在英汉翻译实践中，中文语料库也是译者可以使用的利器。借助中文语料库，我们可以更好地了解中文的搭配特点，避免在翻译过程中因受到原文句式与搭配影响所导致的翻译腔问题。

11.1.5　平行语料库（parallel corpus）

平行语料库由两个单语语料库构成，其中一个语料库中的语料是另一个的译文。平行语料库需要对语料中的片段（一般为句级或段级）进行对齐，并且进行匹配。用户使用软件可以对某一片段进行检索，并且了解到该片段如何翻译。Mona Baker 所建的 Translational English Corpus（TEC）就是一种平行语料库，包含从各国语言翻译为英语的文本，为翻译研究与实践提供了重要参考。

11.1.6　可比语料库（comparable corpus）

可比语料库与平行语料库类似，都是由两个或多个单语语料库构成的。所不同的是，可比语料库中语料之间不是翻译关系，只是同属于某一个话题，因此其语料并不存在片段对齐与匹配。可比语料库在翻译过程中可以起到平行文本的作用，为专业化翻译提供重要参考。

事实上，同一语料库由于分类依据不同，也会被划分在不同的类型中。除上述类型语料库外，还有很多分类方式与翻译实践的关系不很密切，这里不再一一列举。下一节，我们来介绍一些与英汉笔译学习实践最为相关的常用语料库。

第二节　常用语料库

11.2.1　BYU 语料库系统

BYU 语料库系统由原美国杨百翰大学的 Mark Davies 创建，包含 COCA, COHA，BNC 等十几个语料库。该系统提供统一的检索平台，各语料库检索界面完全一致，使用方便。用户注册后可以方便地选择任意一个语料库进行检索。该语料库系统自创建以来，一直挂在杨百翰大学的网址下，用户可以免费检索，也可以付费下载使用。2019 年起，由于 Davies 从杨百翰大学退休，该平台网址也改为（www.english-corpora.org），同时平台免费检索的条件也在不断地收紧，目前注册个人用户也只能每 24 小时免费检索 50 条。

BYU 系统所能够提供的检索主要有 list, chart, collocates, compare 以及 KWIC 这几种。本章第三节介绍如何在翻译实践中运用语料库检索时也将主要以该系统为例。

11.2.1.1　COCA

"当代美国英语语料库（COCA）（https://www.english-corpora.org/coca/）是唯一大型的、体裁平衡的美国英语语料库。……包含超过 6 亿个单词的文本（1990—2019 年每年为 2 000

万个单词），并且在口语，小说，流行杂志，报纸和学术文本之间平均分配。"[1] 无论是语料的总量，体裁的平衡性，还是更新的程度，COCA 都胜于同类型的大型语料库。根据检索平台公布的消息，2020 年 3 月，COCA 还将在原有的五个体裁基础上，再增加博客、其他网络资源、影视字幕三个体裁，使其语料的选材覆盖面更广、更加平衡。而伴随着这一更新，COCA 语料库的总量也会达到 10 亿词。

11.2.1.2　BNC 语料库

与 COCA 相比，英语国家语料库（BNC，British National Corpus）的容量就小得多，只有 1 亿词，并且自 2007 年起就没有再更新过。BNC 语料库也是一个平衡语料库，因此虽然量级上不如 COCA，但仍旧可以与 COCA 相对照，了解英式与美式英语变体的异同，从而为语言工作者提供了很好的参考。BNC 同样可以在英语语料库平台进行检索，检索方法与 COCA 相同。

11.2.2　国家语委语料库

国家语委语料库（http://www.cncorpus.org/）是教育部语言文字应用研究所肖航教授所建，其中包含现代汉语语料库和古代汉语语料库，属于单语大型平衡语料库。

11.2.2.1　国家语委现代汉语语料库

据该语料库网站官方介绍，"现代汉语通用平衡语料库全库约为 1 亿字符，其中 1997 年以前的语料约 7000 万字符，均为手工录入印刷版语料；1997 之后的语料约为 3 000 万字符，手工录入和取自电子文本各半。"[2] 在选材上，该语料库选用了"政论性文章、新闻报道、各类文学艺术作品、科普读物、通俗读物、学术专论及各种应用文语体等现代汉语作品"。[3] 同时注意保持语料在各学科、各行各业，以及社会生活各个领域的语言文字应用的代表性。该语料库有五千万字的标注语料库，经过了分词与词性标注，可以用来进行词类检索。时间上，该语料库大部分语料来源为 1919—2002，2002 年以后语料有 1 000 万字左右，以网络电子文本为主。

11.2.2.2　国家语委古代汉语语料库

古代汉语语料库有七千万字，包含周朝至清各朝代的文本语料，含四库全书中大部分古籍资料，如《诗经》、《周易》、《论语》、《大学》、《史记》、《全唐诗》、四大名著等。古代汉语语料库未经标注，支持全文检索与模糊检索。

11.2.3　BCC 汉语语料库

BCC 汉语语料库（http://bcc.blcu.edu.cn/）为北京语言大学大数据与语言教育研究所开发，总字数约 150 亿字，包括报刊（20 亿）、文学（30 亿）、微博（30 亿）、科技（30 亿）、综

---

[1] COCA 官网介绍。
[2] 国家语委现代汉语通用平衡语料库标注语料库数据及使用说明 http://corpus.zhonghuayuwen.org/CorpusIntro.aspx，引用日期：2021.10.15。
[3] 同上。

合（10亿）、古汉语（20亿）等多领域语料（见图11-1），是可以全面反映当今社会语言生活的大规模语料库。①用户可以进行关键词检索、历时检索或自定义检索并下载检索或统计结果，登录用户可以下载 10 000 条，非登录用户下载 1 000 条。语料经过了分词与词性标注，可以进行词类与句法检索。

11.2.4 LIVAC

泛华语地区汉语共时语料库（Linguistic Variation in Chinese Speech Communities http://www.livac.org/index.php?lang=sc）LIVAC 由香港城市大学语言资讯科学研究中心开发，自 2013 年起，由麒麟（香港）有限公司独家维护和开发。该语料库采取共时原则收集语料，总量 6 亿词，分别来自北京、上海、港、澳、台以及新加坡等多地的华语媒体。该语料库的特点是可以了解到泛华语地区某一关键词的使用情况，每年还公布各地区新词榜。遗憾的是，该网站目前只提供 1995—1997 年的语料，需要其他年份的需要联系 http://www.chilin.hk。

11.2.5 北外 CQP web 语料库平台

CQPweb 语料库平台由北京外国语大学中国外语与教育研究中心吴良平创建，由吴良平与许家金教授共同维护。该平台基于 CQP 检索技术，提供检索的语料库多达 40 多个，分为英文单语语料库、中文单语语料库、欧洲语言单语语料库、学习者语料库、英汉双语平行语料库、译文语料库等多个版块。其中英汉双语语料库中有 Babel 以及 TED 演讲中英、英中双向检索。英文译文语料库中有杨宪益、戴乃迭夫妇所译的《红楼梦》，中文译文语料库中包含当代汉语翻译小说语料库（The Contemporary Chinese Translated Fiction Corpus，CCTFC）与浙大译文语料库 ZCTC corpus (ZJU Corpus of Translational Chinese)。

11.2.6 TEC

Translational English Corpus 是世界上首个翻译语料库，由曼彻斯特大学翻译与跨文化研究中心的 Mona Baker 教授所创建并管理。而对该语料库进行检索需要下载三一学院 Saturnino Luz 博士开发的软件。该语料库目前有一千万词，分小说、自传、新闻与杂志四个子库，初衷是能够研究译文与原文的差异，以及不同译者的风格差异。该库中包括一些汉译英的语料，但不是很多。

总的来说，语料库建设所投入的时间与人力成本较高，并且由于版权等问题，很多语料库都只在测试阶段提供免费网络检索，等测试期过去网址就无法打开了。在翻译实践过程中，最常用的还是诸如 COCA 等大型单语平衡语料库。一些专业的平行语料库可以通过购买，但要关注质量。同时在翻译实践过程中，译者也需要有意识积累自己的语言资产。

第三节 语料库在笔译实践中的应用

语料库语言学可以在笔译实践与研究中得到诸多应用，这些应用方式有浅层的，如掌握基本的检索方式对某一现有的语料库进行检索；也有比较复杂的深层应用，如出于研究需要

---

① BCC 语料库简介 http://bcc.blcu.edu.cn/help#intro，引用日期：2021.10.15。

自建语料库，对其进行检索，并分析检索结果。很多情况下，一些概念往往会让人对语料库这三个字望而却步，但实际上在翻译实践中，出于翻译实践目的而对语料库进行简单检索并不需要掌握太多复杂概念。

11.3.1 基本概念

11.3.1.1 搭配（collocation）与类联接（colligation）

一般认为，搭配这一概念是由英国语言学家约翰·鲁伯特·弗斯（John Rupert Firth）于上世纪五十年代提出的。弗斯认为，搭配是指语义上相关的词之间习惯性的、重复性的共现关系，并且认为只有了解了词的结伴关系才能更好地理解一个词[1]。搭配对于英语学习者来说并非陌生概念，写作过程中经常会遇到并有意识地积累一些英文中的常见搭配。然而，直到二十世纪末，伴随着计算机的普及，语言学家才真正开始以语料库为基础对搭配进行大规模研究。

借助大型语料库及语料库检索软件，人们可以找到词汇之间更多的搭配方式，更可以为搭配找到更多依据。在检索软件中，可以节点词为中心，找到与其一定距离/跨距（span）内的搭配词，并且统计两个词的共现频率，以了解这两个词的搭配强度。在翻译过程中，尤其是汉译英，受到英语为外语的影响，译者经常对于词汇的搭配是否合理产生疑问。而这时候，语料库在搭配方面能够提供非常有用的参考。

类联接与搭配的概念相似又有不同。类联接所关注的是词与词类之间的"结伴关系"，如某个动词后面经常与哪些介词构成类联接，或者某个短语的类联播情况，以此为译文的词汇和语法选择提供更多依据。

11.3.1.2 语义韵（semantic prosody）

语义韵的概念由比尔·劳（Bill Louw）首次正式提出。他认为语义韵是"consistent aura of meaning with which a form is imbued by its collocates"[2]。词的搭配与类联接会使一些本不带感情色彩的词汇或短语具有褒贬色彩，体现出使用者一定的态度与价值判断。比如 Louw 本人以 utterly 为节点词，在 CoBuild 语料库中检索出了 99 项，绝大部分在该词右侧搭配的词汇皆有消极意义，如 against, altered, arid, burned, confused, destroying, insensible, meaningless, obsessed, ridiculous, stupid, unreasonable, unsympathetic 等[3]。图 11–1 是一些学者对于积极与消极语义韵的研究结果，可以看出，语义韵以消极的居多。然而，有时使用者也会有意打破某一传统的语义韵，从而使作品具有了一定的幽默与讽刺效果。

---

[1] Firth, J.R. A synopsis of linguistic theory 1930-1955 [A], in Firth (ed.). Studies in Linguistic Analysis, Special volume of the Philological Society [C], Oxford: Blackwell, 1957. 11.

[2] Louw, Bill. Irony in the Text or Insincerity in the writer?: The diagnostic Potential of semantic Prosodies[A]. in: Mona Baker, Gill Francis &Elena Tognini-Bonelli (eds.). Text and Technology[C]. Amsterdam: John Benjamins, 1993.157.

[3] 同上，页码 160。

Author	Negative prosody	Positive prosody
Sinclair (1991)	BREAK out	
	HAPPEN	
	SET in	
Louw (1993, 2000)	bent on	
	build up of	BUILD up a
	END up *verb*ing	
	GET oneself *verb*ed	
	a recipe for	
Stubbs (1995, 1996, 2001a, 2001b)	ACCOST	PROVIDE
	CAUSE	career
	FAN the flame	
	signs of	
	underage	
	teenager(s)	
Partington (1998)	COMMIT	
	PEDDLE/peddler	
	dealings	
Hunston (2002)	SIT through	
Schmitt and Carter (2004)	bordering on	

图 11-1 语义韵实例[①]

借助语义韵，译者可以更好地在翻译过程中遣词造句，避免使用与原文语义韵相悖的词汇或短语，从而使译文更加忠实于原文。

11.3.2 语料库辅助翻译实践

语料库的用途十分广泛，即便是在语言相关的行业，其应用方法也是五花八门，层出不穷。不过，语料库只是一种工具，其目的只是通过大量语言数据，提供一种更加客观地了解语言规律的途径，具体到如何提取数据，提取什么样的数据，如何分析数据，还需要大量理论支撑与统计学知识。翻译实践中，译者往往需要在有限的时间内产出准确、通顺的高质量译文，这种情况下，就需要考虑如何更加有效地使用现有的语料库。下面就以 COCA 为例，介绍语料库在翻译实践中的应用实例。

图 11-2 是 COCA 的检索界面和基本功能。初学者可以通过辅助信息栏以及功能简介区的信息自学 COCA 的各种功能。

11.3.2.1 词表（list）

词表是对于一个或几个词在该语料库中按照出现频率排列的列表。在 COCA 语料库中，我们可以对一个词或词组进行精确检索，也可以针对词汇的某些语法特征进行模糊检索。

翻译实践中，我们对于一些词的拼写、使用频率、近义词、主要使用的文体等如果不是十分确定，可以通过语料库检索的方法帮助确认。

1）拼写

拼写方面，语料库如同电子词典，可以方便地通过精确检索与模糊检索的方式，确定一个词的正确拼写。如"无法控制"应该是 uncontrollable，incontrollable 还是 non-controllable，

[①] Xiao, R. Collocation, Semantic Prosody, and Near Synonymy[J]. Applied Lingusitics, 2006:106.

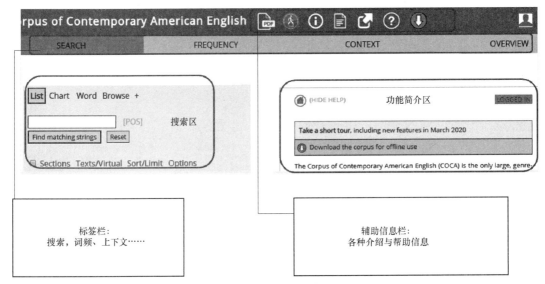

图 11－2　COCA 首页

可以通过通配符*的使用，检索*controllable 在 COCA 语料库中出现的频率来判断。通过图 11－3 可以看出，uncontrollable 的用法最为普遍，可以排除其他两种拼写方式。

HELP	ALL FORMS (SAMPLE): 100 200 500	FREQ	TOTAL 2,620 | UNIQUE 17 +
1	UNCONTROLLABLE	1782	
2	CONTROLLABLE	813	
3	NONCONTROLLABLE	7	
4	REMOTE-CONTROLLABLE	4	
5	NON-CONTROLLABLE	2	
6	VOLTAGE-CONTROLLABLE	1	
7	USER-CONTROLLABLE	1	
8	SYMPTOMS-UNCONTROLLABLE	1	
9	STILL-CONTROLLABLE	1	
10	ONCE-UNCONTROLLABLE	1	

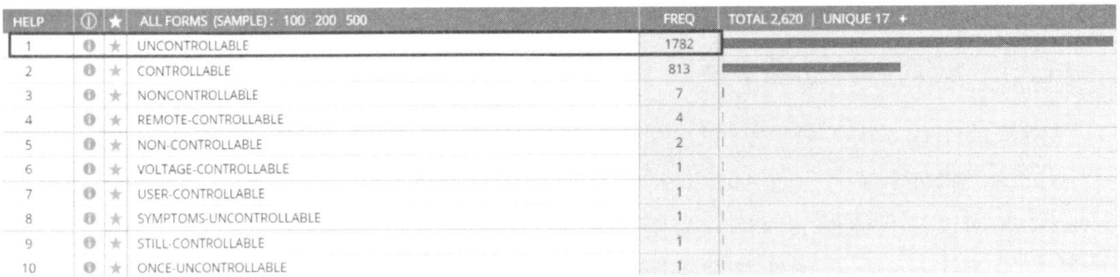

图 11－3　COCA*controllable 词表检索结果

拼写方面，语料库还可以帮助译者拓展思路，找到更多符合译文修辞要求的词汇，比如在散文或诗歌翻译中需要找到相同韵脚。

2）词频统计

可以说，词频统计是语料库应用率最高的功能。通过统计词语或词组在整个语料库或其子库中出现频率，可以了解该词在不同语境中的使用情况。如图 11－3 所示，不同的拼写方式在语料库中出现的频率就展现在 FREQ（frequency）一栏中；通过对比词频，可以对词汇的搭配、语义韵等情况进行比较，还可以从语用角度对词汇进行对比。当然，使用 COCA 统计词频时还要注意，不能由于某个词的词频较低或没有出现，就判断这个词没有应用价值。由于 COCA 是通用语料库，并且语料库收录的语料毕竟有限，因此检索专业词汇时，在 COCA 中经常会出现词频过低甚至为零的现象。这个时候还需要采用互联网检索或自建专门语料库等方法。

3）同义词

英语与汉语的一大区别就是，英语的选词注重变化，同一语境中经常采用同义词对原词进行替换。这一特点也是英语学习者与从事汉译英的译者常常感到力不从心的地方，要么译文被批评词汇重复率太高，没有新意；要么被批评所使用的同义词不恰当，不地道。大型语料库的同义词检索功能可以帮助译者更好地找到恰当的同义词。

同义词的检索方式为半角的"="加上检索词。比如，在描述数据的减少时，很多人总会感觉词穷，反复地使用 decrease，reduce 这几个词，如果利用语料库的同义词检索功能，就可以方便地找到相当多的替代词汇。在词表中输入"=decrease"可以得到图 11-4 的检索结果。

HELP		★	ALL FORMS (SAMPLE): 100 200 500	FREQ
1		★	CUT [S]	190408
2		★	FALL [S]	137392
3		★	LOSS [S]	90822
4		★	DROP [S]	68762
5		★	REDUCE [S]	58979
6		★	DECLINE [S]	32036
7		★	REDUCTION [S]	26122
8		★	DECREASE [S]	15831
9		★	SHRINK [S]	7240
10		★	DIMINISH [S]	5038

图 11-4　COCA 同义词检索结果

当然，检索出的词汇能否在语义、语域上满足使用要求，还需要进一步确认，不能将检索到的结果直接用在译文中。并且有些时候在 COCA 中未能检索出结果，并不意味着该种结果不存在，而有可能是包含该语料的并未收录。

4）语域

如上文所述，在翻译过程中，我们不可能只考虑词汇或短语的语义和语法功能，还必须了解具体的语用功能。比如 curb 一词，不少学生为了实现与 control 的替换，而在自己的论文或翻译学术性著作中使用，但如果运用语料库的图表视图（见图 11-5）对词频进行检索，就可以很直观地看出该词在学术著作中的使用频率是远远低于 fiction（小说类）的。

SECTION (CLICK FOR SUB-SECTIONS) (SEE ALL SECTIONS)	FREQ	SIZE (M)
BLOG	835	128.6
WEB-GENL	859	124.3
TV/MOVIES	596	128.1
SPOKEN	585	126.1
FICTION	2,700	118.3
MAGAZINE	1,226	126.1
NEWSPAPER	1,432	121.7
ACADEMIC	662	119.8

图 11-5　COCA 语域检索

11.3.2.2　搭配检索（collocation）

搭配检索是在翻译实践中运用最为广泛的语料库检索方式。尤其在汉译英过程中，由于译者水平所限，很难判断译文中的搭配是否符合英文习惯，而大型平衡语料库则是这方面的利器，帮助我们验证搭配是否合理。

例1.

在更<u>严苛</u>的<u>碳减排目标</u>影响下，传统汽车行业将受到冲击。

看到"严苛"二字，很多学生可能会想到 harsh, strict, stern, severe, rigorous 等词；而"目标"一词一般会被译为 target 或 goal。那么"严苛的碳减排目标"是否可以译为 harsh carbon emission reduction targets/goals 可以利用 COCA 进行检索。

如果把检索关键词直接定为 carbon emission reduction targets 或 goals，有可能修饰语过多，这个短语本身在 COCA 的出现频率就不高，因此检索时可以把前面的定语去掉，只保留 targets 或 goals。图 11-6 分别是这两个词与 harsh 的搭配。

图 11-6　COCA 中 target 与 harsh 的搭配情况

从图 11-6 右侧的报错可以发现，即便我们已经将形容词出现的位置放宽至中心词左边的前四个位置，harsh 与 target 的搭配检索结果也是零，

然而，从图 11-7 可以看出，harsh 与 goal 的搭配有 3 个检索结果，其中只有前两个相关。虽然说 COCA 中没有检索到不代表这样使用绝对不可以，但对于这样的常见词来说，如果检索不到任何记录，或者记录很少，可以说这样的使用肯定不是非常普遍的。经过网络反向检索，也可以发现这样的译法是不合适的。

图 11-7　COCA 中 goal 与 harsh 的搭配情况

在这样的情况下，我们可以利用前面所讲的近义词检索功能，试着看一下有哪些形容词与 harsh 或 strict 语义相近，哪些与 target 或 goal 是近义词，变换一下组合，来确定出现频率最高的用法。对于中文本身的语义也可以重新进行解读，这里所谓"严苛的目标"实际上指的是更加"严格的碳排放规定"。经过进一步检索，再结合互联网检索与验证，我们可以最终确定译法为 tougher/harder carbon emission targets 或 stricter carbon emission rules。

11.3.2.3　比较（comparison）

"比较"功能是"搭配"功能的一种延伸，也就是通过将两个词的搭配习惯进行罗列，发现二者的不同之处。比如"卫生"一词，究竟该用 hygiene 还是 sanitation？我们可以通过了解这两个词左侧第一个位置所搭配的形容词进行比较（见图 11-8）。

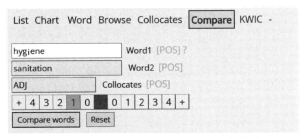

图 11-8　COCA hygiene 与 sanitation 比较检索界面

检索结果（见图 11-9）表明，hygiene 与个人的良好卫生习惯和做法更为相关，而 sanitation 更加倾向于环境的清洁卫生。因此，当确定了原文中"卫生"一词的语义后，通过语料库可以帮助译者找到更加精准的对应。

SEE CONTEXT: CLICK ON NUMBERS (WORD 1 OR 2)
SORTED BY RATIO: CHANGE TO FREQUENCY

WORD 1: HYGIENE			WORD 2: SANITATION		
WORD	W1	W2	WORD	W2	W1
GOOD	47	26	IMPROVED	26	11
BASIC	35	29	ENVIRONMENTAL	26	11
PUBLIC	16	15	PROPER	28	23
POOR	62	62	POOR	62	62
PROPER	23	28	PUBLIC	15	16
IMPROVED	11	26	BASIC	29	35
ENVIRONMENTAL	11	26	GOOD	26	47

图 11-9　COCA hygiene 与 sanitation 比较检索结果

11.3.2.4　KWIC 检索

KWIC 意为 Key Word in Context，是将节点词居中显示，通过一定的设置，了解节点词前后用词的情况。通过 KWIC 检索，译者能够了解词汇或短语的语义韵，从而选择与原文语义韵更接近的译文。KWIC 检索结果中将设定的位置所出现的词用黑框标记出来，并且用不同的颜色显示结果栏中词汇的词性，方便用户更加直观地了解检索结果。

例 2.

大众创业万众创新深入推进。（《2019 年国务院政府工作报告》）

官方译文：Business startups and innovation continued to surge nationwide, ...

首先，我们可以通过 COCA 的 KWIC 检索，看一下 surge 一词的语义韵是否符合原文中所表达的积极意义。如图 11-10 所示，将 surge 作为中心词，然后选择其左侧的第一个位置以及右侧的第二、三个位置进行检索，可以得出图 11-11 所示的结果。

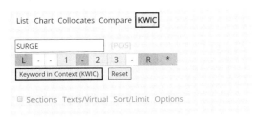

图 11-10　COCA KWIC 检索界面

1	2014	SPOK	CNN: New Day	A B C	" Hillary told the president that her opposition to the 2007	surge	in Iraq had been political because she was facing him in
2	1992	SPOK	CNN_Moneyline	A B C	be matched in 1992 . Well , *Premark International at 46-7/8	surged	5-14 . Its Tupperware unit helped the company lock in
3	2001	NEWS	AssocPress	A B C	have 10 seconds before they start to fry . # Adrenaline	surging	. Brownell quells the urge to panic . In tight situations ,
4	2015	NEWS	Atlanta	A B C	old water lines would cost $5 million , but that amount	surged	to $280 million once the county more thoroughly evalua
5	2003	MAG	TownCountry	A B C	The good news is that it will finally change directions and	surge	forward by the 27th . In the meantime , though , you
6	2003	FIC	VirginiaQRev	A B C	Mark yell slow down , ready to stomp the pedal and	surge	forward . their terrified laughs sucked up by the wind .
7	2005	FIC	SouthernRev	A B C	palm to rodlike sunflower stalks , and the quiet thrum and	surge	in their fine-haired stems is like the soundless hum he h
8	2001	FIC	Analog	A B C	a living and throbbing one . The extended tip seethed and	surged	like a monstrous , fluid volcano . Hydrogen-helium smo
9	1999	FIC	FantasySciFi	A B C	going to kill that Preston , " Lew growled . Anger	surged	from my belly to force my hands into fists . As I
10	1999	FIC	Analog	A B C	ran both hands through my hair as a wave of anger	surged	through me . Damn you ! I thought toward Laff . How
11	2013	MAG	Money	A B C	to upend stocks as long as you know why yields are	surging	and how to react . # Some investors fear a replay of
12	1994	FIC	Mov:StarTrek08	A B C	Zephram Cochrane watching the landing . People from town are	surging	around them . Everyone is shocked and amazed at wha
13	2019	SPOK	NPR_Morning	A B C	: I 'm looking around and there are protesters who are	surging	back and forth across the bridge . We 're very close to
14	2015	NEWS	CSMonitor	A B C	you manage to show up in a location where prices are	surging	due to high demand , says Jason , one Chicago-area Ube
15	2004	FIC	Mov:BladeTrinity	A B C	outside . The station is gated . FLASHING POLICE CARS are	surging	through the mouth of the gate . They 're trapped . Then
16	2001	MAG	Fortune	A B C	companies have cut back on spending , and gas prices are	surging	. Some think a recovery has already begun ; others see
17	1995	ACAD	GeographRev	A B C	(Izquierdo 1985 , 22) , it intensified thereafter as	surging	patriotism and nationalism sparked xenophobia that
18	1998	NEWS	WashPost	A B C	value selling for $ 9,481.80 . # Money-market funds ' assets	surged	in January , the Investment Company Institute reported
19	2011	FIC	Analog	A B C	said Great-nonna . # Aamanang blared a charge . The attackers	surged	inwards . The apes screamed and scattered , trying vain
20	2007	FIC	Bkjuv:ArousingSuspicions	A B C	cupping water . His skin was smooth , cool . Awareness	surged	through her like the aftershocks of a deep earth tremor

图 11-11　COCA KWIC 检索结果

可以看出，虽然与该词所搭配的词汇绝大部分都有一些消极情感，比如恐惧、愤怒等，但还是有一些积极的词汇如 patriotism，nationalism，hope 等与之搭配，从而验证了该词的语义韵符合原文。不过，官方译文表达出的语义为"大众创业与万众创新的企业数量及创新成果数量迅速上升"，但是并没有表达出"深入推进"这样一种政策方面的导向。这一问题可以通过上面所谈的近义词的检索功能或者查阅政府公文方面的平行语料库帮助解决。

【课后练习】

1. eliminate 一词在 COCA 语料库中的近义词都有哪些？请按照频率高低列举前十个近义词。

2. 请检索 COCA 语料库中 strike 一词不同形态变化的使用频率。

3. 比较 show 一词作为名词在 COCA 语料库中的 Academic 与 TV/movie 中出现的频率，并简要分析结果。

4. 一位同学将"给一个人下定论"译为"give a verdict on someone"。运用 COCA 语料库判断 verdict 一词是否可以这样使用。

5. "遏制农村天价彩礼陋习"的两种译法："to contain unaffordable wedding gift money in rural area"以及"to curb sky-high bride prices in rural areas"，请运用语料库，从搭配的角度讨论哪种译法更合适。

第四编 译路同行

第十二章
科普文本翻译

科技的进步受到科学普及发展的助力，同时也促进了科学普及的发展。人类进入二十世纪后，科学发展产生了质的飞跃，使人类社会的进步以前所未有的速度向前推进，国家之间的科学技术交流愈发频繁，科普教育也愈发受到重视。作为科普教育乃至科学交流的重要工具，科普翻译理应受到重视。

第一节 科普翻译特点

科普文本属于科技文本的一种，按照方梦之的定义，从文体的正式程度来看，科技文本可以分为"科学论文（scientific paper）、科普文章（popular science article）、技术文本（technical prose/document）……科普文章是内行写给外行看的（scientist/journalist-to-layperson writing）。科普作者要把科学道理说清楚，要极尽其运用文学修辞手段之能。相对而言，科普文章的正式程度较低"[①]。王振平认为，"科普文体是科技文体的一个支派，是文学和科学相结合的写作体裁。因为科普文章的目的是普及科学技术知识，所以除科学性和文学性外，一般还具有通俗性和趣味性的特点"[②]。郭建中也提出，科普英语的特点有科学性、文学性、通俗性和趣味性[③]。综上所述，科普文本虽然在文体正式程度上低于科技文本，但在科学性上丝毫不亚于科技文本，并且在文学性、通俗性与趣味性方面有了更多要求，因此科普翻译实际上要比科技翻译难度更高。译者尤其要在准确性与可读性上下功夫。

12.1.1 科普翻译的准确性

作为科技文本的重要分支，科普文本面向的读者并非从事专业工作的科研技术人员，而是以提升科学素养为目的的大众，尤其以青少年群体居多，因此理解与表达的准确性对于科普翻译尤为重要。

例 1.

Free-radical damage in many body tissues can be dealt with by replacing compromised cells with new ones, produced by cell division; however, most brain regions do not produce significant numbers of new brain cells after birth.

[①] 方梦之.科技翻译：科学与艺术同存[J].上海科技翻译，1999(4):32.
[②] 王振平.科普著作的文体与翻译[J].上海翻译，2006(02):36.
[③] 郭建中.翻译：理论、实践与教学[A].见，郭建中.翻译研究论文选[C].杭州：浙江大学出版社，2010.257.

【学生译文】细胞分裂能产生新细胞，代替受损的旧细胞，解决人体组织中自由基受损的问题。不过，人出生之后，大脑大部分区域不再产生大量新脑细胞。

上一例句中，"damage"一词是名词，damage in something 如果单纯从语言角度理解，完全可以像上面的译文一样，理解为"人体组织中自由基受损"。但实际上，如果对"自由基"[①]有基本的了解，就可以知道，这里实际上是表示自由基对细胞组织的破坏。

修改：自由基对很多人体组织有破坏作用，通过细胞分裂，这种破坏可以通过新细胞替代受损细胞而修复。然而，人出生后，大脑的绝大部分区域无法产生足够多新的脑细胞。

例2.

Fission releases energy because the mass of the fragmented products from each decay is slightly less than the mass of the original atom—the lost mass is converted directly into energy in accordance with Einstein's equation $E = mc^2$.

【学生译文】核裂变会释放能量是因为每次核衰变中被打散的碎片总质量比分裂前的原子核质量略小——根据爱因斯坦的质能方程 $E=mc^2$，亏损的质量直接转换成了能量。

上例译文在理解的准确性方面同样存在瑕疵：质能转换是一个客观现象，爱因斯坦的质能方程只能是对这一过程进行量化，而不能成为这一现象发生的依据。之外，译文的问题还体现在表达方面。首先，在用词上，"被打散的碎片""亏损"不符合科学语境的要求，"外行感"十足；其次，译文在句法上死守原文，但并没有传达出原文的核心要义。按照英文的句法特点，原文语句的信息焦点为 fission releases energy，而 because 后面的从句是补充解释为何核裂变能够释放能量。中文逻辑侧重于将原因放在前，焦点信息放在句尾。

修改：每经历一次衰变，裂变产物的质量总和与裂变前原子质量相比都有所减轻。根据爱因斯坦质能方程 $E=mc^2$ 可知，减轻的那部分质量就直接转化为能量在裂变中释放。

12.1.2 科普翻译的可读性

由于科普文本的读者多为非专业人士，阅读目的主要是提升科学兴趣，增长通识知识，或者单纯娱乐消遣。因此在翻译中应该注意读者的阅读兴趣与知识水平，有针对性地选择翻译方法。

例3.

① 徐霞客观察记述了考察区域的几乎所有热带、亚热带岩溶现象，② 其类型和数量比早期西方任何单一学者记录的都要多且详细，③ 并对其成因和地理分布提出明确的科学观点。

【学生译文】Xu Xiake observed and recorded almost all karst phenomena in the tropical and subtropical areas, which are more abundant and detailed than any single scholars of Western countries in the early period, and put forward a clear scientific view of causes and geographical distribution of karst.

上例第①句与第③句看上去是并列关系，学生译文中直接译为两个并列从句从语法上看起来没有问题。第②句开头有一个"其"字，与第一句之形成衔接，学生译文处理为非限制性定语从句，看上去也很流畅。但如果只读译文会发现 which 的所指并不清楚，是 karst phenomena 还是 tropical and subtropical areas 呢？第③句里的谓语动词 put forward 与第①句中的两个谓语动词 observed and recorded 是不是离得太远了呢？由于大部分读者对于文本中的

[①] 自由基对人体组织是有破坏作用的。见"百度百科"。

科学信息认知不足，语言可读性差就会导致读者失去阅读兴趣，甚至放弃阅读。

汉语重意合，翻译过程中不要被"形"所惑。实际上，仔细阅读原文可以发现，虽然在形式上，第②句开头有一个"其"字，但在意义上强调的是徐霞客所记录下来的岩溶地貌类型和数量，而非他观察到的。因此完全可以将第①句中的"观察"提取出来，作为第②句谓语动词"记述"的方式状语，使语句更加平衡。而第③句与前两句之间有递进关系，可以单独成句。为了增强译文的可读性，帮助读者理解，这句话在翻译成英文前可以先改写为"通过观察他考察区域的几乎所有热带、亚热带岩溶，徐霞客详细记述了岩溶地貌的类型和数量，（类型和数量）比早期西方任何单一学者在上都要多。他还对岩溶的成因和地理分布提出了明确的科学观点"。

修改：Observing almost all tropical and subtropical karst in the target region, Xu made explicit records of the types and quantities of different karst landforms, which are more abundant and detailed than those previously made by any individual scholar in the west. He also put forward explicit views about the causes and geographical distribution of karst landforms.

例 4.

"珠算"一词首次出现于东汉数学家徐岳所著《数术记遗》（公元 190 年），该书后由数学家甄鸾（公元 535 年前后）作注。《数术记遗》载："珠算，控带四时，经纬三才"。甄鸾注曰："刻板为三分，位各五珠，上一珠与下四珠色别。其上别色之珠当五。其下四珠，珠各当一。"上面一颗珠与下面四颗珠用颜色来区别。上栏一珠当 5；下栏四珠，一珠当 1。所采用的表数方式与现今珠算相近，由于没有形成一套口诀，还不够便捷。

上例中，甄鸾的注是对"珠算，控带四时，经纬三才"的解释，而"上面一颗珠与下面四颗珠用颜色来区别。上栏一珠当 5；下栏四珠，一珠当 1。"则是对甄鸾这一注解的现代文解释，虽然表述不同，但核心要义一致，如果全部译为英文，会导致信息的冗余，影响读者阅读。因此，如下面参考译文划线部分所示，翻译过程中需要对原文进行整理，将相同的信息进行合并。

The term "Zhusuan" first appeared in a book titled *Shushu Jiyi* (*Notes on Traditions of Arithmetic Methods*《数术记遗》), which was written by a mathematician named Xu Yue in 190 CE and annotated by a later mathematician, Zhen Luan, around 535 CE. <u>In the book, both Xu's statements and Zhen's annotations describe the appearance and uses of the abacus</u>. The counting frame at that time had three decks, and there were five beads in each deck. The top bead had the value of five, the four below had the value of one, and the beads were painted different colors to distinguish their values. Although the format of representing numbers was similar to that of the modern one, such an abacus was not very convenient to use due to the lack of a pithy formula.

第二节　科普翻译实践

12.2.1　科普翻译英译汉

Goldsworthy Gurney

① Unhappy with this defeat, Gurney moved back west to Bude in the 1830s where he built himself a castle on the sand dunes; it still stands and is a heritage centre today. ② There, he invented a new type of lamp that employed an oxy-hydrogen blowpipe—a device invented by American chemist Robert Hare (1781-1858) — to heat a lump of quicklime (calcium oxide) to a very high temperature, which created an intensely bright flame. ③ Indeed, it was so bright that it was used in theatres to pick out performers on stage – which is where the phrase "in the limelight" comes from — and in lighthouses, <u>as it could be seen by ships many miles away</u>. ④ The device <u>was popularized</u> by the Scottish civil engineer Thomas Drummond (1797-1840), who devised <u>an adaptation</u> for his trigonometrical survey of the country. ⑤ Although Drummond never claimed to have invented the lamp, nobody seemed to believe him, and so it came to be known among the general public as the "Drummond light".

1. 背景知识检索

科普翻译中，无论是英译汉还是汉译英，充分了解待译文本的知识背景对于准确理解原文、通顺得当地传达原文意思、及时修正错误表达都十分重要。可以说，合适的背景知识简介对于译者可以产生事半功倍的效果，反之可能使译者陷入理解与表达的深潭无法自拔。

上面的案例向我们展示了戈兹沃西·格尼（Goldsworthy Gurney）发明德拉蒙德灯的历程。这段文本不长，语句也不难，然而由于大部分人对于德拉蒙德灯缺少了解，如果不对该发明及其历史进行一番检索，很可能使译文出现相当多的"硬伤"或"堵点"，出现错误或翻译腔。

翻译之前，应该通过 Google 等搜索引擎对戈兹沃西·格尼及德拉蒙德灯进行大致了解。首先，"Unhappy with this defeat, ..."中的"defeat"指什么？"Bude"在哪里？为什么是"moved back west to Bude"？那里是他的故乡吗？"a castle on the sand dunes"是建在沙丘上的城堡吗？这样的城堡怎么可能保存这么长时间？他发明的灯具所利用的原理如何理解？"trigonometrical survey"是什么？为什么会用到一种灯具？

带着这些问题，我们先以"Goldsworthy Gurney""Drummond light"为关键词进行检索，可以得知，格尼之所以失落地回到故乡，是因为他在蒸汽动力车方面的尝试受到了挫败。再有，他出生于英国康沃尔郡（Cornwall），而 Bude 同样位于该郡。格尼在蒸汽动力车的发明受阻，来到康沃尔郡，从朋友手中租了一块地来盖自己的房子。这所房子地处一片沙丘，为了应对土质问题，格尼将房子建在了混凝土支架上，这也是一个创举。而该处住所后来也不断扩建，最终成了今天所看到的样子。

原文对于格尼发明的灯具所使用的工作原理写得很清楚。但该句很长，如果对背景不做任何了解就开始翻译，很有可能落入翻译腔的窠臼。对于该句的翻译详见以下"长句及连词的处理"部分。

需要注意的是，在检索"Drummond light"与"trigonometrical survey"过程中，也许使用最初的关键词并不能很快找到满意的结果，这时就需要灵活变换关键词。可以尝试"Drummond+trigonometrical survey"或"trigonometrical survey+Bude light"等关键词的不同组合方式以更精确地检索。

阅读检索结果可以得知，德拉蒙德是在爱尔兰进行英国国土三角测量时，发现运用石灰灯可以使距离较远监测站之间更清楚地看到彼此，因而后人也都认为这种灯是由他发明的，这也与文本中最后一句话的内容相呼应。

需要注意的是，由于翻译往往有时间限制，因此译者不可能将所检索到的内容事无巨细地进行阅读，大多数情况下可能只是做一个大致的了解。然而，即便是粗略地了解一些背景知识也能有效提高翻译质量。当然，如果时间允许，还是应该尽可能仔细阅读，一方面，某一知识点相关内容极有可能涵盖其他知识点内容，仔细阅读看似费时，但总体上也可能会提高检索效率；另一方面，如果未对检索内容仔细阅读，很可能会断章取义，不能准确理解背景内容。

2. 词义的确定

英语与汉语均有一词多义现象，对于词义的理解必须放在具体的语境中进行。英译汉时，译者首先应该摒弃的是对词义先入为主的理解，避免望文生义；其次应该深入阅读文本内容，详细了解背景知识，对词义的理解才能更准确、更丰富。

本例第①句话中，"where he built himself a castle on the sand dunes"常常被学生直接译作"在那里，他在沙丘上为自己盖了一座城堡"。然而，事实真的是这样吗？

首先，通过辞典，我们可以看出"castle"一词不仅仅有"城堡"的意思，同时还表示"a large magnificent house, esp when the present or former home of a nobleman or prince"，相当于中文中的"豪宅"或"公馆"。与此同时，在查找关于格尼爵士的资料过程中，可以看到不少关于这座住所的图片。而从图片中看出，这所房子看上去与一般的"城堡"外形相去甚远。只要仔细阅读一下相关内容就可以了解到，这所房子并非真正的城堡，而是格尼将这所房子命名为"castle"。因此在翻译时，如果将该处译为"在那里盖了一所城堡"就不够尊重事实，而译为"在那里盖了一所房子，并将其命名为'城堡'"就准确得多。

本例第④句中"adaptation"的理解也值得一提。对于很多学生来讲，这个词就是"adapt"一词的名词形式。既然"adapt"表示"改编""改良"，那它的名词形式就干脆译成"改编版""改良版"。以下是从学生练习中提取的译例。

原文：

The device was popularized by the Scottish civil engineer Thomas Drummond (1797–1840)，who devised an adaptation for his trigonometrical survey of the country.

学生译例 1：再后来一个为国家设计三角测量的苏格兰土木工程师托马斯·德拉蒙德（1797–1840）使用了该灯的改良版。

学生译例 2：该设备得到了苏格兰土木工程师托马斯·德拉蒙德（1797—1840）的推广，他为该国的三角测量设计了一个改编版。

这两个译例将"adaptation"分别译为"改良版"与"改编版"，之所以这样译，是因为很多学生所查到的是电影剧本的 adaptation，对该词理解十分片面。从文本内容来看，德拉蒙德是在原有的布德灯基础上，为了国土三角测量而进行了一些更改。因此"设计了改编版""使用了改良版"的表达肯定是生硬的。在对词义进行准确理解的基础上，再采取词性的转换，将名词转为动词进行表达，译为动词"改良""改变"会使译文质量提升不少。如"苏格兰土木工程师托马斯·德拉蒙德（1797—1840）曾对该灯进行了改良，以便进行国土三角测量，由此，该设备的使用更为普及"。

3. 不定冠词与量词

科普文本中大量使用数词及量词。对于数词的翻译，毋庸多言，一定是以准确性为第一要义。然而，由于英语中没有量词的概念，而汉语又十分注重量词使用的准确性。因此，在英译汉过程中，量词的翻译经常出现问题。同样由于英、汉语言之间的差异，简单的不定冠词"a"或"an"也常常被当作数词来译。

本例第②句中,学生常常将"a lump of quicklime"译作"一团生石灰"。殊不知,首先生石灰没有成团出现的,只有块状;其次,哪怕是译作"一块生石灰"也是有问题的,因为这里只是在描述布德灯的工作原理,并非具体实验数据。因此,译作"一团"或"一块"均是错误理解与传达了原文中的不定冠词与量词的概念。从语境来看,译作"加热块状生石灰"或对次要信息采取回避的策略,译作"加热生石灰"即可。

同样在这句话中,"an intensely bright flame"还常常被学生译作"一种明亮的火焰""一团亮得刺眼的火焰"或"一簇异常耀眼的光芒"等。这里的问题与上述情况类似,均是将不定冠词理解为数词,并且还费尽心思地加上了量词。而实际上这里的意思不过是"明亮耀眼的火焰"。

4. 长句及连词的处理

由于科普文本与科技文本有相似之处,长句十分常见。然而,正如第六章所述,汉语长句使用量明显少于英语,并且由于汉语是意合语言,连词的使用也比英语少得多。

本例第②句:

There, he invented a new type of lamp that employed an oxy-hydrogen blowpipe—a device invented by American chemist Robert Hare (1781–1858)—to heat a lump of quicklime (calcium oxide) to a very high temperature, which created an intensely bright flame.

学生译例 1

该照明灯采用了美国化学家罗伯特·黑尔发明的氢氧吹管,将一团生石灰(也称为氧化钙)加热至高温,该过程中也产生了一种高度明亮的火焰。

学生译例 2

在那里,他发明了一种新型灯,采用氢氧吹管——由美国化学家罗伯特·黑尔发明——把一块生石灰(氧化钙)加热到极高的温度,并产生极度明亮的火焰。

学生译例 3

在城堡里,戈兹沃西发明了采用美国化学家罗伯特·黑尔发明的一种装置——氢氧吹管的新型灯,可以将一大块生石灰加热至很高的温度,从而产生非常明亮的光线。

可以看出,上述三段学生译例的语言质量都不够令人满意,可读性较差。究其原因,都是未能顾及汉语的表达习惯,深陷英语的结构模式不能自拔。学习翻译的过程中,受制于译语和源语语言水平,译者往往意识到表达中的翻译腔问题却无法抽身,不知该如何解决问题,这时就需要通过了解背景知识,参照相关表达,增加自身的知识水平,从而摆脱源语语言结构的束缚。

通过阅读检索到的背景知识,可以发现中文中对于(石)灰光灯的解释不多,剔除掉一些可信度不高的来源,大致有以下几个版本:

石灰灯用氢氧混合气所制的火焰来把氧化钙加热至白炽。由于氢氧具有高爆炸性,石灰灯已被电光源取代。氢氧混合气曾被用作铂的加工,因为在那时只有氢氧火焰能熔化铂(铂的熔点为 1768.3 ℃),但氢氧后来被电弧炉取代。

氢氧吹管是由英国矿物学家爱德华·丹尼尔·克拉克和美国化学家罗伯特·黑尔在十九世纪初期发明的。它的火焰的温度高得能熔化耐火的物料,如铂、瓷器、耐火砖和刚玉,而且在科学中的几个领域都是一个重要的工具。氢氧吹管在韦尔讷伊加工法被用于产生人造刚玉。

（维基百科）

L. lbbetson 通过显微镜拍摄时使用了氢氧爆气光（limelight，由 Goldsworthy Gurney 发明）。这种灯给氧气中的碳酸钙加热，直到发出白光。

（http://www.nphoto.net/news/2011-02/15/af2bdd81caa01191.shtml）

综合以上对于石灰光灯的介绍，可以有效帮助译者摆脱原文的束缚，将译文修改为：

格尼在这里发明了一种新型照明灯。该灯利用美国化学家罗伯特·黑尔（1781—1858年）发明的氢氧吹管原理，将生石灰（氧化钙）加热到高温，产生明亮耀眼的火焰。

再来看另一个例子。

本例第③句：Indeed, it was so bright that it was used in theatres to pick out performers on stage – which is where the phrase "in the limelight" comes from – and in lighthouses, as it could be seen by ships many miles away.

除了被动语态与习语的翻译问题（以下会专门介绍），学生在翻译这句话时通常出现的问题主要是"so...that..."结构的翻译。由于在学习英语过程中，记忆该结构时通常会将其转变成中文的"如此……以至……"或者"太……以至于……"。来看几版译文：

……实际上，它太亮了所以要用在剧院里烘托演员，……

……事实上，火焰是如此明亮以至于被剧院用来选拔舞台上的演员，……

……由于这种灯具亮度太高，所以用在剧院为舞台上的演员打光，……

作者主要希望传达的意思是石灰光灯的优点。但是按照上述三个译例的译法，石灰光灯的亮度仿佛已经成了一种弊端。这样的译文一方面不尊重中文的表达习惯，读起来十分拗口；另一方面也扭曲了原文的意思，错误地传达了原文内容。

出于英语重形合，而汉语重意合的特点，英译汉过程中常常要注重意思的表达，有意识地省略连词，将该部分翻译成"这种灯具（设备）亮度很高，因此用于剧院舞台追光。"

5. 被动语态

为了凸显客观事实，科普文本被动语态的使用频率较高，这也显示出与科技文本类似的特点。前面英汉语言对比的学习内容中可以看出，汉语较少使用"被"字句来表达被动的概念，往往使用"是"字句、"把"字句，或用主动表被动等方式来表达被动的含义。

本例文本并不长，却使用了 4 处被动语态，分别是

...Indeed, it was so bright that it was used in theatres to pick out performers on stage.

...as it could be seen by ships many miles away.

The device was popularized by the Scottish civil engineer Thomas Drummond,...

..., so it came to be known among the general public as the "Drummond light".

批阅学生练习时，发现对于英语被动语态的翻译，学生仍旧会习惯性地将其译成"被"字句。如：

……事实上，火焰是如此明亮以至于被剧院用来选拔舞台上的演员，……

……因为它能被数海里以外的船只看到……

……该设备被苏格兰土木工程师托马斯·德拉蒙德推广……

……因此它也被大众所熟知，称为"德拉蒙德灯"……

从以上译文可以看出，在汉语中使用了"被"字句往往给人一种被压迫、被强制的含义，

而英文中被动语态在很多情况下并无此含义，只是为了将客观事实放在最显要的位置。如果仅采用"被"字句进行翻译，会使得句式单一，重点不突出，甚至扭曲原意。

懂得了这个道理，可以尝试主动运用其他手法翻译被动语态，如上述几个例子可以译为：

这种灯具所发出的光十分明亮，可以用在剧院中为舞台演员追光，……

……（因为）数海里以外的船只都能看到（它发出的光）……

……（由于苏格兰土木工程师德拉蒙德在进行国土三角测量时使用了该设备），因此得以推广。

……后来这种灯就慢慢普及开来，称为"德拉蒙德灯"了。

6. 习语的处理

由于科普文本具有一定的文学性，因此在翻译过程中也会处理谚语、习语、诗歌等具有特定文化意象及语言形式的内容。在例一第③句中 in the limelight 的翻译就需要费一番心思。

如果按照该习语的本意，那么可以十分轻松地译作"引人注目"。然而将这种译法放在该句语境中，效果却不尽如人意。

这种灯亮度很高，因此用于剧院舞台追光，这也就是习语"引人注目"的由来……

"引人注目"的确是个习语，但从中文语境中看不出这个词与前面所说的石灰光灯有什么联系；另外，翻译作为一种文化交际活动，本身也负担着向译语读者介绍源语文化的责任。由于一般读者所接触到的只有译本本身，翻译过程中一些处理方式可能会剥夺译语读者了解其他文化的机会，而换一种处理方式，就可以让读者不经意间就汲取来自其他文化的营养。在上例的翻译中，译者的处理方式也代表了译者本身对于翻译标准的理解。翻译究竟应该处理的是哪一层面的问题？是语言层面还是文化层面呢？

如果仅考虑语言，那么我们只需要考虑回避 limelight（石灰光灯）的本意，将其换成"聚光灯"，因此在中文中"在聚光灯下"本身也有"引人注目"的意思。这样就可以将上下文很好地衔接起来。但如果考虑到文化因素，让读者了解到聚光灯的来历与石灰之间的联系，也可以尝试下面的加注译法：

这种灯亮度很高，因此用于剧院舞台追光，短语"在聚光灯下"（in the limelight，本意为在石灰光灯下）即缘于此。

通过这样的注释，读者在阅读译文的同时也能收获语言背后的文化知识，可以达到更好的文化交际效果。

7. 原文中的错误

原文撰写时，由于原作者或编辑的疏忽，一些错误或失误在所难免。而作为译者，必须秉承对读者认真负责的态度，对原文中的问题进行仔细求证。如果能够与原作者或编辑进行沟通当然最好，但相当多情况下，尤其对于学生来讲，这种沟通并非易事。最重要的是培养对于译作的认真态度，及时发现问题；其次，通过加注等方式向读者告知自己所发现的问题。

例 1 第⑤句 Although Drummond never claimed to have invented the lamp, nobody seemed to believe him, and so it came to be known among the general public as the "Drummond light"就存在这样的问题。很多学生给出的译文是这样的：

尽管德拉蒙特从没宣称是自己发明了灰光灯，但人们似乎并不这么认为，因此渐渐就以"德拉蒙特灯"而广为人知了。

或者

虽然德拉蒙特从没宣称灰光灯是自己发明的，但人们似乎并不相信，因此该灯渐渐就叫作"德拉蒙特灯"了。

看上去这里的翻译没什么问题。仔细读一下原文就可以里面有一个严重的逻辑问题：既然德拉蒙德从来没说过自己的发明，也就无从谈起人们相信或不相信他。因此可以说原文的逻辑出了问题。在无法向作者求证的时候，可以根据自己对于上下文的理解进行翻译，然后附加注释，说明原文中的问题。如该句可译为：

虽然德拉蒙特从没宣称是自己发明了灰光灯，但人们似乎都认为是他发明的，因此该灯渐渐就叫作"德拉蒙特灯"了。（注：原文为："Although Drummond never claimed to have invented the lamp, nobody seemed to believe him, and so it came to be known among the general public as the 'Drummond light'"，存在逻辑问题，因此译文进行了修订。）

【课后练习】

请将下列段落译为中文。

1)
The world of structural engineering might have been very different had Naito's luggage not fallen apart on his rail trip across the US in 1917. Naito collected dozens of papers during his tour of the country. To make room for them in his trunk, he removed all the interior dividers. However, the constant jostling of the trains destroyed the case. Forced to buy a new one for his return to Japan, Naito kept all the dividers inside, and the trunk survived with his luggage intact. Naito was struck by the way in which the interior "walls" of the case held the trunk together, which led to his theories on "quake-resistant walls". The trunk became his prized possession and took pride of place in his old home, now the Tachu Naito Memorial Museum. Fittingly, the design of the house is unique; it was the first to use reinforced-concrete walls, with no pillars, and, of course, was built to withstand all possible seismic activity.

2)
Bessemer used the money he earned from his popular "bronze powder" to fund the invention for which he is now best known, the Bessemer converter – used for creating steel . He had become interested in steel production through his attempts to create a sturdy gun capable of firing a new type of heavy shell that he had devised for the British forces in the Crimean War in 1853.

The brittle cast iron available at the time simply was not up to the job. Hardwearing, structurally strong steel would have been ideal, but steel was incredibly expensive to make because of the long hours and high temperatures involved, and only 25kg (55lb) could be made in one batch. At the time, steel was used only for small goods, such as knives and razors.

Having no great knowledge of steelmaking, but all the zeal of an enthusiastic amateur with a large fortune, Bessemer threw himself into solving the problem. Steel was traditionally made via a long process that involved heating a crucible of molten iron in a furnace for three hours to burn away its impurities. But Bessemer came up with a device that greatly speeded up the process. His converter simply blew air directly into the molten pig iron, producing a high-intensity flame, which quickly burnt out most of the carbon and turned the brittle iron into tough steel. Suddenly, it was possible to produce large volumes of steel easily and inexpensively.

Bessemer patented his converter in 1855, and soon afterwards opened a steelworks in Sheffield to demonstrate its effectiveness. Able to under-sell all his competitors, Bessemer began receiving applications for licences from other manufacturers hoping to produce their own versions, with the result that the price of steel fell from £40 a ton to just £6 a ton.

Steel gave industry a huge boost, ushering in the "Second Industrial Revolution". The best converters could produce 27 tonnes (30 tons) of high-grade steel in half an hour. Once it became widely available, steel became a major material of infrastructure and was used to make everything from guns, railway tracks, and ships to bridges, engines, and buildings.

The Bessemer converter was particularly popular in the US where more than half a dozen towns were named after its inventor. Indeed, it had a huge influence on the look of US cities. Enabling the construction of strong, light, load-bearing steel frames for the first time, it was the device that made the skyscraper possible.

3)

To help the readers locate the ideas and skills they are interested in, we have tried to use titles that reflect the content of the maps and convey information that is both useful and interesting to the reader. But a map title can be confusing if it does not correspond exactly to traditional topics in the curriculum. On the other hand, naming a map according to the best-fit familiar topic risks imposing traditional conceptions of that topic onto the map. Because maps reflect the content of Science for All Americans and Benchmarks, we have, whenever possible, used section headings from those publications as map titles—such as SCIENTIFIC WORLD VIEW, INTERDEPENDENCE OF LIFE, GLOBAL INTERDEPENDENCE, MODELS, and COMMUNICATION SKILLS—to suggest the conceptual story that the maps depict. If a section of Science for All Americans and Benchmarks appeared to be telling two coherent stories, then each story was mapped separately. For example, benchmarks in the section titled "The Earth" are organized around two stories and displayed in two maps—WEATHER AND CLIMATE and USE OF EARTH'S RESOURCES. In some cases, section headings could not adequately convey a map's story. For example, titles for maps from Chapter 10: HISTORICAL PERSPECTIVES have been changed to make the content of those maps more obvious to the reader.

4)

We can consider the water cycle to start as a gas or vapor in clouds. It starts the cycle as pure H_2O (a.k.a. dihydrogen monoxide, or oxidane), but not for long. As it condenses to form water droplets, it absorbs carbon dioxide and other gases from the air. The atmosphere is also full of dust particles and tiny mineral crystals, such as sand and sodium chloride. All of these substances help water droplets to condense, but they also contaminate the water during formation. The droplets agglomerate and fall to the earth as precipitation (rain or snow). When rain and snow fall to earth and collect, it becomes surface water. The longer the surface water remains in contact with the earth (days or years), the more substances from the environment will be dissolved or suspended into it. These substances can be organic matter from plants or animals, other compounds such as herbicides and pesticides, and minerals such as sodium chloride and calcium sulfate to name but a few.

As surface water seeps into the ground, most of the organic matter is filtered out and the water is exposed to more minerals. This water is termed groundwater and it may reside in these aquifers for hundreds if not thousands of years. The long exposure allows plenty of time for minerals to dissolve into the groundwater. In areas with carbonate soil and rock formations, those dissolved minerals often lead to higher hardness and alkalinity concentrations than can be achieved at the surface.

Wells, springs, and seepage into rivers and streams bring groundwater back to surface waters. At any time, both groundwater and surface water may evaporate back into the atmosphere to restart this water cycle.

12.2.2 科普翻译汉译英

近年来，随着国外科普读物在国内的引进与普及，国内青少年儿童对于科普读物的兴趣也越来越浓，这也使得中文原创科普读物在产量与质量方面不断提升。这些读物一方面介绍了具有中国特色的科技发明，一方面也是中国历史文化与语言的完美体现，下文的例子就是一个很好的例子。如何能通过翻译，向英文读者真实准确地进行科学普及，同时向他们介绍中国悠久的历史与灿烂的文化是原创中文科普读物英译工作必须要重视的两个问题。

① 随着时间的推移，漆艺得到发展，种类和颜色也不断增加，但普通老百姓家通常只能用深色及黑色的漆，只有王公大臣、官宦家族才能使用那些漂亮的朱漆，杜甫所写"朱门酒肉臭，路有冻死骨"便是如此。② 谈到油漆的颜色，其原理基本上是在原漆中加入各种颜料、染料，形成黑、朱、绿、褐、紫、黄等多种颜色的色漆。③ 这些颜料、染料基本上为无机粉末，如矿石破碎后的粉末，或者部分金属氧化物如铁红、铜绿等（④ 那个时候并没有无机物或金属氧化物的概念，只是工匠觉得颜色好看，尝试着加到原漆里面发现这货居然能溶解并均匀混合，然后就拿去刷墙了）。⑤ 后来人们还发现有一种叫做"桐油"的东西，拌到油漆里面能让色彩更加亮丽，增加油漆的黏稠度，清香更持久。⑥ 将"桐油"这一类干性植物油配合漆液使用的方法乃是世界涂料史上的一大创举，基本上奠定了古代建筑涂料的基石。⑦ 虽然那时候的人根本不懂化学，但道出了"chemistry means chem is try"的真理……[①]

由于原创中文科普读物所介绍的往往是中国特有的发明或在科技、医药、农业等各领域的发展，因此术语的翻译就愈发显得重要。很多名词往往没有现成的译称，或存在一词多义现象。因此若想提高翻译的准确性，就必须在术语检索方面多下功夫。

相对于英文来讲，中文在语义的表达形式方面更加灵活。有些意思可能不仅仅在一句中出现，往往出现在几句话中，而这几句话也可能并非集中在一段里，可能是零散地分布在整个语篇。语句之间的衔接比较松散，常常需要依靠上下文才能够理解句与句之间的关系，而这也是中文注重意合的体现。这就要求译者在英译过程中，按照英文的行文习惯，对原文重新整理。使调整后的结构意思更加明显，衔接更加清楚。

因此相对于科普英语的汉译来讲，中文原创科普读物在英译之前必须要将原文"翻译"成中文，也就是重新解读并整理原文，使其更符合翻译工作的需要。

[①] 全文请参照：http://www.guokr.com/article/437856/.

通过分析例2原文，可以看出文章主要表达的内容有四：一、漆的颜色的变化；二、漆的颜色来历；三、桐油在漆艺中的用途；四、漆的发展中蕴含的道理。

第①句作为段首，起到开宗明义的作用，让读者了解到漆的颜色在不断变化。第②，③，④句所表达的都是漆的颜色来历和发展，可以看成是一个独立的意群。②，③两句在翻译过程中完全可以按照英文的结构进行调整，不必拘泥于原文的形式。而第④句因为有些调侃的意味，并且放在了括号中作为附加信息出现，因此以独立的一句话处理比较妥当。

原文第⑤，⑥两句的意思主要是桐油在漆的发展过程中所起的作用，同样也是一个独立的意群。而原文第⑦句则有些像是总结，对中国古代工匠从实践中摸索科学道理的精神进行了点评，因此需要作为单独的意思进行处理。

经过调整，原文的结构更加整齐，意思更加明确，也更适合进行英译。

下面还是从几个方面对这段话的翻译处理进行阐释。

一、术语及其他名词的翻译

本例中，除了无机粉末、金属氧化物、涂料与桐油以外，以下术语在翻译的过程中均需要译者给予更多的注意。一方面，有些术语容易与其他术语混淆，需要在翻译过程中仔细辨析；另一方面，原文作者很可能在某些术语的使用上也不够严谨，需要译者在翻译过程中进行规范。

  A. 漆艺、漆与油漆
  B. 颜料、染料
  C. 铁红、铜绿
  D. 干性植物油

1. 漆艺、漆与油漆的理解与翻译

一般意义上"漆艺"指是在色漆经过打磨与推光后，再然后再通过雕填、镶嵌、彩绘、脱胎、髹饰等手段制成的各种精致、美观的漆艺品。（百度百科）。因此"漆艺"一般被译为 lacquer arts 或 lacquer ware。然而阅读全文可以发现，这里所谓的"漆艺"仍旧指的是"漆"或"大漆"，与"漆艺"或"漆艺制品"无关。

再看"油漆"的理解。"油漆是用有机或无机材料来以装饰和保护物品的一种混合物。……油漆早期大多以植物油为主要原料，故被叫做"油漆"，如健康环保原生态的熟桐油。……早期大多以植物油为主要原料，故有油漆之称。现合成树脂已大部或全部取代了植物油，故称为涂料。"（百度百科）可见，中文例"油漆"的概念十分宽泛，有时甚至可以等同于涂料。而原文主要介绍"漆"在中国发展的历史渊源，因此可以判断这里的"油漆"与"漆"均指天然生漆或添加了颜料与桐油的色漆。

从网络词典中，"漆"或"油漆"所对应的英文一般有 paint, lacquer 以及 varnish。Paint 一般泛指所有的涂料，而 varnish 则主要指清漆或涂漆后光亮的表面。再查阅一些有代表性的中文漆艺英文介绍，发现其中所使用的基本为 lacquer，生漆也译为 raw lacquer，因此选择该译法。

2. 颜料、染料的理解与翻译

首先还是应该了解这两个词在中文例的本意。通过阅读专业论文与论坛可知，"颜料"与"染料"最主要的区别在于是否能够附着在纤维上，以及溶解方式。"颜料"多为粉状物，在水或油中只能形成悬混液,用于遮盖物体表面;"染料"一般能够溶于水,形成溶液后用于纺织、造纸等行业。①由于原文介绍的主要是油漆的颜色来源,因此,可以判断原文作者对于"颜料"与"染料"这两个词的使用并不够严谨。翻译过程中,不应该直接译为"dyes and pigments",只能将词义确定为"pigments"。同样,在第④句中"发现这货居然能溶解并均匀混合",这里的"溶解"也不够严谨,翻译时应该纠正。

3. 铁红、铜绿的理解与翻译

查阅相关资料可知,"铁红"与"铜绿"只是中文对于颜色的习惯称呼,英文中并无对应说法。在翻译过程中只能根据其所对应的物质名称进行翻译。"铁红"实际上指的是氧化铁,而"铜绿"指碱式碳酸铜。那么这两个词直接翻译成 Iron(Ⅲ) oxide/ ferric oxide 以及 copper(Ⅱ) carbonate hydroxide 是否可以呢?当然,这样的译法从学术上讲十分严谨,但作为一篇语气轻松愉悦的科普文章,这样的译法未免过于沉重。经过进一步查阅,可以找到这两个词汇,分别为 iron oxide red 与 verdigris,均可指英文中的具体颜料,因此确定该种译法②。

4. 干性植物油的理解与翻译

在科普英译汉部分曾经讲过,在资料的检索过程中,最好能够扩大自己阅读的范围,不要只关注与关键词直接相关的部分。在查阅"桐油"译法的过程中,如果对维基百科关于 tung oil 的英文介绍稍加留意,就可以发现这里面已经将桐油归为一种 drying oil③,可以再查阅 drying oil 进一步验证④。综合植物油的翻译,可以将"干性植物油"译为"drying vegetable/plant oil"。

二、文化负载词的翻译

与英文科普读物相同,中文科普读物同样有十分突出的文学色彩。为了让读者更轻松地理解文章内容,作者往往采用明喻、暗喻、引喻、对照等修辞手段,有时也常常引经据典,谈古论今。

例文中也存在这样的现象,为了让读者清楚地了解到漆的颜色使用在古代有明显的阶级性,作者引用了杜甫的诗句"朱门酒肉臭,路有冻死骨"。在翻译这句诗时,很多学生在网络上找到了该诗的不同译本,直接将这两句的译文照搬上来。如:

【学生译文】

In the mansions, rolling luxury allows wine and meat to go rotten away. On the streets, grinding poverty causes dead bodies to freeze and decay.

The aroma of meat and wine lingers around the noble's gate, when there are poor people frozen to death by the roadside.

The portals of the rich reek of flesh and wine while frozen bodies lie by the roadside.

While the rich wine and dine the poor die of cold by the roadside.

---

① http://wenku.baidu.com/link?url=eOl5ADe_Hz4gBbjynUd-LTyjVgwbZNKxIjiVPFhlyZk-Ekto1dNoLSbwX5mJqurVnXvZ-7UG-NGJkp73G98NygpGox-ZADRNYzWEOpOdVnq

http://muchong.com/html/201312/6713962.html, 引用日期:2020.1.23。

② http://www.makingcosmetics.com/Iron-Oxide-Red_p_203.html

③ https://en.wikipedia.org/wiki/Tung_oil, 引用日期:2020.1.23

④ 同上。

在这里，我们先不对这些译文从诗歌翻译的标准上进行评价，单从意思表达来看，上述译法存在一个共同的问题，那就是从译文中无法看出任何"朱漆"的痕迹。要知道，原文作者之所以引用这两句诗，并非意在讨论贫富差距，而是要读者看出，在古代富人家才用得起"朱漆"这样色彩鲜艳的漆。在进行纯粹的诗歌翻译时，原来的译者有可能为了诗歌的意思传达与形式上的对仗，有意地隐去了"朱门"这一具体的形象，而选择使用"富家""豪门"等意象代替。但在翻译这段文字时，照搬上述译法只能让读者感到莫名其妙，不清楚引用这段诗句的用意何在。

懂得了这段诗句的用意，在翻译时就可以更加关注语言的功能而非具体形式。从事科普读物的译者也可能在文学修养方面不一定比得上专业的文学翻译，但完全可以在已有译文的基础上稍加改动，使其更符合功能上的需要。如将上述的最后一种译法改为：

Inside the red portals, the Rich wine and dine; Outside on the road, the Poor strive and starve.

原文中还有一个有关文化传播的问题需要注意，那就是"杜甫"这个文化意象的处理方式。一般来讲，如果原文中出现了重要的历史人物，译文中应该加注，说明该人物的生卒年代与主要贡献。因此，例2第①句b部分可译为：

Such difference is satirized in the lines by Dufu (712-770AD), one of the renowned poets in Tang dynasty (618-907AD)...

通过上述译法，读者一方面了解到中国古代在使用漆的颜色上有阶级性，还可以对杜甫这样一位伟大的诗人有简单的了解。当然，译者也可以以另外一种更加简略的方式处理这个问题，减轻读者阅读中的负担。如：

Such difference is manifested in lines of an ancient Chinese poet:...

三、句式的调整

按照本节开头部分的讨论，原文可以依据所表达的中心含义划分成不同的意群，同一意群内的句式可以打破原文的格局重新调整。

来看原文第①句的翻译。大部分学生的译文是按照原文结构处理的。如：

学生译例一

As time went by, lacquer arts was developed with types and colors continuously increasing. However, only the nobilities and officials' family could use those beautiful red lacquer to paint their houses while the common people could only use dark and black lacquer generally. The gap of wealth and stratum that the colors had reflected was exactly described by Du Fu, an ancient poet, in the verse "The vermilion gate of the rich is reeking of wasted meat and spirits while the poor has starved and frozen to death by the roadside". As the time goes by, lacquer has been developed with more types and colors.

学生译例二

As time went by, the lacquer art had developed with the increase of its type and color. However, only the upper class could utilize the vermilion lacquer, while the common people could just use the dark or the black lacquer. It was the same with what Du Fu wrote "Wine and meat rot behind vermilion gates while people died of cold by the roadside".

译文的语言质量暂且不论，单从意思表达上来看，学生译文并没有考虑到原文内容的逻辑关系。因此，只是在语言上进行了转换，而内涵并没有传达。

下面来分析一下原文的逻辑关系，再据此对原文句式进行调整。

<u>随着时间的推移，</u><u>漆艺得到发展，</u><u>种类和颜色也不断增加，</u><u>但普</u>
　　A　　　　　　　　　B　　　　　　　C
<u>通老百姓家通常只能用深色及黑色的漆，</u><u>只有王公大臣、官宦家</u>
　　　　　　　D　　　　　　　　　　　　　　E
<u>族才能使用那些漂亮的朱漆，</u><u>杜甫所写"朱门酒肉臭，路有冻死</u>
　　　　　　F
<u>骨"便是如此。</u>

原文由 A, B, C, D, E, F 六部分组成，A 为时间状语，剩下的五个小句都有着各自的主谓结构。然而，仔细研读原文可以发现，该段主要讲的是漆的颜色，与漆艺（一般指漆艺术品）及种类没有太大关系。而 A，B，C 三个小句和 D，E 两个小句表面上虽然没有逻辑衔接，但实际上表达了一种转折的关系。也就是"尽管漆的颜色增加了，但只有有钱有权的人才能享受得了，普通老百姓的选择仍旧很单一"。

而原文中 F 部分则是对古代漆的颜色发展的另一种诠释。为了看出这部分与上文的衔接则可以改为"这种差别在杜甫的诗句中也有所反映"。在译成英文时，通过非限定性定语从句来体现上下文的衔接会显得句式过长，重点不够突出，因此可以考虑将原来的一个长句转换为两个句子进行翻译。如：

Although the colors of Chinese lacquer developed all through the years, red lacquer and other bright colors (deemed as a demonstration of social status) could only be found in rich families of emperors' relatives or government officials while dark colors in common households. Such difference is clearly satirized in the lines by Dufu (712-770AD), one of the renowned poets in Tang dynasty (618-907AD): Inside the red portals, the Rich wine and dine; Outside on the road, the Poor strive and starve.

再看原文第二个意群，也就是第②③④句的翻译。其中第④句由于相对独立，在这里暂时不讨论。可以看出，学生译文仍旧以保持原文语言结构为主：

【学生译文】

1) <u>Referring to the colors of paint</u>, basic principle is to mix various dyes or pigments into the original paint, forming pigmented coating with different colors like black, bright red, green, brown, purple and yellow. Basically, these dyes or pigments are inorganic powder, such as the powder after ore crashed, or some metallic oxide like iron oxide red and verdigris.

2) <u>Speaking of the colors of oil paints</u>, the basic principle was to mingle the pigment or dye with the plain paints. And then different lacquers like black, red, green, brown, purple, yellow and other colors would be ready. The pigment and dye used were usually inorganic matters, such as powdered mineral or some metal oxide like iron oxide, verdigris, etc.

3) <u>When it comes to the color of paint</u>, its basic principle is adding a variety of pigments and dyes to form paint in various colors including black, red, green, brown, purple, yellow and so on. These pigments and dyes are basically inorganic powder, such as crushing ore powder or some metal oxides including iron oxide red and verdigris.

从译例中可以看出，学生在原文的逻辑衔接方面没有任何调整，而是将"纯天然"的结构搬进了译文。其中第一个小句的翻译问题最多。由于大部分学生对原文结构不做仔细理解，直接选择了非谓语结构进行翻译（见上述译例划线部分），导致非谓语结构的逻辑主语与主句主语不一致。

在着手翻译之前，一定要注意原文意群内部各主要信息之间的逻辑衔接。为了讨论方便，以下使用不同字母对需要留意的信息进行标注。

② <u>谈到油漆的颜色</u>，<u>其原理</u>基本上是在原漆中加入各种<u>颜料、染</u>
     A   B   C

<u>料</u>，形成<u>黑、朱、绿、褐、紫、黄</u>等多种颜色的色漆。③ <u>这些颜料、</u>
                    D   E

<u>染料</u>基本上为无机粉末，如矿石破碎后的粉末，或者部分金属氧化物如铁红、铜绿等。

认真思考可以发现，第②句开头的 B 部分"其原理"没有太多意义。这句话主要想告诉读者油漆颜色是怎么来的，并没有讲述油漆颜色的"原理"。因此 B 部分在翻译时完全可以省去。再仔细观察可以发现 C 部分中提到了"颜料、染料"，而第③句中的 E 部分同样提到了这些内容，这实际上就是一种上下文衔接的手段。而在翻译中，这样的衔接还可以通过其他方式得以实现。最后再来看 D 部分。这里主要是一个细节的处理。原文对于颜色的排列"黑、朱、绿、褐、紫、黄"可以说毫无逻辑可言，有深有浅，有明有暗，十分混乱。翻译时有必要按照一定顺序重新排列。当然，这里对于颜色的一一罗列实际上没有太大意义，只要让读者了解到颜色的丰富程度就好，所以也可以模糊处理。

经过上述处理，我们将原文"翻译"成更适合翻译的文本：

油漆的颜色，从红、黄到紫、黑不等，基本上来自在原漆中加入的各种颜料的颜色，这些颜料基本上为矿石破碎后的无机粉末，或者部分金属氧化物如三氧化二铁与碱式碳酸铜等。

再进一步翻译成英文：

The colors of lacquers, ranging from yellow and red to purple and black, depend on the color of pigments, most of which are inorganic powders from finely grounded ores to metal oxides like iron oxide red and verdigris.

第④句虽然相对独立，但其句式也需要调整。

<u>那个时候并没有无机物或金属氧化物的概念</u>，只是<u>工匠</u>觉得<u>颜色</u>
A   B

<u>好看</u>，<u>尝试着加到原漆里面</u>发现<u>这货</u>居然能溶解并均匀混合，然后就
                C   D

<u>拿去刷墙了</u>。
    E

A 是个无主句，这在汉语中非常常见。翻译时必须从上下文中找到逻辑主语。从 A 与其他部分的关系可以判断出，这里所说的意思是古代的工匠没有无机物或金属氧化物的概念。而 B 部分的"颜色"指的是上文所说的"矿石破碎后的粉末"。同样，它也是 C 部分的动词宾语，以及 D 部分的"这货"。E 部分动词也缺乏宾语，经过分析可知，这里的宾语为"添加了颜料的漆"。

因此，这句可以重新"翻译"为：

"古代的工匠并没有无机物或金属氧化物的概念，只是为了颜色好看就尝试把颜料加到原漆里面，发现这些颜料居然能溶解并均匀混合，因此他们就把漆用作墙上的涂料。

在译成英文时，还可以使用非谓语结构，使语言的层次感更加明显：

Having no idea of what inorganic substances and metal oxides mean, ancient craftsman happened to add the powders into raw lacquers for the sake of beauty, but were surprised to find that they could mix with lacquers very well, so they decided to paint the mixtures on walls as coatings.

上文曾经介绍过，英语科普文本中被动语态的使用频率远远高于汉语。翻译过程中，也可以有意识地将中文中的主动语态变成被动语态，有效突出客观事实与所关注的重点。第⑤句的翻译就是这样。原文：

⑤后来人们还发现有一种叫做"桐油"的东西，拌到油漆里面能让色彩更加亮丽，增加油漆的黏稠度，清香更持久。

可以在调整后变成：

桐油这种东西后来被人们发现十分有用，当（被）添加进油漆中时，可以让油漆的色彩更加亮丽，黏稠度更高，清香更持久。

进而译为：

Later on, tung oil (or Chinese wood oil) was found very useful and when added to lacquers, it helps to give lacquers a special sheen, increase the stickiness/viscosity of lacquers and make the scent last longer.

相对而言，第⑥句的翻译在句式方面进行的调整较小，不再进行详细讨论。最后来看原文最后一句话的句式：

⑦虽然那时候的人根本不懂化学，但道出了" chemistry means chem is try"的真理……

相当多学生并未对"道出"深入理解，他们认为既然该句主语是"那时候的人"，动宾结构"道出……道理"与主语的衔接十分紧密，也十分自然。因此，出现了下面几种译法：

【学生译文】

1) People did not know chemistry at all, but they <u>figured out</u> the truth that "chemistry means chem is try".

2) Although people knew nothing about chemistry at that time, they <u>uttered</u> the truth that "chemistry means chem is try".

然而，仔细琢磨一下原文内容就可发现，"道出……真理"应该是一种主动的行为。而原文表达的是人们的生产实践中所蕴含或展示的一种道理，并非像科学家那样，通过实验发现了真理。因此应该将原文结构重新调整为：

虽然古代的人根本不懂化学，但他们的实践展示了这样一条道理/事实，那就是chemistry means chem is try。

Ancient people knew little about what chemistry is, but their practices have lively demonstrated the philosophy that "chemistry means chem is try".

四、词义的确定

在上几个部分的讨论中，有些词义的确定过程已经展示得很清楚了，如一些术语的译法以及"原理""道出"等词的理解与翻译,此处不再赘言。在第①句中还有几个词语的语义需要译者留意。

1. "深色及黑色"

几乎所有的学生都直接将这个短语译为"dark and black colors",却对这其中显而易见的逻辑问题视而不见——黑色难道不是深色吗?为什么还要专门分开来罗列呢?从前面所举的其他例子也可以看出,翻译过程中,译者有责任对原文的不当之处提出质疑,也有权利进行合理的修订或解释。因此,这里的深色与黑色在翻译过程中可以只用"dark colors"代替。

2. 王公大臣、官宦家族

在翻译学习过程中,学生常常为了更加准确,而选择"一丝不苟"地处理原文,生怕有所遗漏。对于这两个短语,学生通常的译法是:

【学生译文】

1) the imperial princes and court ministers, and official families

2) the imperial princes or court ministers

3) dukes, ministers and their families

然而,原文的重点并非向读者介绍古代的官宦阶层,而是说明,在古代中国,只有权贵家族才能使用颜色鲜亮的漆,尤其是朱漆大门,是身份的象征。《韩诗外传》中提到的天子对诸侯、大臣的最高礼遇——"九锡"中就包括"朱户",也就是红漆大门。因此,这两个短语的中心意思就是"皇族及大臣",可以译成"royalty and imperial officials"。

【课后练习】

请将下列段落译为英文。

1) 电不光在我们生活的世界中,更在我们的身体里。构成人的神经系统的基本单位神经元,正是借助其像鞭子一样的神经突,通过产生并传导电流的方式将信号传递给其他的神经元。我们的大脑里有着 860 亿个神经元,它们产生无数的连接,且每时每刻都有无数的神经细胞在彼此放电。这些数量庞大、复杂、神秘的神经连接和电流,也称为脑电,最终形成了我们的思想和意识。随着现代科技的发展,我们开始能够读取人的脑电,且不需要把脑壳劈开(我是曹操,我也会杀了华佗!),比如已经较为成熟的脑电扫描技术。通过脑电扫描可以间接的判断人的脑部活动,民用前景广泛,如果有一天你在相亲或进行工作面试时被要求做脑电扫描,也请不要太过惊讶①。

2)《西游记》里面的孙悟空神通广大,不仅有 72 般变化、火眼金睛、一个筋斗十万八千里的本领,还能进入妖怪肚子里翻江倒海。西游记里孙悟空这些降妖除魔的本领,正是古代人民对当时还不能实现的各种神奇能力的美好想象。在今天,孙悟空的很多本领已经被科学家所掌握,造福我们的生活。

目前科研人员正在研制医疗用的胶囊微型机器人,它是一种能够从口中进入人体胃肠道进行医学探查,并进行治疗的智能化微型工具。当然,胶囊微型机器人可不是钻进肚子捣乱的,从嘴里"吃"下去后,它将"游动"着检查需要关注的区域,并且将体内的图像无线传输给医生,帮助医生诊断病情。不过,目前该技术尚处于实验阶段,用于造福人类还需进一

---

① https://m.guokr.com/article/438700,引用日期:2020.1.20.

步的实验确证[①]。

3）大家都津津乐道，"男人不坏，女人不爱"。但这句话从头到尾都站不住脚，至今已经有众多研究揭示："好人"才是女性长期择偶时偏爱的对象，"好人"身上有着吸引女性的独特魅力。法雷利等人的这项研究，更是进一步指出，利他在女性择偶时的重要性甚至要高于我们通常认为最重要的颜值。

自达尔文演化论诞生以降，人类利他行为就是一个争论不休的谜题，如果一个人愿意牺牲自我利益去帮助他人，那这种行为如何会被自然选择所保留？利他虽然能增加他人生存的概率，但却会减少行为者自身的生存概率。法雷利等人认为，他们以及上述诸多研究的结论——"女性更偏好利他男性"——似乎可以部分解释利他之谜。利他基因（相比于利己基因）更受女性青睐，其在繁衍中获得的优势可能要多于帮助他人所产生的劣势，因此从总体上看，利他仍是演化均衡策略。这也说明，演化心理学中的两性关系不仅有精于算计的"空壳式"交互模型，还纳入了利他等亲社会特质。

如果每次"偶遇"你都摆脱不了"见光死"；如果每次欢喜地发完照片后，你都能准确无误地收到"呵呵、睡觉、去洗澡"，那么利他这件"法宝"你可得好好学学。帅，可遇不可求；但助人为乐，我们稍微用心即可做到[②]。

4）双作用活塞式风箱是一种配有活塞板和拉杆的箱形装置，推拉过程中都可以鼓风，出现的时间不晚于宋代。

中国古代鼓风设备的发展，经历了由皮囊到单作用木扇再到双作用活塞式风箱的演变过程。山东藤县东汉画像石上有冶铁鼓风囊图像。木扇出现于唐宋或更早，其早期图像见于北宋《武经总要》和甘肃安西榆林窟西夏壁画。明代宋应星在《天工开物》中绘制了熔炼金属和铸造金属器物的情景，其中多幅插图都表现了双作用活塞式风箱的使用。不同熔炼炉所用风箱的大小尺寸不同，其中有只需一人操作的小风箱，也有需"合两三人力"操作的大风箱，特别是"炒铁炉"上所用的风箱更大。

双作用活塞式风箱的箱体为木质，有方形和筒形两类。内部装置一个活塞板，箱内一侧下部有一个长方形风管，前、后开口都与箱内相通，中间有一个向外的出风口。出风口内部的一个单页双置活门，可使出风口与方管的一半相通，阻断出风口与方管另一半之间的空气流动。在气流推动下，方管两部分交替与出风口相通。活塞板作前后往复运动时，都可以将空气压出，从而实现连续鼓风。筒形箱体可将所受内部径向压力转化为切向拉力，从而承受更高的风压。其制作工艺有板材拼合加箍和原生树干整体加工两种。后者制成的箱壁没有接缝、受力均匀，承压能力进一步提高，常用水力驱动，为大型冶炼炉鼓风。古代马达加斯加和日本等地也曾使用能连续供风的鼓风器，但它们都有两套气缸和活塞，本质上属于串联或并联鼓风。只有中国的风箱真正具备了双作用原理。

活塞式风箱效率高、操作简便，明、清时期，与木扇共同成为冶铸业主要的鼓风设备。直到 20 世纪，活塞式风箱仍然在乡村广泛使用，不仅用做手工业中的鼓风器，还普遍被家庭用作炉灶鼓风。（《中国古代重要发明创造》）

---

① https://m.guokr.com/zone/futurefolklore/article/69888/，引用日期：2020.1.20.
② http://www.guokr.com/article/441169/，引用日期：2020.1.23.

第十三章
新闻的翻译

根据刘其中的定义，新闻翻译是把用一种文字写成的新闻（源语新闻，News in Language A）用另一种语言（译语语言，Language B）表达出来，经过再次传播，使译语读者（Language B readers）不仅能获得源语新闻记者所报道的信息，而且还能得到与源语新闻读者（Language A readers）大致相同的教育或启迪，获得与源语新闻读者大致相同的信息享受或文学享受。

新闻传播对于全球化背景下当代社会信息交流的重要性毋庸置疑，尤其在互联网时代，新闻传播的途径从传统的报纸、电视、广播等运用单一媒介的方式，迅速演变为今天整合了不同传统媒介及其人力与内容的融媒体，传播方式更加立体，时效性也更强。新闻翻译也应该与时俱进，才能够发挥出新闻传播的优势。

第一节 新闻的文体特征

在我国，通常将新闻文体分为两类：新闻报道和新闻言论，前者包括消息、通讯、解释性报道等，后者包括社论、一般评论、新闻述评等。在西方，新闻文体则分为新闻和特稿两类，前者类似于消息，后者相当于我国的通讯、特写、解释性报道等（罗以澄，2016：32）。

一般来说，新闻从结构上大致可分为标题（headline）、导语（lead）、正文（body）三大部分。从重要性来说，由于标题和导语短小凝练，非常符合当代人快节奏的阅读方式，因此相对于正文来说更为重要。

新闻文体与其报道的内容及媒体有很大关联，一般来说，政治、财经、科技、军事等方面的新闻更严肃，社会、文化、时尚、娱乐方面的新闻就比较轻松随意，但随着融媒体时代来临，即便像人民日报、新华社这样的传统媒体也发生了新的改变，或者通过短视频方式报道一些比较抽象的、专业性较强的内容，或者在语言上变得更加轻松，接地气，以拉近与受众之间的距离。

13.1.1 新闻标题的特点及翻译

好的新闻标题如同文件夹上的标签，一方面能够在浩如烟海的信息中抓住受众的注意力，另一方面帮助受众轻松找到自己需要的信息。受到传统纸媒的空间局限，中英文新闻的标题总的来说都比较简短，概括性强。中文新闻标题与日常语言风格差别不大，而英文新闻标题则有一些比较独特的要求。因此在翻译中文新闻时需要对此有更多了解。英文新闻标题的特点：

（一）常用省略句、缩略语。一般来说，为了节省空间，标题中会省略冠词、介词、连词、系动词、be 动词等。

（二）用一般现在时表示刚刚发生的动作，用不定式表示将来的动作，用现在分词表示现在正在进行的动作。

China's Alibaba breaks Singles Day record as sales surge

Lawyers to Debate Insanity Plea

China's tax collectors inching for inheritance tax

（三）尽量用小词，节省空间，通俗易懂

如：

ban=to prohibit/forbid

back=to support

blaze=a large fire

cleared=found innocent

curb=to control

eye= to observe

flak=criticism

quiz=to question

mar=to spoil

（四）选词要具体，少用修饰语，避免主观表达

如使用 bomber，attacker，gunman，kidnapper，insurgent，militant 等词代替 terrorist。

13.1.2 新闻导语的特点及翻译

虽然英语新闻的体例有多种，但大多数还是"倒金字塔"结构，新闻中最重要的信息都放在导语里，放在新闻的最开头进行交代，起到开宗明义的作用。导语内容没有严格规定，但一定是读者最关心的内容。导语基本遵循 5W+1H 原则，即 Who, What, When, Where, Why 以及 How，有些时候还会突出事件的结果。英语新闻导语同样也呈一种"倒金字塔"结构，最前面的一定是最重要的新闻事实，其后可以有一句话扩展或补充必要信息。《纽约客》作家 John McPhee 认为，"The first part—the lead, the beginning-is the hardest part of all to write. I've often heard writers say that if you have written your lead you have 90 percent of the story."[①]

受中文流水句特征的影响，中文新闻导语写作往往遵循事件发生的先后顺序，并且常常将重要的信息放在最后。因此，对于英译汉来说，新闻翻译过程中原文的结构变化不大；但汉译英则需要对导语信息进行一定的信息重组，使译文符合英语新闻惯例。近年来，在新媒体环境下，中文导语写作呈现出故事化趋势，长度变长，但在精度与内涵上比较欠缺[②]。因此翻译时，经常需要对原文结构进行改动，将导语中一些不必要的信息放在正文中，甚至需要根据新闻正文重拟导语。

美国中田纳西州立大学教授 Ken Blake 对英文新闻导语写作总结了如下技巧，可以在新

---

① http://www.columbia.edu/itc/journalism/isaacs/client_edit/Mencher.html，引用日期：2020.10.9.

② 王立君，尚靖枚，张铎. 新媒体环境下新闻文体的新特征[J]. 青年记者，2018（36）：55–56.

闻中译英时参考①:

- Rule 1: A straight news lead should be a single paragraph consisting of a single sentence, should contain no more than 30 words, and should summarize, at minimum, the most newsworthy "what", "where" and "when" of the story.
- Rule 2: The lead's first verb should express the main "what" of the story and should be placed among the lead's first seven words.
- Rule 3: The lead's first verb — the same one that expresses the main "what" of the story — should be active voice, not passive voice.
- Rule 4: If there's a "who" involved in the story, the lead should give some indication of who the "who" is.
- Rule 5: The lead should summarize the "why" and "how" of the story, but only if there's room.
- Rule 6: If what's in the lead needs to be attributed, place the attribution at the end of the lead.

其中第一条认为新闻导语一般不超过30个字，这一点，不同机构要求不同。美联社甚至认为"When a lead moves beyond 20-25 words it's time to start trimming"②。如果导语中除了最基本的事件信息，还有一定的补充信息，可能会超出字数限制。第六条指出，如果导语要说明消息的来源（attribution），需要放在最后。这一点也有不同的意见，有人认为英语新闻中消息来源与事件顺序应根据其重要性来安排，但中文一般会把消息来源放在前面。

例1.

12月将有两次主要雾霾过程　京津冀局地比较严重③

中新网12月3日电　国家气象中心气象服务室正研级高工薛建军今日回应"12月雾-霾天气的情况会不会更严重"时表示，12月份雾-霾主要的过程是8到10号左右和14到16号左右，华北和黄淮东部地区会有中度的雾-霾，京津冀局地会有比较严重的霾。

中国气象局今日举行新闻发布会，发布11月全国天气气候特征、国内外主要天气气候事件回顾及未来十天天气趋势预报。

在发布会上，有记者问及"12月雾-霾天气的情况会不会更严重？"

薛建军介绍，12月份冷空气比较多，天气在转好。冷空气过程在10号到11号、15号到17号还会出现，雾-霾主要的过程是8到10号左右和14到16号左右。华北和黄淮东部地区会有中度的雾-霾，京津冀局地会有比较严重的霾。

"但是整体来说比11月27号到12月1号过程要弱。"薛建军说。

先看新闻标题。从某种意义上来看，这一标题所含的信息量更像是导语。新闻标题与导语的不同在于，标题更加短小，对于抓取受众的注意力更为重要。因此，翻译时应该将受众最关心的信息放在标题里。虽然"京津冀的雾霾情况较重"是整段新闻最重要的信息，但本则新闻面向的是全国受众，因此还是应该将全国即将有两次雾霾过程的信息放在标题里。

---

① https://drkblake.com/six-rules-for-writing-a-straight-news-lead/，引用日期：2020.10.9.
② http://www.columbia.edu/itc/journalism/isaacs/client_edit/Mencher.html，引用日期：2020.10.9.
③ http://www.xinhuanet.com/politics/2015-12/03/c_128496679.htm，引用日期：2020.10.8.

上例中的新闻导语也比较典型。导语第一句先交代了消息来源，却将最重要的信息"京津冀局地会有比较严重的霾"放在了段尾。导语中还有非常多的冗余信息，对于希望了解新闻核心内容的人来说，了解到这一消息是由中国气象中心发布的即可，发布人的姓名、职称等信息完全可以放在正文里。12月全国有两次雾霾过程是重要信息，但具体发生的日期完全可以通过阅读正文了解。再有，全国除了京津冀之外其他地区的雾霾情况也没有必要放在导语中。

参考译文：

China to see two rounds of smog in December

Two rounds of heavy smog are forecasted to hit China in December, and local smog alert in Beijing, Tianjin and Hebei province will turn orange or red, according the National Meteorological Center.

13.1.3　新闻编译

信息时代新闻翻译手段有了很大变化。由于信息总量大，传播渠道多，传播效率高，传统译法已无法满足人们在短时间内获取大量资讯的需要，这就使得编译成为新闻翻译（尤其是网络新闻翻译）的首选方式。

相对于全译来说，编译只翻译新闻的"一部分或一大部分，而且在编译过程中，既可对源语新闻适当增删，又可对其进行必要的编辑和加工"①。

编译的优点也十分明显。"与原来的新闻相比，经编译而成的新闻[其]内容更集中，更精炼，更可读，更适合于在译语国家或地区进行传播，也更适合于译语语言读者阅读和理解"②。

上文提到，随着自媒体的发展，新闻文体已经发生了很大变化。大众获取资讯的方式已不再仅仅依靠传统媒体，而为了迎合大众口味，新闻，尤其是社会新闻的风格变得更加随意，更加轻松活泼。新闻编译也应顺应这一变化，使译后的新闻更加贴合译语读者的阅读习惯。

下面通过几个例子感受一下新闻编译的风格变化。由于空间有限，只能将新闻摘取一部分呈现（全文请见所附链接）。

例2.

Woman tricks her husband into thinking she adopted a wild coyote using the power of Photoshop

Photoshop is a wonderful thing. And it's also incredibly powerful.

So powerful, in fact, that it can be used to trick your husband into thinking you've adopted a wild coyote.

That's exactly what happened to one man after his wife Kayla Eby, who's from Oregon, US, decided to play an epic prank on him.

It all started with a cute picture of a coyote – which Kayla convinced her husband, Justin, that she thought was a dog.

Justin really wasn't happy – especially as his son was sitting right next to the 'dog'.

---

① 刘其中. 新闻翻译教程 [M]. 北京：人民大学出版社. 2004：136.
② 同上，页码137.

Kayla convinced her husband that she wanted to keep the "dog" as a pet.

Before making it clear that all she had wanted for Christmas was a dog.

But Justin was having none of it – and proceeded to freak out like crazy.

So Kayla fired once again with the Photoshop – which of course just freaked Justin out even more so.

This was crazier than the time Kayla came home with four ferrets, FYI.

But finally, Kayla let Justin know that of course she knew it was a coyote – but she wasn't ready to give up on the prank quite just yet.

In fact, she decided to take it up a notch – by making Justin aware of the terrifying noises the Photoshopped coyote was making. Oh, and she named it Spot.

Kayla let Justin get mad just one more time…

Before she went all out with this photo.

And finally, FINALLY, she let Justin in on the prank (thank god).①

原文中每句话下方都配了夫妻二人的对话或所发送照片的截屏，如图 13-1 所示。

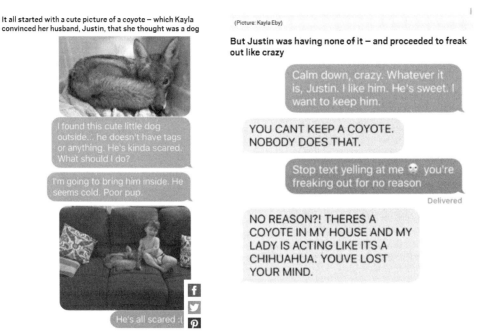

图 13-1 推送截屏

从新闻原文的行文风格可以看出，从新闻的结构到风格都与传统新闻相去甚远。由于不像报纸、杂志等受到空间限制，网络时代的新闻标题都比较长，所配的图片也更多，内容也变得更加详细充实。受此影响，经过编译的新闻也有了类似特点。来看上面新闻的中文译文：

她往家里 P 了条狼，假装从外面捡了条狗……你们感受下她老公的崩溃

话说，这个姐们叫 Kayla Eby，来自美国俄勒冈，最近，姐们用几张 PS 痕迹满满的照片，

---

① http://metro.co.uk/2016/12/02/woman-tricks-her-husband-into-thinking-she-adopted-a-wild-coyote-using-the-power-of-photoshop-6297216/#ixzz4XrhoCFiy，引用日期：2020.10.8.

差点把老公整崩溃……
　　一开始，姐们把一头狼 P 到了家里的沙发上，还让它跟儿子同框。
　　搞定后，姐们把照片发给了老公 Justin
　　老公也是实在，瞬间上套了，顿时慌了：这货是狼啊，搞什么飞机，引狼入室啊
　　姐们接着逗老公，闹着要收养"小狗狗"
　　还表示这是上天注定
　　老公着急上火
　　老公苦口婆心劝说，姐们揣着明白装糊涂……
　　姐们显然还没玩够，猛编故事煽风点火：
　　又整出一群狼
　　感觉老公快崩溃了……
　　姐们终于玩够了，向老公揭露了真相
　　好吧，敢这么玩，感觉两口子应该是真爱……

通过对比上述新闻的翻译，可以明显看出网络时代新闻编译的灵活度很大。由于该新闻不具有任何严肃性，因此从译文的标题到正文用词与行文风格都让出译文读者感受到阅读的轻松与愉悦。

　　对于正式程度较高的政治、军事、外交新闻，不同的媒体的编译处理也不尽相同。
　　如针对美国前总统唐纳德·特朗普的"取消免面签计划"的行政命令，虽然所依据的新闻原文都是类似的，各家媒体在编译过程中的措词就不尽相同。
　　对于"取消免面签计划"，美国主流媒体并没有专门的新闻进行报道，而是作为特朗普签署"限制穆斯林入境"的行政命令中的一部分进行了报道。

例 3.

Trump signs executive order to keep out 'radical Islamic terrorists'

　　...Trump's order will also cancel the Visa Interview Waiver Program, which once allowed repeat travelers to the United States to be able to forgo an in-person interview to renew their visa. Under the new order, these travelers will now have to have in-person interviews[①]。

　　而在对这段新闻进行编译时，由于国人普遍关心的是"取消免面签计划"（或称"取消签证递签服务计划"）对出国留学人员所造成的影响，因此，各媒体纷纷将这部分内容作为新闻标题，并且综合其他相关信息进行了报道。如：

<u>持美签者看过来！特朗普取消签证递签服务</u>

　　【环球网综合报道】据美国中文网 1 月 30 日报道，特朗普上任一周内，对现有移民政策做出调整，除了开始执行的禁止七个国家民众进入美国外，也暂停了免面签的递签服务（Interview Waiver Program），这也意味着包括中国留学生、学者及职业签证等在内需续签美国签证者，即日起都必须进行面签。

　　特朗普此前签署行政令，要求美国国务院即刻停止美国签证的免面签递签服务（Interview Waiver Program），申请美国签证的访客必须前往当地的美国领事馆进行面谈，"这在短期内将

---

① http://metro.co.uk/2016/12/02/woman-tricks-her-husband-into-thinking-she-adopted-a-wild-coyote-using-the-power-of-photoshop-6297216/#ixzz4XrkcwgXq，引用日期：2022.7.8.

给许多入境美国的访客造成极大不便"①。

......

<u>川普</u>②<u>发狂赶人！取消美签免面谈！工签、实习签、配偶签等将剧变！大学让留学生不要离美，怕回不来！</u>

<u>搞事技术哪家强，美国川普最在行！</u>

几天前，<u>川普</u>签署了一份行政命令，除了搅翻全球"禁止 7 个伊斯兰国家公民入境"，<u>还出一狠招</u>——要求美国国务院立即取消签证免面谈计划（Interview Waiver Program）！<u>这新官上任的第 N 把火，竟然烧到了吃瓜群众的身上。</u>

......

（英国大家谈 1 月 30 日）

可以看出，受众面相对较广的"环球网"所进行的编译从文体风格上来说已经与传统新闻有些差异，尤其是标题。但与"英国大家谈"这样的以留学生为主要受众的媒体相比，仍是比较中规中矩的译法。后者的译文，无论标题还是正文都有明显的特征，语言幽默、诙谐、夸张，并且充斥着大量网络流行语，更加符合年轻学生的口味。

从以上译例可以看出，新闻编译重要的是尊重新闻所报道的客观事实，至于文体、语言风格与新闻的细节可以根据具体情况具体对待。不同的新闻内容、传播手段、受众特征、时代变化都可能影响译者的取舍。

第二节　新闻文体编译实践

13.2.1　新闻编译英译汉

Iranian engineer returns to the US after travel ban put her life on hold

(CNN) An Iranian engineer is back in the United States after President Donald Trump's travel ban left her in limbo for a week in her native country.

Recent Clemson University graduate Nazanin Zinouri touched down in Boston's Logan International Airport early Sunday afternoon after more than a day of air travel from Tehran.

Her journey back to South Carolina continues Monday, when she will be reunited with her puppy and resume the life she has known for the past seven years.

Zinouri was one of many foreign workers blindsided by President Trump's January 27 executive order banning residents of seven Muslim-majority countries, including Iran, from traveling to the United States. A temporary restraining order put key provisions of the order on hold, allowing green card holders and those with work visas like Zinouri to return to the United States from travel abroad.

"I still can't believe this actually happened," she told CNN at the airport Sunday. "I didn't see this coming any time soon, so this is definitely beyond whatever I could imagine."

---

① http://world.huanqiu.com/exclusive/2017-01/10039912.html，引用日期：2021.7.8.

② 即美国前总统特朗普。

Denied re-entry to the United States

Zinouri is one of a number of people rushing to return to the United States while the ban is temporarily suspended.

A federal appeals court on Sunday denied the government's request to resume the travel ban, but it's unclear how long the stay will last, or how things will ultimately play out.

For the time being, those eligible to return are taking advantage of the window of opportunity. In airports across the country this weekend, families and friends greeted returning travelers in emotional reunions.

Zinouri went on vacation on January 20, the same day Trump was inaugurated, intending to visit family and friends in Tehran through February 10. She cut her trip short when President Trump signed the executive order and rushed to get back to the United States.

She made it to Dubai before she was removed from the flight on January 29 and sent back to Tehran. At the time, she thought about what would happen to her house in Greenville, South Carolina. She thought about her car, still sitting at the airport. She thought about her 6-month-old puppy, Baxter, and what would happen to him.

But after thinking of those "simple things," she said in an interview with CNN, the reality of the situation dawned on her.

"I actually might lose my entire life there."

Zinouri told her story in a Facebook post that went viral, in one of many stories to encapsulate the anger and confusion surrounding the ban.

(Waiting: The hardest part)

The hardest part of the past week was not knowing what would happen, Zinouri told CNN on Sunday. She wavered between holding onto hope for her return and trying to imagine what she would do instead.

"It was a difficult decision," she said. "Am I going to think about possibly ... not having my life here ... or, do I keep believing that I will get back here somehow?"

"How long do I wait?"

After a long trip through Frankfurt, representatives from Clemson University and her employer, Clemson-based tech company Modjoul, greeted her at Logan airport on Sunday.

"We are glad that Nazanin had the courage and bravery to board the flight without any guarantee of how she would be received upon her arrival. We are so glad she is home and can be reunited with her dog, her friends and her colleagues," said Eric Martinez, founder and CEO of Modjoul.

Zinouri recently earned her Ph.D. in industrial engineering from Clemson and was awarded the Janine Anthony Bowen Graduate Fellow award for outstanding academic performance in her field. She has worked at Modjoul for the past six months under a worker visa.

While Zinouri waited in Tehran for an update, her community rallied around her. Support, material and emotional, poured in from various corners, she said. It's given her a renewed appreciation for her life in the United States.

"Just knowing how much certain things mean to me, how much certain people care about me, that's definitely amazing," she said.

Otherwise, she hopes, "everything else should be back to normal."

(http://us.cnn.com/2017/02/05/us/nazanin-zinouri-travel-ban-update-trnd/index.html)

这篇新闻报道是在美国新任总统特朗普上任后签署的"禁穆令"及其被搁置所引发的一系列事件之一。"禁穆令"的签署对伊斯兰国家人民进入美国影响很大，在全球，尤其是穆斯林当中引发了强烈抗议。本篇新闻的主角 Zinouri 就是受到影响的人之一。这一事件之所以需要翻译成中文，是因为中国人对于特朗普上台后的一系列举措以及所引发的反应十分感兴趣。但中文读者更关注的事件的起因、结果与影响，具体细节并不重要。因此在编译过程中，可以只选取与"限穆令"相关的内容，以及该事件的主要框架。翻译时还需要重新调整新闻报道的结构与顺序，以更加适合中文读者的阅读习惯。

新闻的标题翻译至关重要，如果死守原文，可能使译文标题内容与风格无法吸引读者，达不到新闻传播的目的。

经过分析，该事件一方面介绍了特朗普的"禁穆令"推行受阻过程中，主人公 Zinouri 所受到的影响，更重要的是折射出穆斯林对自己日后在美国的生活感到不安与迷茫的心态。因此标题可以翻译为：

"禁穆令"受阻，伊朗女工程师终于返美，然而谁知道以后呢？

从正文内容上看，经过筛选，该新闻报道需要翻译的主要为原文第一部分与第二部分的前半部分。主要内容及顺序为：一、Zinouri 获得准许重新入境；二、Zinouri 被拒入境的过程以及背景；三、"禁穆令"被搁置对穆斯林入境带来的影响。

美国 CNN 报道：美国总统特朗普推行"禁穆令"后，伊朗女工程师返美受阻，滞留家乡一周后终于重新入境。

Nazanin Zinouri 是美国 Clemson 大学的博士毕业生，不久前刚刚获得学位，以工作签证身份在 Modjoul 工作，并且在自己的学术领域也享有一定知名度。1月20日，就在特朗普宣誓就职总统当天，Zinouri 离开美国，回自己的故乡德黑兰探亲。她本想在家乡度一个长假，然而在得知特朗普签署了"禁穆令"后，她立即取消了假期，准备返回美国。

美国总统特朗普于1月27日签发行政令，禁止包括伊朗在内的27个伊斯兰国家居民入境。1月29日，Zinouri 被禁止飞往美国，而是由迪拜被送回了德黑兰。想到在美国的一切都可能从此停格，包括自己那条只有六个月大的小狗，Zinouri 十分愤懑。和与她有类似经历的人一样，她也在脸书上讲述了自己的经历，引发了强烈的反响。

幸运的是，特朗普的"禁穆令"被联邦上诉法院否决，而这一行政令的执行也暂时搁浅。这使得持绿卡者，以及像 Zinouri 这样的工作签证持有人暂时得以利用这一空窗期从国外返美入境。

Zinouri 于2月5日成功入境，这样的经历让她自己都难以相信。然而，这一禁令会搁置多长时间？未来穆斯林入境是否会继续受阻？没有人能给出准确答案。

【课后练习】

1. 请为一家中国主流新闻媒体（如，新华社）编译下列新闻。

Nicolas Sarkozy: French ex-president ordered to stand trial

A French judge has ordered ex-President Nicolas Sarkozy to stand trial in an illegal campaign finance case.

Mr Sarkozy faces accusations that his party falsified accounts in order to hide 18 m euros (£15 m; $20 m) of campaign spending in 2012.

Mr Sarkozy denies he was aware of the overspending, and will appeal against the order to stand trial.

He lost the 2012 race, and failed in his bid to run again in this year's upcoming presidential election.

What charges does Mr Sarkozy face?

The case is known as the Bygmalion scandal.

It centres on claims that Mr Sarkozy's party, then known as the UMP, connived with a friendly PR company to hide the true cost of his 2012 presidential election campaign.

France sets limits on campaign spending, and it is alleged the firm Bygmalion invoiced Mr Sarkozy's party rather than the campaign, allowing the UMP to exceed the limit.

Employees at Bygmalion have admitted knowledge of the ruse and several UMP members already face charges.

The investigation into Mr Sarkozy centres on whether the ex-leader was aware of the alleged fraud.

Thirteen other people are also expected to be tried.

However, Mr Sarkozy's lawyer, Thierry Herzog, has said he will launch an appeal against the trial order, because only one of the two judges handling the case signed the order.

"The clear disagreement between the two magistrates in charge of the matter is such a rare event that it is worth underlining, as it illustrates the inanity of the decision," Mr Herzog said in a statement.

Growing scrutiny

The development comes as other French politicians have faced questions over their financial dealings.

Francois Fillon, who beat Mr Sarkozy to become the centre-right's candidate for the presidential race, is accused of misusing public funds to employ his wife and two children.

Meanwhile, the European Parliament is demanding France's far-right leader Marine Le Pen return funds it says she has misspent, by paying an aide at the National Front party's headquarters in Paris.

Mr Sarkozy is the second French president to be put on trial since 1958, when the current French republic was established.

Former leader Jacques Chirac was given a two-year suspended prison sentence in 2011 for diverting public funds and abusing public trust[①].

---

① http://www.bbc.com/news/world-europe-38890993, 引用日期：2022.7.8.

2. 请为一个主打休闲娱乐的公众号编译下列新闻。

Kyra Poh: The 14-year-old girl who's the "fastest flyer"

Fourteen-year-old indoor skydiver Kyra Poh was crowned the "world's fastest flyer" in one of the sport's biggest competitions, the Wind Games. She tells the BBC's Tessa Wong what it takes to soar to the top.

Riding winds as fast as 230 km/h (143 mph), Kyra flips and whirls around the arena, a small blur of white spandex in a giant vertical wind tunnel.

In the air the Singaporean teenager makes it all look effortless - a combination of dancing and floating - but in reality it is hard work.

"You use all your muscles for this sport. Even those muscles you never knew existed, they will start to ache. Even your wrists will hurt," she tells the BBC from Spain.

About 200 indoor skydivers competed at the Wind Games held in Catalonia in Spain at the weekend- Kyra was not only among the few females who took part, but also one of the youngest.

Jump media playerMedia player helpOut of media player. Press enter to return or tab to continue.

Media captionA competitor performs in the wind tunnel at the 2017 Games

It was her first time competing against adults in a large-scale competition.

But she easily beat them to win gold medals in the solo speed category, where a routine must be completed in the fastest time possible, and the freestyle category, where competitors are graded on their choreography and the difficulty of their moves.

She says being smaller and lighter than her competitors did not give her an advantage. In fact, she thinks it made things more difficult.

"A lot of people think that if you're lighter, you're faster. I don't think so. Because when you're small, you have less body surface area, so you can push off less wind. If you're taller, you can push off more and have more force," she says.

Kyra won the gold medal in the junior freestyle category at the FAI World Cup of Indoor Skydiving, held in October last year in Poland.

"I forget I'm flying."

Kyra fell into the sport accidentally. When she was nine her mother, an advertising executive, was hired to create commercials for indoor skydiving facility iFly in Singapore, and they needed a child to appear in their adverts.

"My mum asked me to try it out. I said yes. I really wanted to fly... and it was really exciting.

"When I first jumped in, I was nervous. But now these days when I go in, sometimes I forget I'm flying. The wind is so fast, sometimes when I fly, it feels like something is holding me up instead of me floating," she says.

Kyra practices three times a week after school, and more frequently during competition season. Each session takes hours—flying repeatedly can be gruelling, and she can only fly in short spurts of three minutes before taking a break.

She also regularly does long stretching sessions to improve her flexibility. Unlike most female indoor skydivers, Kyra does not have a gymnastics or dance background.

But she tries to make up for that in other ways.

"Female competitors tend to have a very graceful style and are very flexible. So I try to incorporate that in my routine with powerful, aggressive moves which men use, that are very technical and fast," she says.

Indoor skydiving is a very new sport, but Kyra sees it as her lifelong passion and hopes to be a professional athlete.

"When I was smaller I used to draw pictures of myself flying over Singapore. I even wanted to be an astronaut, to float in zero gravity.

"Humans are not meant to fly, but that has always been my dream. Now I can fly in a tunnel, so I'm glad to find this sport."[①]

13.2.2 新闻英语汉译英

随着我国对外宣传规模的扩大，国内新闻英译也在新闻编译工作越来越常见。这些新闻使国际社会更好地了解中国政治、经济与社会发展，为中国进一步对外开放打开了新的窗口。

与英语新闻编译相类似的是，对国内新闻进行翻译时也经常需要编译，在行文结构与风格上均应与英语原创新闻类似，以适应英语读者的阅读习惯。

与英语新闻编译不同的是，成为汉译英编译对象的往往是一些重大国内新闻，这一是受到历史文化的影响，我国对外宣传的力度与开放程度还不够高；二是受到有汉译英翻译能力的人力有限，只能将有限的人力投入在更加重要的新闻方面。

在中国新闻英译的过程中，最容易出问题的往往有几个方面：

一、新闻标题。许多译者常常追求贴近原文标题的内容，却不顾译语读者的接受能力。作为本族语者，译者浸润在本族语文化中，因此对一些事件的背景了如指掌，从而视而不见。但这些背景在译语读者看来就是完全陌生的。而由于标题的容量十分有限，不可能对其背景作更多解释，因此在翻译过程中，译者往往不能根据原文标题目直接翻译，而要站在译语读者视角，为经过编译的新闻重新撰写标题。

二、新闻导语。由于相当多译者对于英文新闻的结构不够了解，导致在翻译新闻时常常丢掉导语，或未能遵循导语的倒金字塔形结构要求，只译出了事件的来龙去脉，未能让读者在新闻开头了解事件的梗概。与新闻标题类似的是，导语的空间也十分有限，因此除了一些国际大事，经常需要译者尽可能地在导语中简明扼要地介绍背景知识以及事件的最新进展。

相对于标题和导语，新闻正文的汉译英需要注意的地方主要集中在编译过程中的信息取舍与消息来源的处理方面。下面将以两则新闻的汉译英为例，就新闻标题及导语的翻译进行详解。

例 4.

新疆日报社原党委书记、总编辑赵新尉被双开

2015 年 11 月 03 日 09:02:16　来源：人民网

据新疆维吾尔自治区纪委监察厅消息，经自治区党委批准，自治区纪委对新疆日报社原党委书记、总编辑、副社长赵新尉严重违纪问题进行了立案审查。

---

① http://www.bbc.com/news/world-asia-38890112, 引用日期：2020.10.8.

经查，赵新尉严重违反政治纪律和政治规矩，妄议中央和自治区党委的重大工作方针、决策和决定，公开发表反对中央和自治区党委关于新疆工作重大部署要求的言论；故意作出与中央和自治区党委重大新闻工作部署相违背的决定；在反对民族分裂主义、暴力恐怖主义、宗教极端主义等重大原则问题上，言行不能与中央和自治区党委保持一致；干扰、妨碍组织审查，伪造证据、订立攻守同盟。严重违反廉洁纪律，挥霍浪费公共财产；利用职务上的便利，在干部人事调动、退休、选拔任用及企业经营等方面为他人谋取利益并收受财物。严重违反工作纪律，不履行全面从严治党主体责任，对本单位内设机构私设"小金库"行为不制止、不查处；不按照预算核拨国家财政资金，将预算款挪作他用。其中，利用职务上的便利为他人谋取利益，收受财物问题涉嫌违法犯罪。

赵新尉身为党的领导干部，理想信念丧失，严重违反党的纪律，且党的十八大后仍不收敛、不收手，性质恶劣、情节特别严重。依据《中国共产党纪律处分条例》等相关规定，经自治区纪委常委会议研究并报自治区党委常委会议审议，决定给予赵新尉开除党籍、开除公职处分；收缴其违纪所得；将其涉嫌违法犯罪问题及线索移送司法机关依法处理[①]。

上述新闻在 2015 年属于国内热点新闻，中文读者对于新疆的地理位置，党委书记的职位与职责，以及"双开"的含义都十分了解。然而这些信息一旦全部译成英语，并且成为新闻标题，则成为读者的巨大负担。新闻译者也应该具备新闻的敏锐度，了解读者有可能对什么样的信息感兴趣。据一项新闻采访结果显示，相当一部分西方人搞不清楚中国的首都是北京还是上海。因此谈到新疆以及新疆发生的事，相当一部分英文读者未必知道那是在中国。不必要的细节如果在"准确"的借口下全部译成英文，很可能不会引起读者的注意，而且还会干扰读者的理解。因此不如大而化之，采取模糊化的处理方式，提取读者最感兴趣的信息进行翻译。而对于次级重要信息以及重要背景，可以放在导语中另行解释。

经过分析，原新闻的标题可以改为：
"中国一家报社总编被免职，同时被其政党开除"
译成英文为：
Chinese newspaper chief editor removed both from post and the party

再来看导语的内容。相对于英文导语更注重事件具体构成要素的特点，中文导语将不少笔墨放在一些行政级别的先后、事务处理的程序等信息上。译成英文后，这部分信息在导语中容易变成冗余信息，干扰读者阅读注意力。与英文的倒金字塔结构不同，消息来源往往在中文中占据首要位置，翻译时常常需要调整至导语结尾。

导语空间的限制使得译者只能将读者比较容易理解的、与事件的核心要素相关的内容作为翻译对象。其他信息需要译者想办法通过其他方式处理，这些方式包括：一、模糊化；二、转移位置；三、直接省略。

以该新闻导语为例：
<u>据新疆维吾尔自治区纪委监察厅消息</u>，<u>经自治区党委批准</u>，<u>自治区纪委对</u>
     A   B   C
<u>新疆日报社原党委书记、总编辑、副社长赵新尉</u>严重违纪问题进行了<u>立案审查</u>。
       D   E

[①] http://china.huanqiu.com/article/2015-11/7900183_2.html，引用日期： 2021.7.8.

可以看出，导语中的 A 部分为消息来源，这一点不能省略，但可以考虑将具体的"纪委监察厅"模糊化为"反贪污监察机构"。而 B 与 C 则是党纪的处分程序。在我国，共产党员干部违纪要受到党纪、国法的双重惩罚。这条新闻中，重点突出的是对于赵新尉的党纪处罚。但是，如果翻译时不调整，英语读者很可能会被 B 与 C 中包含的大量信息所困扰，同时受到 E 中"立案审查"的影响，误认为党员干部违法只是在党内进行立案审查，对我国的司法制度造成误解。因此信息 E 也应模糊处理。

经过判断，B 与 C 不宜放入导语，可以考虑在正文更丰富的语境中翻译或直接省略。D 则包含了大量涉及赵新尉官职的细节，同样可以模糊处理，只保留最重要的信息。

同时，为了能让标题足够简洁明了，吸引译语读者注意力，此前标题的翻译中略去了一些细节，如事件发生地新疆、涉事报社为国有、涉事人所属党派为共产党等。这些细节应当在导语中尽量补足。

经过重新整理，中文导语的主要信息与结构如下：

中国国有报社新疆日报总编赵新尉被免职，同时被开除共产党党籍，其原因是严重违法与违反党纪。消息官方来源为位于中国西部的新疆维吾尔自治区的反贪污监察机构。

翻译成英文如下：

Zhao Xinwei, chief editor of Chinese state-run Xinjiang Daily was sacked and removed from the position of the Communist Party for severe violence of law and party regulations, according to the official anti-graft watchdog of China's western Xinjiang Uyghur Autonomous Region.

以下再看一个实例（由于篇幅所限，只截取部分新闻原文）：

例 5.

韩春雨回应"重复实验失败"：为什么要自证清白

10 月 8 日，在河北科技大学那间实验室里再见到韩春雨时，虽然身处"论文造假""多人重复实验失败"的争议旋涡，但他看起来十分平静，依然侃侃而谈，并不时反问记者："你觉得我要是造假了，我还能这么淡定？"他说，有人在网上说，韩春雨现在怎么睡得着？"我告诉你，我睡得很好"。

当日下午，科技日报记者在石家庄对韩春雨进行了独家专访，以下为采访实录[①]：……

首先要说明的是，新闻报道也包括采访实录。由于实录中所记录的是采访双方的真实言语，因此翻译也应真实反映采访的客观事实。这种情况下，不应该采取编译的形式。

对于这篇报道的主题，中国读者也是耳熟能详的。由于所涉及的发明是诺奖级的，所以国人对于韩春雨是否真的在实验中造假十分关注。然而，韩春雨本人在此事件发生之前是一个默默无闻的学者，新闻中几乎没有对他的相关报道。大部分人都因为他的发明在国际上受到关注才第一次听说这个名字。对于大部分英语读者，这个名字就更为陌生。

对于标题的翻译，相当多学生的处理方式仍旧是直译：

Chunyu Han responds to "the repeated failure": why to explain？

Han Chunyu respond to "Many experiments repeated and failed": Why should I confess myself?

Han Chunyu: Why should I clarify myself for others "failing to repeat my experiment"?

[①] http://www.chinanews.com/sh/2016/10-10/8025843.shtml，引用日期： 2021.7.18.

Han Chunyu: "Why bother to prove myself innocent"?

Han's Reaction to "Failures to Replicate His Experiment": No Need to Prove His Innocence by Himself

通过以上学生译例可以明显看出，几乎所有学生都选择用汉语拼音形式直译韩春雨，甚至还有学生只译了姓。然而，英语读者看到这样的新闻标题，他们会感兴趣吗？即便有些人对于科技方面的发展比较感兴趣，他们是否能够将韩春雨知名的科研成果与 Han Chunyu 这样一个对于外国人来说陌生而拗口的名字联系起来？如果有困难，那么这样的新闻标题就不能起到应有的作用。

由此，该新闻标题中的具体信息"韩春雨"宜模糊化，以"中国教授"代替。从学生译例 1 与例 5 可以看出，相当多学生在翻译"重复实验失败"时没有仔细思考，也未认真阅读新闻全文。这里是指他人重复韩的实验失败，而非他自己重复实验失败。但是如果直译"回应'重复实验失败'"则会使标题过长，可以考虑换作"回应'受质疑的实验'"。

读过采访实录后，可以感受出韩春雨对于自己的实验是充满信心的，因此对于别人的质疑也十分不屑。在标题中也可以考虑通过一些词汇的处理，使得新闻的意图更加明显。如：

Chinese professor on his scrutinized experiment: why bother to prove my own innocence?

这里添加了"bother"一词，可以让读者感受到韩春雨在面对质疑时的轻松心态，使英文读者更好地理解采访内容。

再看新闻导语。由于原文是一篇采访实录，因此采用了描写性导语，只描写了与采访有关的某些细节，如采访中人物的语言、行为乃至穿着等，增强了采访的现场感。学生译文的处理方式依旧是直译式。

【学生译文】

1) Despite the controversies of "thesis corruption" and "failures to replicate his experiment results", Han Chunyu, the biologist, looked rather calm when meeting him in the lab at at Hebei University of Science and Technology in Shijiazhuang on Oct.8. He even asked the journalist in reply: "Why do you think I can keep calm if I really cheated? Some people even commented on the Internet that how Han Chunyu could sleep well. Now, I tell you, I truly sleep well!"

2) On October 8, the reporter from *Science and Technology Daily* (S&T Daily) met Chunyu Han, one of the associate professors in Hebei University of Science and Technology, who seemed unexpectedly tranquil despite the fact that he had been caught in the controversy over thesis forgery and failure to repeat his experiment by many. Han talked with ease and composure, occasionally responding by asking the reporter: "How can I stay calm if I counterfeited my dissertation? Some people commented on the internet, saying that how could I sleep well. But let me tell you, I do sleep well at night."

然而，在将这样的导语直译成英语后，由于读者对于事件的原委和背景并不十分了解，因此原文中的细节就变得十分啰唆，无法起到新闻导语应有的作用，为读者提供必要的信息。因此，翻译时有必要将导语改为概括式加描述式，对新闻背景与采访概况进行简介。

首先对中文导语重新改写，使之更加符合英文导语的要求：

"告诉那些质疑我的人，我睡得相当好。"韩春雨说。这位中国河北科技大学的副教授曾经默默无闻，在声称发现了新的基因编辑技术后声名鹊起，同时却由于其他科学家无法复制他的实验而身陷论文造假风波。10月8日（上周六），科技日报记者在他的实验室对他进行了采访。

参考译文：

"Just tell those skeptics that I can sleep well, absolutely well." said Han Chunyu (referred to as Han below), once an obscure associate professor of Hebei University of Science and Technology in China, who got much attention for claiming to discover a new genetic editing technology. At the same time, he was involved in a swirling criticism of "fabrication" since no other scientist has ever succeeded in repeating the experiment by following the same procedure. Below is the interview by the journalist from *Science and Technology Daily* (referred to as STD below) at his laboratory last Saturday.

经过改写的导语，可以给读者更多背景信息，帮助读者在短时间内了解采访内容，并建立起已知信息与未知信息的沟通渠道。

【课后练习】

1. 翻译下列新闻标题，新闻正文请参照相关网址。
1）我国科学家"勾勒"月球岩石"画像"[①]
2）砺戈秣马：为钢铁战友"输血赋能"[②]
3）科技赋能"菜篮子"！看蔬菜大棚如何变身"绿色车间"[③]
4）六城市启动游艇登记证书"多证合一"改革试点[④]
5）粉丝破亿后亿元买楼，疯狂小杨哥能跻身"带货四大天王"吗？[⑤]
2. 请将下面的新闻标题及导语译为英文，新闻正文请参照相关网址。
1）标题：到2025年，城市道路照明应建尽建应亮尽亮[⑥]

记者从北京市城管委获悉，到2025年，城市道路照明实现应建尽建，应亮尽亮。将通过专项行动，有效解决全市"有路无灯""有灯不亮"问题；集中力量在1至2年内解决小区缺灯问题。

2）标题：科学家发现2.37亿年前植物界的"跨界者"[⑦]

记者日前从中国科学院南京地质古生物研究所获悉，中国、西班牙的古生物学者在西班牙2.37亿年前的三叠纪地层中发现一块古植物化石。它既有类似裸子植物的外表，又有类似被子植物的结构特征，科研人员将之命名为"三叠纪跨界者"。

---

① https://news.cctv.com/2022/11/06/ARTIf8LaZSGYkzDVnpsNZvy3221106.shtml?spm=C94212.PGZDd8bkBJCZ.E850fz1ryIUd.65
② https://military.cctv.com/2022/10/31/ARTIky7h1w0JbTFgBX2u1c1A221031.shtml?spm=C95414.PuW4ufGzN1Pq.EEQoWn88VBnG.305
③ https://www.zgjtb.com/2022-11/02/content_330623.html
④ https://www.zgjtb.com/2022-11/02/content_330623.html
⑤ https://www.36kr.com/p/1995885529608965
⑥ http://beijing.qianlong.com/2022/1103/7763553.shtml
⑦ https://news.cctv.com/2022/11/02/ARTIOWqr8Fs6uPguPXriDDGt221102.shtml?spm=C94212.PGZDd8bkBJCZ.E850fz1ryIUd.198

3）标题：中国女足"提前布局"世界杯①

11月9日，本赛季女足超级联赛第四阶段比赛将继续在昆明海埂基地进行，尽管11月4日第三阶段最后1轮比赛（总第14轮）武汉车谷江大女足2:0战胜山东体彩女足，提前4轮获得本赛季联赛冠军，但对于仍有各自任务指标的其余球队而言，第四阶段的最后4轮比赛才是真正险恶的"收官战役"——上一轮帮助北京女足1:0战胜陕西长安竞技的当家射手王珊珊说，最后4场还要一场一场拼。

4）标题：外交部回应美方涉华言论：美方应同中方相向而行，妥善管控分歧②

对于美方提出两国元首在巴厘岛举行会晤等涉华言论，在今天（10日）举行的中国外交部例行记者会上，发言人赵立坚表示，中美两国元首通过多种方式保持经常性联系。中方重视美方提出两国元首在巴厘岛举行会晤的建议，目前双方正就此保持沟通。中方对美政策立场是一贯和明确的，我们致力于同美方实现相互尊重、和平共处、合作共赢，同时坚定捍卫自身主权安全发展利益。

5）比亚迪"仰望"百万级豪车市场③

"脚踏实地"的比亚迪抬头"仰望星空"。11月8日，比亚迪官方微信公众号发布一则以"仰望"为标题的海报，正式官宣旗下高端汽车品牌定名。同时，仰望汽车官方微博也同步上线，星座显示：天蝎座。从放出打造高端品牌的消息到品牌定名，"仰望"已准备一年，期间首款车型的预计定价区间也一涨再涨，从50万元直冲至百万元。一时间，比亚迪要开卖百万级豪车、一辆价值百万的比亚迪究竟贵在哪等话题持续升温。

---

① https://cj.sina.com.cn/articles/view/1726918143/66eeadff02001fyux
② https://news.sina.com.cn/c/2022-11-10/doc-imqmmthc4047506.shtml
③ https://auto.sina.com.cn/zz/wb/2022-11-10/detail-imqmmthc3977832.shtml?oaid=00106&c=spr_auto_trackid_4d7d188c9b7a61c4

第十四章
旅游文本翻译

2000 年颁布的《国家旅游信息化建设技术规范》中，旅游信息一级类目包括旅游资源、旅游产品、旅游统计、旅游文娱、旅游科研、旅游交通、旅行社、旅游饭店、旅游教育等（转引自陈刚，2004：309）。该级类目所包含的各种文本都可以视为广义的旅游文本。然而，狭义的旅游文本还是指以旅游指南、广告、游记为主的书面文本以及以导游词为主的口头文本。与此同时，互联网的发展使世界变得扁平化，旅游不仅仅意味着走出家门，双脚丈量世界；还有可能足不出户，"云"游天下。旅游文本的概念也随着旅游概念的变化而更加立体化，从传统的以文字为主要载体变成了文字、图像、视频等融媒体资源为载体。因此，旅游文本的翻译策略也应该相应变化。

第一节 旅游文本文体特征

本教材内容以笔译为主，也只关注狭义的书面体旅游文本翻译。陈刚认为，书面体旅游文本"如旅游指南，属描写型，用词需生动形象、明白畅晓；旅游广告，属召唤型，用词需短小精悍、富有创意，句式需活泼简洁，整体具有很强的吸引力；旅游合同，属契约型，用词正式、规范、准确、程式化；旅游行程，属信息型，用词和句型需明了、简略，具有提示性"[1]。可以看出，旅游文本由于是实用型文本，其文本特征是复合型的。一方面需要根据目的地的特点向受众传播知识，具备一定的信息性与知识性；另一方面又需要运用描述性强、想象力丰富的语言吸引游客前往目的地旅游，因此具有一定的文学性。伍峰等认为："旅游文体是一种信息型、呼唤型文体，或者信息/呼唤复合型文体，以描述见长，与异国情调、民俗文化不可分离"[2]。因此在翻译过程中，同样需要保留原文的信息功能与呼唤功能。

第二节 旅游文本翻译实践

14.2.1 旅游文本英译汉

随着我国国力不断加强，人民生活水平不断提高，越来越多的中国人走出国门，足迹遍布世界各地，所行之处不仅拉动了目的地国家的旅游业发展，也带动了当地的商业、餐饮业

---

[1] 转引自宋海萍. 旅游文本翻译的策略研究 [M]. 天津：天津科学技术出版社. 2017.2
[2] 同上。

以及文化产业的发展。因此，为了吸引更多中国人前去旅游，各大景区也加大中文的宣传力度，景点介绍的中文翻译也变得十分重要。

然而，由于各种原因，从事景点介绍中文翻译工作的可能并非专业翻译，这些人当中还有相当一部分并非来自中国大陆，有些来自港台，有些是旅居海外多年的华侨，有些人甚至中文并不流利。还有一些简介明显是机器翻译的结果。

例1.

著名的牛津大学基督堂大教堂（Christ Church Cathedral Oxford）的简介为繁体中文，内容与原文亦步亦趋，有些地方可读性很差。

原文：The Becket Window

This beautiful medieval window is the oldest in the cathedral, and contains a rare panel showing the martyrdom of Archbishop Thomas Becket, who died at Canterbury Cathedral in 1170.

译文：<u>柏刻特之窗</u>

<u>这个漂亮的中世纪的窗</u>是大教堂中<u>最古老的一扇了</u>，上面有<u>一个罕见窗格画的是</u>殉道士大教主<u>汤玛斯·贝克特</u>，一一七〇年<u>死于</u>坎特伯雷大教堂。

从划线部分可以看出译文处理十分粗糙。同样是 Becket 在译文中却出现两个译称——柏刻特与贝克特。量词"这个漂亮的……窗"以及"一个……窗格"的使用不符合汉语习惯。"死于……"也不符合汉语隐讳的表达习惯。

例2.

法国凡尔赛宫中文简介

原文：...The ancient figure of Apollo, the Sun God, is present all over the Estate. After the formally laid out gardens of the Petit Parc, you come to the Grand Parc and its Canal, ...

译文：……太阳神<u>阿波罗的古典形象</u>随处可见。在<u>小公园精心布局的花园的那一边</u>，是大公园和运河，……

何为"阿波罗的古典形象"？"小公园精心布局的花园的那一边"是哪一边？划线部分完全不知所云。

旅游文本所涉及的面很广，常常需要译者了解译文本所涉及的历史文化背景，并以及相关的建筑、美术、宗教、地理等各方面知识。下面以美国科罗拉多大峡谷的翻译来详细看一下旅游文本汉译时应该注意的问题。

THE GRAND CANYON OF THE COLORADO

① Although three million people come to see the GRAND CANYON OF THE COLORADO every year, it remains beyond the grasp of the human imagination. ② <u>No photograph, no set of statistics, can prepare you for such vastness.</u> ③ At more than one mile deep, it's an inconceivable abyss; <u>at between four and eighteen miles wide</u> it's an endless expanse of <u>bewildering shapes and colors, glaring desert brightness and impenetrable shadow, stark promontories and soaring, never-to-be-climbed sandstone pinnacles.</u> ④ Somehow it's so impassive, so remote—<u>you could never call it a disappointment, but at the same time many visitors are left feeling peculiarly flat.</u> ⑤ In a sense, none of the available activities can quite live up to that first stunning sight of the chasm. ⑥ <u>The overlooks along the rim all offer views that shift and change unceasingly from dawn to sunset</u>; you can hike down into the depths on foot or by mule, hover above in a helicopter or raft through the whitewater rapids of the river itself; you can spend a night at Phantom Ranch on the canyon floor, or swim in the waterfalls of the idyllic Havasupai Reservation. ⑦ And yet that distance always remains —the Grand Canyon stands apart.

⑧ Until the 1920s, the average visitor would stay for two or three weeks. ⑨ These days it's more like two or three hours— of which forty minutes are spent actually looking at the canyon. ⑩ The vast majority come to the South Rim—it's much easier to get to, there are far more facilities (mainly at Grand Canyon Village), and it's open all year round. ⑪ There is another lodge and campground at the North Rim, which by virtue of its isolation can be a lot more evocative, but at one thousand feet higher it is usually closed by snow from mid-October until May. ⑫ Few people visit both rims; to get from one to the other demands either a two-day hike down one side of the canyon and up the other, or a 215-mile drive by road.

⑬ Finally, there's a definite risk that on the day you come, the Grand Canyon will be invisible beneath a layer of fog, thanks to the 250 tons of sulfurous emissions pumped out every day by the Navajo Generating Station, seventy miles upriver at Page.

⑭ Admission to the park, valid for seven days on either rim, is $20 per vehicle or $10 for pedestrians and cyclists.[①]

首先，这段文字很突出地体现了英文旅游文本的文体特点。

第一，从语言上看，这段文字使用了很多描绘性语言来突出大峡谷的雄壮与峻美。"…glaring desert brightness and impenetrable shadow, stark promontories and soaring"。此外，还使用了大量夸张的描绘手段，如"it remains beyond the grasp of the human imagination""No photograph, no set of statistics, can prepare you for such vastness""an endless expanse of bewildering shapes and colors"以及"never-to-be-climbed sandstone pinnacles"等。不过，与中文旅游文本中非常常见的浮夸的骈文相比，这样的描绘还是比较质朴的。为了突出旅游文本的所指性，文字中也多处使用了第二人称。

第二，从功能上看，这段文字很好地体现了旅游文本的服务性功能，如票价等，同时还十分客观地介绍了景区的不足之处，这是中文景区介绍少见的。例如"at the same time many visitors are left feeling peculiarly flat"，甚至"…there's a definite risk that on the day you come, the Grand Canyon will be invisible…"。而中文景区介绍则会不遗余力地突出自己的优势，对不足之处进行掩盖。

翻译过程中，需要在准确理解原文的同时，依照中文旅游文本的特点进行表达，这样才能够更好地吸引中国游客。功能方面，原文优于中文的部分应该保留，使景区介绍更好地服务游客。

首先看理解方面。

原文第③和第⑪句出现了三处相似的以 at 为首的短语结构。分别是"at more than one mile deep""at between four and eighteen miles wide"以及"at one thousand feet higher"。这样的结构很容易让人将其对应为中文中的介宾结构。如：

[①] 改编自 http://www.onepiecetravel.com/AMERICA/Grand-Canyon--Arizona--USA_62.html

【学生译文】

1）在一英里①深处是无底深渊；四到八英里之间是光秃秃的岬角和令人望而却步的威严砂岩山峰。

2）在一英里多深的地方，有一个令人叹为观止的深渊；在四到八英里宽的地方有一个一眼望不到头的宽阔区域。

3）在深达 1 600 多米难以想象的峡谷之间，在 6 437 米到 28 978 米宽的河流两岸。

4）仅仅超过 1 英里却似乎深不见底，4~18 英里则景色奇绝，令人眼花缭乱。

5）约四到八英尺②处是一眼望不到边的广阔地带。

6）然而，每年十月中旬到第二年五月期间，营地上方一千英尺处经常是大雪封路。

7）但是十月中旬至次年五月由于下雪，位于一千英尺的基础设施会暂停营业。

8）但在一千英尺的高地你会看到它为雪所覆盖，多是十月中旬到五月的雪。

从上述译文可以看出，相当多学生在没有理解原文的情况下，根据自己的想象生硬翻译，还因为粗心出现弄错数字和单位的低级错误。甚至为了追求所谓"准确"进行了单位换算，不仅将原文的英里转化成米，数字都精确到个位数。然而在整体理解错误的情况下，这样的"精确"毫无意义。

只要用心思考一下原文就可以发现，表面上这是个介宾结构，但如果直译成"在 1 英里处是无尽的深渊"，那就意思就成了在峡谷 1 英里处有一个深渊。这按照常理根本讲不通。再如"由于下雪，位于一千英尺处的基础设施会封闭"。言外之意难道是一千英尺以上部分不受影响？按照常理仍旧无法理解。

再来看这三句话：

At more than one mile deep, it's an inconceivable abyss;

…at between four and eighteen miles wide it's an endless expanse of bewildering shapes and colors,

…but at one thousand feet higher it is usually closed by snow from mid-October until May.

可以发现，这里三个以 at 为首的短语结构主要是对主句主语 it（即 the Grand Canyon）的深度、宽度与高度进行了描述，实际上是一种非谓语结构，并不能等同于一般的介宾结构。

这三个句子实际上可以改为：

More than one mile deep, it's an inconceivable abyss;

…between four and eighteen miles wide, it's an endless expanse of bewildering shapes and colors,

…but one thousand feet higher (than the South Rim), it (the North Rim) is usually closed by snow from mid-October until May.

因此，在翻译上述结构时，可以同时描绘主语的地理特征与景色。如，可以将第三句中两个 at 结构提取出来，直接描绘峡谷的深度与宽度，接下来再对其美景进行渲染。为了读者理解方便，还是有必要对单位进行换算，但没有必要太过精确。如：

科罗拉多大峡谷深度达 1 600 多米，最窄处宽约 6 公里，最宽处超过 12 公里。……

然而，由于北壁较南壁高 300 多米，每年十月中旬至次年五月间均会因大雪封山。

---

① 1 英里=1.609 344 千米。

② 1 英尺=0.304 8 米。

学生在第④句的理解方面也出了不少问题。如：
【学生译文】
1）然而它并不会让你兴致全无，奇怪的是，许多来过这里的人都不觉得科罗拉多大峡谷地势险峻，反而平坦易行。
2）也许你会莫名看到一马平川似的广阔，也许你会感到置身荒漠，也许你要准备好惊叹了。
3）峡谷虽有冷漠疏离之感，但你绝不会感到压抑，相反诸多游客都感到特别平和！
4）游客永远不会因它的冷峻和遥不可及而失望，但也有许多游客因其辽阔而自惭形秽以致败兴而归。
5）在某种程度上，大峡谷看上去是冷漠而遥远的，但你不能因此就感到失望，尽管很多游客参观完以后也感觉它平淡无奇。

究其原因，是学生对 flat 一词以及上下文的理解出现了偏差。
…you could never call it a disappointment, but at the same time many visitors are left feeling peculiarly flat.

上文是对大峡谷的景色介绍，下文则介绍了峡谷中的一些旅游项目。并且过渡句中还专门强调，没有什么项目能够与峡谷的美景相媲美。

再来看 flat 一词的意思。查询该词可知，在不同的上下文中，flat 作为形容词的意思可以有多种变化，如平坦、单调、平淡、干瘪以及电力耗光等。而通过刚才的上下文理解，可知原文所表达的含义为：（出于对旅游的不同理解）大峡谷由于比较偏远，如果只来看风景，有些游客就会觉得无事可做。游客可以选择不同的项目游玩，但实际上任何项目都比不上峡谷的美景。因此第④句话可以译为：大峡谷地远人稀，仿佛拒人于千里之外。游客绝不至于扫兴而归，但也有人在此无事可做，甚觉无聊。

有了这样的理解，第④句就不易出错了。"distance" 一词指的既是峡谷地理位置上的偏僻，更指那种雄奇险峻与人对峡谷的亲近之间的距离。虽然增加了游玩项目让峡谷的观赏更具娱乐性，但实际上峡谷依然是孤傲的、神秘的。因此以下译法肯定在理解上出了问题。

【学生译文】
1）然而无论是哪种旅游活动，你与大峡谷的距离始终保持——大峡谷自成一家。
2）但两地距离却因大峡谷而无限拉长。
3）只有大峡谷，仍远在天边，同人们保持着距离。
4）距离总是存在的，因为大溪谷从中隔开。

参考译文：
尽管如此，大峡谷与人之间依然保持着距离，那种神秘感使它冰冷孤傲，绝世而独立。

最后看一下第⑧⑨两句的理解。学生译文又出现了相当多理解的偏差。

【学生译文】
1）1920 年的游客通常在这里待上两三周，其实更像是两三个小时——仅仅在峡谷游览四十分钟。
2）二十世纪二十年代以来，游客在大峡谷的平均游览时间为两至三周。在这些天里，每两三个小时中就有四十分钟是观赏大峡谷的时间。
3）直到 20 世纪 20 年代，游客平均都会在这儿待上两到三周。而这些天他们可能会待两到三个小时，其中 40 分钟都会花在看大峡谷上。

4）直到 20 世纪 20 年代，普通的游客可以在大峡谷停留延长至两到三个星期。停留时光转瞬即逝：两三个星期的游览实际只有 40 分钟是在观赏大峡谷的美景。

延续上文的意思，这段话开头对比了当代人与一个世纪之前的人浏览大峡谷的方式。交通便利与生活节奏加快，使得人们不会像上世纪那样花太多的时间细细品味峡谷之美，而是选择用一些快节奏的方式。这句话重点在于了解代词 it 的含义。这里更多的不是语法衔接，而是语义衔接。通过第⑧句的语义，可以推断 it 在这里指游玩的时间。因此可以将该句译为：

上世纪二十年代前，大部分游客都会在峡谷逗留二至三周。如今的游客只在此停留二至三个小时，其中只有四十分钟左右的时间用来观赏。

除了理解方面的问题，翻译过程中的表达对于原文的翻译质量也起到了关键作用。受到两种语言与文化差异的影响，表达中如果直接照搬原文的表达方式或结构，会极大影响译语的阅读感受。对于景点介绍这种"呼唤型"文本来说，可读性差将很大程度上影响游客对于景区的选择与旅游体验。从本案例来看，在表达方面需要注意事项包括：

1. 肯定与否定

翻译过程中，译者不应拘泥于原文的表达形式，而是应该根据译语的表达习惯与语气，灵活调整肯定与否定表达。先来看本文的第①句。

原文中，"beyond the grasp of the human imagination"的意思很清楚，翻译上也没有什么难点，可以顺理成章地译为"超乎人类的想象"。但译者仍可以在对译文进行润色过程中调整语气，增强夸张的效果。如第①句可译为：

每年参观科罗拉多大峡谷的游人络绎不绝，达三百万之多，但大峡谷鬼斧神工般壮美的景色仍非人类的想象可以逾越。

原文第②，⑤两句均存在否定表达。在实践中多数学生也保留了这一语气。

没有一种方式能表达峡谷的雄伟宏大——除非你亲临于此。

没有任何图片，任何一组数据可以让你提前完全知道它是多么广袤无垠。

从某种意义上来说，现今没有任何活动可以比得上大峡谷惊人一瞥。

从某种意义上来说，没有任何现有活动能媲美初见时的壮观之感。

同样，可以尝试将否定表达转化成肯定表达。

如第②句可以译为：

无论此前看过多少照片，浏览过多少数据，游客身临其境时，还是会为其雄壮辽阔惊叹不已。

第⑤句也可以译为：

某种意义上说，除了初临大峡谷时所见的震人心魄的壮丽景观，这里其他活动均乏善可陈。

2. 增强语言的渲染色彩

英文的景点介绍在语言上比较质朴，如果直译成汉语就显得缺乏亮点，从而失去景点本身的吸引力。这一点在第③句的翻译方面表现得比较明显。

【原文】：At more than one mile deep, it's an inconceivable abyss; at between four and eighteen miles wide it's an endless expanse of bewildering shapes and colors, glaring desert brightness and impenetrable shadow, stark promontories and soaring, never-to-be-climbed sandstone pinnacles.

【学生译文】：

1）……其间有嶙峋怪石无数，奇异的形状和丰富的色彩令人眼花缭乱，还有砂砾上的阳光反射出的光芒、无法穿透的阴影、荒凉的海角和高不可攀的尖顶砂岩。

2) ……阳光照耀在突起的岩石和高不可攀的砂岩尖峰上,光影交错;峡谷布满了令人眼花缭乱的形状和色彩,一望无垠。

3) 纷繁复杂的形状和颜色无边无际,沙漠映出炫目的光亮,阴影处则漆黑难以通透,峡角灰暗荒凉,高不可攀的尖锥形砂岩高耸入云。

从上述例文可以看出,学生在翻译过程中已经注意到语言的修饰问题,因此尽力改善这一问题。然而译文却总感觉力不从心,显得生硬拗口。

这一问题的归因有二:其一可能是由于汉语的文学修养不够,因此无法找到更好的方式进行表达;其二可能是对于原文所描述的事实不够了解,只能纯粹从语言上进行理解。

中文景点介绍非常注重语言对于景物的渲染作用,四字结构及古诗词的运用是非常明显的特点。因此为了增强译文的描述性,可以考虑对原文进行增补,还可将原文的结构打乱,将一些修饰性的词语扩展为四字结构。还可以在网络上搜索科罗拉多大峡谷的风景图片,以增强对于景物的直观感受。再有,可以参照中文类似景观的景点介绍,如泰山、张家界以及一些著名的戈壁沙漠等,解决自己在语言使用方面先天不足的问题。

通过以上途径,可以将第③句译为:

科罗拉多大峡谷深度达1 600多米,最窄处宽约6公里,最宽处超过12公里。俯身观探,峡谷深不见低、阴森诡秘、催人胆寒;放眼瞭望,峡谷地貌奇特、怪石嶙峋、五彩斑斓;既有荒芜冷峻的岬角,也有高耸入云的峭壁;明处如荒漠,强光耀眼,令人不敢直视;暗处如地府,幽暗恐怖,令人望而生畏。

排比也是非常有效语言渲染手段。比如原文第⑥句:The overlooks along the rim all offer views that shift and change unceasingly from dawn to sunset; <u>you can</u> hike down into the depths on foot or by mule, hover above in a helicopter or raft through the whitewater rapids of the river itself; <u>you can</u> spend a night at Phantom Ranch on the canyon floor, or swim in the waterfalls of the idyllic Havasupai Reservation。这句话中 you can 出现了两次,并且其中 hike down, hover above, raft through, spend a night at, swim in 这样的多个谓语成分并列连用,主要是希望让游客了解可以在大峡谷进行的一些体验项目。通过译成"游客可……"这样较为整齐的排比句式,可以让读者切身了解到峡谷中丰富而精彩的游乐安排。

如:

⑥游客可步行或骑骡深入谷底,可乘直升机俯瞰峡谷全貌,还可坐皮筏体验白水漂流;可夜宿谷底的幻影农庄,还可在风景如画的哈瓦苏佩保护区瀑布深潭中畅游。

在对语言描述效果进行修饰时,一定要注意中英文化之间的差异,否则可能影响读者的阅读感受,甚至对景点的期待产生误差。在翻译第⑥句"raft through the whitewater rapids of the river itself"时,许多学生为了渲染语言效果而将这部分内容译为:

1) ……撑筏在白水急湍中漂流;

2) ……乘一叶扁舟沿湍急的河水顺流而下。

这样的译文无疑忽视了中国文化与英语文化的差异。"撑筏""乘一叶扁舟顺流而下"这样的意象肯定与美国西部大峡谷的自然风貌与人文体验是不符的。

最后说一下长句的译法。除了已经讨论过的第③句,原文还有三个比较长的句子,分别是第⑪,⑫和⑬句。

There is another lodge and campground at the North Rim, which by virtue of its isolation can be a lot more <u>evocative</u>, but <u>at one thousand feet higher</u> it is usually closed by snow from mid-October until May. ⑫Few people visit both rims; <u>to get from one to the other demands either a two-day hike down one side of the canyon and up the other, or a 215-mile drive by road</u>.

⑬Finally, there's a definite risk that on the day you come, the Grand Canyon will be invisible beneath a layer of fog, thanks to the 250 tons of sulfurous emissions pumped out every day by the Navajo Generating Station, seventy miles upriver at Page.

长句的翻译难点往往是译者常常无法跳出原文句式结构的禁锢。英文句式十分便于扩展，因此可以在一句话中传达丰富的信息；而汉语句式普遍偏短，太长或太复杂的句式结构往往使读者读了后面忘记前面。因此翻译时，还是要有意识地打破原文结构，使译文以小句为主，每个小句表达一个独立的意思。再通过语句顺序，有效体现时间、空间及逻辑的变化。

参考译文：

⑪峡谷北壁同样提供住宿及露宿，而且由于人迹罕至，更别有一番韵味。然而，由于北壁较南壁高300多米，每年十月中旬至次年五月间均会因大雪封山。⑫若想参观峡谷两壁，游客需从一侧下至谷底再行至另一侧，步行两天，或开车350公里。因此真正游玩两壁的游客极少。

⑬受上游一百多公里处的那瓦霍发电站影响，大峡谷经常被其每日排放的250吨含硫气体所笼罩。游客很有可能在游览当天无法看到峡谷，需提前做好准备。

【课后练习】

请将下面的旅游文本译为中文。

1) The Cotswolds area of rolling hills and ancient villages and towns where time has stood still for centuries is a protected landscape of national importance. It is managed by the Cotswold Conservation Board and is the largest of the thirty-eight "Areas of Outstanding Natural Beauty" in England and Wales. A team of over 350 Cotswold Voluntary Wardens, established in 1968, looks after and maintains the region including the dry stone walls and the 3,000 miles of public footpath including two national trail walks - The Cotswold Way and a small section of the Thames Path. The Cotswolds Area of Outstanding Natural Beauty has a population of 139,000 residents and attracts 38 million visitors per year.

There are hundreds of guided walks, riding and cycle trails and events held by such organizations as the National Trust, the Wild Life Trust as well as by Local Authorities.

Over 80% of the landscape is agricultural with principle crops of barley, field beans, oil-seed rape and wheat. The rearing of sheep is still an important farming activity and a common sight throughout the Cotswolds.

(http://www.cotswolds.info/cotswolds-fact-sheet.shtml)

2) For centuries countless visitors have marvelled at the majesty and mystery of the Giants Causeway. At the heart of one of Europe's most magnificent coastlines its unique rock formations have, for millions of years, stood as a natural rampart against the unbridled ferocity of Atlantic

storms. The rugged symmetry of the columns never fails to intrigue and inspire our visitors. To stroll on the Giants Causeway is to voyage back in time.

Your imagination will travel along stepping stones that lead to either the creative turbulence of a bygone volcanic age or into the mists and legends of the past.

In 1986 the Giants Causeway Visitors centre opened, coinciding with the World Heritage Conventions addition of the Causeway to its coveted list of sites, which are of exceptional interest and universal value.

The facilities at the Causeway Centre now include Tourist Information offices, Bureau De Change, Accommodation Booking Service, an Interpretive Audio-Visual Presentation and a Souvenir Shop. The National Trust are the custodians of the Causeway and provide the National Trust Shop and Tea Rooms (for opening times please contact directly). The Causeway Coaster bus service from the centre to the Causeway is now running in conjunction with the opening hours of the centre. The range of amenities on offer is geared to accommodate your individual needs and ensure that all our guests can benefit from and enjoy their visit.

The centre caters for the interest and enjoyment of the half a million tourists that visit the Giants Causeway each year. The management, the staff and our facilities are at your disposal during a visit that we hope will be the first of many.

(http://www.giantscausewayofficialguide.com/)

3) Bath was founded upon natural hot springs with the steaming water playing a key role throughout its history. Lying in the heart of the city the Roman Baths were constructed around 70 AD as a grand bathing and socialising complex. It is now one of the best preserved Roman remains in the world.

1,170,000 litres of steaming spring water reaching 46 ℃ still fill the bathing site every single day. The Romans believed that this was the mystical work of the Gods but we now know that the water source, which comes from the King's Spring, fell as rain water around 10,000 BC.

Visit The Great Bath, the magnificent epicentre to the complex and walk on the ancient pavements as the Romans did 2,000 years ago. The Great Bath that lies below street level can also be viewed from the Terrace, which is adorned with statues and shadowed by the great Abbey. Other chambers to explore include the remains of the ancient heated rooms and changing rooms as well as tepid and plunge pools.

Be sure to pick up an audio guide and listen to fascinating commentary as you slowly make your way around the site. These are available in 12 different languages, with special guides for children. A special English speaking audio guide narrated by Bill Bryson is also available and offers witty thoughts and observations on all things Roman.

Not only can you walk among the extensive ruins but you can also explore many treasures in the interactive museum with visual snippets that transport you back to Roman times and the lives of the Aquae Sulis people.

The Romans built a temple high over the courtyard in honour of the goddess Sulis Minerva. Brave visitors can stand before the fearsome Gorgon's head carved into the pediment, with an animation to show a reconstructed version of how it would have appeared in Roman times. You can also meet Roman costumed characters and listen to their ancient stories from 10 a.m. – 5 p.m. every day.

During July and August the Roman Baths are open until 10 p.m., illuminated by torch light. The flickering torches cast shadows on the ancient pavements and create a beautifully romantic and magical atmosphere to explore by moonlight.

After your exploration we invite you to take a sip of the spa water in the Pump Room, which is included in the admission price. Containing 42 minerals and believed to have healing powers this is a unique opportunity to get a real taste (literally!) of Roman Bath. If that doesn't quite take your fancy then opt for afternoon tea in the Pump Room restaurant accompanied by music from the Pump Room Trio.

(https://visitbath.co.uk/things-to-do/roman-baths-p25681)

4) Hitting headlines, topping bucket lists, wooing nature lovers and dazzling increasing numbers of visitors – there seems no end to the talents of this breathtaking northern destination.

A Symphony of Elements

An underpopulated island marooned near the top of the globe, Iceland is, literally, a country in the making. It's a vast volcanic laboratory where mighty forces shape the earth: geysers gush, mudpots gloop, ice-covered volcanoes rumble and glaciers cut great pathways through the mountains. Its supercharged splendour seems designed to remind visitors of their utter insignificance in the greater scheme of things. And it works a treat: some crisp clean air, an eyeful of the cinematic landscapes, and everyone is transfixed.

The Power of Nature

It's the power of Icelandic nature to turn the prosaic into the extraordinary. A dip in a pool becomes a soak in a geothermal lagoon; a casual stroll can transform into a trek across a glittering glacier; and a quiet night of camping may mean front-row seats to the aurora borealis' curtains of light, or the soft, pinkish hue of the midnight sun. Iceland has a transformative effect on people too – its sagas turned brutes into poets, and its stories of huldufólk (hidden people) may make believers out of sceptics. Here you'll find some of the world's highest concentrations of dreamers, authors, artists and musicians, all fuelled by their surrounds.

Nordic Nirvana

Don't for a minute think it's all about the great outdoors. The counterpoint to so much natural beauty is found in Iceland's cultural life, which celebrates a literary legacy that stretches from medieval sagas to contemporary thrillers by way of Nobel Prize winners. Live music is everywhere, as is visual art, handicrafts and locavore cuisine. The world's most northerly capital is home to the kind of egalitarianism, green thinking and effortless style that its Nordic brethren are famous for – all of which is wrapped in Iceland's assured individuality.

(https://www.lonelyplanet.com/iceland)

14.2.2 旅游文本汉译英

与英文相比,中文景点介绍在实用功能方面不是很突出,但在语言的修饰性方面十分明显。常常使用骈文体等排比或对偶结构,有些短语可能只是为了对仗需要,本身与其他短语意思相仿,或并没有太多实际意义。在翻译过程中遇到这样的词语应该注意省略或压缩处理,以免译文出现重复啰唆的现象。

中文景点介绍还有一个重要特点是经常引用诗句、神话传说或文学经典以增强对景物美感的渲染。在翻译这类内容时需要对这些引用内容的功能进行判断。如果对于景物的来历、观感及发展不起任何重要作用,虚构成分很多,甚至完全是天马行空的杜撰,则可以考虑在翻译中减省。还要注意一些历史文化背景在翻译过程中的处理方式。有时,为了追求准确而费力译出的内容可能对于读者了解景物没有任何帮助,甚至成为负担。

与其他文体相仿的是,中文景点介绍有时在语篇结构方面并不像英文整齐,常常没有主题句,语句之间也缺乏衔接手段,更多的是烘托一种意境,因此有时需要根据具体情况调整上下文顺序,使主题更加突出。在代词的所指方面也需要根据上下文进行分析,保证翻译的准确性。比较有效的方法仍旧是将原文"翻译"成更易翻译的中文。

例 3.

"花港观鱼"是西湖文化景观中的题名景观——"西湖十景"之一,以赏花观鱼、体验自然的勃勃生机为胜。位于苏堤映波桥西北,小南湖与西里湖之间。南宋时期,此地为内侍臣卢允升别墅,借景西湖而瓮石砌池,畜养红鱼,供游人萃集赏玩。

春日,暖风微拂,池畔花木,落英缤纷,浮漾水面,引得锦鲤争相嗫花,呈"花著鱼身鱼嗫花"的动人景致。鱼池与苏堤、小南湖、西里湖及湖西群山之间亦形成富有层次感的远近对景,分合自然,恰到好处,俨然是一幅灵动的山水画卷。

题名景观"花港观鱼"始于南宋,历经演变,至清康熙三十八年(1699),皇帝钦点御题四字景目,并立碑筑亭而定型。雍正年间(1723—1735)改址于映波、锁澜两桥间。同治八年(1869)重修鱼池、碑亭,保存至今。

首先分析原文的语篇结构。原文共分三段,第一段主要介绍"花港观鱼"景观的位置,并介绍其历史渊源;第二段主要围绕"花港观鱼"的美景展开,采取先近后远,先局部后整体的顺序;第三段重点介绍景观的深厚历史人文背景与发展。

第一段第一句"'花港观鱼'是西湖文化景观中的题名景观——'西湖十景'之一,<u>以赏花观鱼、体验自然的勃勃生机为胜</u>。"乍看上去没什么问题,但与第二段语义结构比照可以发现,这句话的后半句(划线部分)实际上讲的是该景点最著名的景观,这一内容与第二段的主题更为契合,因此可以调整至第二段。

第一段最后一句"南宋时期,此地为内侍臣卢允升别墅,借景西湖而瓮石砌池,畜养红鱼,供游人萃集赏玩。"介绍的是"花港观鱼"景观的来历,与第三段的主题更加吻合,因此在翻译过程中应该将这部分内容移至第三段。

值得说明的是,作为译者应当对文本中描述的景点深度了解,如果无法实地浏览,也应该通过互联网尽可能详细了解景点情况。"西湖十景"之所以著名,不仅仅是风景秀丽优美,更因为将自然景观、历史建筑与名人题句相结合,有机地体现了"天人合一"的中国传统审美精神。"花港观鱼"作为十景之一,也不仅仅是因为鱼池与园林别墅的美景,还因为有了康熙皇帝的题名与乾隆皇帝的题诗。虽然原文中并未提及乾隆皇帝，但"花著鱼身鱼嘬花"即是乾隆所作。理解原文时，应该明白其中所指题名景观的内涵。也就是说，南宋时期卢允升所建的只有鱼池，绝非"题名景观"，只有在康熙皇帝题名之后，该景才因碑亭而成为题名景观"花港观鱼"。

在上述理解基础上，经过重新调整的文本如下：

① "花港观鱼"是西湖文化景观中的题名景观——"西湖十景"之一，位于苏堤映波桥西北，小南湖与西里湖之间。

② "花港观鱼"以赏花观鱼、体验自然的勃勃生机为胜。③ 春日，暖风微拂，池畔花木，落英缤纷，浮漾水面，引得锦鲤争相嘬花，呈"花著鱼身鱼嘬花"的动人景致。④ 鱼池与苏堤、小南湖、西里湖及湖西群山之间亦形成富有层次感的远近对景，分合自然，恰到好处，俨然是一幅灵动的山水画卷。

⑤ 南宁时期，此地为内侍臣卢允升别墅，借景西湖而瓮石砌池，畜养红鱼，供游人萃集赏玩，并由此得名。⑥ 历经演变，至清康熙三十八年（1699），皇帝钦点御题四字景目，并立碑筑亭，题名景观"花港观鱼"由此定型。⑦ 雍正年间（1723—1735）改址于映波、锁澜两桥间。同治八年（1869）重修鱼池、碑亭，保存至今。

先来看第①句。首先是"花港观鱼"这个名称的翻译。经过网络检索，可以找到好几个版本，大致为：Fish Viewing at Flower Pond，Viewing Fish at Flower Pond，Viewing Fish at Flower Harbor，以及 Fish Viewing at the Flower Pool。这些译称主要是一些中文网站的英文介绍，矛盾主要集中在三个问题上。"观鱼"究竟是"fish viewing"还是"viewing fish"？"花港"的"港"是"pond""harbour"还是"pool"？要不要加定冠词"the"？很多学生在查找到检索结果后不加判断，看到有英文译称就直接拿来用，造成了很多错误。"fish viewing"与"viewing fish"看上去只是两个词的顺序差异，但其实落脚点完全不同，一个是在于"viewing"而另一个在于"fish"。了解到该景点胜在人观鱼时的感官享受，而非鱼本身的种类及美观，因此应该将重点放在"viewing"上。查阅"harbour"的英文释义，可知其没有与"池塘""潭水"等相关的所指含义，而"花港观鱼"又指的是具体景观，因此基本判定该名称可译为"Fish Viewing at the Flower Pond/Pool"。在此基础上，可将此译称进一步作为关键词检索，重点关注比较权威的英文网站译法。在著名全球旅游网站 Tripadvisor 上可以看到，"花港观鱼"被译为"Fish Viewing at the Flower Pond"，因此确定该译法。

值得一提的还有"题名景观"与"西湖十景"的译法。从上文讨论中可知，如果没有对于中国文化较深层次的理解，不会清楚"题名景观"是什么意思，从而也不了解"西湖十景"的内涵。对于外国人来说，采取直译的方式会让他们受到次要信息干扰，无法将注意力放在更关键的信息（如景点的特色与位置）上。因此对于这两处还是应该采取模糊处理方式。

原文对于景点位置描述得比较细致，出现多处地名，如"映波桥""苏堤""小南湖"及"西里湖"等。许多学生在翻译地名时也采取了意译的手段，如"Reflecting Ripples Bridge""Su Causeway""Little South Lake"及"Inner West Lake"。地名该音译还是意译，是学术界争论不下的问题，但考虑到地名对于外国游客的指示功能，还是应该具体问题具体判断。如果该地名具有特殊内涵，更多的是呼唤功能，如"花港观鱼"及"苏堤"，还是应该采用意译为主、音译为辅的方式，在上文中所确定的译法中附加音译；但如果该地名在该语篇中指示功能大于呼唤功能，如"映波桥""小南湖""西里湖"等，则应该以音译为主，方便游客通过拼音的方式更快捷地找到目的地。

综上所述，第①句可以译为：

One of the ten best known scenic spots in West Lake, "Fish Viewing at the Flower Pond" (Hua Gang Guan Yu) is located at the Flower Pond Garden at the northwest of Yingbo Bridge on Su Causeway (Su Di)，between the Xiaonanhu Lake and Xili Lake.

来看第③句的翻译。在这句话中主要处理的问题是词义的确定，以及四字结构、诗句的翻译处理。

从生物学来看，"锦鲤"属于鲤科，是一种高级观赏鱼类。很多学生为了准确，甚至找来百度上的拉丁文名称"Cyprinus carpio haematopterus"进行对应，很多西方人都不认识。这种译法只有在进行锦鲤养殖等相关内容才用得上。还有学译为"red carps""colored carps"或"koi carps"，这些译法是可行的。当然，由于景观名称中已经将"鱼"译为"fish"而非"carp"，并且此处区分鱼类品种并无太大必要，所以直接译为"red fish"即可。

"暖风微拂，池畔花木，落英缤纷，浮漾水面，引得锦鲤争相嘬花……"。这句话虽然使用了四字结构，但语言并不华丽铺陈，也没有整齐的对仗，因此翻译过程中还是应该以达意为主，描绘出"花瓣在春风中纷纷飘落水面，引得池中的锦鲤争相来衔取花瓣"的景象即可。

本句最后引用了乾隆皇帝所题的诗句"花家山下流花港，花著鱼身鱼嘬花"中的后半部来描绘春日美景。虽然是诗句，但大部分学生都能够看出这里翻译的重点是传达意境，而非诗句本身。而很多学生却未能将该句与本句主体合为一体进行翻译，仍旧选择将该诗句独立译出。

【学生译文】

1)…forming a beautiful view of "flowers on fish biting flowers".

2)…as people say "flowers touch fish, and fish kiss flowers".

They form a beautiful scene—"Flowers on the fish and fish bites the flowers".

该句中有两个小句"花著鱼身"与"鱼嘬花"，相当多学生被这部分难住了，尤其是"鱼嘬花"被生硬地译为"to peck the pedals""to bite the pedals""to suck the pedals"甚至"to kiss the pedals"等等。这些译法的动词选择在语义上不准确，在意境上也与原文相去甚远。锦鲤在各大公园都有，译者完全可以在脑中想象出锦鲤在落满花瓣的池塘中竞相争食的画面。然而如果在翻译中使用具体动词，就会破坏这种美好的意境。因此这里可以考虑采取抽象译法，运用语义更宽泛的动词来传达原文中的画面感。

在句子的主语选择与重心调整方面，也可以衔接第①句的语义，对该句的结构进行改变。如此第③句可译为：

In a spring breeze, with various flowers on the surrounding trees fluttering down, and koi fish swarming for the pedals and pollen floating on the surface, the picturesque view of the pond fascinates thousands of tourists.

在上述译法中，主句变为"the picturesque view of the pond fascinates thousands of tourists..."，可以更好地突出本句的主旨。

第④句的翻译也是一个难点。尤其是"远近对景""分合自然"与"灵动的山水画卷"均给学生的理解与翻译制造了不少困难。

【学生译文】

1) A picture of layer is made among the pond, Su Causeway, Small South Lake, Inner West Lake and hills from west of the lake, just like an exquisite and dynamic landscape painting.

2) The pond and the Su Causeway, together with the Little South Lake, the West Inner Lake and hills in the west of the Lake form a distant and close opposite scenery with rich layering. The scenes are suited providentially, like a graceful and inspirational landscape painting.

3) The pond and Su Causeway, Small South Lake, West Inner Lake and mountains at the western end of the Lake are positioned in rich layering with the appropriate use of opposite scenery, natural split and integration, forming a sprightly landscape painting.

可以说，受到原文影响后，译文无论是选词还是句法都出现了严重的问题。但学生们为了能够满足原文的表面框架，译文哪怕完全不具可读性也在所不惜。

这句话看上去困难重重，但只要分析其中的语义还是很清楚的。作者在上一句描绘了鱼池的近景，在这一句主要描写了"花港观鱼"景观与其他远景的关系。"远近对景""分合自然"是美术创作中的用语，但将其本质的含义挖掘出来后，该句的语义就变成："（刚刚所描绘的鱼池）与远处的苏堤、小南湖、西里湖以及湖西群山自然地融为一体，成为一幅美丽的风景画，给游客带来美的视觉感受。"

参考译文：

The pond, together with other scenic spots like Su Causeway, Xiaonanhu Lake, Xilihu Lake and hills to the west of the Lake, becomes an integrated part of a picturesque landscape and provides visitors with enjoyable visual experience.

第三段的翻译中最突出的问题是，学生往往没有仔细理解原文，将中文主谓搭配关系直接翻译成英文，造成译文主谓搭配失当。如"卢允升……瓮石砌池"与"皇帝……立碑筑亭"两句。

【学生译文】

1) He (Lu Yunsheng) built a pond beside the West Lake with urns and rocks, and raised goldfish to entertaining visitors.

2) ..., when Lu Yunsheng (an imperial official) collected stones to raise red fish in the pond and then settled here.

3) ..., Emperor Kangxi ... set up the stele and pavilion in 1699.

4) ... Kangxi erected stele and wrote names for the scenery all in four words.

可以看出，看起来没什么问题的原文，直译成英语均出现了非常奇怪的主谓搭配，让读者感到仿佛是卢允升自己收集了石块砌起池塘，康熙亲力亲为地筑起了碑亭。其实仔细理解原文可知，原文的主语与谓语之间并不形成直接的搭配关系。由于汉语是话题性语言，主谓之间的衔接并不紧密，主语往往不是动作的执行者。因此，翻译之前可以在上下文的帮助下在主语后添加"命人"二字。而具体的翻译处理可以采取被动语态等其他方式，避免使主语与谓语发生直接联系。

如：

... a pond was built beside the West Lake to hold red fish and entertain the visitors.

Inside the villa there was a pond to hold red fish...

... a villa of an official, where there was a pond to hold red fish...

Kangxi was so taken by what he saw that he left an epigraph entitled "Fish Viewing at the Flower Pond." and a stele with the inscription was erected by the side of the fishpond...

His (Kangxi's) calligraphy was inscribed on a stele and a pavilion was built to give shelter.

在这段中，涉及中国文化的具体历史人物及年代名称的翻译也值得一提。为了突出景点悠久的历史与重要性，中文景点介绍中常常提到古代文人墨客、才子佳人与帝王将相的名字。但这些名称与年代如果不加处理，直接译成英语，则会为外国游客带来不小的负担。虽然翻译作为跨文化交际的重要途径，有必要主动将中国文化推介出去，但还是应该分出一些层次，讲究一些方式方法。原文中所提到的康熙、雍正与同治虽然是非常重要的历史人物，但普通中国人也常常无法交代清楚他们所处的历史年代，因此一定要在括号内附加其统治时间。若有具体年代（如同治八年），不如直接译为公历年（1869）。对于卢允升这样一个在历史上名不见经传的宦官，听说过的人更是寥寥。翻译过程中，完全可以其身份——"官员"替代。

最后要说的是原文中不断提及的"花港观鱼"这个名称如何处理。中文是重复性很高的语言。受限于松散的语篇结构，词汇的不断重复可以帮助读者建立已经信息与新信息之间的衔接。然而英文的句法比较严谨，语篇的衔接也比较紧密，同一个词如果不断重复则显得过于单调，因此强调用词的多样性。尤其在中文中"花港观鱼"只有短短四个汉字，但译成英文却变成六个词，所占空间也大了不少。所以在翻译过程中有必要考虑使用其他词代替这一景点的名称，如，he scenic spot，the pond，the garden 或 the place of attraction 等。这些名词有些与原意完全贴近，有些则只是指代原意的一部分，可以根据译文需要进行选择。

【课后练习】

1. 请将下列旅游文本译成英文。

1）飞来峰造像是西湖文化景观中的佛教文化代表性史迹之一。位于北高峰南麓，以冷泉溪与灵隐寺相隔。主要分布在冷泉溪沿岸长约 500 米的崖壁上及青林、玉乳、龙泓等天然溶洞内，此外在呼猿洞外悬崖上及峰顶神尼塔遗址附近也有少量分布。该造像是中国集汉传佛教和藏传佛教造像于一体的大型石刻造像群，展现了 10-13 世纪杭城佛教文化的兴盛，并具有极高的民族文化交流价值。造像始凿于五代后周广顺元年（951），现存五代、宋、元、明各时期造像 115 龛、390 余尊和大量摩崖题刻，其中属藏传佛教风格的造像 34 龛 50 尊，是中国汉族地区供奉藏传佛教最多的石刻造像群，在 13-14 世纪的中国石刻艺术史上具有不可或缺的地位。1982 年 2 月，国务院公布飞来峰造像为全国重点文物保护单位。

2）黄山，位于安徽省南部，地处皖南歙县、黟县和休宁县的边境。面积约 1 200 平方公里，其中精粹风景区约 154 平方公里。这里，千峰竞秀，有奇峰 72 座，其中天都峰、莲花峰、光明顶都在海拔 1 800 米以上，拔地极天，气势磅礴，雄姿灵秀。

黄山，中国十大风景名胜之一，1990 年被联合国教科文组织列入"世界文化与自然遗产"名录，蜚声中外，令世人神往。

黄山集名山之长，泰山之雄伟，华山之险峻，衡山之烟云，庐山之瀑，雁荡之巧石，峨眉之秀丽，黄山无不兼而有之。明代旅行家、地理学家徐霞客两游黄山，赞叹说："登黄山，天下无山，观止矣！"又留下"五岳归来不看山，黄山归来不看岳"的美誉。

3）"凤凰古城"曾被新西兰作家路易艾黎称作中国最美丽的小城之一。这颗"湘西明珠"

是名副其实的"小",小到城内仅有一条像样的东西大街,可它却是一条绿色长廊。

相传天方国(古印度)神鸟"菲尼克司"满五百岁后,集香木自焚。复从死灰中复生,鲜美异常,不再死。此鸟即中国百鸟之王凤凰也。凤凰西南有一山酷似展翅而飞的凤凰,故以此而得名。

凤凰古城始建于清康熙四十三年(1704 年),历经 300 年风雨沧桑,古貌犹存。现东门和北门古城楼尚在。城内青石板街道,江边木结构吊脚楼,以及朝阳宫、天王庙、大成殿、万寿宫等建筑,无不具古城特色。凤凰古城以古街为中轴,连接无数小巷,沟通全城。古街是一条纵向随势成线、横向交错铺砌的青石板路,自古以来便是热闹的集市,如今更加生机勃勃。凤凰古城的标志性建筑之一虹桥,原名卧虹桥,历史悠久。凤凰古城北门城楼本名"碧辉门",采用红砂条石筑砌,既有军事防御作用,又有城市防洪功能,是古城一道坚固的屏障。凤凰古街两边建筑飞檐斗拱,店铺中陈设着琳琅满目的民族工艺品,浓浓的古意古韵,透出古街深厚的民族文化底蕴[①]。

4)五台山列我国四大佛教名山之首,位于山西省五台县东北,由一系列大山和高峰组成,其中五座环抱高峰,峰顶平坦宽阔,"有如垒土之台",故名五台山。因五峰耸峙,山势雄伟,素有"华北屋脊"之称。五峰环抱,方圆达 250 千米。东台海拔 2 795 米,因其东望明霞,如波似海,故称望海峰;南台海拔 2 485 米,细草杂花,灿若铺锦,故称锦绣峰;西台海拔 2 773 米,月坠峰巅,宛如悬系,称挂月峰;北台海拔 3 058 米,云浮山腰,巅摩斗杓,称叶斗峰,是五台山最高峰;中台 2 894 米,石翠岩碧,碧霭浮空,称翠岩峰,是五台中心。五台北部阴谷处有终年不化的"千年雪""万年冰",北台盛夏时亦可偶见降雪,因此五台山亦称清凉山,是夏季避暑胜地。

五台山历史悠久,北魏孝文帝、隋炀帝、宋太宗、元英宗、清圣祖、清高宗等都曾驾幸五台山,至于历朝历代皇帝、皇后遣使札礼五台山者,更是自北魏到清朝,从未间断,翻开五台山各大寺的"庙史",第一页几乎全是"敕建"二字。五台山也是我国唯一兼有汉地佛教和喇嘛教的佛教道场,因此受到西藏、内蒙古、青海、甘肃、黑龙江等少数民族的无比尊崇。

五台佛国也诞生了一大批高僧名师,盛唐时期,这里成了海外信徒留学听经的高等佛教学院,千百年来,印度、日本、蒙古、朝鲜、尼泊尔、斯里兰卡等国佛教徒,很多人都到五台山来朝圣求法巡礼,有些甚至留在五台山修行终身[②]。

---

① 改编自:http://scenic.cthy.com/scenic-10232/about.html,引用日期 2021.2.3.
② http://www.chinawts.com/list/budtravel1/115257291.htm,引用日期 2021.2.3.

第十五章
经济类文本

经济类文本在当今社会十分常见，报纸杂志、学术论文、公开演讲、畅销书等各类媒体和传播形式，都常常涉及经济类文本。经济主题涉及面很广，大到国际国内政策，小到日常柴米油盐，所谓"无事不经济"。因此，经济类文本也是翻译工作中的常见类型。

第一节　经济类文本特点

从内容的角度而言，经济类文本的主要特点一是相对专业，涉及经济背景知识，专有名词较多；二是多涉及事实热点，常常与时政要闻紧密联系。从语言风格的角度而言，经济类文本的表述较为正式，往往是严肃、规范的文体（如新闻报道、学术论文），甚至具有一定的权威影响力。

翻译经济类文本，首先，对原文的理解应准确到位，尤其涉及专业术语和知识的内容，需要严谨查证，吃透相关原理和背景知识，确保译文精准专业。第二，根据经济类文本的语言特点，译文应逻辑清晰、精炼简洁，避免冗余表达；文字风格与原文保持一致，若原文语域较高，则译文的表述不可随意、口语化。

第二节　经济类文本翻译实践

15.2.1　经济类文本英译汉

请翻译文中划线部分：

Is the Trade War About to Become a Currency War?
BY KEITH JOHNSON | OCTOBER 3, 2018, 3:26 PM

Long before he became U.S. president, Donald Trump railed against what he called China's manipulation of its currency for economic advantage, even when that wasn't quite true. Now, thanks to Trump's escalating trade war, China is increasingly tempted to let its currency further slide in value—precisely what the president and the rest of his administration have warned Beijing not to do.

China so far has responded to the Trump administration's trade war, especially tariffs on $250 billion worth of Chinese imports, with tariffs of its own on U.S. goods, especially agricultural products...

But China's currency is now being pushed downward due to a host of factors. As the United States raises interest rates, it makes Chinese rates relatively less appealing, pushing down the renminbi. Chinese central bankers are also trying to inject more cash into the banking system, essentially pursuing the kind of "looser" monetary policy meant to shore up growth that also tends to push down currencies.

Now, with Trump's tariffs set to escalate even further, there are fears that China could just let the renminbi fall as it did this summer, essentially unleashing a currency devaluation that would further ramp up bilateral tensions.

...

But there are plenty of risks to such an action. China suffered massive capital flight during the currency depreciation of 2015 to 2016, as Chinese investors sought to move out of renminbi-denominated assets. Allowing the renminbi to fall further in value could spark another huge capital outflow. Then again, after that episode, Beijing put some restrictions in place to limit capital flight, which might make devaluation more tempting.

The big question remains: Are Chinese policymakers more afraid that the trade war will poleax the economy, or that a cheaper renminbi will lead to another exodus of Chinese capital?

"We don't know to what extent 2015 so scarred them that they are no longer willing to look at depreciation as a tool, or whether they concluded that they have the available tools to limit capital flight, so they can with some difficulty manage a depreciation," Setser said.

A cheaper Chinese currency wouldn't just have impacts at home. It would likely push other emerging-market currencies further down as well, which would make their debt burdens that much harder to bear (even if it would erode some of China's export advantage). A cheaper renminbi and a flood of Chinese imports would also further anger Japan and the European Union, which have sought to join the Trump administration in a unified response to China's trading practices in general.

With all the forces pushing down the renminbi, including the trade war, U.S. rate hikes, and more domestic economic stimulus, the only way Beijing can likely avoid further devaluation is by stepping in and actively propping up the currency, as it did in 2015 to 2016 by spending more than $1 trillion in foreign-currency reserves.

That might make U.S. officials in Washington happy, but it would represent an odd about-face for an administration that's been so vocal about the need for Beijing to stop manipulating its currency.

"The irony for the administration is that in the near term, the United States wants China to continue to manage its exchange rate," Setser said[①].

---

① 本文出自 Foreign Policy 网站，原文链接：https://foreignpolicy.com/2018/10/03/us-china-trade-war-about-to-become-currency-war-yuan-renminbi/，引用日期：2021.7.8。

一、宏观把握

译者拿到一篇原文，先不要着急动笔，应当先宏观把握篇章，了解原文的写作背景、写作目的、文体、翻译目的等方面。这些宏观问题的把握，都会在翻译微观词句时发挥作用，决定了译者应当采用的策略和方法，确保译文准确、恰当。

需要宏观把握的方面可总结为以下几个问题，即，译者翻译前应首先思考：

Who is talking to whom, when, where and why?

或者从翻译的角度自问：

Who is translating what, for whom, when, where, why and in what circumstances?

我们就从翻译的角度，以本篇翻译实践为例，具体分析一下上述几个宏观问题。

先来看（who is translating）what，即要翻译的是一篇怎样的文章。本篇原文出自美国刊物《外交政策》（Foreign Policy）。《外交政策》由美国政治学泰斗亨廷顿（Samuel Phillips Huntington）等人创刊于 1970 年，是当今最具影响力的国际时事刊物之一，内容涵盖全球时政要闻、美国及国际政策。由此可见，本文属于新闻媒体的分析评论文章。

再来看 who，whom，when，why translate 等问题。本文作者 Keith Johnson 是《外交政策》的记者。本文的发表时间是 2018 年 10 月，探讨的主题是中美贸易，这也是近年的一大时政热点，当中涉及相关宏观经济原理和背景知识。至于翻译目的，由于这是一篇翻译练习，译者可依照翻译实践场景自己设定一个翻译目的，如，为刊物的中文网站刊发而翻译，以满足中文读者的阅读需求。其余的两个 wh 问题，where 这个问题在这篇练习中并不会对翻译工作产生重大影响，可忽略；in what circumstances 这一问题已经涵盖于上述其他问题的回答中，不再赘述。

综上，译者对这篇原文的把握要点应当落在"经贸主题"和"新闻评论分析"这两方面。之前的章节讲过新闻翻译，但本篇不是纯粹的新闻报道，而是侧重评论分析。原文主要采用举例加分析的方式，兼具对于热点事件的描述和观点见解，揭示出事件背后的原理和规律，有一定的层次和深度，也更为抽象。分析评论有一定的内在逻辑，涉及宏观经济原理，环环相扣，层层递进。由此可见，对于原文内容的把握，需要具备一定的经贸背景知识，理解、吃透原文的写作思路，翻译时才能游刃有余；语言风格方面，应注意还原新闻文体逻辑清晰、简明精练的风格。

二、要点理解

1. 背景知识

这篇原文主要围绕近年来的中美贸易战这一热点事件展开，因此中美贸易战（背景、起因、进展、影响等）是翻译本篇所需的背景知识。此外，本篇还涉及两大主旨概念——贸易战和货币战，可见于文章标题（Is the Trade War About to Become a Currency War?），译者可通过调查研究熟悉这两个概念。关于调查研究，有两点提示：第一，查证时不一定要通过中文获取信息，有时，英文信息比中文更好理解；第二，如果无法查到某一概念的直接定义，可以曲线救国，通过阅读案例了解这一概念的含义。

例如，以下是百度百科和维基百科（Wikipedia）对"货币战"的解释：

货币战亦称"货币战争"。西方国家或集团之间为争夺世界市场，在货币领域展开的斗争。1929—1933 年世界经济大危机之后，西方各国相继放弃金本位制，普遍实行不兑换的纸币制度，为货币战提供了条件。初期的斗争表现为西方主要国家采取本币贬值的措施，实行外汇倾销，以争夺世界市场。30年代末期形成"英镑集团""美元集团"等货币集团，40年代又形成"英镑区""美元区""法郎区"等，以此展开竞争。第二次世界大战后，以美元为中心的资本主义世界货币体系确立，货币战主要表现为美国加紧对金融领域和世界市场的控制与英、法等资本主义各国及第三世界国家反控制的斗争[①]。

Currency war, also known as <u>competitive devaluations</u>, is a condition in international affairs where <u>countries seek to gain a trade advantage over other countries by causing the exchange rate of their currency to fall in relation to other currencies. As the exchange rate of a country's currency falls, exports become more competitive in other countries, and imports into the country become more and more expensive.</u> Both effects benefit the domestic industry, and thus employment, which receives a boost in demand from both domestic and foreign markets. However, the price increases for import goods (as well as in the cost of foreign travel) are unpopular as they harm citizens' purchasing power; and when all countries adopt a similar strategy, it can lead to a general decline in international trade, harming all countries[②].

读过之后，是否觉得英文解释更具体、更易懂呢？尤其英文划线部分，读过之后很容易理解，货币战就是一国刻意贬值本国货币，以使本国出口的商品相较别国的货币而言更便宜、他国出口至本国的商品则相对更贵，由此在国际贸易中占据优势地位。而相比英文解释，百度百科的解释就比较抽象，只是历史事件和概念的堆砌，看过之后还是无法抓住贸易战的本质。因此查找资料时，可以尝试通过英文资料理解术语和概念。

再举一例。我们在搜索"贸易战"这一术语时会发现，没有现成的词条，只有"中美贸易战"之类的词条。以下是Wikipedia对"中美贸易战"的解释：

2018 China–United States trade war

Currently, China and the United States are locked in an ongoing trade war as <u>each country has introduced tariffs on goods traded between each other</u>. US President Donald Trump had promised in his campaign to fix China's "longtime abuse of the broken international system and unfair practices".

Starting in January 2018 the U.S. imposed a tariff on solar panel imports and residential washers, most of which are manufactured in China. On July 6, the U.S. specifically targeted China by imposing 25% tariffs on $34 billion of imported Chinese goods as part of Trump's tariffs policy, which then led China to respond with similarly sized tariffs on U.S. products[③].

上述解释虽然没有直接给出贸易战的定义，但是通过阅读中美贸易战的案例，我们也基本能够了解贸易战的形式——两国对彼此交易的商品加征关税，比如美国对来自中国的商品征税，中国相应也对来自美国的商品征税，以相互打击。因此，查证时通过阅读案例，也能帮助我们了解新的概念。

---

① https://baike.baidu.com/item/货币战，引用日期：2021.7.8.
② https://en.wikipedia.org/wiki/Currency_war，引用日期：2021.7.8.
③ https://en.wikipedia.org/wiki/2018_China–United_States_trade_war，引用日期：2021.7.8.

2. 逻辑衔接

经济类文本的一大特点是常常蕴含经济学原理，逻辑关系环环相扣。如果不了解相关的经济学知识，翻译时又没有查证意识，那么译文很可能只是生硬贴字面，无法正确使用衔接手段体现原文的内在逻辑，因而无法清楚达意。以下为大家举例说明。

例 1.

China suffered massive capital flight during the currency depreciation of 2015 to 2016, as Chinese investors sought to move out of renminbi-denominated assets.

【学生译文】

2015 至 2016 年间，中国投资者出售人民币计价资产，造成大规模资本外逃，人民币受市场影响贬值。

这句译文的主要问题在于弄错了因果关系。究竟是资本外逃导致人民币贬值，还是人民币贬值导致资本外逃？如果不清楚其中的原理，不妨查一查 2015 至 2016 年人民币究竟经历了什么变化。以下是新华网财经频道的解析①：

"8·11"汇改这一年人民币经历了啥？

所谓"8·11 汇改"指的是，2015 年 8 月 11 日，<u>央行宣布调整人民币对美元汇率中间报价机制，做市商参考上日银行间外汇市场收盘汇率，向中国外汇交易中心提供中间价报价。</u>这一调整使得人民币兑美元汇率中间价机制进一步市场化，更加真实地反映了当时外汇市场的供求关系。

……

2015 年 8 月 11 日—2015 年 8 月 14 日

央行宣布，将人民币兑美元中间价下调 1 136 基点，<u>随后三天人民币兑美元累计跌近 3 000 点。</u>

可见，2015 年，人民币经历了"8·11"汇改，使人民币汇率更为市场化；随后，人民币兑美元便大幅贬值，这意味着以人民币计价的资产大幅贬值，相应导致投资者大量抛售人民币资产，转而将资金投资于他国货币计价的资产，即资本外逃。

原文这句话的逻辑关系总结如下：

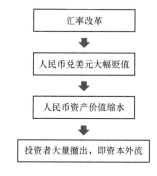

由此可见，是当时的汇率改革导致人民币贬值，进而引发资本外流。同学译文中的因果逻辑弄反了。

---

① http://www.xinhuanet.com/finance/2016-08/11/c_129222434.htm，引用日期：2021.7.8。

例 2.

As the United States raises interest rates, it makes Chinese rates relatively less appealing, pushing down the renminbi.

【学生译文】

1）美国提高利率，使得中国利率对别国的吸引力相对下降，人民币贬值。

这句译文看似准确，读来却感觉十分松散，小句之间仿佛各自独立，只是恰好合并成了一句，逻辑关系不清晰。从这句译文来看，译者很可能并不清楚这句原文内在的逻辑关系，及其背后的经济学原理。为什么美国提升利率会减少人民币的吸引力呢？人民币吸引力减退，为何会导致贬值？以下查证解释了美国加息对人民币可能产生的影响：

美联储加息是什么意思？就是提高商业银行存贷款利率吗？不！和中国人民银行不同，美联储加息或降息指的不是商业银行存贷款利率，而是联邦基金利率，是商业银行互相拆借资金时的利率。这个利率对商业银行的利率有实质影响，因为准备金余缺可以对银行存贷款产生影响。所以，联邦基金利率虽然不是存贷款利率，但会影响存贷款利率。<u>美联储加息，会使美国储户的存款利息提高。因此，国际投资者更愿意持有美元，国际热钱纷纷涌入美国。这反映在外汇市场，就表现为美元走强，相对于其他货币升值，因此其他货币较美元相对贬值。（就好像供求关系，美元可以理解为是一种商品，对美元的需求上升，美元自然升值）</u>美元走强后，有利于本国进口，相同的美元可以兑换更多的外币，因此外国商品相对于美元也是贬值了①。

由此可见，美联储加息后，美国储户的存款利息提高，因而国际投资者更愿意持有美元，即美元对投资者的吸引力增强；而此时人民币的存款利率再不变，对投资者的吸引力就会相对减弱。货币也可视作商品，受供求关系约束；人民币吸引力下降，意味着对人民币的需求量下降，供过于求，就会导致人民币价值下跌，即"贬值"。

原文这句话的逻辑关系总结如下：

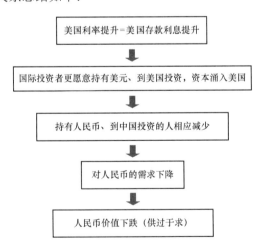

短短一句话却"暗藏玄机"，蕴含着如此严谨的逻辑关系。若能理解到这个层面，表达时自然游刃有余，来看这句话的另一份学生译文：

---

① 参见：《美联储加息是什么意思？对人民币有什么影响？》https://www.fx168.com/about/1805/2524294.shtml，引用日期：2021.7.17.

2）美联储加息后，相应地，人民币存款利率对投资者的吸引力减弱，进而导致人民币贬值。

请留意几处划线部分。原文说的是 United States，译者却处理为"美联储"，看似没做到字对字准确翻译，实际是显化了原文"美国"所指代的加息机构——美联储，即美国的中央银行，体现出译者真正吃透了原文含义。另外两处"对投资者的"和"进而导致"都是原文字面所没有的，是译者自主添加的有效衔接，译出了文字背后的隐含意义和逻辑，使译文更加清楚连贯，更有助于读者理解，这样的衔接很有助益。而正确添加必要衔接，前提是透彻理解原文的原理和逻辑。

可见，能否透彻理解经济类文本的内在逻辑，直接决定了译文逻辑是否正确、语义是否清楚明白、表达是否连贯达意。因此，在翻译经济类文本时，一定要通过调查研究确保理解准确到位。

3. 常识概念

经济类文本中常常涉及一些经济学概念，有些属于常识概念，有些则相对专业。准确理解、译出这些概念对于经济类文本而言十分重要，否则可能导致词不达意，或译文外行、贻笑大方。以下举例说明。

例 3.

As the United States raises <u>interest rates</u>, it makes <u>Chinese rates</u> relatively less appealing, pushing down the renminbi.

【学生译文】随着美国上调利率，这使得<u>中国货币的利率</u>相对减少了吸引力，导致<u>人民币利率</u>下滑。

原文 Chinese rates 指的是"利率"，对应上文中的 interest rates；而句末 pushing down the renminbi 则指人民币汇率。这位同学的译文将两处都译为"汇率"，甚至写出"中国货币的利率"这样的表述，足见是分不清"利率"和"汇率"这两个概念，导致译文不准确也不专业。以下是利率和汇率的定义：

利率（interest rate）：是借款人需向其所借金钱所支付的代价，亦是放款人延迟其消费，借给借款人所获得的回报。

汇率（exchange rate）：定义为两国货币之间兑换的比例。

例 4.

<u>Chinese central bankers</u> are also trying to inject more cash into the banking system, essentially pursuing the kind of "looser" monetary policy meant to shore up growth that also tends to push down currencies.

【学生译文】<u>中国各大央行</u>尝试在银行系统里注入更多的现金，本质上说继续施行这种"更宽松"的货币政策意味着在支持经济增长的同时货币贬值。

这句译文将原文中的 Chinese central bankers 处理为"中国各大央行"，同样也体现出译者缺乏基本的经济学常识。一个国家能有几家中央银行？显然只能有一家。以下是中央银行的定义[①]：

中央银行（Central Bank）国家居主导地位的金融中心机构，是国家干预和调控国民经济发展的重要工具。负责制定并执行国家货币信用政策，独具货币发行权，实行金融监管。

---

① https://baike.baidu.com/item/中央银行，引用日期：2021.7.18.

中国的中央银行为中国人民银行，简称央行。

利率、汇率、中央银行这类经济学概念十分常见，与日常生活息息相关，也是现代公民和专业译者应当知晓的常识概念。知识储备是专业译员必备的基本素养，要成为合格的译者，需不断丰富自己的百科知识，构建常见领域的基本知识架构，才能胜任各类翻译工作。

三、语言表达

1. 逻辑清晰

上文提到，经济类文本往往蕴含着一定的经济学原理和逻辑脉络。在准确理解原文逻辑的基础上，清楚表达逻辑也很重要。怎样表达逻辑才更清楚呢？以本篇练习为例，逻辑关系主要体现在三个方面：逻辑连词，隐含逻辑关系，以及指代关系。以下就从这三方面入手，举例说明如何清楚表达逻辑关系。

（1）逻辑连词

原文出现的逻辑连词是逻辑关系最直接的体现，通常需要明确译出。

例 5.

<u>But</u> China's currency is now being pushed downward due to a host of factors.

本例中出现了 but 这一明显的逻辑连词，以此与上文衔接。上文谈到美国发动的贸易战容易助推人民币贬值，此处话锋一转，指出"<u>然而</u>，人民币走低，背后有诸多因素"。翻译时，注意将逻辑连词 but 的转折含义明确译出即可。

（2）隐含逻辑关系

有时，原文没有直接使用逻辑连词，而是通过其他方式隐蔽地体现了逻辑关联。

例 6.

That might make U.S. officials in Washington happy, but it would represent an odd about-face for an administration <u>that</u>'s been so vocal about the need for Beijing to stop manipulating its currency.

【学生译文】这可能会让美国政府官员很满意，但对于美国政府来说是个奇怪的大变脸。美国政府曾直言不讳地要求中国政府停止操控人民币。

原文这句话较长，同学译文采用拆解的形式，将句末 that 引导的从句用一句话单独译出，看似准确，但是否准确表达出了原文隐含的逻辑关系呢？原文句末引导定语从句的 that 仅仅是引出从句的连接词吗，是否还有其他逻辑含义呢？首先，需要准确把握这句话的意思。上文提到中国政府可能介入支撑人民币币值，这一点可能是美国政府所乐于看到的；然而美国政府向来指责中国操纵货币，这次却乐见中国政府如此作为，岂不是态度不一、自相矛盾了？理解到这层意思，就会发现句中的 that 还带有一层转折的意味，可以处理成"然而""毕竟"。若不译出这层意思，译文逻辑就会断裂，读者也难以读出原文此处的逻辑和语气。

因此，有时原文没有使用明确的逻辑连词，并不意味着没有逻辑含义，译者需要读出其中隐含的逻辑关系，表达时将之显化，才能使译文逻辑清晰、通顺连贯。

（3）指代关系

指代也是逻辑关系的重要体现，能否准确译出可能直接影响文意。

例 7.

"We don't know to what extent 2015 so scarred <u>them</u> that <u>they</u> are no longer willing to look at depreciation as a tool, or whether <u>they</u> concluded that <u>they</u> have the available tools to limit capital flight, so they can with some difficulty manage a depreciation," Setser said.

【学生译文】"我们不知道 2015 年对他们造成了多大影响，以至于他们不再愿意把货币贬值看作工具，或者他们是否认为，他们已获得更有效的工具限制资本外逃，因此可以经过一番努力成功应对货币贬值，"赛策说。

这句原文中出现了几个复数代词 them 和 they，同学译文中全部贴字面译出，看似准确，但这样的表达是否清楚、地道呢？英文里的代词，中文是否应当一一照搬、同样译为代词呢？本书第六章里提到中英文在代词特点和使用方面差异，这里进一步举例说明。

英文大量使用代词，中文（尤其白话文）则不然，代词常常省略。比如英文说"Are all my suitcases here? Put them in the living room please."，中文可能会说"箱子都来了吗？好极了，请放在客厅里好了。"或说"请把箱子放在客厅里吧"，但不会说"请把它们放在客厅里"（至少这不是地道中文）。不说"它们"也许不符合英文的语法，但这是中文的语言习惯。① 因此，对比中英文时会发现，英文里五花八门的指代词，中文里会不厌其烦地一遍遍还原所指，或者干脆省略。

那么例 7 原文中的几个代词该如何处理呢？按照中文的语言习惯，应明确译出所指，或省略；当然，必要时也可以使用"他们"之类的代词，但要慎用。照此思路修改后的译文如下：

"不知道 2015 年的情况对中国造成了多大影响，以至于不愿再用贬值这一工具。或许他们认为，如今既然能有效限制资本外逃，那么经过努力也能应对贬值，"赛策说。

译文修改后，原文的四个代词省略了两个。保留的两个代词中，一个译为"中国（政府）"，点明了指代对象，以更好地衔接上文；只有一个直译为代词"他们"。这样的译文，不仅语义更清晰、衔接更连贯，也更符合中文语言习惯，更加通顺自然。

2. 语言风格

翻译时应根据原文的文体和文风，准确把握译文风格，否则很可能导致表达不得体。中文语言风格从语境层面看，可以分为口头语和书面语：其中口头语又可细分为日常对话和演讲；书面语可分为文艺语（如小说、诗歌、散文）、论说语（如说明文、驳论文、杂文）、公文语（如司法公文、外交公文）、科技语（如科技专著、科普读物）等类型。②

这篇原文是经济主题的新闻评论文章，出处是国际时事刊物《外交政策》，属于书面语中的新闻论说文（说明、评析等）。书面语较口语更为正式，翻译时应留意语域，否则很容易导致文风不当。以下举例说明。

【学生译文】

允许人民币价值进一步贬值的话可能会发动另一场巨额的资本流出。

正如 2015 年至 2016 年那样，投入超过 1 万亿美元的外汇储备……

因为美国提高利率的做法让中国利率相对而言不那么吸引人，人民币下跌。

但由于许多因素，中国的货币正在被拖下水。

华盛顿的美国官员可能为此感到开心，但是也代表了政府奇怪的大转变，如此公开表明需要北京停止控制货币。

---

① 思果. 翻译研究 [M]. 北京：中国对外翻译出版公司，2001：108.
② 王焕运. 汉语风格学简论 [M]. 石家庄：河北教育出版社，1993：35.

同时日本和欧盟也对人民币跌价和中国进口量的激增感到不满，他们加入<u>川普</u>阵营作为对中国的总体贸易行为的统一对策。

以上几句译文中的划线部分都有文风不当的问题。"……的话""那样""拖下水"之类的表达偏口语，不够严肃庄重，不符合新闻书面语的表达要求。另外请特别留意，切勿将网络流行语用于正式文体，政要的中译名也应采用官方通用译法，而不应采用"川普"之类的网络版本。一篇文章里出现风格不当的措辞，就犹如穿衣时上半身西装革履，下半身短裤、运动鞋，极不协调。因此，要注意根据文体恰当把握语言风格，确保表达得体。

【课后练习】

1. 以下为美国《纽约客（New Yorker）》杂志网站上的评论文章，请将划线部分翻译为中文。

Why Is Europe So Messed Up?
An Illuminating History

<u>While the American economy continues to recover from the disastrous financial bust of 2008 and 2009, Europe remains mired in a seemingly endless slump.</u>

On this side of the pond, the Congressional Budget Office announced that, with the economy expanding, tax revenues rising, and federal spending being restrained, the budget deficit is set to fall to about four per cent of Gross Domestic Product this year, and to 3.4 percent next year. The latter figure is pretty close to the average for the past thirty years. At least for now, the great U.S. fiscal scare is over. <u>In Europe, things are going from bad to worse. New figures show that in the seventeen-member euro zone, G.D.P. has been contracting for six quarters in a row. The unemployment rate across the zone is 12.1 percent, and an economic disaster that was once confined to the periphery of the continent is now striking at its core. France and Italy are both mired in recession, and even the mighty German economy is faltering badly.</u>

<u>Why the sharp divergence between the United States and Europe? When the Great Recession struck, U.S. policymakers did what mainstream textbooks recommend: they introduced monetary and fiscal-stimulus programs, which helped offset the retrenchments and job losses in the private sector. In Europe, austerity has been the order of the day, and it still is. Nearly five years after the financial crisis, governments are still trimming spending and cutting benefits in a vain attempt to bring down their budget deficits.</u>

<u>The big mystery isn't why austerity has failed to work as advertised: anybody familiar with the concept of "aggregate demand" could explain that one. It is why an area with a population of more than three hundred million has stuck with a policy prescription that was discredited in the nineteen-twenties and thirties. The stock answer, which is that austerity is necessary to preserve the euro, doesn't hold up. At this stage, austerity is the biggest threat to the euro. If the recession lasts for very much longer, political unrest is sure to mount, and the currency zone could well break up.</u>

So why is this woebegone approach proving so sticky? Some of the answers can be found in a timely and suitably irreverent new book by Mark Blyth, a professor of political economy at Brown:

"Austerity: The History of a Dangerous Idea." Adopting a tone that is by turns bemused and outraged, Blyth traces the intellectual and political roots of austerity back to the Enlightenment, and the works of John Locke, David Hume, and Adam Smith. But he also provides a sharp analysis of Europe's current predicament, explaining how an unholy alliance of financiers, central bankers, and German politicians foisted a draconian and unworkable policy on an unsuspecting populace.

The central fact about Europe's "debt crisis" is that it largely originated in the private sector rather than the public sector. In 2007, Blyth reminds us, the ratio of net public debt to G.D.P. was just twelve per cent in Ireland and twenty-six percent in Spain. In some places, such as Greece and Italy, the ratios were considerably higher. Over all, though, the euro zone was modestly indebted. Then came the financial crisis and the fateful decision to rescue many of the continent's creaking banks, which had lent heavily into property bubbles and other speculative schemes. In Ireland, Spain, and other countries, bad bank debts were shifted onto the public sector's balance sheet, which suddenly looked a lot less robust. But rather than recognizing the looming sovereign-debt crisis for what it was—an artifact of the speculative boom and bust in the financial sector—policymakers and commentators put the blame on public-sector profligacy.

(http://www.newyorker.com/news/john-cassidy/why-is-europe-so-messed-up-an-illuminating-history)

2. 以下为关于人民币国际化的一份报告，请将划线部分翻译成中文。

CHINESE RENMINBI INTERNATIONALIZATION
GUIDE TO RECENT DEVELOPMENTS

Over the last few years, the Chinese government has undertaken an extensive process to liberalize and internationalize its currency, slowly relaxing rules to become more equal trading partners with other developed countries. This includes expanding the use of the Chinese Renminbi (RMB) for global trade settlement, encouraging a robust offshore renminbi environment and, more recently, liberalizing access to on-shore RMB accounts. The People's Bank of China (PBOC) is laying the groundwork to have the RMB become a fully convertible currency in a three-step process:

1 RMB as a global trade currency

As the RMB develops as a trade currency, businesses outside China are becoming accustomed to using it for payments and receipts for goods and services.

2 RMB as a global investment currency

The goal is to allow the RMB to be invested more freely. Investors are now able to move their RMB-based holdings cross-border. Global companies want their China-based earnings to be convertible into other currencies.

3 RMB as a global reserve currency

The government wants its currency status to match its position as an economic leader. China would like to challenge the USD as a reserve currency.

RMB INTERNATIONALIZATION

In the past, RMB could only be held inside China, and all of China's internal trade was settled in RMB. Now, trade of goods and services in and out of China can also be settled in RMB. Trade finance methods are available in both onshore and offshore markets. In addition, China's currency can now be held and invested overseas.

Fifty countries now use the RMB for at least 10% of their trade with China, according to SWIFT, the global financial messaging service provider. We expect the trend to grow, as the government continues to relax currency restrictions.

To facilitate this cross-border flow, companies domiciled outside China can now open RMB accounts both in Chinese mainland and off-shore, primarily in Hong Kong, but also in other jurisdictions. Foreign companies need not have a legal entity established in China (or Hong Kong) in order to open an RMB account. The RMB now also trades directly against most major currencies, adding depth to the RMB market.

To help further its goal of internationalization, the PBOC has announced plans to develop Shanghai into a global financial hub and has added new off-shore clearing centers in Singapore, Malaysia and Europe.

Negotiations to develop offshore centers in several other countries, including Australia, Canada and the United States, are moving forward. These developments show a commitment by a growing number of countries and regions to increase RMB utilization.

The RMB is also moving toward becoming a global investment currency, as offshore RMB may now be used for capital investment. The RMB is viewed as an asset class, with market participants using the currency as an investment vehicle.

On November 30, 2015, the International Monetary Fund (IMF) approved the inclusion of the RMB in its Special Drawing Rights (SDR) basket of currencies to take place on October 1, 2016, positioning the RMB with the elite global currencies, including the U.S. Dollar, British Pound, Euro and Japanese Yen. While there is more progress to be made in RMB's internationalization quest, the inclusion is a significant milestone and may serve as a catalyst for further reform.

……

3. 以下为关于人民币国际化的一份报告，请将划线部分翻译成中文。

WHAT THE LIBERALIZATION OF CHINESE CURRENCY MEANS TO YOUR BUSINESS

China has experienced strong growth since the economic reforms that took place in the 1980s. China today is now not only the largest exporter of manufactured goods, it is also the second-largest economy in the world. I'm Chris Chen, Assistant Representative at PNC's Shanghai Representative Office.

The size of China's economy and its status as the largest exporter sets the stage for the

Renminbi, also known as the RMB, and the Chinese Yuan, to be internationalized. The People's Bank of China, the Chinese Central Bank, has been instrumental to the liberalization and internationalization of the Chinese currency.

The Chinese Central Bank's goal for the RMB is to elevate the currency's status to be recognized as a global trade currency, investment currency, and reserve currency, and it has made great progress in this regard.

The RMB internationalization began in earnest in 2007, when the first "dim-sum" bond, or Renminbi-denominated bond, was issued in Hong Kong in 2007.

This is significant for a few reasons: First, it created a market for the Renminbi currency outside of Chinese mainland, and second, it allowed the currency to be freely traded, invested and held outside of China.

This then essentially created two Renminbi markets; an onshore market for Renminbi usage in Chinese mainland, and an offshore market for Renminbi outside of Chinese mainland.

This evolution shows the careful and measured pace that China employs with its reforms, including the Renminbi. While the onshore Renminbi market is still relatively controlled compared to the offshore Renminbi market, China has created the offshore Renminbi market as a way to carry out its reforms in test areas, such as Hong Kong, and then one day introduce these measures and reforms to broader parts of China in a deliberate manner.

Since the first dim-sum bond was created in 2007, the Hong Kong RMB market has seen growing demand for RMB-denominated assets, and for trade settlement with entities in mainland China via Hong Kong.

In addition to Hong Kong, other offshore markets have been created, including Singapore, Taiwan and South Korea. London, Paris, Frankfurt, Luxembourg and a growing number of cities in Europe have become markets for the Renminbi as well. Canada has become the first country in the Americas to become an RMB clearing hub. This shows the tremendous progress of Renminbi internationalization and growing demand for the currency worldwide.

<u>If you are an importer doing business and importing from Chinese mainland, transacting in the Renminbi currency can reap significant benefits. Exporters in China have historically built a margin into their U.S.-dollar invoices to account for the foreign exchange and administrative costs to convert the funds to Renminbi.</u>

<u>This margin often accounts for 2%-3% of the USD invoice costs, and can have a significant impact on the importer's bottom line over time. Transacting in Renminbi allows importers to realize cost savings and efficiencies, while allowing the invoice payment to be made in the exporters' native currency, thereby reducing their cost as well.</u>

<u>Hedging tools and services are now available to help manage currency risk when transacting in Renminbi, allowing importers to take advantage of cost savings while mitigating the currency risk.</u>

…

15.2.2 经济类文本汉译英

以下为一家中国公司的年报节选,请翻译为英文:
……
二、公司介绍
……
(二)公司治理
良好的公司治理对于推动企业高效运转、实现企业目标起到决定性作用,也是企业可持续发展的根基。

1. 公司董事会

公司董事会是公司权力机构。董事会依法行使《中华人民共和国公司法》规定的有限责任公司董事会的职权。

公司董事会由执行董事、独立董事、非执行董事,以及职工董事构成。

十年来,董事会充分发挥指导和监督作用,创新和完善公司经营管理模式,确保实现了国有资产的保值增值任务。在公司组建初期,董事会着重于确定公司发展战略、经营方针、投资原则和策略,科学引导公司业务发展。在公司步入稳步发展之后,董事会审批公司年度经营计划、预算方案、企业文化、对外交流与合作,以及人才流动计划和考核激励措施等。在2011年,公司董事会决定将投资考核周期延长至10年,把滚动年化回报作为评估投资绩效的重要指标,使公司的投资组合可以承受更大的短期波动,发挥长期投资的优势。随着公司投资业务进一步拓展,董事会积极推动公司调整管理架构和部门设置,完善资产配置和风险管理体系,持续提升投资能力和精细化管理水平。在董事会的引领下,公司资产总规模实现跨越式增长,相当于十年内再造了三个××公司,兑现了尽最大努力实现国有资产保值增值的庄严承诺。至2017年底,公司累计上缴利税××××亿元人民币,为壮大国家财政实力、支持经济社会发展做出了应有贡献。
……

一、宏观把握

拿到原文后,首先依然需要宏观把握篇章,思考以下问题:
Who is translating what, for whom, when, where, why and in what circumstances?

本文出自中国上市公司年报。年报是上市公司必须提交股东的年度财务报表,描述公司的经营状况和财务信息。上市公司年报通常会公开发布,目的是令投资者知悉公司过去一年的经营状况,以便做出知情决策。翻译年报的目的是令海外投资者也能阅读年报。

此外,还需要把握年报的语言及体裁风格。如果不熟悉,可以先上网找一些知名公司的中英文年报,浏览一下。检索年报的方式主要有两种:第一种是用搜索引擎检索,如输入"公司名 annual report"等关键词,可检索出年报;第二种方法是进入公司官方网站查看。上市公司会在官网公布年报,通常位于"投资者关系(Investor Relations)"这一版块,如图15-1所示。

图 15-1　通过公司官网获取年报

浏览后可能会发现，年报这一报告类型在结构和内容方面有一定的范式。公司年报通常包括公司基本情况，主要财务数据和指标，股本变动及股东情况，董事、监事和高级管理人员，公司治理结构，股东大会情况，董事会报告，监事会报告，重要事项，财务会计报告等部分。[①]内容以客观记述为主，文风清楚简明，结构条理清晰，有一定的内在逻辑，属于较为典型的经济类文本。

此外，要学会利用平行文本。年报体裁中外共通，因此翻译中文年报时，可以先阅读平行文本，即外国公司的英文年报，熟悉相关术语、表达和文体风格，这样的平行文本契合度高，适当参照借鉴，会带来不少启发，事半功倍。

二、要点理解

1. 术语概念

企业年报中会出现许多公司治理方面的术语，需要准确翻译。

例 1.

公司董事会由执行董事、独立董事、非执行董事，以及职工董事构成。

这句话概括了董事会的结构，对于不熟悉公司治理的人而言，其中列举的每一类董事可能都是生词。然而不必担心，查证能帮我们解决多数理解问题。

首先，能够比较容易地查到"董事会"的含义和英文说法。董事会是一家公司最高的治理机构，由多位董事组成，其代表者称为董事长或董事会主席。[②]通过搜索引擎检索，可以找到 Wikipedia 维基百科里"董事会"一词的英文词条 Board of directors[③]：

A **board of directors** (commonly referred simply as **the board**) is an executive committee that jointly supervise the activities of an organization, which can be either a for-profit or a nonprofit organization such as a business, nonprofit organization, or a government agency.

---

① https://baike.baidu.com/item/年报.
② https://zh.wikipedia.org/wiki/董事会，引用日期：2021.7.18.
③ https://en.wikipedia.org/wiki/Board_of_directors，引用日期：2021.7.8.

其实在这个词条页面中，还有许多可以深入挖掘的实用内容。以下是词条释义下的目录部分①，页面里提供了董事类型的术语表，里面涵盖了多类董事：

Contents

1 Terminology
2 Roles
3 Directors
 3.1 Inside director
 3.2 Outside director
 3.3 Terminology
4 Process and structure
 4.1 Board meetings
5 Non-corporate boards
 5.1 Membership organizations

点击网页中的 3.3 Terminology 词汇表链接阅读具体内容②，可以看到对应原文"执行董事"和"非执行董事"的英文，分别是 executive director 和 non-executive director，还提供了两类董事的释义：

Terminology

- **Director** – a person appointed to serve on the board of an organization, such as an institution or business.
- **Inside director** – a director who, in addition to serving on the board, has a meaningful connection to the organization
- **Outside director** – a director who, other than serving on the board, has no meaningful connections to the organization
- **Executive director** – an inside director who is also an executive with the organization. The term is also used, in a completely different sense, to refer to a CEO
- **Non-executive director** – an inside director who is not an executive with the organization
- **Shadow or de facto director** – an individual who is not a named director (a de jure director),[11] but who nevertheless directs or controls the organization
- **Nominee director** – an individual who is appointed by a shareholder, creditor or interest group (whether contractually or by resolution at a company meeting) and who has a continuing loyalty to the appointor/s or other interest in the appointing company

仔细阅读页面，还会发现"独立董事"的英文说法③：

Outside director

Main article: Independent director

An outside director is a member of the board who is not otherwise employed by or engaged with

---

① https://en.wikipedia.org/wiki/Board_of_directors，引用日期：2021.7.8.
② 同上，引用日期：2021.8.10.
③ 同上。

the organization, and does not represent any of its stakeholders. A typical example is a director who is president of a firm in a different industry. Outside directors are not employees of the company or affiliated with it in any other way.

由上述解释可见,"独立董事"在英文中既可以是 independent director,也可以是 outside director,指独立于公司股东且不在公司内部任职、与公司或公司经营管理者没有重要业务联系或专业联系,并对公司事务做出独立判断的董事。①

至此,我们通过阅读一个词条解释,就已经查到了大部分董事类型。可见,查证密切相关的概念时,可以采用"自上而下"的查证法,先查上义概念,再从中挖掘其下的分支概念,往往能迅速找到想要的信息。

如果想更清晰地了解董事会的组织架构,还可以采用搜索图表的方式,输入关键词搜索图片,见图 15–2 和图 15–3。

图 15–2　董事会结构图片搜索结果

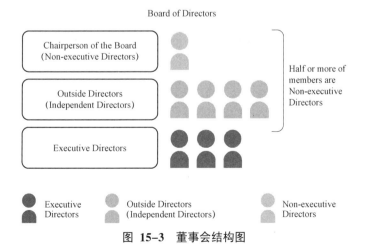

图 15–3　董事会结构图

---

① https://zh.wikipedia.org/wiki/独立董事,引用日期:2021.8.10.

图 15-3 清楚地展示了董事会的结构，还能看出各类董事的比重。利用搜索图片的方式查找术语，常常比阅读文字解释更直观易懂。

最后还剩下一个"职工董事"。先查找中文了解术语定义，以下是 MBA 智库百科里的定义①：

职工董事（Worker's Director）

职工董事是指由公司职工通过职工代表大会选举产生、作为职工代表出任的公司董事。

理解术语概念后，再着手查找对应的英文。可以看到，以上释义中也给出了一个英文说法 Worker's Director，能否直接拿来使用呢？此处请特别注意，一定要先验证，通过搜索英文平行文本，看看这一说法是否准确、地道。果然，验证后发现，英文常用的是 employee director 或者 staff director：

Employee Director means any director of the Company who is also an employee of the Company or of any Parent or Subsidiary.②

Staff Director means an officer of the Corporation that is serving as a Director.③

总结一下，遇到系列术语，要学会采用科学高效的查证方法，通过深挖上义词、图表查证等方式，不仅能查到准确的表达，还能透彻了解系列术语的内在逻辑关联，有助于理解上下文，可谓事半功倍。

2. 长句处理

翻译中，常常会遇到长句。英文中的长句可能更为常见，但中文也会出现一"逗"到底的长句，或者看似不长、但译成英文就变得冗长的句子。

例 2.

随着公司投资业务进一步拓展，董事会积极推动公司调整管理架构和部门设置，完善资产配置和风险管理体系，持续提升投资能力和精细化管理水平。

译文 1：As the company's investment business expands, the Board has worked to adjust the management structure and department structure, optimise asset allocation and the risk management system, and continued to improve the company's investment capability and detail-oriented management.

译文 2：As the company's investment operations expanded, the Board revamped the management and department structures, and optimised asset allocation and the risk management system. It also continued to improve the company's investment capabilities and level of detail-oriented management.

遇到长句，首先要理清原文逻辑。这句话的主干部分由三组动宾结构组成——"推动……""完善……"和"提升……"，这三组结构之间是什么关系呢？中文的语言逻辑比英文弱，常常省略逻辑连词，需要读者根据上下文和知识储备自行判断，有时看似并列的结构里可能蕴含着因果关系。了解中文的语言特点、有分析意识是好的，然而一定要以原文为依据，切勿"强加"逻辑。比如这句原文，三个结构之间只是纯粹的并列关系，三个结构分别探讨了三个

---

① https://wiki.mbalib.com/wiki/职工董事，引用日期：2021.8.10.

② https://www.lawinsider.com/dictionary/employee-director，引用日期：2021.8.10.

③ https://www.lawinsider.com/dictionary/staff-director，引用日期：2021.8.10.

方面，并无"方式-目的"之类的逻辑关系。

理清逻辑后，再考虑句式结构。译文 1 沿用原文的并列结构，将三个动宾短语并列在一句话中表达出来，但由于原文信息密集，每个谓语动词后面跟随了不止一个宾语，导致完全并列放入一句的译文处理方式读起来信息负荷重，越到句末读者承受的信息负担越重，甚至难以抓住信息重点。相比之下，译文 2 将原文的一个长句拆分为两句话，将第三个动宾结构单独列为一句，有效缓解了原文长句的负荷，读者读完一部分信息之后得以喘息，再读下去。如此，信息内容得以有效吸收，有助于原文语义的传达。

因此，遇到长句，首先注意理顺原文逻辑，再根据逻辑关系以尽可能方便读者阅读的句式结构呈现出来，必要时可将长句拆分为短句，不必与原文亦步亦趋，更有助于传达信息。

3. 中式英文

中式英文是汉英翻译中的一大常见问题，看似是表达问题，因为译文表达容易受制于中文原文结构，但深入分析就会发现，中式英文往往是由于翻译时没有吃透原文含义，导致只译出了字面意思，词不达意。

例 3.

在公司组建初期，董事会着重于确定公司发展战略、经营方针、投资原则和策略，<u>科学引导公司业务发展</u>。

这句原文中的"科学"一词，不少同学会贴字面译为 scientifically，看似准确，但究竟何谓 scientifically？牛津词典给出了 scientific 这个词的两个解释：一个是 involving science; connected with science，即"关于科学的"，例如 a scientific discovery 指科学方面的发现；另一个是 careful and logical，指做事方法"细致严谨"。第二个解释看似与原文的"科学指导"比较吻合，但确实如此吗？原文的"科学"究竟是什么意思呢？

我们在生活中经常使用"科学"一词，如"科学规划时间""科学锻炼""科学饮食"，但恐怕很少仔细思考过这些语境中"科学"的确切含义。根据字典释义，"科学"指"以一定对象为研究范围，依据实验与逻辑推理，求得统一、确实的客观规律和真理"[1]，如自然科学、社会科学。此外，科学还有一个释义：指发现、积累并公认的普遍真理或普遍定理的运用、已系统化和公式化了的知识[2]。请留意释义中的"系统化"，"科学管理"即采用系统化的知识和方法指导公司业务发展，这一解释较为符合原文语境。

由此可见，"科学引导"可以解释为"系统化地引导"，可对应英文 systemically 之类的措辞。牛津词典对 systematic 的解释为：done according to a system or plan, in a thorough, efficient or determined way，成体系的；系统的；有条理的；有计划有步骤的。这样的释义也十分符合原文的含义。相较 scientific 这样贴字面的表达，systematic 更加清楚到位，能令读者迅速抓住语义，达到了翻译目的。而此处到位表达的重要前提，是吃透原文语义，才能产出准确地道的译文。

三、语言表达

1. 简洁有力

报告类文本的目的是将情况和事实描述清楚，文风应简洁明了。冗余的文字会淹没真正

---

[1] https://www.zdic.net/hans/科學，引用日期：2021.8.10.
[2] 同上。

有用的信息，使读者难以抓住重点，而简练的文字往往更加清楚有力。

例 4.

十年来，董事会充分发挥指导和监督作用，创新和完善公司经营管理模式，确保实现了国有资产的保值增值任务。

译文 1：In the past decade, the Board of Directors has <u>fully played its role of</u> guiding and overseeing the company's operations, innovatively improved the company's operation and management model and <u>fulfilled the task of</u> preserving and increasing the value of state-owned assets.

译文 2：In the past decade, the Board of Directors has guided and overseen the company's operations, adopted innovatively and improved operations and management approaches, and preserved and increased the value of state-owned assets.

这一例中的两版译文的主要区别在于译文 1 的划线部分。译文 1 更加贴近原文字面，将"充分发挥指导和监督作用""实现了……保值增值任务"直译为 <u>fully played its role of</u> guiding and overseeing 以及 <u>fulfilled the task of</u> preserving and increasing；译文 2 则略去了这些表述，直接使用动宾结构译为 guided and overseen the company's operations 以及 preserved and increased the value。如此省略会否减损原文语义？其实，原文此处的"发挥……作用"和"实现……任务"并非实质信息，只是为了引出所做的事情，即便省略也无损于文意；亦步亦趋地译出，反而会弱化其后"实际做了什么"的内容，因为读者首先看到的是"发挥……作用"和"实现……任务"的部分，这些无足轻重的信息占用了读者的注意力，读者还需要自己区分信息主次，反而增加了阅读负担。相反，略去无用信息、直接切入正题，更便于读者把握句意。翻译时，一定要时刻想到如何方便读者理解，使读者更容易抓取主要信息，而非把主要信息淹没在无关紧要的次要信息中，这方面留心便可大大提升翻译效果，也因此，亦步亦趋贴字面式的翻译常常不可取。

2. 篇章时态

汉译英时，篇章整体应当采用何种时态，各部分的时态是否应有所不同，也是初学者容易出错的地方。时态选取需要依据内容和上下文，有一定的规则。以本篇为例，简要说明如何正确选用时态。

陈述事实、原则、规律的文字应通常采用一般现在时。例如，"良好的公司治理对于推动企业高效运转、实现企业目标起到决定性作用，也是企业可持续发展的根基。"，这是在描述公司治理的作用和意义，应使用一般现在时。又如，"公司董事会是公司权力机构。董事会依法行使《中华人民共和国公司法》规定的有限责任公司董事会的职权。"，这是记述事实，也应采用一般现在时。

描述过去发生的事件采用一般过去时，或现在完成时（侧重与现在的关联）。例如，"在公司组建初期，董事会着重于确定公司发展战略、经营方针、投资原则和策略，科学引导公司业务发展"，这句有较为明显的时间状语，描述的是"公司组建初期"的情况，应使用一般过去时。同理，"在公司步入稳步发展之后""在 2011 年"也属于较为明显的过去时间状语，其引导的句子应使用一般过去时。然而以下部分就有所不同："十年来，董事会充分发挥指导和监督作用，创新和完善公司经营管理模式"，这部分虽然讲述的是过去十年董事会所做的努力，但侧重"过去一直持续至今"，因此宜使用现在完成时。同理，"在董事会的引领下，公司资产总规模实现跨越式增长,相当于十年内再造了三个××公司,兑现了尽最大努力实现国有资产保值增值的庄严承诺。",这部分也是侧重过去十年努力带来的如今成就,应使用现在完成时。"至2017年底,公司累计上缴利税××××亿元人民币",这句中"累计"二字十分重要,决定了该句应采用现在完成时,表示积累上交的税额。

因此,译文确定时态时,应根据文意判断时间和语意侧重,再选择恰当的时态。

【课后练习】

1. 以下为某公司的年报节选,请翻译为英文。
......

公司监事会

公司监事会负责监督董事和高级管理人员的经营行为和职业操守,确保公司内部监督程序的有效运转。同时,监事会负责公司内部审计、选聘外部审计、监督公司会计和财务状况。监事会下设监督委员会和审计委员会。

十年来,公司监事会根据公司法和公司章程等相关规定不断完善内部运作机制,健全监事会制度体系,相继制定了监事会议事规则、专门委员会工作规则、监督评价办法等,确保监督工作有规可依、有章可循。监事会依法履行监督职责,不断强化财务、风险、内控监督,促进提升经营管理水平。监事会不断创新履职监督方式方法,探索开展履职检查和专项约谈。监事会组织公司审计部门开展经济责任审计和专项审计工作,基于对审计本源的思考和现有审计模式的研究以及金融特征的分析,研究提出出资人审计理念,并积极探索实践,对促进中央汇金控参股企业提高经营管理水平、实现国有资产保值增值发挥了积极作用。公司监事会履行国有出资人"指导、监督控股金融机构监事会工作"职权,积极探索控股金融机构监事会指导监督机制,在深入调研和总结工作经验的基础上,研究制定了派出监事工作指引、直管企业监事会工作指导意见和加强控股金融机构监事会指导的实施意见,还积极配合金融监管部门制定商业银行监事会工作指引,对规范控股企业监事会建设和派出监事履职发挥了积极作用。
......

2. 以下为某公司的年报节选,请翻译为英文。
......

国际咨询委员会介绍

作为一家年轻的机构投资者,公司深知及时、准确和全面把握国际经济金融形势和投资趋势的重要性。组建伊始,公司就筹划成立中投公司国际咨询委员会,并于2009年7月组建了第一届国际咨询委员会,在全球范围内聘请了14位知名专家学者、前政要、企业家,以及同业机构高层管理人员。中国国务院前副总理、中国国际经济交流中心理事长曾培炎应邀担任委员。

近十年来,各届委员利用自身的社会影响力、丰厚的学识和从业经验,不遗余力地扮演着中投公司"国际形象大使"和专家智库的重要角色,为公司的成长和发展建言献策,成为公司最高级别的"朋友圈"。在委员会成立初期,委员们推介大量国际同行的先进经验和做法,为公司建章立制、制订海外投资战略做出重大贡献。当国际金融危机、欧债危机席卷全球时，委员们客观提示潜在风险，分析经济发展趋势和潜在投资机遇。同时，利用不同场合，向世界介绍中国经济继续保持良好增长的态势，传递对中国经济发展的信心。当公司需要拓展全球合作伙伴网络时，委员们主动出面促成公司与其所在国政府和监管部门加强沟通和对话，并积极向当地商业伙伴推荐中投公司。在"一带一路"倡议获得各国积极响应之时，委员们亲自走访中国古代"丝绸之路"，了解其历史沿革和发展现状，并从国际视角对"共商共建共享"理念落地提出有益建议。此外，委员们还通过日常沟通、互访、交流研究成果等方式分享对全球政治经济形势和重大事件的评论和见解。

……

第十六章
政 要 演 讲

　　政治主题的文字在各大报章和各类媒体中十分常见，其中一类就是政要演讲。政要演讲是国家元首和政府首脑在各类国际会议、会谈及其他正式场合发表的讲话致辞，受众广，影响力大。

第一节　政要演讲文本特点

　　按语言风格分类，演讲与日常对话同属于口头语体，与书面语体相对。然而其特殊之处在于，演讲是在口语基础上，兼有口语和书面语风格的语言体式。一方面，演讲仍以语音为表情达意的媒介，需要现场面对观众口头表述出来，借助体态、手势等非语言因素辅助交际。另一方面，演讲又不同于普通口语，因为演讲往往如书面语般严密，如正式报告、外交致辞、政要致辞等。一般的口语会话是交际双方的共同需要，往往没有特殊目的，也无须特别准备；而演讲往往有目的，讲者为达目的，并非用武力强迫听众听讲，而是依靠演讲艺术，因此需要周密准备。

　　演讲可谓不折不扣的"跨界"文体，兼具几种不同文体类型的特点。其一，演讲属于口语，因此演讲时应确保发音清晰、悦耳，语气生动，以吸引听众的注意力，有效传递信息。其二，演讲一定程度上又属于书面语体，尤其是正式场合的演讲稿，需要事先准备，有些场合的措辞需适当委婉或采用技巧，以实现演讲目的。其三，公务类演讲往往有一定程式化的规定和要求，这一点类似公文，需要简洁明了，清楚达意。其四，好的演讲也具备论说文的特点，作者需对主题透彻理解，行文逻辑严密，才能最大程度发挥演讲的说服力。

　　翻译演讲稿时应契合演讲的多种特点，尽量使译文实现原文的效果和目的。首先需要明确，由于演讲文体的特殊之处，翻译时要同时兼顾内容、形式、语气这三个方面。

　　就政要演讲而言，内容方面的准确度要求较高，甚至比一般文体更注重精准。因为政要演讲往往涉及国家政策方针、政治立场、民生福祉等重要内容，撰写讲稿时定是字斟句酌，反复推敲，拿捏有度。翻译时当然也不可随意简化、省略或修改，可能导致译文偏离演讲的原意。

　　演讲的呈现形式可以分为听觉、视觉和触觉三个方面。其中，与翻译直接相关的是听觉，包括语音、语调、音色、节奏等。其中，语音、语调、音色主要取决于演讲人的特质，与翻译的关联不大。然而，演讲节奏却有可能受到行文断句的影响。因此翻译演讲稿时应注意语言的节奏感，尽量使用短句，形成铿锵有力的节奏，并根据语义侧重点调整语句重心。

　　此外，演讲的语气应得体恰当。政要演讲往往是在较为正式的场合，相较其他口语体而言更为严肃庄重,不可过分口语化。当然,有时为了拉近与听众的距离也会出现比较"接地气"的表达,翻译时可视具体情况和表达目的而采用具体策略。

综上,政要演讲翻译需要注意以下几方面:第一,政要演讲性质,译文须准确达意,不可随意改变语义;第二,政要演讲的语言特点,严肃庄重,不宜过分口语化,同时注意加强节奏感;第三,政要演讲的目的和对象,若是面向广大民众,则要注意语气亲民、平易近人,同时兼顾演讲的书面语特点,尤其作为公开的书面文稿需要庄重洗练、表述严谨、经得起推敲。

第二节　政要演讲翻译实践

16.2.1　英译汉

以下内容节选自新加坡总理李显龙关于水资源的演讲,请将划线部分翻译为中文:

PM Lee Hsien Loong at the Opening Ceremoney of the ABC Waters
Pang Sua Pond and 3G Wellness Centre, 25 March 2017

Good evening everybody!

Thank you for coming this evening, to share with us this event, to open the 3G Wellness Centre and the ABC Waters @ Pang Sua Pond. The 3G Wellness Centre is there, the buildings behind and the Pang Sua Pond is right in front of you. With the 3G Wellness Centre, we will be able to get people of all ages to come together. There is a fitness centre, there is a roof terrace overlooking the pond and lots of activity rooms which you can do community activities and programmes.

We are also opening the ABC Waters @ Pang Sua Pond. We started long ago with Sungei Pang Sua. In fact, it was one of our first projects to keep our waters clean and green. It was our "Keep Our Water Clean" campaign, de-silting Sungei Pang Sua long ago, in 1971 and in 1973. We have got the residents of Bukit Panjang and we have got the SAF servicemen, to work hard to remove the mud and the weeds, so that rainwater can flow from Bukit Panjang into our reservoirs. In 1971 and 1973, we did not have all these houses around us and it was probably still a kampong, but we were starting to make it beautiful. In the 1990s, we built Pang Sua Pond, this pond, one of 16 stormwater ponds to collect rainwater so that when there is downpour, like this afternoon, we will increase our flood resilience, it will hold back the water and make a flood less likely.

The pond was also designed to be a recreational space for residents. We made a special effort with the landscaping to make it look natural. So it looks as if the pond has always been here, actually, the pond has not always been here. We put it here, so that we could all enjoy it.

This latest makeover is therefore, the latest of a long series. We have a new stage here, for activities and performances. We have a boardwalk, you can see it, around the pond over the water for residents to enjoy. Through a lot of planning and hard work over many years, we have made this, Pang Sua Pond, a place where families can enjoy nature.

Why have we put so much effort, ingenuity, and resources into water? Because water is strategic for us, it is a national security issue for us. It is crucial to Singapore's safety and existence. It is fundamental to our survival. This was true, right at the beginning of our nation when we wrote the Water Agreement into the Separation Agreement and both governments guaranteed the Water Agreements that Johor would supply water to Singapore in accordance to the agreements. Till today, it is still important for our survival.

Now, we have four national taps—there is water from Johor, there is water from our own reservoirs, including this one, there is water from NEWater, there is desalinated water, but we will never have "more than enough" water. We will never have the luxury of not having to save water, not having to make every drop count. Every NSman understands what this means. Every Singaporean, boy or girl, man or woman, also needs to remember this.

Last month, the Government announced an increase in the water price, this is the first time in 17 years. Thirty percent, not small, it provoked a strong reaction from Singaporeans. We had a vigorous debate in Parliament. Several Ministers spoke, they explained why we had to do this and what they are doing to help households. For example, spreading the increase over two years, for example, increasing the U-Save amount so that the low income family, actually they have to pay very little more.

…

We have got to treat water very seriously. It is one of the things which Mr Lee Kuan Yew used to be obsessed with, right from the beginning and right to the end of his life. As a nation, we have to maintain his attitude towards water, the attitude that has brought us here. We have got water security now because of our obsession. By keeping this focus, we can stay secure into the future.

As our economy grows, we will need more water. As our climate changes, you have droughts, you have El Nino, our water supply will become less predictable. In Johor, their population is growing, their water needs are growing, so that is going to put our 250 million gallons a day under pressure because their demand for water is increasing. If ever we let water become a vulnerability for Singapore, we will all be in very serious trouble.

Water is a very serious matter. The water supply, reservoirs, you see all these beautiful things, but remember that there is a serious purpose to it. We can relax and enjoy the reservoirs and catchments because they are fun and beautiful places to be, where our families can come, where we can enjoy nature, where we can bring our love ones, take a walk and make friends. That is why we have ABC projects like this one. We do not believe that we should keep people away from water to protect it, we would like people to get close to the water, enjoy it, take care of it, so that we can value and conserve it, for ourselves and our children.

Six schools, together with the Cashew ward, have pledged to adopt Pang Sua Pond. Schools in this neighbourhood, their students will be involved in clean-up activities and water quality testing. When you walk around the pond, when you are enjoying the neighbourhood, you are eating an ice-cream, do not drop the wrapper into the pond, do not make work for the students in the schools to come and clean up. They are looking after it, if you help them, their job will be easier.

I am happy that we are all looking forward to these facilities, enjoying it. Let's enjoy them, value what we have but take nothing for granted in Singapore.

Thank you very much and congratulations.

(https://www.pmo.gov.sg/Newsroom/pm-lee-hsien-loong-opening-abc-waters-pang-sua-pond-and-3g-wellness-centre)

一、宏观把握

翻译前先宏观把握整体篇章。这是一篇政要演讲稿，是新加坡时任总理李显龙在盘沙池翻新后开幕仪式上的演讲。盘沙池（Pang Sua Pond）位于新加坡武吉班让市镇中心，是修建于 1992 年的雨水收集池，位于社区民众俱乐部旁边，并与公园相连，专门收集当地市镇的雨水，然后引入实里达上段蓄水池。翻新盘沙池是新加坡公用事业局"活跃、美丽、干净"水源计划开展的美化水道项目，历时两年半，耗资 680 万新币。翻新后，池塘周围增建木板走道、瞭望塔、多功能表演舞台等设施，为当地居民提供一片更舒适宜人的户外环境。2017 年翻新完成后，李显龙总理出席了开幕仪式并致辞。参加开幕式的主要是当地居民和相关部门负责人。

李显龙总理在活动现场用英文演讲，英文讲稿随后公布在新加坡政府官方网站上。将讲稿译为中文的主要目的是供新加坡的华裔居民及读者阅读，了解演讲内容，并供新加坡政府存档。

演讲全文的主要思路如下：

首先，介绍盘沙池翻新项目的情况；

第二，阐述水资源之重要，说明水价上调事宜；

第三，再次宏观阐述水之重要，回述盘沙池项目目的，呼吁民众关注

李显龙总理在演讲中向民众讲述了新加坡在水资源方面的国情以及长期以来面临的困难和挑战，向民众解释政府决策背后的考量，答疑解惑，娓娓道来，晓之以理，动之以情，充分体现了演讲的典型特点。

二、要点理解

需要翻译的选段中，几个术语和概念均涉及新加坡水资源相关的概念和政策。若对新加坡水资源情况有所了解，会更有助于理解原文。此外还需注意的是，中文也是新加坡的官方语言之一，译文若是面向新加坡华裔读者，则应选用新加坡本土的中文说法。以下举例说明。

例 1.

Why have we put so much effort, <u>ingenuity</u>, and resources into water?

【学生译文】为什么我们在水资源上投入了这么多的人力、<u>物力</u>、财力？

学生译文将本句中并列的三个词 effort, ingenuity, resources 处理为"人力、物力、财力"，看似巧妙对仗，但意思是否准确？effort 译为"人力"、resources 译为"财力"，尚且说得过去，但 ingenuity 能否对应"物力"呢？朗文字典对 ingenuity 的解释是 skill at inventing things and thinking of new ideas，中文可以解释为"聪明才智"，显然无法对应"物力"。当然，读者可能会觉得"人力"中或许已包含了"智慧"这层含义，但即便包含，也不及原文特意将 ingenuity

点明来得明确，译文若仅将 ingenuity 处理为"人力"便没有明确译出原文的重点语义。因此，译文中应当有专门的表达对应 ingenuity，才算准确传递原文。翻译时不能为了对仗工整而采用看似对应、却经不起推敲的表达，尤其政要演讲这样的文本类型，准确几乎永远是首要标准。

例 2.

Because water is strategic for us, <u>it</u> is a national security issue for us. <u>It</u> is crucial to Singapore's safety and existence. <u>It</u> is fundamental to our survival. This was true, right at the beginning of our nation when we wrote the <u>Water Agreement</u> into the <u>Separation Agreement</u> and both governments guaranteed the Water Agreements that Johor would supply water to Singapore in accordance to the agreements. Till today, <u>it</u> is still important for our survival.

本段涉及两个协议名称：Water Agreement 和 Separation Agreement，是新加坡从马来西亚独立时签订的协议。翻译时若不熟悉相关情况，就需要查证背景知识和术语，可以搜索英文原文，并加上确定的中文词语，例如搜索"Water Agreement 新加坡水协议"。

搜索时可能会发现不同版本的译文，如"供水协议""水供协议""水供协定"等，应当选取哪一版本呢？通常，可以通过搜索结果的出处是否权威可靠来判断，也可按精准搜索的结果数量判断哪一种说法更常用。但鉴于本文是新加坡总理演讲，应采用新加坡惯用的中文表述，需以《联合早报》等新加坡主流媒体的说法为准。在联合早报的官网上分别搜索"供水协议""水供协议""水供协定"，发现几种说法都有，其中"水供协议"更为常用，故采用。同理，也会发现 Separation Agreement 在新加坡称为《分家协议》，对应 1965 年新加坡从马来西亚分离独立。

例 2 中还需注意的一点是反复出现的代词 it。最后一句话 it is still important for our survival 中的 it 容易错误理解为指代 Water Agreement。此处 it 的所指需要一直追溯至例 2 的第一句 Because water is strategic for us, it is a national security issue for us. It is crucial… 可见，从第一句起，其后几个 it 都指代的是十分重要的 water——水资源。翻译中的上下文观念非常重要。

例 3.

Now, we have four national taps—there is <u>water from Johor</u>, there is <u>water from our own reservoirs</u>, including this one, there is <u>water from NEWater</u>, there is <u>desalinated water</u>, but we will never have "more than enough" water.

【**学生译文**】目前我国有四大水龙头——有来自柔佛的进口水，有来自本地蓄水池的水，比如我们现在所在的盘沙池，有新生水，有淡化水，但我们的水源永远不会"绰绰有余"。

例 3 介绍了新加坡目前的几大水源，需要一定的调查研究才能产出准确译文。此处的同学译文处理得不错，她在作业注释中所写的查证过程如下：

谷歌搜索"four national taps 新加坡"没有得到相关释义，故百度搜索，得到以下搜索结果（见图 16-1）：

图 16-1　学生查证 1

难以确认准确性，故谷歌搜索"four national taps 国家四大"，得到以下结果（见图 16-2、图 16-3）：

图 16-2　学生查证 2

为確保水資源多元化和可持續性，新加坡公用事業局提出「國家四大水喉」（Four National Taps）的供水規劃，這四大水喉分別是：

- 利用集水區收集雨水
- 向馬來西亞柔佛購水
- 新生水
- 海水化淡

图 16-3　学生查证 3

后找到《联合早报》中的一篇报道，译为"四大水喉"，故取之（见图 16-4）。

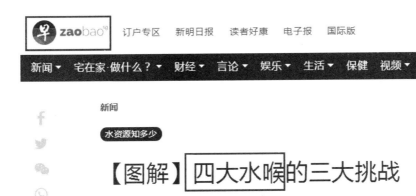

图 16-4　学生查证 4

上述的查证过程经过初步检索、获取译文、检验译文这几个步骤，得出了较为准确的译文。熟练使网络搜索引擎开展调查研究是职业翻译的必备技能。本篇练习原文中还有 NSman、U-Save 等新加坡特色术语，练习时可尝试通过网络搜索引擎找到准确的译文。

三、语言表达

本章开头分析演讲文体特点时提到，演讲兼具口语和书面语特点，因此演讲的文风也应契合其文体特点、兼顾口语和书面语风格。以下从节奏、重心和语气三方面分析政要演讲译文表达时的要点。

1. 节奏

演讲是发言人口头讲述的内容，应具备一定的口语体特点。同时，演讲往往意图实现一定的目的，如传递思想立场、解释说明、宣传说服等，演讲的表达方式应有助于实现演讲效果，帮助演讲人达到目的。这一点上，节奏的作用至关重要。

节奏是一种有规律的、连续进行的完整运动形式。节奏在音乐中指长短不一的音符组合，如音乐快慢激烈缓柔。此外，节奏还体现于其他领域，如美术韵律，文学作品的铺垫、高潮、结尾等。[1]文字的节奏可以通过句子的长短交替和断句体现。以下是流行歌手周杰伦的两首歌词，试对比其节奏差异：

歌词 1：

……

干什么（客）　干什么（客）

我打开任督二脉

干什么（客）　干什么（客）

东亚病夫的招牌

干什么（客）　干什么（客）

已被我一脚踢开　哼

快使用双截棍　哼哼哈兮

快使用双截棍　哼哼哈兮

---

[1] https://baike.baidu.com/item/節奏/3548799，引用日期：2021.8.10.

习武之人切记　仁者无敌
是谁在练太极　风生水起
快使用双截棍　哼哼哈兮
快使用双截棍　哼哼哈兮
如果我有轻功　飞檐走壁
为人耿直不屈　一身正气　哼
《双截棍》
歌词2：
素胚勾勒出/青花笔锋浓转淡
瓶身描绘的牡丹/一如你初妆
冉冉檀香透过窗/心事我了然
宣纸上走笔/至此搁一半
釉色渲染仕女图/韵味被私藏
而你嫣然的一笑/如含苞待放
你的美一缕飘散
去到我去不了的地方
《青花瓷》

歌词1多为三至六字的短句，果敢干脆，铿锵有力，节奏感强。歌词2的句子则更长，注重衔接连贯，婉转抒情，节奏舒缓。可见，若想在行文时体现较强的节奏感，应多使用短句，或采用长短句交替的方式，体现铿锵有力的节奏，增强表达力度，给人留下更深的印象。

例4.

Thirty percent, not small, it provoked a strong reaction from Singaporeans. We had a vigorous debate in Parliament. Several Ministers spoke, they explained why we had to do this and what they are doing to help households.

译文1： 百分之三十作为一个不小的数字激起了新加坡人民的强烈反应。一些部长对此发言，解释我们不得不调高水费的原因以及政府如何帮助居民应付水费上调。

译文2： 百分之三十，_不是个小数字，_激起了新加坡人民的强烈反应。一些部长发言，_解释我们为何必须调高水费，_以及政府如何帮助居民应付水费上调。

以上两版译文的区别基本只在于几个标点符号，读来感觉却大不相同。译文1多为长句，一口气读不下来，需要演讲人或者读者阅读时自行断句，如此的结果，一是增加了阅读理解的难度和障碍，二是长句缺乏节奏和力度，难以突出重要信息。译文2基本只是在长句里增加句读，并相应调整措辞，阅读和朗诵时的感觉便大不相同：比如更容易凸显"百分之三十"这一增长"不是小数字"；第二句讲到部长发言的内容也更容易抓住主要内容和层次，信息获取容易不少。朗读时，根据句读读出短句，也更加铿锵有力，富有节奏感，凸显演讲力度，令人心悦诚服。

可见，要想增强表达力度和节奏，学会断句并使用短句是十分有效的方法。增强节奏感的另一方法是采用排比或对仗结构。

例 5.

Now, we have four national taps—there is water from Johor, there is water from our own reservoirs, including this one, there is water from NEWater, there is desalinated water…

译文 1：如今，我们有国家四大水喉供水：来自柔佛的进口水，集水蓄水池，这包括此计划，新生水和淡化海水。

译文 2：现在，我国有四大水龙头：<u>有</u>柔佛供水、<u>有</u>自己的集水池蓄水——包括盘沙池，<u>有</u>新生水，<u>有</u>淡化水。

本句原文在列举新加坡的四大水源时采用了对仗结构——都以 there is 引出，整体结构工整，便于读者辨认四类水源这一要点信息。译文 1 的表述看似简练，但没有像原文那样采用相同的句式结构，而且插入语"这包括此计划"显得突兀，意思也不清楚。译文 2 则采用"有"字结构引出四类水源，而且尽量在语义清晰的前提下保持措辞对仗工整，如"新生水"和"淡化水"这两个三字结构。此外，译文 2 将原文的插入语以破折号的形式引出，不影响四个名词成分的整体结构，逻辑关系清晰，表达也相对简练。

综上，翻译时应根据文本类型考虑是否需要适当增强语言节奏感，以加强表达力度和效果。对于政要演讲等需要较强节奏感的文本，可适当断句、多用短句，必要时采用排比句式或对仗结构，使表达更加铿锵有力。

2. 重心

本书第六章 6.2.2.5 小节提到信息焦点与句子重心的概念。重心亦可理解为句子意图传递的最重要的意思，是语句的落脚点。中文和英文中，一句话的重心往往都位于句末，因为末尾更容易给读者留下印象。行文时应以前述提及的旧信息开头，引出新信息作为句子后半部分的内容，这种衔接方式更流畅，也更能突出想要强调的新信息和重心内容。

例 6.

We will never have the luxury of <u>not having to save water, not having to make every drop count</u>.

译文 1：我们更不会到无须节约用水，无须<u>滴水尽其用</u>的奢侈地步。

译文 2：我们永远无法奢望哪天<u>无须节约用水</u>、<u>无须点滴计较</u>。

本句原文的重心在后半部分，落在 not having to save water, not having to make every drop count 上面，前半句里的 luxury 并非重心所在。译文 1 的重心落在了句末的"奢侈地步"上，没能突出何种奢侈地步，而那才是原文想要强调的。修改方法很简单，只需调整语序和句式，将想要强调的内容移至句末的落脚点即可，如译文 2 所示，重心便与原文一致了。

信息在句中的位置不同，<u>重心也会有所不同，表达的侧重点和效果也相应不同，重心位置正确才能有效传递语义</u>。表达时，应注意译文重心是否与原文一致，确保传递出了原文想要表达的重点。

3. 语气

对于演讲稿而言，表达的语气和口吻十分重要。政要演讲虽然属于口语体，但考虑到政要的身份，以及公开供读者阅读的目的，表达需要有一定的语域限制，不可过分口语化，应适当保留严肃庄重的口吻，契合政要演讲的性质特点。

本篇演讲的受众是普通民众，语言风格应适当亲切、平易近人，但也要保证得体，不可过于随意。兼顾平衡二者是把握本文风格的关键。

例 7.

【学生译文】

现在，我们有国家四大水喉——源于柔佛的进口水、来自本地集水区的水，也包括<u>这儿</u>[盘沙池]的水，新生水和淡化水……

比如，分两年上调水费。比如，提高水电费回扣，<u>那样子</u>低收入家庭的实际水费支出相比之前只稍微上涨了一点。

例如，把提价的时间延长在两年后，增加储蓄金额使低收入家庭只需支付比原来多<u>一点点</u>的费用。

上述译文中使用的"这儿""这个""那样子""一点点"等措辞过于口语化，不像堂堂一国总理的表达方式，不适合在本演讲中使用。

例 8.

【学生译文】

<u>此言非虚</u>。早在国家独立之初……因为水资源维系民生福祉、社会安康，中华人民共和国成立之初<u>已如至理箴言由</u>"新马水供协议"写入"新加坡和马来西亚分家协议"……

例 8 这一译文的风格又走了另一个极端，过于文气，过分书面。"此言非虚"之类的表达听起来并不亲切，不易于拉近与民众之间的距离，不符合原文的初衷。

综上，译前宏观把握篇章时，应根据原文的体裁和翻译目的确定原文风格，行文时注意拿捏平衡，采用恰当的措辞和表达方式，才能恰当得体地表达出原文含义。译者翻译演讲稿时，不妨视自己为发言人，便能更好地体会对于译文的要求。演讲译文的实质是以另一种语言表达发言人的思想，设身处地站在演讲人的角度思考，便能领悟其讲话目的、心境和语气口吻，相应产出恰如其分的译文。感同身受，才有佳译。

【课后练习】

1. 以下为联合国秘书长在第 76 届联合国大会一般性辩论上的演讲节选，请翻译为中文。

THE SECRETARY-GENERAL ADDRESS TO THE GENERAL ASSEMBLY
21 September 2021, 9:00 a.m.

Mr. President, Excellencies,

I am here to sound the alarm: The world must wake up.

We are on the edge of an abyss—and moving in the wrong direction.

Our world has never been more threatened.

Or more divided.

We face the greatest cascade of crises in our lifetimes.

The COVID-19 pandemic has supersized glaring inequalities.

The climate crisis is pummeling the planet.

Upheaval from Afghanistan to Ethiopia to Yemen and beyond has thwarted peace.

A surge of mistrust and misinformation is polarizing people and paralyzing societies.

Human rights are under fire. Science is under assault.

And economic lifelines for the most vulnerable are coming too little and too late—if they come at all.

Solidarity is missing in action—just when we need it most.

Perhaps one image tells the tale of our times.

The picture we have seen from some parts of the world of COVID- 19 vaccines … in the garbage.

Expired and unused.

On the one hand, we see the vaccines developed in record time—a victory of science and human ingenuity.

On the other hand, we see that triumph undone by the tragedy of a lack of political will, selfishness and mistrust.

A surplus in some countries. Empty shelves in others.

A majority of the wealthier world vaccinated. Over 90 percent of Africans still waiting for their first dose.

This is a moral indictment of the state of our world.

It is an obscenity.

We passed the science test.

But we are getting an F in Ethics.

Excellencies,

The climate alarm bells are also ringing at fever pitch.

The recent report of the Intergovernmental Panel on Climate Change was a code red for humanity.

We see the warning signs in every continent and region.

Scorching temperatures. Shocking biodiversity loss. Polluted air, water and natural spaces.

And climate-related disasters at every turn.

As we saw recently, not even this city—the financial capital of the world—is immune.

Climate scientists tell us it's not too late to keep alive the 1.5 degree goal of the Paris Climate Agreement.

But the window is rapidly closing.

We need a 45 per cent cut in emissions by 2030. Yet a recent UN report made clear that with present national climate commitments, emissions will go up by 16% by 2030.

That would condemn us to a hellscape of temperature rises of at least 2.7 degrees above pre-industrial levels.

Meanwhile, the OECD just reported a gap of at least $20 billion in essential and promised climate finance to developing countries.

We are weeks away from the UN Climate Conference in Glasgow, but seemingly light years away from reaching our targets.

We must get serious. And we must act fast.

…

2. 以下为英国首相约翰逊就任后的首次演讲节选，请翻译为中文。

Good afternoon,

I have just been to see Her Majesty the Queen who has invited me to form a government, and I have accepted. I pay tribute to the fortitude and patience of my predecessor and her deep sense of public service, but in spite of all her efforts it has become clear that there are pessimists at home and abroad who think after three years of indecision that this country has become a prisoner to the old arguments of 2016. And in this home of democracy, we are incapable of honouring a democratic mandate.

And so I'm standing before you today to tell you, the British people, that those critics are wrong. The doubters, the doomsters, the gloomsters, they are going to get it wrong again. The people who bet against Britain are going to lose their shirts because we are going to restore trust in our democracy and we are going to fulfil the repeated promises of parliament to the people and come out of the EU on October 31, no ifs or buts. And we will do a new deal, a better deal that will maximise the opportunities of Brexit while allowing us to develop a new and exciting partnership with the rest of Europe based on free trade and mutual support. I have every confidence that in 99 days' time we will have cracked it. But you know what? We aren't going to wait 99 days because the British people have had enough of waiting.

The time has come to act, to take decisions to give strong leadership and to change this country for the better. And though the Queen has just honoured me with this extraordinary office of state, my job is to serve you the people because if there is one point we politicians need to remember it is that the people are our bosses.

My job is to make your streets safer-and we are going to begin with another 20,000 police on the streets and we start recruiting forthwith. My job is to make sure you don't have to wait 3 weeks to see your GP and we start work this week with 20 new hospital upgrades and ensuring that money for the NHS really does get to the front line.

My job is to protect you or your parents or grandparents from the fear of having to sell your home to pay for the costs of care. And so I am announcing now, on the steps of Downing Street, that we will fix the crisis in social care once and for all with a clear plan. We have prepared to give every older person the dignity and security they deserve.

My job is to make sure your kids get a superb education wherever they are in the country and that's why we have already announced that we are going to level up per-pupil funding in primary and secondary schools. And that is the work that begins immediately behind that black door.

And though I am today building a great team of men and women I will take personal responsibility for the change I want to see. Never mind the backstop-the buck stops here.

And I will tell you something else about my job. It is to be Prime Minister of the whole United Kingdom and that means uniting our country, answering at last the plea of the forgotten people and the left-behind towns by physically and literally renewing the ties that bind us together, so that with safer streets and better education and fantastic new road and rail infrastructure and full fibre broadband, we level up across Britain with higher wages, and a higher living wage, and higher productivity. We close the opportunity gap, giving millions of young people the chance to own their own homes and giving business the confidence to invest across the UK because it is time we unleashed the productive power, not just of London and the South East but of every corner of England, Scotland, Wales and Northern Ireland, the awesome foursome that are incarnated in that red, white and blue flag, who together are so much more than the sum of their parts and whose brand and political personality is admired and even loved around the world, for our inventiveness, for our humour, for our universities, our scientists, our armed forces, our diplomacy for the equalities on which we insist-whether race or gender or LGBT or the right of every girl in the world to 12 years of quality education and for the values we stand for around the world.

...

16.2.2 汉译英

以下为习近平主席在二十国集团领导人第十次峰会上发表的讲话节选，请将划线部分翻译为英文：

创新增长路径　共享发展成果

——在二十国集团领导人第十次峰会第一阶段会议上关于世界经济形势的发言

（2015年11月15日，安塔利亚）

中华人民共和国主席　习近平

尊敬的埃尔多安总统，
各位同事：

很高兴在安塔利亚再次同大家见面。首先，我谨对埃尔多安总统和土方的热情周到接待，表示衷心的感谢。

土耳其是古代东西方文明交汇之地。今天二十国集团领导人在这里齐聚一堂，共商世界经济发展合作大计，很有意义。二十国集团的任务是促进世界经济增长。当前形势下，亟需我们回答两个问题。一是"怎么看"，要精准把脉世界经济形势。二是"怎么办"，要为促进全球经济增长和就业开出良方。

<u>一个基本判断是，国际金融危机深层次影响还在继续，世界经济仍然处在深度调整期。回顾上世纪几次大的全球性经济危机，各国应对手段的失误通常使经济难以复苏。这次国际金融危机发生以来，各国分别采取一些财政货币措施，一定程度上起到了稳定市场和扭转颓势的作用。现在看来，这次国际金融危机复杂程度远超以往，解决起来需要综合施策，绝非</u>

一日之功。这就是为什么国际金融危机发生已经 7 年，世界经济恢复仍然缓慢、增长仍然脆弱的原因。

中国古代先贤说："善治病者，必医其受病之处；善救弊者，必塞其起弊之原。"究其根本，世界经济发展到今天，上一轮科技和产业革命所提供的动能已经接近尾声，传统经济体制和发展模式的潜能趋于消退。同时，发展不平衡问题远未解决，现有经济治理机制和架构的缺陷逐渐显现。这些因素导致世界经济整体动力不足，有效需求不振。其表象是增长乏力、失业率上升、债务高企、贸易和投资低迷、实体经济失速、金融杠杆率居高不下、国际金融和大宗商品市场波动等一系列问题。这就像一个人生了病，看起来是感冒发烧，但根子在身体机理出了问题。

找准了病灶，就要对症下药。作为国际经济合作主要论坛，二十国集团要确定目标、指明方向、发挥领导力。我们既要治标以求眼下稳增长，又要治本以谋长远添动力；既要落实好以往成果，又要凝聚新的共识；既要采取国内措施、做好自己的事，又要精诚合作、共同应对挑战。为此，我愿提出以下建议。

......①

一、宏观把握

本篇原文选自习近平主席在二十国集团（G20）领导人第十次峰会上发表的讲话，演讲主题是国际经济形势。

二十国集团（英语：Group of Twenty，缩写：G20）是一个国际经济合作论坛，由七国集团财长会议于 1999 年倡议成立，由阿根廷、澳大利亚、巴西、加拿大、中国、法国、德国、印度、印度尼西亚、意大利、日本、韩国、墨西哥、俄罗斯、沙特阿拉伯、南非、土耳其、英国、美国以及欧盟等 20 方组成。国际金融危机爆发前，G20 仅举行财长和央行行长会议。国际金融危机爆发后，在美国倡议下，G20 提升为领导人峰会。G20 的成立为国际社会齐心协力应对经济危机，推动全球治理机制改革带来了新动力和新契机，全球治理开始从"西方治理"向"西方和非西方共同治理"转变。②

本篇是十分典型的政要演讲。中国政要在国际会议上的演讲稿通常会细致周密地翻译为英文等外语版本，一是用于会议现场的口译，二是公布于外交部的官方英文网站，供广大民众阅读，兼具口语和书面语作用。

此类演讲的场合大都是最高规格的国际会议，演讲内容涉及国际政治、外交事务、经济形势等重要主题，也会涉及中国国情和政策方针，还可能引用古训、哲学思想、谚语等。政要演讲内容字斟句酌、内涵丰富，在外交场合影响广泛，因此对准确度要求高，需尽量忠实原文，不可随意变更或诠释。同时，要能够准确恰当地处理谚语古训等中国特色内容，达意的同时尽量体现原文的文采。语言风格方面，由于场合严肃，现场听众皆为各国政要、而非普通民众，因此文风需要庄重严谨、大气有力，不可过度口语化，从这一角度而言更偏重书面语。

---

① https://www.fmprc.gov.cn/ce/cebn/chn/zgxws/t1315054.htm，引用日期：2021.8.15.

② https://baike.baidu.com/item/20 国集团/1201753?fromtitle=G20&fromid=6474052
https://zh.wikipedia.org/wiki/二十國集團，引用日期：2021.8.15.

本篇练习全文思路总结如下：

首先，点明演讲内容：回答关于世界经济形势的两个问题，一是"怎么看"，要精准把脉世界经济形势；二是"怎么办"，要为促进全球经济增长和就业开出良方。

第二，分析当前全球经济形势的主要问题及特征。

第三，针对当前的经济形势提出四点建议。

第四，指明中国经济仍是世界经济的重要动力来源，及背后的原因。

二、要点理解

1. 重要术语

这篇演讲的主题是国际经济形势，内容与宏观经济密切相关，出现了不少经济相关的术语和表达，翻译时需要准确把握语义，并参考英文平行文本，形成准确地道的英文表达。

例1.

这次国际金融危机发生以来，各国分别采取一些<u>财政货币措施</u>，一定程度上起到了稳定市场和扭转颓势的作用。

译文：This time around, different economies have implemented <u>fiscal and monetary measures</u> that somewhat managed to stabilise the market and stem the effects of downturn.

例1中的关键术语是"财政货币措施"，译文是 fiscal and monetary measures，看似只需简单直译，但这一术语蕴含着宏观经济中的重要概念。即便能够正确直译，仍应自问是否真正理解并能清楚解释术语。

"财政货币措施"涉及两个重要概念：财政政策和货币措施，定义如下：

财政政策[1]（Fiscal Policy）是国家在一定时期内，为了实现社会经济持续稳定发展，综合运用各种财政调节手段，对一定的经济总量进行调节（使之增加或减少）的政策。具体而言，财政政策包括税收政策、财政支出政策、预算政策、国债、财政补贴等。

货币政策[2]（Monetary Policy）是一个国家或经济体的货币权威机构（多数国家由央行来执行）利用控制货币供应量，来达到影响其他经济活动所采取的措施。主要手段包括：调节基础利率、调节商业银行保证金、公开市场操作。一般而言，货币政策的主要目的是防止通货膨胀。

由此可见，财政政策是利用税收、预算等财政手段调节经济的方式，而货币政策则主要通过控制货币供应量影响经济。再来看英文平行文本：

1) [3]<u>Fiscal policy</u>, <u>measures</u> employed by governments to stabilize the economy, specifically by manipulating the levels and allocations of taxes and government expenditures. <u>Fiscal measures</u> are frequently used in tandem with monetary policy to achieve certain goals.

2) [4]Examples of <u>expansionary fiscal policy measures</u> include increased government spending on public works (e.g., building schools) and providing the residents of the economy with tax cuts to increase their purchasing power (in order to fix a decrease in the demand).

---

[1] https://zh.wikipedia.org/wiki/财政政策，引用日期：2021.8.13.

[2] https://zh.wikipedia.org/wiki/货币政策，引用日期：2021.8.13.

[3] https://www.britannica.com/topic/fiscal-policy，引用日期：2021.8.13.

[4] https://en.wikipedia.org/wiki/Fiscal_policy，引用日期：2021.8.13.

The monetary policy of a country involves the following[①]:

(a) Rise in Bank Rate:

Refers to one of the most widely used measure taken by the central bank to control inflation.

The bank rate is the rate at which the commercial bank gets a rediscount on loans and advances by the central bank. The increase in the bank rate results in the rise of rate of interest on loans for the public. This leads to the reduction in total spending of individuals.

上述平行文本中，policy 和 measure 这两个词似乎是可替换的同义词，其实不然。policy 指的是宏观政策，而 measure 是具体措施，看字典释义便一目了然（摘自牛津词典）：

A **policy** is a set of ideas or plans that is used as a basis for making decisions, especially in politics, economics, or business. (政策)

When someone, usually a government or other authority, takes **measures** to do something, they carry out particular actions in order to achieve a particular result. (措施)

可见，policy 指一系列指导思想和计划，而 measure 指具体行动，可以说 policy 指引或包含 measure。这也是为何英文平行文本里也可见 fiscal policy measures 这样的表达，指的是政策指引下采取的具体措施，其中 policy 可以省略，直接说 fiscal measures。因此，policy 和 measure 不可随意混用。理解到这样的程度才算是真正吃透了原文，由此写出的译文才是真正有把握的。表面看来，经过这种理解的结果与直接直译并无二致，还麻烦许多，其实大不相同。

实际上，深入了解某一领域的基本概念十分重要，相当于是在搭建译者在该领域的知识架构。翻译若只满足于字面对应，那么未来遇到相同概念的变体或相关内容时，仍会不知所云，出现理解偏差。因此，翻译时切勿流于表面，一定要真正理解术语的准确含义，不仅为了当下一次翻译，更是在为将来遇到相似的主题内容打基础，而且具备一定的百科知识也有助于避免翻译中的低级错误。

例 2.

这些因素导致世界经济整体动力不足，有效需求不振。其表象是增长乏力、失业率上升、债务高企、贸易和投资低迷、实体经济失速、金融杠杆率居高不下、国际金融和大宗商品市场波动等一系列问题。

译文：These dampening factors have dragged down the world economy and suppressed effective demand, causing problems such as weak growth, rising unemployment and high debt levels to surface. They have also discouraged trade and investment, stifled the real economy, and provoked high financial leverage and volatile financial and commodity markets.

例 2 中的一些专业概念和表述尤其需要留意理解。如"杠杆率"，通俗理解就是负债率，是指企业的负债和资本的比率。杠杆率是一个衡量公司负债风险的指标，从侧面反映出公司的还款能力，英文是 leverage ratio 或直接作 leverage。另外，"大宗商品"也是宏观经济中的典型概念，不熟悉的同学很容易在译文中直接处理为"商品"，但这二者并非同一概念。大宗商品是指可进入流通领域，但非零售环节，具有商品属性并用于工农业生产与消费使用的大批量买卖的物质商品。在金融投资市场，大宗商品指同质化、可交易并广泛用作工业基础原

[①] http://www.economicsdiscussion.net/inflation/measures-for-controlling-inflation-with-diagram/4075，引用日期：2021.8.13.

材料的商品，如原油、有色金属、钢铁、农产品、铁矿石、煤炭等。[①]大宗商品的英文应为commodities，而非普通的products。

除了经济术语外，还有一些表述需要留意。比如"债务高企"的"高企"如何理解？很容易翻译成growing debt，然而这里真的是"不断增长"的意思吗？实际上，字典对于"高企"的解释是"居高不下"。"高企"一词出自粤语，"企"相当于"站"，"高企"即指价位持续停留在较高的位置不落，且有再升高的可能，常用于形容金融、股票、物价等。此类词语在日常生活中使用较少，容易因为想当然而错误理解。此外，还有"失速"一词的理解，是指骤然下降。翻译时，若无法确定原文语义，一定要勤查字典或运用网络等手段调查研究，正确理解后再着手翻译，才能保证无误。

2. 古语翻译

中文致辞中常常引用古训或古语，翻译起来有一定难度，但也并非不可攻克。外行往往对古语的翻译有误区，认为古文翻译成英文，也需要保留"古语"的特质，译成英文古语，其实不然。因为翻译的首要目的是沟通交流，当然要尽量保持原文风格，但前提是表达出作者的意思，达到引用古语的目的。因此翻译古语，不必译成古英文的形式，而要着力译出其中的含义。翻译古语时的基本步骤是：首先，正确理解古文意思；第二，用目的语准确清楚地传递意思；第三，在保证语义准确的基础上，尽量兼顾原文的形式，如对仗的形式、雅致的风格。来看本篇练习中的例子：

例3.

中国古代先贤说："善治病者，必医其受病之处；善救弊者，必塞其起弊之原。"

译文1：To cure a disease, one should treat its root causes; to fix a problem, one should target its source.

译文2：As ancient Chinese sages said, "A good cure targets the cause, a good solution targets the source".

这句古语出自北宋欧阳修的《准诏言事上书》，并不难理解，意思是：善于治病的人，一定会医治病因根源的部位；长于补救弊病的人，一定会解决弊病起源的根本。引用此句是为了引出下文对于世界经济形势的主要问题和特征分析，指出解决经济问题首先要找出问题的根源所在。

正确理解原文后，再着手用英文表达原文意思，同时尽量兼顾原文特点。针对原文的对仗形式，可以采用两个结构工整的短句，用逗号或分号连接，形成一个完整的长句。译文1说出了原文的意思，也符合原文对仗工整的形式，但还能进一步完善。译文2的表述就更为紧凑凝练，对仗也更工整，甚至句末的cause和source还形成了押韵，更贴近古文对仗工整、文字洗练的风格特点。

三、语言表达

针对本篇练习的表达特点，侧重讲重心和语法两个方面。

1. 重心

上文提到，语句重心是语句的落脚点，往往位于句末，传递的是本句中最重要的意思。在理解原文的基础上，表达时准确把握重心，才能最大程度突出原文的语义重点。

[①] https://baike.baidu.com/item/大宗商品/457155，引用日期：2021.8.13.

例 4.

这次国际金融危机发生以来,各国分别采取一些财政货币措施,<u>一定程度上起到了稳定市场和扭转颓势的作用</u>。

译文 1:Since the crisis outbreak, countries have taken various fiscal and monetary measures, which has stabilized the market and ameliorated the decline, <u>but only to a certain extent</u>.

译文 2:This time around, different economies have implemented fiscal and monetary measures that <u>somewhat managed to stabilise the market and stem the effects of downturn</u>.

本例中,原文的重心落在句末,强调各国采取的措施(一定程度上)发挥了作用。然而译文 1 的重心却落在了 only to a certain extent,即强调"一定程度"。原文中,"一定程度"也属于句末重心结构的一部分,但语义落脚点仍在"发挥了作用"这一成分,"一定程度"只是修饰语,而非落脚点,因此译文 1 的处理偏离了原文想要表达的语义。译文 2 对于重心的把握才是准确的,体现出了"发挥了作用"的落脚点,准确地传达了原文含义。

2. 语法

语法正确是语言表达的基本要求,也是合格译者应当具备的基本功。但仍有一些相对隐蔽的语法问题,有时连母语者都会出现错误,英文译文中也时有出现。

例 5.

回顾上世纪几次大的全球性经济危机,各国应对手段的失误通常使经济难以复苏。

译文:Reviewing the major global economic crises in the past century, the flawed measures that countries adopted hindered economic recovery.

这一译文看似通顺,实际出现了一个典型语法错误——句首的现在分词短语与后面句子的逻辑关系混乱不清,或者说句首短语的逻辑主语与其后句子的主语不一致,这种情况称为悬垂修饰语(dangling modifier)。例如本句译文中,reviewing 的逻辑主语是人,然而主句的主语却是 measures,二者不一致,就出现了"悬垂"的情况,这是英文学习者常常出现的语法错误。

修改悬垂修饰语的方式有很多。就本例而言,第一,可以为句首的分词短语添加主语,变成 when we review…。第二,可以更改主句的主语,如修改为 Reviewing…, we…。再者,可以彻底改变原句式,如改为 Flawed recovery measures that countries adopted in the major global economic crisis in the past century often hindered economic recovery. 上述方式都能修正悬垂修饰语的问题,可以按照表达和行文需要自行选取。

【课后练习】

1. 请将以下政要演讲(节选)翻译为英文。

李克强总理在第八次中日韩领导人会议上的讲话

文在寅总统,
安倍晋三首相:

欢迎你们来到成都出席第八次中日韩领导人会议。成都是一个古老而现代的城市,不仅拥有着深厚的历史文化积淀,而且是中国西南地区创新和开放重镇。《三国演义》里蜀国的精彩故事、旅居成都多年的唐代"诗圣"杜甫在韩、日为人熟知,韩、日两国僧侣也曾在这里留下求法修行的足迹。

今年适逢中日韩合作 20 周年。20 年前，为应对亚洲金融危机带来的挑战，三国领导人在马尼拉东亚合作领导人系列会议期间举行非正式会晤，栽下中日韩合作的幼苗。20 年后，通过三国共同培育，中日韩合作已成长为一棵枝繁叶茂的大树。三国建立了以领导人会议为中心、21 个部长级会议为主体、中日韩合作秘书处等为支撑的全方位合作体系。务实合作涵盖经贸、交通、信息、海关、环境、科技、农林等近 30 个领域。2018 年三国间贸易总额达到 7 200 亿美元，相互间投资额接近 120 亿美元。人文交流日益密切，2018 年人员往来超过 3 000 万人次，相互理解和认知不断加深。中日韩合作为三国各自发展提供了重要助力，为企业界和民众带来越来越多的商机和实惠，符合三国共同利益。

各位同事！

当前，国际形势正在发生复杂深刻变化，地缘政治冲突和热点问题此起彼伏，不稳定不确定因素明显增多。世界经济和贸易增速放缓，主要经济体普遍面临经济下行压力，保护主义、单边主义蔓延，全球产业链和国际分工体系受到严重冲击，需要各国共同应对。在第二届中国国际进口博览会上，中国国家主席习近平提出共建开放合作、开放创新、开放共享的世界经济。中日韩作为东亚经济的中坚力量和区域合作的主要推动力量，应进一步加强紧密合作，发扬同舟共济精神，在保持各自发展上升势头的同时，坚定支持多边主义和自由贸易，继续推进区域经济一体化进程。

……

2. 请将以下政要演讲的划线部分翻译为英文。

外交部长王毅在国际形势与中国外交研讨会上的演讲

各位专家，各位朋友：

大家好！

很高兴与各位专家学者再次相聚，共同盘点今年的国际形势与中国外交。首先，我要对大家长期以来对外交工作的关心支持表示感谢，也真诚欢迎大家继续为中国外交提出真知灼见。

纵观 2021 年世界形势，全球疫情跌宕蔓延，百年变局加速演进，世界进入动荡变革期。面对前所未有的挑战，各国都在探索应对之道，人类需要作出正确抉择。

站在时代的十字路口，我们看到了两种截然不同的取向。一种是重拾冷战思维，挑动分裂对立，制造集团对抗。而另一种则是从人类共同福祉出发，致力团结合作，倡导开放共赢，践行平等尊重。两种取向、两大趋势的博弈和较量，必将深刻影响人类和地球的未来。

中国，始终站在历史正确的一边，站在人类进步的一边，站在国际公平正义一边，站在广大发展中国家一边。我们从党的百年奋斗历程中汲取经验智慧，在大潮流大格局大历史中把握前进方向。坚持合作、不搞对抗；坚持开放、不搞封闭；坚持互利共赢、反对零和博弈；坚持平等相待、反对强权霸凌，同所有爱好和平的国家和人民一道，推动人类发展的车轮向着光明的前途迈进。

盘点 2021 年中国外交，我们在以习近平同志为核心的党中央坚强领导下，秉持天下胸怀，践行为国为民，在全球变局中开创新局，在世界乱局中化危为机，在斗争与合作中勇毅前行。

一年来，最坚定的指引是元首外交，最鲜明的旗帜是构建人类命运共同体，最突出的题目是讲好中国人民和中国共产党的故事，最显著的风格是科学应变、积极进取。归结为一条主线：在复杂博弈中服务民族复兴，在风云激荡中推进和平发展。

主要体现在九个方面：

第一，面对世纪疫情延宕反复，我们开展卓有成效的抗疫外交，彰显说到做到的大国担当。全球疫情夺走530多万鲜活生命，携手抗疫是国际社会当务之急。中国不仅以国内动态清零打造了防控疫情的样板，而且以加强国际合作树立了团结抗疫的标杆。我们以实际行动，开辟冲破疫情至暗时刻的前行之路。

我们明确全球抗疫的正确方向。从世界卫生大会到全球健康峰会，从联合国讲坛到双边通话会晤，习近平主席在关键时刻倡导全球疫苗合作行动，发起"一带一路"疫苗合作伙伴关系倡议，带领中国始终站在国际抗疫合作"第一方阵"，秉持疫苗公共产品"第一属性"，担当疫苗公平分配"第一梯队"。这同个别国家热衷政治操弄、破坏团结抗疫形成了鲜明对照。

我们为战胜病毒提供有力武器。中国最早承诺将新冠疫苗作为全球公共产品，最早支持疫苗知识产权豁免，最早同发展中国家开展疫苗生产合作，迄今已向120多个国家和国际组织提供近20亿剂疫苗，占中国以外全球疫苗使用总量的三分之一，成为对外提供疫苗最多的国家。在有的国家超量囤积疫苗、大搞"疫苗民族主义"背景下，中国疫苗成为"人民的疫苗""世界的疫苗""可及的疫苗"，给世界带来了希望。

我们为发展中国家雪中送炭。"疫苗鸿沟"成为当前战胜疫情最大阻碍，低收入国家只有5%的人口完全接种疫苗。习近平主席心系发展中国家，响应非盟制定的非洲60%接种率目标，宣布中国再向非洲提供10亿剂疫苗，包括无偿援助6亿剂；启动"中国东盟健康之盾"，再向东盟国家援助1.5亿剂疫苗；明确未来3年内提供30亿美元，用于发展中国家抗疫和恢复发展。我们还支持中国企业向发展中国家转让技术，同19国合作生产疫苗，让疫苗跨越山海，跑赢病毒。

我们为病毒溯源合作正本清源。新冠病毒是人类共同的敌人，政治病毒是疫情肆虐的帮凶。中国积极参与全球科学溯源，同世卫组织发布联合专家组溯源报告，体现了公开、透明的合作态度。个别国家借病毒溯源之名，行政治攻击之实，不仅破坏了国际抗疫努力，也放纵了病毒的滋生蔓延。全球80多个国家致函世卫组织反对溯源政治化，中国2 500多万网民联署呼吁世卫组织调查美国德特里克堡生物实验室。反对疫情政治化、病毒污名化、溯源工具化已成为国际共识。无论是新冠病毒还是政治病毒，最终都将被人类所战胜。

……

3. 请将以下政要演讲的划线部分翻译为英文。

坚定信心　勇毅前行　共创后疫情时代美好世界

——习近平主席在世界经济论坛视频会议的演讲

尊敬的施瓦布主席，
女士们，先生们，朋友们：

大家好！很高兴出席世界经济论坛视频会议。

再过两周，中国农历虎年新春就要到来。在中国文化中，虎是勇敢和力量的象征，中国人常说生龙活虎、龙腾虎跃。面对当前人类面临的严峻挑战，我们要如虎添翼、虎虎生威，勇敢战胜前进道路上各种险阻，全力扫除新冠肺炎疫情阴霾，全力促进经济社会恢复发展，让希望的阳光照亮人类！

当今世界正在经历百年未有之大变局。这场变局不限于一时一事、一国一域，而是深刻而宏阔的时代之变。时代之变和世纪疫情相互叠加，世界进入新的动荡变革期。如何战胜疫情？如何建设疫后世界？这是世界各国人民共同关心的重大问题，也是我们必须回答的紧迫的重大课题。

"天下之势不盛则衰，天下之治不进则退。"世界总是在矛盾运动中发展的，没有矛盾就没有世界。纵观历史，人类正是在战胜一次次考验中成长、在克服一场场危机中发展。我们要在历史前进的逻辑中前进、在时代发展的潮流中发展。

不论风吹雨打，人类总是要向前走的。我们要善于从历史长周期比较分析中进行思考，又要善于从细微处洞察事物的变化，在危机中育新机、于变局中开新局，凝聚起战胜困难和挑战的强大力量。

第一，携手合作，聚力战胜疫情。面对这场事关人类前途命运的世纪疫情，国际社会打响了一场顽强的阻击战。事实再次表明，在全球性危机的惊涛骇浪里，各国不是乘坐在190多条小船上，而是乘坐在一条命运与共的大船上。小船经不起风浪，巨舰才能顶住惊涛骇浪。在国际社会共同努力下，全球抗疫已经取得重要进展，但疫情反复延宕，病毒变异增多，传播速度加快，给人民生命安全和身体健康带来严重威胁，给世界经济发展带来深刻影响。

坚定信心、同舟共济，是战胜疫情的唯一正确道路。任何相互掣肘，任何无端"甩锅"，都会贻误战机、干扰大局。世界各国要加强国际抗疫合作，积极开展药物研发合作，共筑多重抗疫防线，加快建设人类卫生健康共同体。特别是要用好疫苗这个有力武器，确保疫苗公平分配，加快推进接种速度，弥合国际"免疫鸿沟"，把生命健康守护好、把人民生活保障好。

中国言必信、行必果，已向120多个国家和国际组织提供超过20亿剂疫苗。中国将再向非洲国家提供10亿剂疫苗，其中6亿剂为无偿援助，还将无偿向东盟国家提供1.5亿剂疫苗。

……

第五编 译犹未尽

没有哪个行业的发展是一路坦途，但译者之路却格外艰辛。伴随着全球一体化的发展，不同语言与文化的交流的频繁程度达到了人类有史以来最高峰。翻译需求量的增加为译者带来了前所未有的机遇，但受到翻译技术的发展以及国内翻译行业自身不健全的影响，译者的发展也遇到了严峻的挑战。机器翻译已经日臻完善，人工翻译还有必要存在吗？这样的质疑恐怕是翻译专业的学生常常需要面对的，也成为一些人用来控制翻译市场价格的工具。其实，机器翻译与人工翻译本来就不是二元对立的，用简单的"是"或"否"来回答这样的一个伪命题既没有必要，也不现实。

机器翻译有强大的算法助力，可以大大减少翻译过程中人脑信息处理的压力，很大程度上避免人工翻译因知识储备不足带来的事实性错误以及前后不一致问题；人工翻译则可以综合分析语境，深层理解语义，并且根据需要灵活调整表达手段，从而避免机器翻译目前尚无法解决的僵化处理方式。因此机器翻译与人工翻译完全可以在自己更加胜任的领域发挥最大优势，同时借助对方形成互补。一般来说，科技、经济、金融、法律、政治等信息型文本更加适合采取机器翻译与快速译后编辑（LPE，Light Post-Editing）结合的方式；而诗歌、散文、戏剧、传记等召唤性较强的文本则应完全采取人工翻译，必要时可以借助计算机辅助翻译技术。科普、新闻、旅游等文本既具信息性又具召唤性，但在翻译过程中仍旧应该以人工翻译为主，或者在机器翻译的基础上进行完全译后编辑（FPE，Full Post-Editing）。修改与润色是人工翻译必不可少的一步，而译后编辑则是机器翻译与人工翻译结合的必然途径。

第十七章
机器翻译译后编辑

崔启亮曾总结了科技类文本英汉机器翻译的 11 种错误类型，分别是：过译、欠译、术语翻译错误、形式错误、格式错误、多译和漏译、冗余、词性判断错误、从句翻译错误、短语顺序错误以及受英语句子结构的束缚所出现的错误[①]。杨玉婉则在英汉机器翻译中增补了前后不一致、主语缺失这两种错误类型，在汉英机器翻译中增补了单复数及冠词错误、时态错误[②]。这些类型对于译前编辑非常有意义，有助于对机器翻译进行训练，提高翻译质量。然而，将错误类型进行细致分类并无助于后期编辑，因为类型过多相当于没有类型，译后编辑仍旧无法找到抓手。此外，不同工具、不同文本类型的错误类型也不一致，有些翻译工具对某些领域的文本驾轻就熟，但在翻译其他类型文本时就会频频出错。蔡强等人将 Google 神经网络汉英机器译文错误类型归纳为四类，分别是：词汇、句法、逻辑与其他，并在每个大类下细分了小类[③]，在操作方面有一定的借鉴意义。

谷歌的神经网络机器翻译（Neural Machine Translation）可以说是目前最优秀的机器翻译模型的代表，但由于中英文之间的差异，加上近年来国内机器翻译的快速发展，在中英这两种语言之间，谷歌机器翻译并不一定是最佳选择，尤其在汉译英领域，谷歌翻译的准确性偏低。而国产机器翻译如搜狗、DeepL、小牛、百度、腾讯、有道等则各具优势。以下通过一则论文摘要的翻译对主流机器翻译工具的优劣进行简要分析。

例 1.[④]

Abstract: Sleep disorders have reached epidemic proportions worldwide, affecting the youth as well as the elderly, crossing the entire lifespan in both developed and developing countries. "Real-life" behavioral (sensor-based),molecular, digital, and epidemiological big data represent a source of an impressive wealth of information that can be exploited in order to advance the field of sleep research. It can be anticipated that big data will have a profound impact, potentially enabling the dissection of differences and oscillations in sleep dynamics and architecture at the individual level ("sleep OMICS"),thus paving the way for a targeted, "one-size-does-not-fit-all" management of sleep disorders ("precision sleep medicine").

[①] 崔启亮. 译后编辑错误类型研究——基于科技文本英汉机器翻译 [J]. 中国科技翻译，2015（4）：20-22.
[②] 杨玉婉. 神经机器翻译的译后编辑——以《潜艇水动力学》英汉互译为例 [J]. 中国科技翻译，2020（4）：20-23, 42.
[③] 蔡强. 基于 GOOGLE 神经网络汉英翻译的译后编辑研究——以科技文本为例. 西南石油大学学报（社会科学版）. 2020（1）：108.
[④] 本例摘要选自 Nicola Luigi Bragazzi 等人论文 Sleep OMICS: How Big Data Can Revolutionize Sleep Science，发表于 2019 年 1 月 21 日 International Journal of Environmental Research and Public Health.

Key words: sleep; sleep disorders; big data; OMICS sciences; connectomics; wearable sensors; behavioral informatics; infodemiology; infoveillance; personalized sleep medicine; precision sleep medicine

以下分别为谷歌翻译、DeepL、搜狗、小牛、有道以及百度翻译免费版文档翻译结果。为了展现机器翻译的结果，译文中的内容与格式错误都做了保留。

1) 谷歌翻译结果：

摘要：睡眠障碍已在世界范围内流行，影响了年轻人和老年人，并跨越了发达国家和发展中国家的整个寿命。"现实生活"的行为（基于传感器），分子、数字和流行病学大数据代表了令人印象深刻的大量信息来源，可以利用这些信息来促进睡眠研究领域。可以预见，大数据将产生深远的影响，有可能在个体层面（"睡眠 OMICS"）剖析睡眠动力学和体系结构的差异和振荡，从而为有针对性的"单一规格"铺平道路，不能完全解决"睡眠障碍的管理"（"精确睡眠药物"）。

关键词：睡眠；睡眠障碍；大数据；OMIC 科学；连接组学；可穿戴式传感器；行为信息学；信息流行病学；信息监控；个性化睡眠药；精密睡眠药

2) DeepL 翻译结果：

摘要：睡眠障碍在全球范围内已经达到了流行的程度，影响到年轻人以及老年人，跨越了发达国家和发展中国家的整个生命周期。"现实生活"中的行为（基于传感器的）、分子、数字和流行病学大数据代表了一个令人印象深刻的丰富信息来源，可以利用这些信息来推动睡眠研究领域的发展。可以预期，大数据将产生深远的影响，有可能在个体层面上剖析睡眠动态和结构的差异和振荡（"睡眠 OMICS"），从而为有针对性的、"一刀切"的睡眠障碍管理（"精准睡眠医学"）铺平道路。

关键词：睡眠；睡眠障碍；大数据；OMICS 科学；connectomics；可穿戴传感器；行为信息学；infodemiology；infoveillance；个性化睡眠医学；精准睡眠医学

3) 搜狗翻译结果：

摘要：睡眠障碍在世界范围内已达到流行病的程度，影响到年轻人和老年人，在发达国家和发展中国家都跨越了整个生命周期。"现实生活中"的行为（基于传感器）、分子、数字和流行病学大数据代表了令人印象深刻的丰富信息来源，可用于推进睡眠研究领域。可以预见，大数据将产生深远的影响，有可能在个人层面上剖析睡眠动力学和架构的差异和波动（"睡眠组学"），从而为睡眠障碍的有针对性的"一刀切"管理（"精确睡眠医学"）铺平道路。

关键词：睡眠；睡眠障碍；大数据；组学科学；连接组学；可穿戴传感器；行为信息学；信息气象学；信息监控；个性化睡眠医学；精密睡眠医学

4) 小牛翻译结果

摘要：睡眠障碍在世界范围内已达到流行的程度，影响到年轻人和老年人，在发达国家和发展中国家贯穿整个生命周期。"真实生活"的行为（基于传感器的）、分子、数字和流行病学大数据代表了一个令人印象深刻的丰富信息的来源，可以利用这些信息来推进睡眠研究领域。可以预见，大数据将产生深远影响，可能有助于在个体层面剖析睡眠动态和结构的差异和振荡（"睡眠组学"），从而为有针对性、"一刀切"的睡眠障碍管理（"精准睡眠医学"）铺平道路。

关键词：睡眠；睡眠障碍；大数据；组学科学；连接体学；可穿戴传感器；行为信息学；

信息学；不知情；个性化睡眠药物；精密睡眠药物

5）百度翻译结果

摘要：睡眠障碍在世界范围内已达到流行病的程度，影响到青年人和老年人，在发达国家和发展中国家都跨越整个寿命。"真实生活"行为（基于传感器）、分子、数字和流行病学的大数据代表了大量信息的来源，可以利用这些信息来推进睡眠研究领域。可以预见，大数据将产生深远的影响，有可能在个体层面上剖析睡眠动力学和结构的差异和振荡（"睡眠组学"），从而为有针对性地对睡眠障碍进行"一刀切"的管理（"精确睡眠医学"）铺平道路。

关键词：睡眠；睡眠障碍；大数据；组学科学；连接组学；可穿戴传感器；行为信息学；信息学；信息监视；个性化睡眠医学；精确睡眠医学

6）有道翻译官翻译结果

摘要：睡眠障碍在世界范围内已经达到了流行病的程度，无论是在发达国家还是发展中国家，都影响着年轻人和老年人的整个生命周期。"现实生活"中的行为（基于传感器的）、分子、数字和流行病学大数据代表了丰富的信息来源，可以用来推进睡眠研究领域。可以预期，大数据将产生深远影响，可能使解剖睡眠差异和振荡的动力学和建筑在个体层面（"睡眠组学"），因此为目标铺平了道路，"one-size-does-not-fit-all"管理睡眠障碍（"精密睡眠医学"）。

关键词：睡眠；睡眠障碍；大数据；组学科学；神经；可穿戴式传感器；行为信息；infodemiology；infoveillance；个性化的睡眠医学；精密睡眠医学

从本例的六个版本机器翻译结果来看，各工具都有各自的劣势，而优势也各有千秋。谷歌翻译无论从语句的连贯性还是对原文排版格式的保留方面问题都比较明显。如"跨越了发达国家和发展中国家的整个寿命""促进睡眠研究领域""从而为有针对性的'单一规格'铺平道路。不能完全解决'睡眠障碍的管理'"等；但谷歌在术语翻译方面有一定优势，"connectomics""infodemiology""infoveillance"这些新术语都准确译出，而其他五个机器翻译工具在这方面或者没有译出，或者术语翻译错误。当然，还有一些问题属于共性问题，如"…represent a source of an impressive wealth of information…"均被译为"代表了……的信息来源"，在可读性方面较差。而"'one-size-does-not-fit-all' management of sleep disorders"则绝大部分被译为了"'一刀切'的睡眠障碍管理"，其中的 not 被漏掉，导致原文意思完全反了，属于漏译导致的错误。

在进行译后编辑时，可以先小范围综合对比了解各工具的特点，根据具体需求选择其中一个进行翻译。在上个案例中，搜狗和百度翻译在准确性、流畅性以及对排版格式的保留方面综合优势较强，因此可以在神经医学方面的论文摘要翻译中发挥主力，再辅以必要的译后编辑。可以看出，搜狗和百度翻译在术语方面大部分准确，表达也基本流畅，但还是存在翻译错误现象，如"infodemiology"被搜狗译为"信息气象学"，百度译为"信息学"。上述"'one-size-does-not-fit-all' management of sleep disorders"中的"not"也有漏译。因此在译后编辑方面可以采取 LPE 的方式，重点解决漏、错译问题。

一般来说，采取 LPE 方式进行译后编辑的文本基本面向的是专业领域人员，对于译文信息的准确性要求高，但可读性方面要求并不高。因此可以将英译汉的译后编辑重点放在以下几个方面：术语准确性、多义词的词义、漏译及漏译导致的错误、格式的保留与调整；在汉译英译后编辑方面可以在上面的基础上注意原文断句错误导致的句法错误以及时态、单复数等语法问题。

下面以一些科技论文摘要的翻译来分析一下机器翻译的译后编辑。

第一节　术语准确性

科技文本中相当多术语来自日常词汇,但在专业领域的上下文中会有专门的含义。机器翻译很容易将这类词汇判断为普通词汇,从而产生错译。

例 2.[①]

<u>Postcore flood analysis</u> was conducted on a <u>tertiary-mode CO_2 flooding test</u> under reservoir conditions. A composite carbonate core was retrieved to extract remaining hydrocarbons via <u>Dean-stark distillation</u>, and asphaltenes were measured in the extracted oil from each plug core using the IP-143 method.

百度的译文为:

"在储层条件下进行了<u>三级模式 CO_2 驱油试验</u>,进行了<u>井后水淹分析</u>。采用 <u>Dean-stark 蒸馏法</u>提取了一个复合碳酸盐岩芯,并用 IP-143 法测定了每个岩芯提取油中的沥青质。"

首先,"postcore flood analysis"中的 flood 并非"洪水"或"水淹"之意,在石油开采中特指"驱油"。因此这一术语是指对提取的岩芯进行驱油效果分析,可以直接译为"岩芯分析"或"岩芯驱油效果分析"。

"三级模式 CO_2 驱油试验"并不是错误译法,但在专业领域一般将 tertiary flooding 译为"三次采油"。并且从论文的上下文来看,"三次模式"实际上并没有必要译出。利用 CO_2 驱油的技术主要应用在三次采油阶段,因此该术语可以直接译为"<u>CO_2 驱油试验</u>"。

"Dean-stark 蒸馏法"对于专业人员来说可以不必译出,但学术界更多译为"共沸蒸馏法"。

谷歌翻译的术语准确度总体比较可靠,但在后期编辑过程中仍旧不能掉以轻心。如下例:

例 3.[②]

…Transmission electron microscopy (TEM) and scanning electronic microscopy (SEM) demonstrated that the assembled nanobubbles had a hollow gas core with SPIONs adsorbed on the surface. Ultrasound (US) imaging and magnetic resonance imaging (MRI) experiments indicated that the assembled magnetic nanobubbles exhibited good US and MR contrast capabilities. Moreover, the assembled magnetic nanobubbles were used to label neural stem cells under ultrasound exposure. <u>After 40s US exposure</u>, the magnetic nanobubbles could be delivered into cells with 2.80 pg Fe per cell, which could be observed in the intracellular endosome by TEM…

谷歌机器翻译的结果为:

"……<u>透射电子显微镜(TEM)</u>和扫描电子显微镜(SEM)表明,组装的纳米气泡具有中空的气芯,其表面吸附有 SPIONs。超声(US)成像和磁共振成像(MRI)实验表明,组装的磁性纳米气泡表现出良好的 US 和 MR 对比能力。此外,组装的磁性纳米气泡被用于标

[①] 本摘要选自 Yonebayashi 等人论文 Uneven Distribution of Asphaltene Deposits in CO_2 Flooding Path: Interpretation by Combining Thermodynamic and Micro-CT 3D Geological Porous Models,发表于 2021 年 1 月 7 日 Energy & Fuels。

[②] 本摘要选自 Li Jing 等人论文 Superparamagnetic iron oxide nanoparticles assembled magnetic nanobubbles and their application for neural stem cells labeling,发表于 2021 年 2 月 10 日 Journal of Materials Science & Technology。

记超声暴露下的神经干细胞。在美国暴露 40 s 后，磁性纳米气泡可以以每细胞 2.80 pg Fe 的方式被递送到细胞中，这可以通过 TEM 在细胞内体中观察到。"

首先，TEM 全称虽然是透射电子显微镜，但一般简称为透射电镜，在段末重复了 TEM 这一英文简称，不如直接译为"透射电镜"。

更明显的错误是 US 一词在这段摘要中是 Ultrasound 的缩写，原文中的"40s US exposure"是指磁性纳米气泡经超声波照射 40 秒，但这一简称被谷歌识别成了"美国"。

第二节　一 词 多 义

搜狗翻译在科技文本英译汉与汉译英方面综合表现突出，但在词义准确性方面仍旧需要多加注意。

例 4.①

上例来自能源领域的一篇论文摘要（见图 17-1），搜狗翻译将该标题译为："**抽象的可再生能源供应综述和能源效率技术**"。原文里 Abstract 一词本来是"摘要"的意思，而搜狗翻译未能按照语境选择语义，需要在译后编辑环节重点关注。

ABSTRACT

A Review of Renewable Energy Supply

and Energy Efficiency Technologies

图 17-1　原文截屏

第三节　语　　法

百度翻译在科技文本的英译方面综合表现卓越，但很多语法问题比较深层，即便完全人工翻译也常常难以避免，因此需要在译后编辑时多加注意。

例 5.②

摘要：介绍一种通过设计相机成像系统来消除大气低频扰动的方法.精密光测工程通常在室外进行，很难避免因大气扰动造成的系统误差。大气扰动可以分为高频扰动和低频扰动两部分，高频扰动部分可以通过滤波消扰等图像处理方法消除。通过搭建相机对视成像系统的约束条件来消除由大气低频扰动引起的光测误差。在高速相机系统成像消扰实验中，利用镜面反射成像完成对视成像系统的标定。对比实验组和对照组的结果发现，测量误差从 2.99% 缩小至 0.35%，结果表明相机成像系统对于大气扰动中的低频扰动消除具有良好的校正效果。

关键词：成像系统；精密光测；镜头系统设计；镜面反射标定；大气扰动

---

① 本摘要选自 Shahrouz Abolhosseini 等人的综述文章 A Review of Renewable Energy Supply and Energy Efficiency Technologies，为IZA（Institut zur Zukunft der Arbeit, 德国劳动经济学研究所）2014年4月第8145号论文（discussion paper）。

② 该摘要选自张家铭等人《基于相机系统设计的大气扰动消扰方法》一文，发表于 2019 年 12 月《光学学报》。

以下为百度翻译结果：

Abstract: This paper introduces a method to eliminate low-frequency atmospheric disturbance by designing camera imaging system. Precision optical measurement engineering is usually carried out outdoors, so it is difficult to avoid <u>the systematic error</u> caused by atmospheric disturbance. Atmospheric disturbance can be divided into two parts: high-frequency disturbance and low-frequency disturbance. The high- frequency disturbance can be eliminated by image processing methods such as filtering. The optical measurement error caused by atmospheric low-frequency disturbance is eliminated by setting up the constraint conditions of camera to view imaging system. In the experiment of high-speed camera system imaging, the mirror reflection imaging is used to complete the calibration of the imaging system. <u>Comparing the results of the experimental group and the control group, it is found that the measurement error is reduced from 2.99% to 0. 35%</u>. The results show that the camera imaging system has a good correction effect for the elimination of low frequency disturbance in atmospheric disturbance.

Key words: imaging system; precise optical measurement; lens system design; mirror reflection calibration; atmospheric disturbance

首先，原文第一句的表述方式在中文科技论文摘要中十分常见，但由于缺少主语，翻译时容易出错，百度很好地解决了这一问题。然而在语法方面，根据上下文分析，"光测误差"应该不止一个，因此第一条下划线句中的"error"应该为复数。而第二条下划线中"comparing"的逻辑主语并不是"it"，因此成了悬垂成分，将该句主语改为"we"则能够避免这一问题。

第四节　格　　式

科技论文的英译方面，小牛翻译表现十分出色，甚至对原文表达中的问题进行了一定程度的修正。但在格式方面仍旧需要后期加工。

例 6.[①]

摘要：海洋气溶胶是大气气溶胶的重要组成部分之一，为了研究海洋气溶胶对量子通信的影响，根据海洋气溶胶粒子的尺度谱分布以及消光系数，分析海洋气溶胶粒子浓度和传输距离与链路衰减之间的定量关系，研究粒子浓度、传输距离与信道容量、信道保真度及信道误码率之间的关系并进行仿真模拟。仿真结果表明，当传输距离为 8 km，海洋气溶胶粒子浓度分别为 300/m^3 和 500/m^3 时，对应的链路衰减、信道容量和信道误码率分别为 0.407 dB/km 和 0.679 dB/km、0.423 bit/s 和 0.349bit/s、0.027 和 0.092，当海洋气溶胶粒子浓度为 500/m^3，传输距离分别为 5 km 和 7 km 时，对应的信道保真度分别为 0.911 和 0.849。结果表明海洋气溶胶对自由空间量子通信的各项性能均有不同程度的影响。因此，当实际进行量子通信时，应根据海洋气溶胶粒子的浓度来调整各项性能参数以保证通信正常进行。

关键词：量子光学；海洋气溶胶；量子通信；消光系数；链路衰减；退极化信道

以下为小牛翻译结果。机翻在格式上的问题通过下划线显示：

Marine aerosol is one of the important components of atmospheric <u>aerosol,In order</u> to study

---

[①] 摘要选自张秀再等人《海洋气溶胶对自由空间量子通信性能影响》一文，发表于 2020 年 10 月《光学学报》。

the effect of ocean aerosol on quantum communication,According to the size spectrum distribution and extinction coefficient of marine aerosol particles, the quantitative relationship between marine aerosol particle concentration and transmission distance and link attenuation is analyzed, and the relationship between particle concentration, transmission distance and channel capacity, channel fidelity and channel bit error rate is studied and simulated. The simulation results show that when the transmission distance is 8 km and the marine aerosol particle concentration is $300/m^3$ and $500/m^3$, the corresponding link attenuation, channel capacity and channel bit error rate are 0.407 dB/km and 0.679 dB/km, 0.423 bit/s and 0.349 bit/s, 0.027 and 0.092, respectively. When the marine aerosol particle concentration is $500/m^3$ and the transmission distance is 5 km and 7 km, the corresponding channel fidelity is 0.911 and 0.849, respectively. The results show that marine aerosol has different influences on the performance of free space quantum communication. Therefore, when quantum communication is actually carried out, various performance parameters should be adjusted according to the concentration of marine aerosol particles to ensure the normal communication.

Key words: quantum optics; Marine aerosol; Quantum communication; Extinction coefficient; Link attenuation; Depolarization channel

第一句"海洋气溶胶是大气气溶胶的重要组成部分之一，为了研究海洋气溶胶对量子通信的影响，根据海洋气溶胶粒子的尺度谱分布以及消光系数，分析海洋气溶胶粒子浓度和传输距离与链路衰减之间的定量关系，研究粒子浓度、传输距离与信道容量、信道保真度及信道误码率之间的关系并进行仿真模拟。"这句话本身语法不规范，写作质量不高，导致机器在句子识别方面出现问题。因此译文前两处红框表面上是格式问题，实际是由于断句所导致的翻译错误。

其他在格式上需要注意的问题包括：原文中的"摘要"二字漏译；300 m³，500 m³ 在译文中变为了 300 m³ 与 500 m³；Key words 后面应该有空格；英文关键词应该全部改为小写。

第十八章
审校、修改与润色

俗话说"文章不厌百回改",既然翻译也是一种写作,并且比起写作要涉及更多环节与参与者,因此说"好翻译是改出来的"一点都不夸张。译文的修改是无止境的。但无论主动还是被动,作为译者终究要提交译稿。提交之前,译者应秉承对原作负责、对读者负责以及对委托人负责的态度,尽最大努力对初稿进行审校、修改以及润色。

在翻译产业化的背景下,翻译质量控制与管理变得更加职业化。"翻译职业分工趋于精细化,出现了专司翻译质量的工作岗位——质量控制专员,负责对翻译项目的质量实施有效监控和管理。质控专员对翻译质量的关注不仅限于翻译结果的评估,而且贯穿翻译项目流程的各环节"[①]。这一现象对于翻译质量的监控无疑有非常好的促进作用。然而,不得不说,翻译产业化并不直接意味着翻译质量的提升。传统的以译者个人工作为主的模式被称作"个人作坊","产业化"被视为一种"升级"。这种流水线式的工作方式固然提高了翻译的产出速度,形成了规模化生产效应,但"手工作坊"这种慢工出细活式的"匠人精神"对于培养翻译人才是必要的,否则未来的译文就如同其他工业化产品一样,规整有余而人味不足。上一章已经从科技文本的翻译入手探讨了机器翻译的译后编辑,本章所讨论的内容更侧重人文领域,以传统"作坊"式的人工翻译为主,同时也会响应时代要求,进行一些"升级"改造。

第一节 审校准备工作

后期修改编辑工作想要做好,前提条件有二:一是初稿基础要打好。尤其是多人合译的稿件,只要有一人工作态度敷衍,水平有限,或者由于整个翻译项目没有合理的质量监控流程,那么整个翻译项目的质量都会受到影响;二是要有合理的时间安排。有些初稿占用时间过长,临近时间节点才提交,根本没有时间进一步修改,这种"初稿即终稿"的稿件一般来说质量难以保证,越是水平高的译者越注重修改与润色。

18.1.1 翻译质量监控

即便在传统工作方式下,译者也不会像几十年前那样靠一支笔、一摞稿纸、一本字典开始工作了。计算机、互联网成为翻译工作的利器,面对翻译任务,译者或者采取相对传统的方式独自工作;或者与其他译者形成团队,将翻译任务进行分配,分工协作。无论是哪种方式,译者本人或项目负责人都应该在翻译工作开始阶段拟定出实用的译文质量监控方法。

[①] 王少爽. 翻译质量研究的新视角——《职业化翻译中的质量:评估与改进》述评 [J]. 外国语(上海外国语大学学报), 2017, 40 (01): 110.

计算机辅助翻译会使用不同行业所制定的翻译质量保证模型（QA Model），内容与行业特点紧密结合。如 LISA（Localization Industry Standards Association）的质量保证模型即从文本语言、文本格式、软件格式、软件功能测试等几个大类规定了三个错误严重级别，每个大类又细分了不同小类。审校可以根据这一量表进行打分，如果分数超过了所设置的门槛值，翻译质量则被评为不合适。此外，SAE（Society of Automobile Engineers 汽车工程学会）也有主要应用于汽车领域服务信息的翻译质量标准 SAE J2459。该标准将错误分为七个类别，每个类别都有详细说明，并且每个类别的错误会有一定的权重差别。

- 术语错误
- 句法错误
- 漏译/多译
- 构词错误
- 拼写错误
- 标点符号错误
- 其他错误

该标准也应用于汽车以外的医疗、制造业等术语要求较高的行业。

个人或小型翻译项目没有现成的行业标准作为参考，因此可以根据翻译任务的特点自行制定。《翻译服务译文质量要求–中华人民共和国国家标准 GB/T 19682—2005》中对译文质量的差错类别进行了规定：

第Ⅰ类：对原文理解和译文表述存在核心语义差错或关键字词（数字）、句段漏译、错译。

第Ⅱ类：一般语义差错，非关键字词（数字）、句段漏译、错译、译文表述存在用词、语法错误或表述含混。

第Ⅲ类：专业术语不准确、不统一、不符合标准或惯例，或专用名词错译。

第Ⅳ类：计量单位、符号、缩略语等未按规（约）定译法。

一般来说，在制定质量评估方法时，前两类差错类别是任何类型的文本都适用的，其他两个类别可以根据待译文本的特点量身定制。如某人物传记涉及非常多的人名地名，项目团队应该制定出如何保证译名统一的方法，如建立及更新术语库。对朝代、计量单位等如何翻译也应该统一。但有些类型的文本有可能就不会涉及这些内容。

18.1.2　工作流程与时间安排

翻译质量与译者的个人水平关系十分密切，但工作流程与时间安排是否合理对于翻译质量也起到了举足轻重的作用。无论对于独立完成翻译工作的译者还是一个项目团队来说，工作流程不合理可能会为后期工作增加很大压力；时间安排不科学可能导致没有时间开展后期工作。

翻译项目立项后，应该及时根据委托人在文本类型、目标读者、译文提交截止时间方面的要求，制定出适合该翻译项目的工作流程与时间表。内容可以包括如下方面：

1. 人员安排：如果项目较大，可以分成几个项目小组，每个小组由几名译员与审校人员构成。小组内部可以进行一审，小组之间可以进行二审。

2. 翻译工具与资源：找到适合该项目使用的词典、权威平行文本以及术语库等资源并共享；如果没有现成的术语库可以自建。如果是在计算机辅助翻译平台上进行翻译，术语库可以即时更新并共享。如果使用传统方式进行翻译，则需要在翻译过程中及时扩充术语库，并且定期在团队成员中更新。

3. 初稿、审校（一审、二审）时间节点：一般来说，对于项目团队来说，初稿的时间可以占项目整体时间的 1/2～2/3。剩余时间的一半用于一审，另一半用于二审。对于独立译者来说，可以尽量将初稿时间控制在前 1/2，然后将初稿放置一段时间，再利用剩余的 1/3 时间完成审校。

4. 抽检：为了更好地保证质量以及进度，可以在初稿阶段定期安排抽检。这一点主要针对项目团队。对于不合格的译文需要及时反馈，并对译员进行警告。

5. 问题记录与反馈：这包括翻译过程中译者所反映的问题、抽检中发现的问题以及审校过程中暴露出的问题。问题需要及时记录并且定期向项目团队成员公开，一方面使其他成员避免同样的问题，另一方面寻求某些问题的解决方案。

第二节　审校、修改与润色

对于传统的翻译工作方式来说，审校一般是初稿完成后由译者本人、合作伙伴或是由资历更深、翻译水平更高的人进行的，在出版环节则应由责任编辑委托其他更加资深的译者把关。随着众包翻译模式不断发展，审校与初稿的完成是并行的，因此过程中的质量监控十分重要（上节已经探讨，本节不再赘述）。然而，目前翻译市场距离规范化运营还差得很远，很多项目名义上是"众包"，实际上就是"草台班子"，基本不存在翻译过程中的质量监控；有些出版社的编审流程不规范，很多编审人员只是刚刚参加工作的毕业生，水平与经验均不足，无法识别并修改译稿中的错误，"三审三校"责任制执行的并不严格。在这样的背景下，译者个人在译稿交付前进行的审校、修改与润色就尤为重要了，这也是本节讨论的重点。

译稿应该从哪些方面进行审校、修改与润色？回答这一问题之前，可以先看一下思果先生在《翻译研究》一书附录部分做出的回答。思果先生不仅是著名散文家、翻译家，还曾经担任香港《读者文摘》中文版编辑，他在译稿的审校方面的见解值得借鉴。

译后变稿或付印前的检查工作[①]

交稿或付印前把译文细细看过，是很有好处的。下面的纲领书里面已详细讲过，不过翻译时一个人不容易完全注意到，所以要提它出来。

一、是否查过，所有用不着的"我的你的他的"等等代名词都已删去。

二、是否所有用不着的"一个一种一项"……都已删去。

三、是否一句有三个以上的"的"字（有人可以用到四五个而不自觉）。有时删掉一两个并不妨碍；如果没法删，只有把句子改写。

四、有些被动语态的句子，是否不合中文习惯。

五、有些句子是否语意不足。不足是否一定要补出来。有些字句是否可以删掉。如不影响文意、文气，可删则删。

六、主词和动词是否不合，如有些动词只能用之于人，有些只能用之于事物（"挨"字只

[①] 思果.《翻译研究》[M]. 北京：中国对外翻译出版公司. 2001：266.

当能动词能用之于人"他挨近门口",不能说"桌子挨近门口")。

七、动词和受词是否不合?如"履行义务与意向"中"履行意向"就不对。或者就改为"贯彻意向"吧。(一个动词下面有四五个受词,往往最后的一个因为距离远而误用,特别要留意。)

八、当然最好找另外一个人(不懂英文更妙)看一看。

思果先生所提出的这段建议主要是针对英译汉的。对于汉译英来说,由于译文为英语,对于绝大多数中国译者来讲,对于英文的驾驭仍旧无法达到英文母语审校的程度,因此建议汉译英最好能够找英文专家帮助审校。在具体的审校流程与方法方面,还可以参考一些英文写作与翻译出版相关的建议。比如,Brian Mossop 曾在 1974—2014 年间在加拿大翻译局从事法-英翻译、审校与培训,在他的著作 Revising and Editing for Translators 中,他提出了英文翻译编辑工作方面的建议,值得我们从事汉英翻译的译者借鉴。

在书中,Mossop 提出了英文翻译编辑的工作主要由四个部分构成:

一是文字编辑(copyediting)。这项工作主要是修改文稿使其符合对文稿的约定,包括不同出版社的出版规范、排版、字体等要求,拼写与打字错误,句法与习惯用法、标点,以及译语的规范用法。

二是文体或风格编辑(stylistic editing)。这项工作更多的是提高译文的表达力,包括为迎合读者的阅读需求与知识层次修改措辞,使语句更加通顺等。

三是结构编辑(structural editing),包括对文本的结构进行重新调整,帮助读者更好地理解不同部分之间的联系。其中包括对行文以及各层级标题使用的不规范之处进行修改。除了在译后,Mossop 还建议在翻译过程中就进行这方面问题的修改。

四是内容编辑(content editing),这其中既包括对文本不合理的地方进行大规范的增、删,也包括对一些在数字、逻辑、运算等方面事实性的错误进行修改。同样,除了译后,Mossop 也建议在翻译过程中就进行这方面问题的修改。

Mossop 的建议为我们从事译文的审校提供了很好的框架,无论是英译汉还是汉译英都可以参考。总的来说,译者在将个人负责的译稿提交之前,应该将译稿通读三遍以上,每一遍可以有不同的侧重点:

一审:通读译文,注意是否存在意识形态方面的问题,文化冲突或处理不恰当的问题,因漏译或理解错误导致的逻辑问题、术语前后不一致、语法错误、错别字、标点符号以及排版格式等硬伤。

二审:对比阅读原文与译文,重点关注由于词义、句法、篇章关系不对应导致的理解错误以及一审未发现的漏译现象。

三审:朗读译文,最少要在心里默读,有条件的话最好为他人出声朗读。对译文中的问题进一步查漏补缺,检查文字中是否有不通顺问题以及风格不恰当的地方,实时进行修改与润色。

18.2.1 一审

如上所述,翻译过程中译者所要处理的不仅仅是语言转换问题。很多情况下,译者要面对原文电子化、译文排版，以及与其他译者的合作与沟通。而在这个过程中，很可能会由于技术或交流方面的问题导致一些实际问题。再者，翻译是不同语言文化之间的交流，因此不可避免会涉及不同政治体制与意识形态。这些问题对译文质量影响很大，但一般来说比较明显，通过阅读译文即可发现、解决。

18.2.1.1　意识形态相关问题

"意识形态"亦称"社会意识形态"或"观念形态"。指"系统地、自觉地反映社会经济形态和政治制度的思想体系。是社会意识诸形式中构成思想上层建筑的部分，表现在政治、法律、道德、哲学、艺术、宗教等形式中。一定的社会意识形态是一定的社会存在的反映，并随着社会存在的变化或迟或早地发生变化。……"（中文《辞海》[①]）。Ideology 一词在英文中的定义为：A set of beliefs, especially one held by a particular group, that influences the way people behave[②]。可见，意识形态存在于一个群体思想当中的方方面面，而作为译者，必须了解译语族群的意识形态，才能够达到交际目的，避免冲突。

在翻译过程中，有些意识形态问题有可能受到源语影响，并没有在第一时间得到处理。而一审只阅读译文，这些问题则会比较暴露得比较明显。尤其是在外事翻译中，一些与领土争端相关的译名翻译往往与国家利益相关，如果不加甄别，直接移植到译文中，会引发诸多外交争端甚至爆发冲突。作为译者应该了解中国外事政策，从中国国家利益出发，掌握关键词汇的译法。如，中国大陆应该译为 Chinese Mainland 而不是 Mainland China，台湾问题应该是 the Taiwan question 而非 the Taiwan issue，珠穆朗玛峰应该被译为 Mount Qomolangma，而非像外媒那样译为 Mount Everest（埃佛勒斯峰）。

在翻译过程中，不同意识形态所带来的问题还体现在对待性、暴力等方面的语言表达中。英美小说、电影中常常涉及到与性相关的情节描写，日常对话也存在很多与性相关的粗鄙语，这些情节与内容往往与中国文化的伦理道德相冲突，难登大雅之堂，应该及时与委托人沟通协商解决，必要时可以删除不译。

18.2.1.2　漏译问题

漏译的原因有很多。有些是由于译者的疏忽大意；有些是因为多人合译，工作分配出现纰漏；有些由于原文排版较复杂，一些内容未能引起译者注意；还有些是由于委托人之前并未说明是否要译，如一些书籍的序言、附录等，需要具体问题具体处理。作为译者一定要避免"硬着头皮"译，一般来说，这种硬译往往是原文处理失当造成的。而在一审过程中，遇到语义方面存在的断层问题，一定要注意查看是否是由于漏译问题产生的。

例 1.

对于图文并茂或排版比较复杂的原文来说，一些题注、标识符号等很容易漏译。随着计算机辅助翻译技术的发展，很多软件对于原文格式的识别与保留已经十分准确，但对于人工翻译来说，图 18-1 红框内的内容就很容易发生漏译，一审检查时要非常注意。

[①] https://www.cihai.com.cn/baike/detail/72/5503682, 引用日期：2021.10.6.
[②] 牛津高阶学习词典英汉第七版.

第十八章 审校、修改与润色

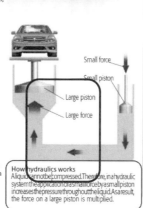

图 18-1 漏译-1

例 2.

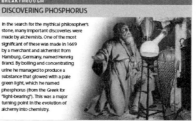

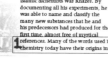

图 18-2 漏译-2

图 18-2 截取自一部英文百科全书中的一页。可以看出，该书的排版比较复杂，每页文字平分为四栏，有些文字会被中间的图片或引言文字截成上下两部分。上图的 2、3 部分就被页面中间的一段引言截断了。本来这段话应该是从图片中的编号 1 开始，经过 2 再到 3，内容如下：

> Many of the words used in chemistry today <u>have their origins</u> **in names** <u>given at this time</u>: alchemy is from the Arabic al-kimia, "the art of transformation", and terms such as alkali, alkane, and alkaloid also have Arabic roots.

然而，有些学生在翻译这段话时，却将 1 与 3 连在了一起，将原文变成了：

> Many of the words used in chemistry today <u>have their origins</u> **in the 16th century**, alchemy and its mystical associations fell out of favour—although it still had notable followers such as Robert Boyle and Isaac Newton in the 17th century.

第 2 部分则完全漏掉。

读一下划线部分的变化可以发现，虽然 "origin in..." 表面上搭配没问题，但整句话实际上是语义不通的。即便如此，学生仍旧没有思考究竟问题出在哪里，而是"硬着头皮"译了下去，译文无疑是错误百出的：

> 今天所使用的许多化学术语可以追溯到 16 世纪。虽然炼金术仍然有很有名气的追随者，如 17 世纪的罗伯特·波义耳和艾萨特·牛顿，可它已经不再受推崇，但是，炼金术对科学知识的贡献是巨大的。

另外，运用计算机技术辅助翻译过程中，漏译现象也十分普遍。文档在 OCR 识别阶段以及导入 CAT 软件时如果没有提前设置好，很容易会漏译一些内容。因此无论是在译前还是译后，都需要认真检查。

18.2.1.3 译法一致性

大部头作品的翻译过程中，有可能会发生同一专有名词在译文后半部与前半部译法不同；在多人合译的作品中，也容易出现译法杂糅的现象。这主要是由于前期并未制定科学的工作流程，导致术语库没有统一。因此在一审过程中需要多加注意，保证译法一致。

比如，美国前总统 Trump，有人译为"特朗普"，有人译为"川普"；Johnson 如果作为人名在大陆译为"约翰逊"，品牌则译为"强生"，而港台均译为"强生（强森）"；Michael Jackson 大陆译为"迈克尔·杰克逊"，港台则译为"米高积逊"。Franklin 有人译作"富兰克林"，但有人有时也译作"福兰克林"。

地名与人名类似。美国的 Texas State 有人译作"得克萨斯州"，并简称"得州"，有人译作"得克萨斯州"，并简称"德州"。San Francisco 大部分情况下都译作"旧金山"，但很多华侨会称其为"三藩市"。

人名与地名的译法主要应该遵从由中国对外翻译出版公司出版，新华社译名室编辑的《世界人名翻译大辞典》与《世界地名翻译大辞典》。而对于辞典中没有出现的人名，则需要保证整部作品前后译法一致。

其他类型的专有名词或术语译法也应该遵从具体领域或行业的惯例进行翻译，首先要查找是否有权威的行业术语辞典。对于无定译的术语，译者一方面可以查找网络资源（见推荐，表 18-1），另一方面则可根据需要进行约定，统一使用一种译法，确定术语究竟采取音译还是意译、零翻译（不译）还是翻译、使用全称还是缩略语等。

如"中国算盘"应该译为 Chinese abacus，还是 suanpan？"optical image stabilization"应该译为"光学图像防抖"还是"光学图像防抖功能"？sarin 应该译为"沙林"还是"甲氟膦酸异丙酯"？3D printing 应该译为"3D 打印还是三维打印"？"novel coronavirus"应该译为"新型冠状病毒"还是"新冠病毒"？

表 18-1 推荐中-英术语库

术语库名称	网址
术语在线	https://www.termonline.cn/index
中国特色话语对外翻译标准化术语库	http://210.72.20.108/index/index.jsp
中国关键词	http://www.china.org.cn/chinese/china_key_words/
中华思想文化术语库	http://shuyuku.chinesethought.cn/

18.2.1.4 语法问题

一般来说，对于中国译者来说，英文毕竟是外语，因此汉译英过程中语法问题是时时需要避免的；但实际上，我们对自己的母语语法并不十分了解，在英译汉过程中经常出现中文语法问题。翻译过程中，英文与中文语法有需要注意的侧重点不同，但都不能掉以轻心。注意在这里的语法概念是比较宽泛的，包括形态变化以及句法。

英文语法重点检查的问题包括：单复数、时态、冠词用法、指代关系、主谓一致、固定搭配等；

中文语法重点检查的问题包括：是否有多余的、不规范的量词、人称代词、连词，是否有多余"的"、冗长的定语、不完整的句子以及过长的句式等。

例 3.

古代科学与技术门类发展并不均衡，参比的因素就更复杂。我们选列发明创造清单时重点考虑三个方面……

【学生译文】

Given the uneven development of ancient science and technology, and multiple factors which should be considered in comparison, <u>we have focused</u> on three aspects when making the list of inventions and creations…

从时态上来看，现在完成时态主要用于描述发生在过去，对现在甚至以后都产生影响的行为，侧重于描述影响。而这段话主要向读者介绍一个分类标准，陈述事实，在学术性文章中一般来说使用一般现在时即可。

例 4.

后者（原生树干整体加工）制成的（风箱）箱壁没有接缝、受力均匀，承压能力进一步提高，……

学生译文：A cylindrical case <u>made with the second technique</u> bears no joints, uniform pressure and <u>improved stress resilience</u>…

首先，with 一般不会用来表示所用的方法；其次，improved 一词在这句中的成分成疑：

如果从语义上分析，应该是与 bears 相并列，但这里使用了过去分词形式；按照过去分词作后置定语去分析，应该与 made with...部分相并列，但语义又不对。

例 5.

Today if a country wants to manufacture a dangerous chemical such as sarin, it needs to go through public channels to purchase a particular kind of noncorrosive metal piping. Soon it may have the ability to print these supplies instead.

学生译文：如今，一个国家要制造一种危险的化学物质的话，如甲氟膦酸异丙酯，它只需要通过公共渠道购买一种特殊的类似不锈金属管材料。很快，它就有能力自行打印这些物资。

英文中很多 a 与 an 并非量词，而是不定冠词，表示非特指名词。但很多学生在翻译时常常将其译为量词。而人称代词在中文中使用频率较低，在译文中频频出现会导致译文可读性差，翻译腔十足，常常需要删除或直接重复被指代词语。

18.2.1.5 拼写问题

拼写方面的错误不仅仅会导致译文语言出错，还会直接打破委托人与读者对译者的水平与资质的信任，使其降低对译文内容的信任。一般来说，汉译英过程中要避免的是单词拼写错误，而英译汉则要避免的是错别字。

常用的办公与 CAT 软件如 Word，WPS，SDL TRADOS STUDIO 等均有拼写与语法检查功能，对于英文的拼写与基本语法问题可以识别并用不同颜色的下划线提示。Grammarly 与 Ginger 这样的语法检查软件免费版均能检查拼写，还有不少在线工具可以使用，可以说如果有检查拼写的意识，工具选择是非常多的。但是有些拼写问题比较隐蔽，尤其是一些形似词的拼写是没有错误的，这样的词就需要人工检查多加注意。如 course 与 coarse，desert 与 dessert，deceased 与 diseased，lose 与 loose，raise 与 rise，plain 与 plane 等，这些词汇非常容易混淆，只靠软件很难识别。

办公软件自带的拼写检查无法解决中文错别字的问题。对于个人用户来讲，没有必要专门花重金购买专业校对软件。一些免费的校对工具可以在一定程度上解决问题，比如 JCJC 错别字在线检测（CuoBieZi.net），可以将待检测的内容粘贴在文本框内，也可以上传文档，检测工具可以将错别字高亮显示，收费版还会提出修改建议。然而，完全依赖软件是不够的。比如我们找来这样下面这段话，划线部分是故意改错的，将这段话输入在线检测工具后，只能识别出"复盖"一词错误（见图 18-3），"审定"与"用户体检"两个错误并未检出。

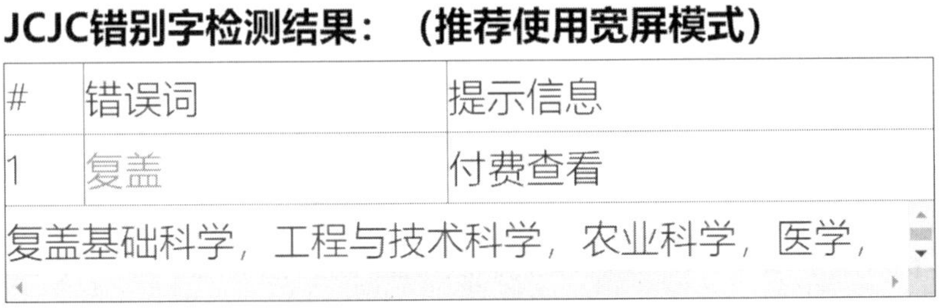

JCJC错别字检测结果：（推荐使用宽屏模式）

#	错误词	提示信息
1	复盖	付费查看

复盖基础科学，工程与技术科学，农业科学，医学，

图 18-3 JCJC 免费版错别字检测结果

【供检测的文本】：本平台聚合了全国名词委员会权威发布的审定公布名词数据库、海峡两岸名词数据库和审订预公布数据库累计 45 万余条规范术语。覆盖基础科学，工程与技术科学、农业科学、医学、人文社会科学、军事科学等各个领域的 100 余个学科。其中，术语检索平台采用新一代 DISE（Data Intelligent Search Engine）智能检索引擎，并推出了检索联想提示，以及个性化排序算法，带来更优的用户体检。这仅仅是个开始，术语在线将逐步推出术语社区、术语提取、术语校对等更多服务。

联想式输入法大大提高了文本输入效率，同时也增加了误输带来的错误。学生作业中经常可见联想式输入法造成的错误，如将"塞纳河上"写成"塞纳和尚""去世"写成"去屎""飞机失事"写为"飞机逝世"。这些离谱的错误如果不及时修改将大大影响译文质量。

中文还存在很多易混淆字，也是在翻译过程中容易忽略的。如"定金"与"订金"的差别，一字之差，法律责任就有很大不同；"减振"与"减震""服法"与"伏法"的意思也不同。译者平时应该提高母语修养，也可以多读一下《咬文嚼字》合集，争取做到用字用词准确。

18.2.1.6 标点符号问题

标点符号问题是审校的重点问题。英汉两种语言有各自的标点符号系统，翻译过程中很容易相互影响，产生错误，审校时需要特别注意。

首先，要注意英文与中文很多标点符号都需要区分半角与全角。总的来说，全角的标点看上去更为圆润，占用的空间更大。具体对比如表 18-2、18-3：

表 18-2　中英文标点对照-1

标点名称	全角（中文）	半角（英文）
逗号	，	,
句号	。	.
冒号	：	:
双引号	""	""
单引号	'	'
圆括号	（）	( )
分号	；	;
问号	？	?
感叹号	！	!
破折号	——[①]	—
省略号	等……（位于中部）	end...（位于底部）

其次，一些标点符号为某一语言独有，在另一种语言不适用。具体如下：

[①] 不同字体显示出的破折号格式不太一样，比如"宋体"破折号显示为两截短杠，而楷体会显示为一道横线"——"。

表 18-3　中英文标点对照-2

标点名称	中文	英文
书名号	《》	无
间隔号	·	无
顿号	、	无
着重号	非常重要	无
撇号	无	There're; Shakespeare's; We'd

最后要注意的是一些标点符号的使用规范。如：

连接号–（中文称为"一字线"）用于标记数字起止范围与跨度；相关人物或事物的联系，如"北京–广州高铁"。

连字符-（中文称为"半字线"）用于连接相关的词语（物-化反应；Beijing-London）或生成合成词，造新词等（ex-husband，I-don't-care-who-you-are attitude）。

英文中的破折号不能图省事，直接打两个连字符--就充当了。英文破折号分长破折号（em dash）与短破折号（en dash）有几种输入方法。比如可以在 WORD 里按顺序选择"插入""符号"，在下拉列表底部选择"其他符号"，然后在弹出的对话框中选择"特殊字符"标签，里面找到"— 长划线"与"– 短划线"，插入即可。其他方法自行在网络上搜索一下即可。

18.2.1.7　排版格式问题

译文的排版要看委托人的规定，对于一些合同、说明书、宣传手册、海报等翻译，常常需要与原版格式一致，因此需要使用计算机辅助翻译软件进行处理。但很多情况下，排版属于后期编辑的问题，译文也不一定与原文格式完全一致，因此前期对译者的要求并不明确。从译者角度来看，一审中的排版问题主要体现在以下几个方面：

（一）译文的整体性

译者完成翻译任务是分阶段进行的。如果事先没有严格的体例要求，译文前后的常常会产生格式不一致问题。在合作式翻译的情况下，由于翻译任务被分配给不同译者，这种问题更容易出现。若一份译稿前后格式不一致，很容易给人支离破碎、临时拼凑之感。因此在没有明确格式要求的前提下，译文起码应该做到格式统一，体现出整体性。如，正文的字体、字号、行距，标题的样式，页面的边距，脚注、尾注标记的位置，图片、图表的大小、嵌入方式，题注、参考文献的格式等。

（二）译文的专业性

职业译员劳动成果的交付是非常正式的行为，这体现了译员对这份工作的重视，也因此在很大程度上体现出译员的专业水准。换句话说，一份格式混乱的译稿一定会让委托人质疑译员的专业能力。审校过程中，除了对文稿格式进行统一，还需要注意去除可能存在的其他格式标记。比如翻译与修改过程中可能出现的超链接、不间断空格、高亮、批注、修订痕迹等，这些格式均可以导致译文在视觉上杂乱无章，质量上如同草稿。

（三）对后期编辑的影响

对于某些种类的文本来说，格式与内容是一个整体，如果缺少格式，内容的呈现就会受到影响。比较典型的如儿童漫画书，人物对话常常靠气泡图呈现，画面上还常常配有其他场景信息，如道路标志、画外音等，这些内容往往不是以传统的文本形式呈现，而是与画面相配合。译者需要一方面处理文字信息，一方面要将文字所出现的场景进行标记，以方便编辑在后期将文字与画面进行对应。

18.2.2 二审

一审解决的是较为明显的硬伤，大部分问题只需要阅读译文即可发现并解决。二审要解决的则是比较深层的硬伤，很多问题无法通过一审过程中阅读译文发现并修改，而是需要对照原文与译文，对原文进行深度理解。

18.2.2.1 词义不对应导致的表达问题

避免理解硬伤是审校过程中所有类型译文都要重视的问题。译者对于原文的理解是随着翻译的进行而逐渐加深的。翻译过程中，译者常常"只见树木不见森林"，处理的往往是局部问题，因此有些问题在翻译前期很难发现。然而在翻译工作结束后，再返回到开头对原文与译文进行对照阅读时，很多问题往往才能暴露出来。

例 6.

With the arrival of celluloid, building a cheaper version of the kinetoscope seemed possible. The brothers realized that they would need long strips of film, <u>a camera</u> that could take pictures and play them back at at least 16 frames per second, a drive mechanism to move the film, and <u>a projector mechanism</u> with a light. （DK 伟大工程）

这段文字为卢米埃尔兄弟发明电影机故事的开头部分。以下是学生的译文：

【学生译文】

电影胶片的出现使制造更为便宜的电影放映机成为可能。卢米埃尔兄弟意识到他们需要长条胶片、<u>一台既能摄影又能以每秒至少 16 帧的速度回放影像的摄影机</u>、一台能够移动胶片的驱动装置以及<u>一台带灯的投影仪</u>。

如果不读原文，只读学生译文样例，读者会认为卢米埃尔兄弟需要四件物品：胶卷、摄影机、驱动装置以及投影仪（机构）。然而实际情况是卢米埃尔兄弟设想中的电影机既能够摄影，也能够放映，因此这部分内容中的 a camera 指的就是他们日后发明出来的电影机（cinématographe），而 a drive mechanism 和 a projector mechanism 都是该电影机应该具备的功能。这段文字的下文是对电影机功能以及发明过程的详细介绍，仔细阅读下文，上述理解问题便可以轻松发现。然而，很多学生在完成译文之后根本没有进行通读检查，这样明显的问题也就堂而皇之地出现在提交的终稿里。

例 7.

古代科学与技术门类发展并不均衡，参比的因素就更复杂。我们选列发明创造清单时重点考虑三个方面：一是突出原创性；二是反映古代科技发展的先进水平；三是对世界文明有重要影响。评估某项发明的原创性，要有可靠的考古或文献证据，能证明它是迄今所知世界上最早的，或者属于最早之一且独具特色。<u>为慎重起见，我们未推荐那些因史料不足而不易判断其科技内涵或原创性的发明</u>。有些发明创造的科技内涵属于长期难解之谜，典型的例子如三国时期的"木牛流马"。

【学生译文】（仅划线部分）：… For caution's sake, we would not nominate inventions whose <u>scientific and technological connotation</u> or originality cannot be easily judged due to its insufficient historical data. <u>The scientific and technological connotations</u> of some inventions are long-standing mysteries, such as the "Wooden Ox" (the fleet of wheelbarrows used by Zhuge Liang's army to transport material and food) in the China's Three Kingdoms period (220－280AD).

上例中，"科技内涵"一词的语义需要从上下文语境进行推断。这一步当然应该在翻译过程中完成，但很多学生将第一步交给了机器翻译，审校时又没有进一步理解语义，因此问题就始终存在于译文当中。英语中不存在 scientific and technological connotations 这样的搭配，即便 COCA 语料库检索到的极少数 scientific connotation，语义上也指的是科学方面的含义，而原文"科技内涵"则指的是很多表面很高超的发明背后所具备的科学原理或价值，因此更准确的译文应该是 scientific principles 或 scientific values。

18.2.2.2　照应关系差异导致的表达问题

例 8.

古代马达加斯加和日本等地也曾使用能连续供风的鼓风器，但<u>它们</u>都有两套气缸和活塞，本质上属于串联或并联鼓风。<u>只有中国的风箱真正具备了双作用原理。</u>

【学生译文】

In ancient times, people in Madagascar and Japan once used bellows that can constantly blow air, but <u>they</u> all have two sets of cylinders and pistons, thus were essentially forcing air out in series or parallel. <u>Only China's bellows adopted a double-acting working principle</u>.

从"学生译文"的句法上分析，划线的"they"指的是 people in Madagascar and Japan，但从语义上又绝对不可能。因此在翻译过程中，该生并未认真分析代词在篇章中的所指意义，对于"它们"这一代词的理解只停留在表面。在审校过程中，这样的错误需要引起重视。

再有原文中"只有中国的风箱真正具备了双作用原理"一句，学生译文基本只译出了字面意义，结尾突然冒出"principle"一词，又没有更多解释，令人费解。而实际上，通过分析上下文可知，这句话的意思是"只有中国的风箱才能被称作真正意义上的双作用活塞式风箱"。

参考译文：

Blast apparatus that can blow air continually could also be found in ancient Madagascar and Japan, but they all have two sets of air cylinders or pistons, which means that they are working on tandem or parallel connections in nature. Only the Chinese ones well deserve the name of double-acting piston bellows.

例 9.

<u>This</u> matters because it is illegal to ask foreign parties to interfere and help in winning a US election. Apparently, <u>this</u> call was made shortly after Mr. Trump had personally blocked millions of dollars in military aid to Ukraine. <u>They</u> suspect <u>he</u> used <u>this</u> aid as a haggling tool but President Trump and <u>his</u> allies deny <u>this</u>.

【学生译文】<u>这</u>很重要，因为要求外国政党干预并帮助赢得美国大选是非法的。显然，<u>这</u>通电话是在特朗普亲自阻止向乌克兰提供数百万美元军事援助后不久发出的。<u>他们</u>怀疑<u>他</u>利用<u>这笔</u>援助作为讨价还价的工具，但特朗普总统和<u>他的</u>盟友否认了<u>这一点</u>。

英译汉过程中，代词的指称问题需要特别注意。由于汉语篇章衔接并不依靠代词的指称关系实现，很多情况下过多代词的出现反而会导致冗余表达甚至理解困难。在上例中，很多代词如 this，it，they，he，his 等被一一对应为中文代词"这""这个""他们""他"以及"他的"。表面上十分忠实于原文，但读起来却感觉十分啰唆，对于代词"他们"具体指什么人也不清楚。审校过程中，需要根据译语的语言习惯体现语言中的不同照应关系。

参考译文：此事非同小可，因为寻求外国势力介入美国大选并提供帮助是非法的。可以确定的是，打电话之前，特朗普本人刚刚冻结了对乌克兰的百万美元军事援助。因此，（有人认为）特朗普有可能利用该援助对乌克兰进行要挟，不过特朗普及其幕僚对此进行了否认。

18.2.2.3 衔接关系差异导致的表达问题

例 10.

Impeachment is a process by which the government can remove a high-ranking official from political or public office. This can be started in very specific cases <u>where</u> the leader is suspected of committing a grave crime against the government, <u>or when</u> the people or the country have acted <u>in a way that</u> is not in the best interest of the country.

【学生译文】弹劾是政府可以将高级官员从政府或公职中撤职的过程。这可以从非常具体的情况开始，<u>在这种情况下</u>，领导人被怀疑对政府犯下了严重罪行，或者<u>当</u>人民或国家<u>以不符合国家最高利益的方式</u>行事。

上述译文中，原文中很多衔接手段 where, when, in a way that 的字面意思都保留在了译文中，致使表达生硬，而该句话的主要意思——在何种情况下启动弹劾——却未能突显出来。

参考译文：弹劾是一种可以将行政部门高官免除职务的程序。如果政府领导人涉嫌犯下对政府、人民或国家不利的重罪，或者其行为方式不利于国家利益最大化，就可以启动弹劾程序。

例 11.

评估某项发明的原创性，要有可靠的考古或文献证据，能证明它是迄今所知世界上最早的，或者属于最早之一且独具特色。

【学生译文】To assess the originality of an invention, there must be reliable archaeological or documentary evidence showing that the item is the earliest known invention in the world, or among the earliest and unique ones.

可以看出，学生译文基本是按照原有语序进行翻译的，对于原文中"原创性"与"证明它是迄今所知世界上最早的，或者属于最早之一且独具特色"之间的关系并未进行梳理，导致语义重点不突出。经过分析，原文对于一项发明的原创性就是指该项发明或者是世界上最早的，或者是最早之一且独具特色。在译文中突出这一语义上的衔接就可以将主要信息放在主句中，突出重点。

参考译文：Assessing the originality of an invention requires reliable archaeological or documentary evidence to prove that the invention is either the earliest known in the world, or one of the earliest with unique features.

18.2.3 三审

除了解决前两轮审校中遗留的语言与格式问题，三审的重点是解决文化差异以及文体特征不当等问题。需要提示的是，英译汉三审过程中，中文译者可以自行充当读者角色，或者方便地找到译文读者，通过阅读或出声朗读译文的方式，直接发现译文中的问题；但对于汉译英的译文来说，中文审校对于译语文化与文体风格的把握就没有那么准确了，因此建议三审还是由英文母语者完成。

18.2.3.1 文化差异问题

文化差异是翻译全程都需要面对并处理的问题。应该说，很多文化差异问题在前两次审校过程中应该已经得到了妥善解决，但由于译者同时面对原文与译文，有很多问题在"集体无意识"的影响下并未能暴露出来。而在三审过程中，译者将自己的身份转换成读者，一些文化当中的冲突能够更加清晰地得以显现。

例 12.

陶勇和妻子、女儿至今与岳母合住在一间 60 平的出租屋，他对吃穿也没有什么要求。好友王越记得有一次看到陶勇的头发剪得凹凸不平，才知道他平时只去收费 15 块钱的理发店。"他们一家子都是老实本分的人，平时陶勇像打了鸡血一样投入工作，他的家人也像打了鸡血一样支持他，没有任何怨言。陶勇被救出来后，他太太就一直说感谢医院的救助，把陶勇照顾得很好。"老梁跟陶家很熟，前段时间还因为疫情给他们送过菜。（南方人物周刊）

【学生译文】

Tao Yong has no requirements for food, clothing and housing, and he has lived with his wife, daughter and mother-in-law in a 60-square-meter rented house. Likewise, Tao's friend Wang Yue still remembers that he didn't know Tao only got a basic 15-yuan haircut at a barbershop until he saw Tao's uneven haircut. Tao's alumna surnamed Liang said "they are good and honest, Tao is quite obsessed with his work, and his families are strongly supportive of him without any complaints. After he got out of the life-threatening situation, Tao's wife has been grateful for the hospital's treatment and for taking good care of him." Liang is very close to him and his families, she had sent them vegetables some time ago because of the outbreak.

上面这段学生译文，抛开译文中随处可见的语法问题，如果不看原文，英文读者在内容上有可能产生如下疑问：

1. 为什么这个人（陶勇）没有吃穿住的要求？他不是正常人吗？
2. 住在 60 平方米的租来的房子意味着什么？能够住在 house 里，似乎条件还不算差。
3. 什么是 basic 15-yuan haircut？uneven haircut 是什么发型？
4. Liang 为什么要给这家人送蔬菜？outbreak 是什么爆发了？

如果将翻译初稿时的译者视角改换为审校时的读者视角，很多问题都会暴露出来，相当多问题都是由于最初理解不深入造成的。原文中的"要求"并非"生活最低标准的需求"，而是超出一般标准的"需要"；北京的工薪阶层一般不会住在别墅里，60 平方米的出租公寓本身就很狭小，与岳母合住就更加局促；同样，以北京的消费标准来看，15 元一次的理发收费基本也属于路边摊水准。这些数字本身并不重要，重要的是让读者了解数字代表的含义，因为这些都是为了说明这位三甲医院的主任医师平时并不十分在意生活质量，而是专注于自己的工作。"送菜"并不仅仅指送蔬菜，疫情期间外出购物不便，因此"菜"其实应该泛指食物甚至生活必需品。作为中文译者，对于中国人的惯常思维方式、生活习惯、日常用品的功能等"文化缺省"信息已经"视而不见"，因此在检查过程中，更应该从英文读者视角审视译文，采取恰当手段将这些隐含信息"明示化"。

参考译文：

Tao still lives in a modest rented apartment of 60 square meters (about 646 square feet) with his wife, daughter and mother-in-law. It seems that he doesn't have high demand on his life. Wang Yue, one of his best friends, did not known that Tao got a 15-yuan-haircut in an economic barbershop (about $2.1) until he noticed his cropped haircut. "His family are all simple and honest," Liang reckoned, "Tao puts his heart and soul in his work and his family also give him wholehearted support without any complaints. After Tao was brought to life after the surgery, his wife kept expressing her gratitude to the hospital for saving her husband's life and the good care he got." Being close to the family, Liang managed to send them daily supplies during the recent Covid lockdown.

例 13.

The third risk (of 3D printing) is a "black swan" event, a threat no one sees coming. "We see the possibility we could have something completely new, that no one here is really thinking of, that could have weapons of mass destruction capabilities," Shaw says.

学生译文：

第三处风险指的是"黑天鹅"事件，即没有人预见到的威胁。肖先生说："我们看到了这样的可能性，以后可能会出现目前为止没有人想到过的全新的事物，而它可能有着和大规模杀伤性武器一样可怕的能力。"

"黑天鹅""灰犀牛"均指无法预测的风险，近年来在中文里使用频率也越来越高。但"黑天鹅"本身就是此类风险的代称，如"股市黑天鹅"即指股市发展中不可预测的风险。上述译文中，风险被描述成了一种"事件"，而读者又无法从译文中看到有任何事件，因此属于译者对原文中的文化要素以及 event 一词的片面理解所致。要想帮助中文读者准确理解原文语义，或者通过意译，舍弃形象，向读者传达语义；或者在直译基础上进行增补，兼顾语义与文化形象。

参考译文一：

第三种风险则难以预测，无人知道接下来会发生什么。肖说，"我们只知道我们能够拥有一种全新的技术，但这种技术竟然能够生产大规模杀伤性武器，这一点没人想得到。"

参考译文二：

第三种风险则如同黑天鹅，接下来会发生什么，无人知晓。……

18.2.3.2　文体风格差异问题

翻译过程中的文体风格差异体现在很多方面。有些是原文与译文文体整体风格不一致，有些是译文前后风格不一致，更为普遍的是部分译文语言与其文体风格不一致。

例 14.

The second potential danger is that 3-D printers could help establish a weapons program by producing the required infrastructure—without alerting international watchdogs. Observers can currently monitor the global supply chain for signs someone is building a factory meant to produce weapons of mass destruction; this is one reason the import and export of certain substances, such as ammonia-based fertilizer (a key component in homemade bombs), are tightly regulated and scrutinized. But industrial 3-D printing could potentially bypass some of the world's existing arms control frameworks.

【学生译文】

风险其二在于，借由 3-D 打印机，使得制造所需基设要件，而不受国际监管者追查得以实现，使得其或将成为秘密武器计划的推手。当下，观察员借由监管全球供应链动向，以判定是否有组织在兴建工厂用以投产大规模杀伤性武器①。这也是为何对于某些物质的进出口，如自制炸弹肯綮所在——氨基肥料，要进行严苛的监管和审查。然而，工业化 3-D 打印可能会使得规避现行兵火管禁体制的掣肘成为可能。

原文是一篇介绍 3D 打印相关风险的科普新闻，面向的是大众读者，语言质朴，通俗易懂。然而学生译文中划线部分的风格与科普新闻常见风格显得格格不入。对于大众读者来说，这些表达并非通俗用语，很多人根本不清楚"肯綮""掣肘"等词汇是什么意思，这样的译文难免有画蛇添足、弄巧成拙之嫌。

【课后练习】

1. 请对以下学生译文进行审校，尤其注意原文的理解以及译文表达的准确性。

1）汉译英

马镫是骑马时的踏脚和支撑装置，通常近似于半椭圆环状，上方由皮革、铁等具备较高强度的材料制成镫环，下边缘可以木或藤条为芯，外面包裹上铁片或皮革，做成较宽的踏板，一般成对垂于马鞍之下。上马时，骑者可以脚踏一侧马镫跨上马背。骑行时，双脚穿过马镫，起到帮助稳定身体的作用。疾驰时，骑者以马镫为主要支撑点，站在马镫上，上身前倾，人马结合更加紧密，使得骑手的双手更加自由，并能在马背上进行左右方向的动作。

马镫发明之前的公元前 2 世纪左右，欧亚草原西部和印度等地出现过一种套在骑者脚趾上的"马脚扣"，但其实用价值却受到争议，不能算是真正的马镫。中国在东汉时期已经出现挂于马左侧、辅助上马的单镫。东汉末年到三国时期，游牧民族鲜卑、乌桓向南迁移散布于中原各地，马匹随之大量输入内地，很可能刺激了原本不擅骑乘术的中原人对骑马的需求，马镫或许是在该历史背景下出现的。南京象山王廙墓（卒于 322 年）中一件陶马俑所佩双镫，是目前发现年代最早的双镫实物资料，因此双镫的出现年代应不晚于 4 世纪初。

【学生译文】Stirrup is an approximately semiellipse flat base and a support while using a horse. It is attached to a saddle by a ring made of leather, metal or other high-strength material. They are usually paired and attached to each side of a horse's saddle. The rider can mount a horse

---

① 大规模杀伤性武器（weapons of mass destruction，缩写 WMD），指用来大规模屠杀的武器，一般针对的是平民，但也可以针对军事人员。包括以下三类：核武器（包括放射性武器）、化学武器、生物武器。

aided by the stirrup on either side. While riding at a fast speed, the rider is mainly supported by the stirrup and is required to position himself forward, allowing agility of rider and horse and greater physical mobility in the saddle.

Before the invention of the stirrup, a toe loop that held a rider's big toe has already appeared in the western Eurasian Steppe, India and other regions during about the 2th century B.C. But as its practical value has long been disputed, the toe loop is not a stirrup in a real sense. A single stirrup, usually attached to the left side of the saddle by the strap, has been used as a mounting aid in the Eastern Han Dynasty (25-220) in China. During the late Eastern Han Dynasty and Three Kingdoms period(Wei, Shu Han, Wu), Xianbei and Wuhuan, nomadic peoples in ancient China, move westward to the central plains with a host of horses being introduced, which meets the demand of people in central plains who are weak in equestrian. Stirrup may appear against this background. A Pair of stirrups on a terra-cotta horse excavated from the Tomb of Wang Yi[①] in Xiangshan (northern suburb of Nan Jing) is the earliest known physical material on paired stirrups to now. In light of this, paired stirrups appear no later than the early 4th century.

2）英译汉

A modern correspondent anting to communicate privately can use computerised encryption. Three hundred years ago, origami would have been a better bet.

Before gummed envelopes became common in the 1800s, letters were posted with no security wrapper. Privacy-minded-writers relied instead on cunning combinations of folds, tucks, slits and seals, a practice Jana Dambrogio at the Massachusetts Institute of Technology has dubbed "letterlocking".

Some, like the "chapel fold", in which the letter is turned into its own envelope and sealed, were the equivalent of simple padlocks. Others were subtler. The "dagger trap" relied on a concealed wax seal that would leave a telltale rip once a letter had been opened.

But information about the practice is scarce. Most historical letters survive in their opened form, leaving aficionados like Ms Dambrogio with little to go on but crease marks and tears. The few that remain unopened present a different problem: how to read them without permanently damaging the letterlock. Now, in research published in Nature Communications, Ms Dambrogio and her colleagues have come up with a solution.

The letters in question are part of the Brienne Collection, a trove of thousands of undelivered 17th century letters bequeathed to posterity by Dutch postmasters. The collection includes 577 unopened, letterlocked missives. To get at their letters' contents while preserving the integrity of the locks, the team turned to X-rays and computers.

The key lay in knowing that the inks used at the time often contained iron. This meant that an x-ray microtomography scanner, of the kind usually reserved for distinguishing teeth or bone from soft tissue, could reliably distinguish the metallic letters from the paper background. Once the scan had also revealed the topography of the sheet, with the location of folds and creases mapped, the

---

① A general in Eastern Jin Dynasty, died in 322.

resulting model could be virtually unfolded by a computer to reveal the hidden text.

Though some imperfections remain—a hole left by a burrowing worm, for example, or the dry scratch of an ink-free nib—the legibility of the scans rivalled anything one would find in a research library, says Dr Starza Smith, a researcher at King's College London. And although no spectacular secrets have yet emerged from the Brienne Collection, the technique seems to hold plenty of promise for future research into a fascinating historical practice.

【学生译文】

现代的通讯员想要私密交流可以用计算机加密，而在三百年前，折纸是一个更好的选择。

在胶粘信封还没有在19世纪变得流行以前，信件一直是在没有安全封皮的情况下寄出的。而注重私密性的写者则会对信采取折叠、卷起、密封的巧妙组合，这一作法被麻省理工学院的加纳·丹布罗吉奥称为"锁信"。

有些类似于"教堂折叠"，信件被装入各自的信封并密封，相当于简单的挂锁。其他的则更为微妙。"匕首陷阱"则依靠一个隐秘的蜡封条，一旦打开信就会留下一个明显的裂口。

但有关这一作法的信息很稀少。大多数的历史书信都是以开放的形式保存下来的，留给像丹布罗吉奥女士这样的书信酷爱者的只有褶皱和泪水。少数几封未打开的信件则展示了一个不同的问题：如何在不永久损坏锁信的情况下阅读它们。现在，《自然通讯》上发表的一项研究中，丹布罗吉奥女士和她的同事们提出了一个解决方案。

2. 请对以下学生译文进行审校，尤其注意其中由于文化差异导致的问题。

农历五月初五，是中国民间的传统节日——端午节，它是中华民族古老的传统节日之一。端午也称端阳节、龙舟节或粽子节等。虽然名称不同，但总体上说，各地人民过节的习俗还是同多于异的。

过端午节，是中国人二千多年来的传统习惯。由于地域广大，民族众多，加上许多故事传说，于是不仅产生了众多相异的节名，而且各地也有着不尽相同的习俗。其内容主要有：女儿回娘家，挂钟馗像，迎鬼船，悬挂菖蒲、艾草，佩香囊，备牲醴，赛龙舟，比武，击球，荡秋千，给小孩涂雄黄，饮用雄黄酒、菖蒲酒，吃五毒饼、咸蛋、粽子和时令鲜果等，除了有迷信色彩的活动渐已消失外，其余至今流传中国各地及邻近诸国。有些活动，如赛龙舟等，已得到新的发展，突破了时间、地域界线，成了国际性的体育赛事。

【学生译文】

Traditionally falling on the fifth day of the fifth lunar month, the Duanwu Festival, one of the Chinese ancient festivals, also known as Double Fifth Day, the Cantonese name Tuen Ng Jit, and Dragon Boat Festival. While many stories regarding its origin abound, in generally, people celebrate in much of the same way. Celebrating the Duanwu Festival has a history of over 2000 years. On account of massive area, and various ethnics with kinds of stories, there exist many distinct customs as for Duanwu Festival such as daughters returning to parents' houses, hanging calamus and artemisia above their doors, both as a decoration and as a prevention against pestilence. They also take ancient folk medicines such as realgar on the Festival day. This is believed to prevent disease and to promote a healthy digestive system. Fresh seasonal fruits, salty eggs, zongzi are also preferred. There are also some sports held such as boats races, kongfu demonstration and competition, swinging and the like. Other than the activities with the superstation touch disappeared, many have gone beyond the country borders and influenced the nearby countries. Many activities like dragon boats races have achieved new improvements and become the international sports events.

3. 审校以下学生译文，注意译文的准确性，同时从表达的流畅性与文学性方面进行润色。

Roosevelt was not the first president in the nation's history to consider breaking with tradition and running for a third term. As recently as 1920, Woodrow Wilson, embroiled in debate over U.S. entry into the League of Nations, had suggested to those close to him that he might do so but decided against it because of health problems and fear of negative reaction from within the party. Roosevelt actually had been contemplating another campaign as early 1937; in fact, in the weeks following his election to a second term, speculation emerged that he might be a three-term president due simply to the wide margin of his victory. Serious discussion on the matter began following the outbreak of war in Europe.

Democratic leaders had to face the stark reality that the entire party, to a large degree, had become personified by Roosevelt and that his absence from the 1940 campaign might leave them in disarray. For over a year leading up to the election, a number of political figures made inquiries seeking to discover whether the president would indeed be interested in reelection. While the discussions, and at times gossiping, continued, Roosevelt remained silent. Perhaps to his delight, reticence only fueled more speculation as to what his future held. The president, always a fan of poker, enjoyed the bluffing game a great deal.

【学生译文】

罗斯福并不是美国历史上第一个考虑打破传统，连任三届总统。早在1920年，伍德罗·威尔逊卷入有关美国加入国际联盟的争论，他曾经向密友暗示可能会加入联盟，但鉴于健康问题和党内的消极反应，他决定反对。罗斯福早在1937年初就一直在考虑另一项竞选活动，事实上，在他连任几周之后外界就揣测他可能会因为新政的大面积胜利而连任三届。欧洲爆发战争之后，一场针对此事的严肃讨论开始了。

民主党领导人不得不面对严峻的现实，即整个党在很大程度上已经成为罗斯福的化身，而罗斯福若是缺席1940年的竞选运动可能会使他们陷入一片混乱。在一年多的准备时间里，一些政治人物进行了调查，试图了解总统是否真的有兴趣连任。即便讨论甚至八卦十分热烈且持续攀升，罗斯福依旧保持沉默。也许他高兴的是，沉默只是激发了更多关于他前途的猜测。这个总统，总是喜欢玩纸牌戏，享受着虚张声势的游戏乐趣。